汉阳陵帝陵外藏坑遗址展示厅的
文物保存环境研究

曹军骥　胡塔峰　马　涛　李　库　编著

科学出版社

北　京

内 容 简 介

本书通过对汉阳陵博物馆帝陵外藏坑文物保护展示厅内大气和土壤环境的长期综合观测与采样分析，构建了科学化掌握文物保存环境的监测体系并获得一手观测数据，揭示了遗址文物展陈环境的演化趋势，力求做到地球科学基本理论与文物保存环境评价的应用相结合，实现环境科学和黄土环境学在文物保护领域的拓展与深化应用，为国内外遗址文物的预防性保护提供科学手段。

本书可供环境科学研究人员及文物保护专业工作者参考使用。

图书在版编目（CIP）数据

汉阳陵帝陵外藏坑遗址展示厅的文物保存环境研究/曹军骥等编著. —北京：科学出版社，2016.3

ISBN 978-7-03-047409-4

Ⅰ.①汉…　Ⅱ.①曹…　Ⅲ.①汉墓–遗址博物馆–文物–藏品保管（博物馆）–环境因素–研究　Ⅳ.①K878.84②G264.2

中国版本图书馆 CIP 数据核字（2016）第 036352 号

责任编辑：祝　洁　罗　娟/责任校对：贾娜娜
责任印制：赵　博/封面设计：红叶图文

科 学 出 版 社出版
北京东黄城根北街 16 号
邮政编码：100717
http://www.sciencep.com
天津新科印刷厂印刷
科学出版社发行　各地新华书店经销
*
2016 年 3 月第　一　版　开本：720×1000　1/16
2016 年 3 月第一次印刷　印张：18 3/4　彩插：2
字数：380 000
定价：120.00 元
（如有印装质量问题，我社负责调换）

前　　言

汉阳陵帝陵外藏坑保护展示厅是世界上首座全地下遗址博物馆。展示厅创造性地采用全封闭式玻璃屏护设计，意在便于游客近距离观赏遗址的同时，减少外界环境对文物的影响。但 2006 年展厅开放不久，遗址土体和展陈文物表面很快出现了结晶盐析及彩绘起翘脱落等明显病害。由于缺乏文物保存环境的观测数据，难以评价汉阳陵展陈模式对文物的定量影响。

本书将大气环境监测、气溶胶化学及黄土环境化学与水文学等研究领域的基本理论与实用技术引入对遗址博物馆文物保存环境的演化评价，通过构建室内空气质量观测系统，实时探测对遗址文物有重要影响的微环境变化，定量评价展示厅内空气密闭程度；陆续开展微气候、腐蚀性气体、气溶胶理化成分先后五年的联合观测对比，获得关键污染物的变化特征及机制；结合土遗址本体、地下水、返碱部位及陶俑表面风化物的理化组成和微结构特征，认识污染物迁移、转化的过程，并评估文物的损害程度。上述长期综合观测积累的实践经验和基础数据，将为有效的控制对策与措施提供科学依据，也可为国内外同类遗址博物馆文物保存环境研究提供先导性研究案例，有助于实现遗址文物的预防性保护。

本书汇集中国科学院地球环境研究所文物保存环境研究小组的主要成果，参加汉阳陵监测采样与数据分析工作的研究组成员包括杨雅媚、李莹莹、曹南颖、贾文婷、刘随心、张婷、张二科、陈志诚、朱玉庆、方其鸣、王昭允、王星翰和牛馨祎，感谢他们的辛勤劳动。衷心感谢西安交通大学李旭祥教授、顾兆林教授对我们工作的长期支持。特别感谢汉阳陵博物馆吴晓丛、王保平、晏新志、陈波、段晓彤、程蓓和孟乐等为外场观测提供的极大便利。特别感谢美国沙漠研究所 Judith C. Chow 教授、John G. Watson 教授对有关工作给予无私支持与帮助。

由于作者水平有限，书中难免存在不足之处，敬请读者批评指正。

曹军骥

2015 年 12 月

目　录

1 文物保存环境

1.1 文 物

"文物"一词，在中国最早是指礼乐制度，《左传·桓公二年》记载："夫德，俭而有度，登降有数，文物以纪之，声明以发之；以临照百官，百官于是乎戒惧，而不敢易纪律。"现在，人们多把古代遗留下来的具有历史价值、艺术价值、科学价值和特殊商品价值的东西称为文物。2002 年 10 月 28 日修订通过的《中华人民共和国文物保护法》中界定了文物的范畴为："（一）具有历史、艺术、科学价值的古文化遗址、古墓葬、古建筑、石窟寺和石刻、壁画；（二）与重大历史事件、革命运动或者著名人物有关的以及具有重要纪念意义、教育意义或者史料价值的近代现代重要史迹、实物、代表性建筑；（三）历史上各时代珍贵的艺术品、工艺美术品；（四）历史上各时代重要的文献资料以及具有历史、艺术、科学价值的手稿和图书资料等；（五）反映历史上各时代、各民族社会制度、社会生产、社会生活的代表性实物；具有科学价值的古脊椎动物化石和古人类化石。"

文物是文化的产物，是人类社会发展过程中的珍贵历史遗存物，它从不同的领域和侧面反映出历史上人们改造世界的状况，是研究人类社会历史的实物资料。文物中蕴含了民族特有的思维方式和想象力，是各民族智慧的结晶和全人类文明的瑰宝。因此，保护文物、保持民族文化遗产的传承，是联结民族情感、增进民族团结和维护国家统一及社会稳定的重要文化基础，也是维护世界文化多样性和创造性、促进人类共同发展的前提。

1.2 博物馆的作用

博物馆，亦称博物院，是受社会的付托，安置一套文物典藏的建筑物或机构。1974 年，国际博物馆协会（International Council of Museum，ICOM）第十一届大会通过的章程明确规定：博物馆是为社会及其发展服务的、非营利的永久性机构，并向大众开放，它为研究、教育、欣赏之目的征集、保护、研究、传播并展出人类及人类环境的物证。1979 年，中国博物馆学会通过的《省、市、自治区博物馆工作条例》中明确规定：博物馆是文物和标本的主要收藏机构、宣传教育机构和科学研究机构，是我国社会主义科学文化事业的重要组成部分。

博物馆起源于约公元前 300 年古希腊亚历山大港的缪斯，缪斯中专门收藏亚历山大大帝在欧洲、亚洲及非洲的征战中得到的珍品，博物馆的英文"MUSEUM"就是源于希腊语的缪斯"MUSEION"。然而，当时的博物馆并不对外开放，世界第一批公共博物馆设立于 17～18 世纪的欧洲。第一个真正的公共博物馆是 1793 年法国大革命期间开设的巴黎卢浮宫，这是历史上首次让各地与各种地位的人们自由地观看前法国王室的收藏。

我国是博物馆众多的国家，自 1905 年清末爱国主义实业家、教育家、社会活动家张謇创办第一个博物馆——南通博物苑，到目前我国最大的博物馆——故宫博物院（占地 72 万平方米），我国的博物馆已超过百年历史，达 2300 余座（不含港、澳、台地区），馆藏文物 2000 多万件（套）。主要的文物材质类型包括陶器（如兵马俑、汉俑、陶罐、陶仓）、金属（如金、银、铁、青铜器）、珍宝器物（如玉、石）、艺术藏品（如瓷器、书画、纺织品）及其他材料类型等。

博物馆是保存、保护、研究、展示文物实物资源和传播人类文明的重要场所，是一个国家、地区历史文化和文明进步的重要标志。因此，博物馆被称为物化的人类发展史，博物馆内陈列的文物既是历史源远流长的见证，又是维系各国家和民族团结统一的精神纽带。博物馆通过征集和收藏代表自然现象和人类生活的实物，进行科学研究；通过举办陈列和展览，传播历史和科学文化知识，为公众提供知识、教育和欣赏。它对人类文化遗产和自然遗存的管理起到非常大的作用，已成为一个国家、地区历史文化与现代文明的主要组成部分和重要标志。在中国的文物保护制度中，可移动的文物大多收藏在国家建立的、具有良好保护设施的博物馆或者纪念馆和科研院所中，因而被称为馆藏文物。不可移动文物的主体，主要是各级文物保护单位，以及古遗址、古墓葬、古建筑、石窟寺及石刻、近现代重要史迹及代表性建筑等。

每座博物馆发挥社会功能的侧重点不同，在藏品种类和展出内容上也不尽相同，博物馆的类别大致包括综合类、专题类、历史类、遗址类、纪念类、文化艺术类、自然科学类、民族民俗类等。博物馆类别的区分和研究，有助于博物馆科学地把握自己的专业方向，征集与本馆专业相关的藏品，也有利于同类型博物馆之间开展交流、协作和学术研究。

1.3 遗址博物馆

遗址是指古代人类活动的遗迹、具有特殊文化意义的遗迹、具有突出价值的人类工程或自然与人类联合工程等，是不可再生的特殊资源，具有极高的历史文化及科学价值。遗址蕴含着、体现着古代文明特有的民族精神价值，通过遗址考古和人类学研究可以寻找古代人类生活和历史文化的轨迹。遗址具有不可移动的特性，不可能像文物一样盛于匣柜之中，并置于环境良好的库房或展厅内保存、陈列。因此，文物和遗迹经过调查、勘探和发掘，在遗址发掘现场营建保护性建筑（遗址博物馆），展示文物在所处历史时期的原始面貌，就成为一个必然的选择。

遗址博物馆是在古文化遗址上建立的，针对该遗址文化进行发掘、保护、研究、陈列的专门性博物馆。作为博物馆家族的一个分支，遗址博物馆既是一种强调馆址性质的物质实体，也是整个人类社会发展和历史沿革的文化遗存和实物档案，并具有"不可移动性"和"整体不可分割性"的特点。遗址博物馆除具备博物馆的基本属性外，与其他传统博物馆的主要区别在于：遗址本身也是文物，是博物馆展示的中心内容，是博物馆赖以生存的基础。在博物馆的发展过程中，人们越来越重视遗址，并在遗址上建立起现代化的博物馆，让人身临其境地领略古代的历史和文化。

世界著名的博物馆群——梵蒂冈博物馆（Vatican Museum），原为教皇的宫廷，从 17 世纪后利用部分建筑陈列收藏品，后改为博物馆。馆内不但陈列有大量教皇的雕塑和收藏艺术品，而且其建筑本身便是古代优秀杰出的艺术品。瑞典的斯坎森露天博物馆（Skansen Open-air Museum）是世界上第一座露天博物馆，1880 年筹建，其仿古建筑严格按照原状复原陈列。意大利的庞贝古城（The City of Pompeii）博物馆位于意大利南部坎帕尼亚大区，公元 79 年，维苏威火山爆发，庞贝城被火山灰吞没，1748 年被发现后，经过 200 多年的考古发掘，现已基本完成。古城面积 63 公顷，城内有完整的供水系统，以及广场、政府机关、寺庙、街市、民居等，出土有各类壁画、陶器、雕塑等，反映了庞贝城 700 余年发展的文化内涵，每天都吸引上万游客前来参观。

我国境内的遗址类文化遗存非常丰富。截至目前，在第一至六批 2352 处全国重点文物保护单位中，古遗址 506 处，占 22.5%。据不完全统计，我国目前已经有遗址博物馆 100 余座，分布在几乎所有的省、自治区和直辖市，近年来各地新建和即将竣工开放的遗址博物馆也有 50 余座。1958 年建成的西安半坡遗址博物馆，是我国在考古发掘的基础上建立的第一座现代意义上的遗址博物馆。之后的 20 多年里，遗址博物馆在各地纷纷建立，其中最为重要的，当属 1979 年建成开馆的秦始皇兵马俑博物馆。20 世纪 80 年代以后，遗址类博物馆进入了一个新的发展时期，又陆续建成了广州南越王墓博物馆、河姆渡遗址博物馆、河南安阳殷墟博物苑、三星堆遗址博物馆、金沙遗址博物馆等一系列半开放、半封闭的遗址博物馆。2006 年对外开放的汉阳陵博物馆帝陵外藏坑保护展示厅，以完善的空间设计和封闭的空间围挡技术，创造性地尝试了遗址保护环境与游客参观环境的分割，开创了新一代的遗址展示、陈列和保护的模式，标志着我国遗址博物馆的发展达到了新水平。目前，全国范围内遗址博物馆的建设方兴未艾，如成都永陵、杭州萧山跨湖桥、嵩山汉三阙等都在规划设计遗址博物馆。

预计到 2020 年，我国遗址博物馆数量将增加 3000 个，建筑面积预计将增加 1000 万平方米。

1.4　造成文物受损的环境因素

　　建立博物馆是为了保护和管理文物和收藏品，称为文物的实物有一个共同的特点，就是不可再生，只能最大限度地将其长久地保存下去。由于文物材质的多样性和所处环境的复杂性，无论文物被发掘后将以何种方式进行处理和保存，并向社会公众开放或用于考古研究，都需要根据文物材质的内在属性和保存地点的外部条件，确定可能造成文物破损的环境因素及其协同作用（Brimblecombe，1990；Baer et al.，1985；Thomson，1965）。可能造成文物破坏的因素大致分为两类：文物材质的内在属性和文物保存环境的外在条件。

　　造成文物破坏的内在原因包括：文物选用了不匹配的材料、制作方法导致的固有缺陷和文物独特的材料所导致的化学物质之间的不相容等（Tétreault，2003）。

　　造成文物破坏的外在原因是一些更宽泛、威胁更大的因素，包括大气环境（腐蚀性气体、颗粒态污染物和微生物的沉降等）、微气候条件（温度、相对湿度、光照、震动、通风换气和噪声等）、自然灾害（风灾、地震、火山爆发、雷击和洪水等）和人为毁坏（盗抢、战争和破坏等）、土壤环境（土壤蓄水和渗透，微生物的滋生，可溶盐的溶解、迁移和再结晶等）、地下水（水力剥蚀和搬运，可溶盐的毛细迁移、渗透和吸附交换等）。实际上，文物腐蚀往往是上述多方面因素同时存在，物理、化学和生物风化共同作用的结果（Camuffo et al.，2001）。这些因素也是博物馆管理者和文物保护工作者在决定文物处理方法和保存环境时，需要优先考虑的。理论上，可以建立一座理想环境条件下的博物馆，只要充分了解了文物的内在属性，就可以充分延长馆中文物的保存寿命。在这种理想化的环境中，将针对特定展品的脆弱性建立特定的环境条件，以排除各种外在因素的破坏作用，使文物在目前和未来的文明社会中可以保存数千年之久，这也是研究文物腐蚀机理和建立博物馆文物保存环境标准的意义所在。

　　造成博物馆内文物受损的环境因素主要包括以下几个方面。

1.4.1　微气候

　　博物馆室内微气候（microclimate）条件主要包括温度（temperature）、相对湿度（relative humidity）、室内风速（indoor air velocity）、通风换气速率（air exchange rate)、光照（illumination）、振动（vibration）和噪声（noise）等环境参数（La Gennusa et al.，2005；Camuffo et al.，2004；Brimblecombe et al.，1999；Camuffo，1998）。其中最为重要的，同时也是多数博物馆应首先考虑的问题，是温度与相对湿度的变化（Camuffo，1998）。

1.4.1.1　温度

各种文物材质的膨胀系数不同，温度的频繁波动使文物产生热胀冷缩等机械应力，破损文物本体或黏结材料的结构、降低其物理性能，从而导致文物的崩裂等物理风化（Bernardi et al.，2000；Camuffo，1998）。某些文物材料，如陶质材料，线膨胀系数虽然小于玻璃、木质和一些常用石质材料，但修复、黏结文物碎片使用了环氧树脂材料，其线性尺寸受温度影响变化显著（表1-1），黏结材料与陶片之间不同的热膨胀性能，在长期频繁的温度波动下产生形变差异，导致文物在黏结处发生破裂、剥落。

表 1-1　一些文物材料的线膨胀系数

材料	线膨胀系数/（$10^{-5}℃^{-1}$）
陶质材料	0.45
木质（纤维轴向）	0.49～5.4
木质（纤维横截面方向）	3.4～5.4
玻璃	0.5～1.0
砂岩	0.7～1.2
石灰石	0.9
大理石	1.2
环氧树脂	6～7

注：线膨胀系数=单位长度的增加量÷单位长度÷温度相对增加量，即 $\alpha_l=(l_t-l_0)/(l_0·t)$。

另外，温度与化学反应速率密切相关，温度升高会加快空气中化学污染物（如气溶胶、SO_2、NO_x 等腐蚀性气体）与文物材料之间的侵蚀化学反应速率，加速氧化和腐蚀过程（Loupa et al.，2006）。以活化能、相关温度、反应速率表示的阿伦尼乌斯（Arrhenius）经验公式为

$$\lg(R_1/R_2) = 52E(1/T_2 - 1/T_1) \tag{1-1}$$

式中，R_1、R_2 分别为 T_1、T_2 温度时的反应速率；E 为活化能。也就是说，温度升高 10℃，反应速率将成倍增加。

1.4.1.2　湿度

湿度影响某些反应，能够加速侵蚀化学反应的速率，湿度的波动还会导致材

质物理形变。相对湿度的变化对文物，尤其是刚出土的文物影响非常剧烈。例如，秦俑彩绘的埋藏环境是有一定含水量的土壤环境，长时间的地下埋藏，已使不同的文物材料处于一个相对稳定的状态，一旦发掘暴露于空气中，湿度环境发生剧烈改变，即导致文物彩绘漆层在短时间内脱水、起甲、龟裂和脱落，如图 1-1 所示（张志军，1998）。陶质、砖石质等文物材料的表面具有疏松多孔的结构，在未配备温度、湿度控制装置的博物馆内，冬季的最低气温低于 0℃时，随着昼夜温差的变化，在文物表面孔隙中的水会产生频繁的冻融作用，使文物材料表面崩解、破碎，产生机械风化。况且，随温度、湿度的波动，水汽会凝结在文物表面，不但增加了文物表面吸附气溶胶颗粒物和腐蚀性气体的能力，还会携带溶解的可溶盐渗入陶质、砖石质材料或彩绘漆层的孔隙中，形成潜在的盐蚀危害。此外，适宜的温、湿环境还易导致微生物的滋长，间接造成对文物的生物腐蚀（Orlita，2004；Pitzurra et al.，2003）。

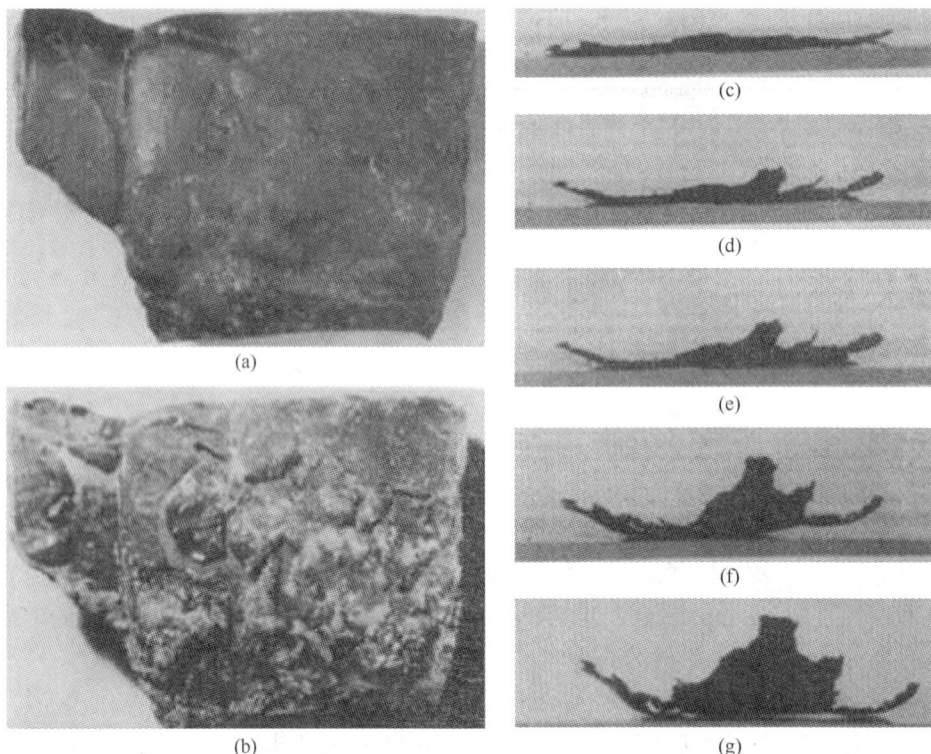

图 1-1　兵马俑彩绘漆层随相对湿度变化发生脱水、起甲、龟裂和脱落（张志军，1998）

（a）兵马俑陶片漆层初始状态；（b）兵马俑陶片漆层脱水后 4min 状态；（c）相对湿度 RH=100%时陶片彩绘漆层的初始状态；（d）相对湿度 RH=60%时陶片彩绘漆层 1min 后的状态；（e）相对湿度 RH=60%时陶片彩绘漆层 2min 后的状态；（f）相对湿度 RH=60%时陶片彩绘漆层 2.5min 后的状态；（g）相对湿度 RH=60%时陶片彩绘漆层 4min 后的状态

1.4.1.3 建筑物气密性

博物馆环境中的大气污染物种类繁多，在室内，污染物通常来源于室内的建筑材料、摆放的物品、陈列设施、室内的人为活动和化学转化，甚至某些文物也会有污染物排放；从室外环境输入的大气污染物主要与人类活动有关，如工业、农业活动和机动车尾气。任何一种大气污染物的室内浓度都是室外污染水平、空气交换速率、室内化学反应产生或消耗污染物的速率以及污染物从室内表面去除速率的复合函数。如果将博物馆建筑物视为单一的、内部混合良好的简单系统，则其室内、外的大气污染物源和汇如图 1-2 所示。

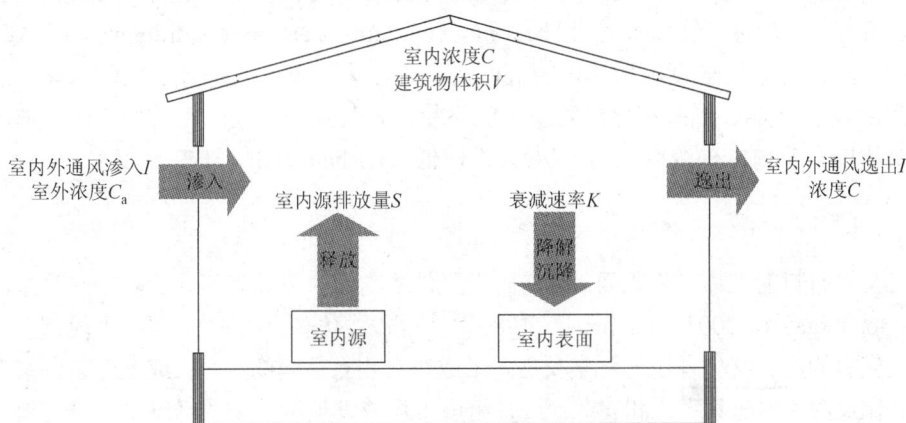

图 1-2　建筑物源和汇的简化质量平衡模型示意图

室内污染物的变化速率，等于室外污染物进入室内的速率、室内污染物的排放速率、室内污染物排出室外的速率和室内污染物的衰减速率之和，即博物馆室内污染物的物质平衡关系可借助式（1-2）表示：

$$V\frac{\mathrm{d}C}{\mathrm{d}t} = S + C_a IV - CIV - KCV \qquad (1\text{-}2)$$

式中，V 为博物馆建筑物室内空间体积（m^3）；I 为空气交换速率（h^{-1}）；S 为室内污染物排放量（mg/h）；C_a 和 C 分别为污染物的室外和室内浓度（mg/m^3）；K 为污染物衰减速率或反应性（h^{-1}）。

博物馆展厅的气密性是其本身作为一种建筑形式的基本属性，它反映室内、外大气的交换状态，展示厅的气密性水平直接影响室内大气组分的浓度水平及变化速率，因此与文物的保存环境息息相关，是评价展厅对文物保护作用的一项重要指标。

气密性包括建筑物内部与外界进行气体交换的能力、阻止外界气体进入的能力及阻止内部气体渗出的能力。气密性研究的方法多样，如加压检漏法、真空检漏法、示踪气体法等，通常用空气交换速率评价其气密性，室内、外空气交换速率（air change rate 或 air changes per hour，ACH）指单位时间内由室外进入室内空气的总量与该室室内空气总量之比，单位为 h^{-1}。ACH 与室内空气质量关系密切，不但直接影响有室内排放源的污染气体的扩散，还影响由室外渗入室内的气体污染物的浓度。在数个博物馆和图书馆内，针对特定污染物的监测研究显示，室内的氮氧化物、过氧乙酰硝酸酯和硝酸的浓度水平与室外相当，并随室外污染物浓度的波动而变化，表明这些建筑物存在较高的室内、外空气交换速率。室内、外空气交换速率还控制由室外渗入室内的大气气溶胶颗粒物的粒径分布，对于一定的空气交换速率，不同粒径范围颗粒物的渗透能力显著不同（Bennett et al.，2006）。此外，对美国南加利福尼亚州九座博物馆和图书馆内特定大气污染物的监测研究显示：加热、通风和空调（heating，ventilation，and air conditioning，HVAC）系统对室内污染物浓度水平的影响甚微，室内污染物浓度近乎等于室外浓度。在三座配备了 HVAC 系统和化学物质过滤系统的博物馆内，仅一座博物馆的室内污染物浓度和室内、外浓度比值（I/O）都较低（Hisham et al.，1991a）。

1.4.1.4 光照

文物材料的破坏过程需要能量，而光照是博物馆内最具破坏性的一个能量来源（Pavlogeorgatos，2003；Thomson，1986）。博物馆内的自然和人工照明手段都会引发大气中的污染气体发生光化学反应，生成对文物有危险的气体；或催化某些材料的氧化反应，加速其劣化和腐败；提升组成木质或纸质等文物的纤维素纤维材料的脆性，并使纸张褪色或变暗；使纸张、漆器和某些颜料降解或褪色（Whitmore et al.，2002）；显著侵蚀每一种天然织物；升高藏品的表面温度，削弱物质强度。

1.4.1.5 噪声和振动

博物馆应尽量避免建在机场、铁路、高速公路和工厂等强噪声和振动污染源附近，而博物馆内的噪声和振动污染源通常包括交通工具、建筑工地、空调或空气净化系统、游客等。噪声和振动会破坏易碎、黏结或组合不牢固、未稳妥放置的藏品，并给游客带来不适感（Pavlogeorgatos，2003）。

1.4.2 大气气溶胶

博物馆室内的大气污染物按存在状态可分为两大类：一类是气溶胶粒子；另一类是气态污染物。

气溶胶是指液相或固相微粒均匀地分散在大气中，形成的相对稳定的悬浮体系。包括土壤尘、海盐、工业粉尘、建筑尘、化石燃料产生的灰尘、生物质燃烧产生的灰尘、植物花粉、微生物细胞（细菌、病毒、霉菌和尘螨等）和二次粒子等。大气科学中通常把"大气气溶胶"和"大气气溶胶粒子"这两个概念等同起来，习惯上均指大气中悬浮的固体颗粒物或液滴粒子（王明星，1999）。

博物馆室内环境大气中气溶胶粒子的特性与文物的腐蚀密切相关，气溶胶中的颗粒物不但会磨损、污染藏品的表面，或成为吸附和氧化某些气态污染物的媒介，而且其酸性组分还可直接侵蚀文物表面材料，富 Fe 或富 Mn 颗粒则是 SO_2 氧化为硫酸的催化剂（Oddy，1994；Nazaroff et al.，1993；Brimblecombe，1990）。与之相关的气溶胶粒子特性包括以下几点。

1.4.2.1 粒径分布

气溶胶是液相或固相微粒均匀地分散在大气中的悬浮体系。通常根据大气悬浮颗粒物和降尘的空气动力学直径对其分类，定义为细颗粒物（$PM_{2.5}$，空气动力学直径小于等于 2.5μm）和粗粒子（PM_{10}，空气动力学直径介于 2.5~10μm），颗粒物的粒径分布决定了其在室内的行为和能够采用何种手段对其进行控制。

颗粒物沉降到室内表面的速率受大气颗粒物浓度及其粒径分布控制，较大的颗粒物受重力作用从空气中沉降出来，细颗粒物受布朗运动作用，某些情况下还受到热迁移驱动，扩散接触到室内任何朝向的表面。粒径介于 0.05~2μm 的细粒子有很小的沉降速率，它们在室内大气环境中会停留长达数天，所以有更多的机会凝聚在一起。相比细颗粒物，粒径大于 10μm 的粗粒子在大气中悬浮停留的时间更短，如果没有强风，它们会在排放源附近就沉降到地面；粒径大于 50μm 的粗粒子在大气中的悬浮时间只有几秒钟，会在重力作用下沉降（Camuffo et al.，1998；Nazaroff et al.，1991；1990）。

一旦微小的颗粒物沉降到室内的表面，它们就很难被彻底清除，较大的颗粒能被气流部分吹走，但微小的有机碳和元素碳（黑碳）颗粒很难被气流驱除，很软的刷子可以用来辅助做进一步的清洁，但是一旦这些微小的颗粒嵌埋入物体表面的纹理中，就会永久地成为纹理结构的一部分。建筑物所安装空气过滤装置的效率也受颗粒物粒径的控制，超细粒子（直径小于 1μm）的清除远比粗粒子困难（Nazaroff，1993；1991；1990）。

1.4.2.2 化学组成

大气中气溶胶颗粒物的物理、化学性质及其归宿取决于众多因素，其中最重要的因素是浓度和粒径分布。颗粒物一旦沉降到文物表面，它们在视觉上对文物外观的影响及其与文物材质的化学相互作用，则取决于颗粒物的化学组成和形貌（Vaughan et al.，2000）。确定颗粒物的化学组成，是判断其室内、外来源的基础，也为文物表面脏污速率的研究及通风除尘设备的安装和设置提供依据。

由于形成机理和传输机制的差异，粗粒子和细粒子的化学组成大不相同。同时，由于动力学过程和化学转化的存在，气溶胶通常包含内部混合的颗粒。内部混合的颗粒和外部混合的颗粒，其光学特性、吸湿性和环境效应都大不相同（Haywood et al.，1995）。对室内、外大气污染物的观测显示，大气粗粒子中不同粒径范围的颗粒物常具有不同的化学组成及特性。约 2μm 或更大粒径的颗粒物常包含土壤尘、道路扬尘和海盐等；而粒径小于 2μm 的细颗粒物多含有机动车排放物、烟炱、硫酸铵、硝酸铵，某些情况下还含有硫酸液滴颗粒。

由于来源不同，气溶胶颗粒物的形状和物理状态也有所不同。凝结形成的气溶胶颗粒物通常以液态存在，并保持球形；地表来源的颗粒物则通常为固体，并具有不规则的形状（Buseck et al.，2000）。燃烧过程既可以产生固态颗粒，又可以产生液态颗粒，它们具有不同的形貌。在很多情况下，具有不规则形状的细粒子来自凝聚过程（Bohren et al.，1991）。

通常在受污染的环境中，包含一定质量粗粒子和细粒子的室外空气通过建筑物的通风系统进入室内，如果对比收集在白色表面（如一张白纸）上颗粒物的外观，那么包含了烟炱和酸性物质的细粒子常表现为黑色的沉积物，而含有土壤尘的粗粒子则显示出棕褐色。如果博物馆需要防止室内展品的脏污，那么必须综合考虑粗粒子和细粒子的影响（Nazaroff，1993；1991）。

1.4.2.3　颗粒物浓度

表征气溶胶最简单的方式，就是测定其颗粒物在单位气体体积内的总数目或总质量，分别称为数量浓度和质量浓度。

在缺少颗粒物过滤系统的建筑物内，室内大气悬浮颗粒物的浓度会与室外处于同一水平，甚至比室外的浓度更高（Chan，2002；Bohren et al.，1991）。通常在大多数博物馆装备的加热、通风和空调系统中，都整合有过滤装置以去除颗粒物，但是颗粒物过滤装置对细粒子的去除效率较低。

1.4.2.4　吸湿性

气溶胶颗粒物的吸湿性与其化合物的亲水性或憎水性紧密相关。当相对湿度增加时，固态的水溶性颗粒由于表面吸收了水分子，而表现为粒径略有增长。当相对湿度到达一个临界值——潮解点时，化合物的饱和溶液与周围环境达到平衡，颗粒物就溶解为一个溶液的小球。

大气环境中气溶胶吸湿最重要的结果是云的形成和沉降的发生。冷空气上升，使其中的水汽达到略微超饱和而凝结形成云。大气中水在环境条件下的凝结是一个完全非均相反应，凝结发生在气溶胶颗粒物上，此时颗粒物就成为了云凝结核（CCN）。颗粒越大，作为云凝结核的活性就越大。

　　因此，理解大气气溶胶颗粒的行为，需要选择适当的测量方法准确表征不同性质的气溶胶颗粒。而保护博物馆室内文物免遭大气颗粒物侵害，就需要控制室内、外与颗粒物有关的空气质量，降低室外颗粒物的渗入和减缓室内颗粒物的沉降和沉积。

　　大气气溶胶对室内文物的损害包含物理、化学和生物三个方面，其主要侵蚀机理包括以下几方面。

　　1）物理作用

　　气溶胶中的土壤尘和含碳物质（如烟炱等）会沉降在文物表面形成降尘，覆盖、磨损或污损文物的色彩和纹理，使文物表面变黄或变黑（Yoon et al.，2000），粗粒子和细粒子都会遮盖文物表面的原有细节（图1-3），产生脏污和褪色，影响其美学观赏价值和视觉效果（Brimblecombe，1990；Baer et al.，1985；Thomson，1965）。文物表面越是易碎、多孔或易受磨损，沉降在其表面的颗粒物就越难以清除，所以控制室内大气悬浮颗粒物就更利于控制文物表面的脏污污染。

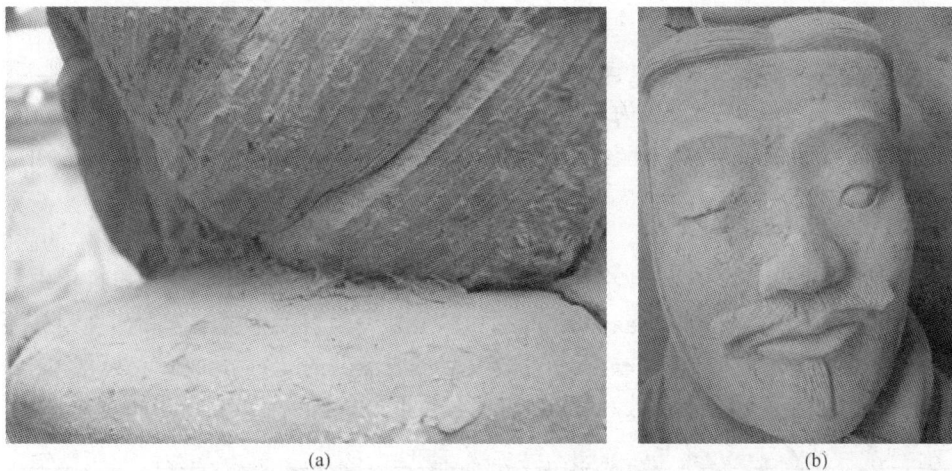

(a)　　　　　　　　　　　　　　　　　　　　　(b)

图1-3　秦俑馆一号坑降尘覆盖（a）、污损文物表面（b）

　　大气颗粒物的长期沉降造成博物馆藏品表面脏污后，彩绘、雕塑、石质文物表面积累的暗色沉积物需要清理或清洗，这些处理过程不但花费不菲，清洁操作和清洗剂的使用还会给文物带来进一步的研磨磨损和化学腐蚀等损害，并且某些细致或古老的表面纹理在受到降尘脏污后，根本无法得到有效清洁，尤其是沉积物结块凝结在一起后。

　　大量在国际上具有重要地位的石窟完全暴露在外部空气中。以中国大同附近的云冈石窟为例，云冈石窟中有上万件雕塑，其中许多都带有彩绘。风吹来的沙尘、人为来源的烟尘颗粒物、以及这一中国最大的煤矿区所排放的气态污染物，都能在没有任何物理性防护的情况下直接进入洞窟中（Christoforou et al.，1996a；1996b）。研究者描述了污染的严重性："洞窟内许多雕塑的表面被大约 1/4 in（1in=2.54cm）的灰色颗粒物覆盖，这些颗粒物来自大气沉积过程。除非这一严重的颗粒物沉积现象能得到缓解，否则洞窟内任何对雕塑的保护和保存都是徒劳，因为无法阻挡颗粒物不断的研磨及可能的化学反应。"（Camuffo et al.，1998）

　　2）化学作用

　　大气颗粒物的沉降不仅会玷污博物馆藏品的表面，某些化学物质的沉积还会对藏品产生化学侵蚀。室内的碱性颗粒物，如新建筑物中的水泥释放的尘土会侵蚀展品表面；光化学烟雾产生的酸性颗粒物会加速金属表面的腐蚀（Baer et al.，1985）。从室外渗入的细粒子中，会对文物材料形成潜在侵蚀的主要是有机碳、地壳元素颗粒物和硫酸盐、硝酸盐等，它们由排放源直接排放到大气中，或由二次大气化学反应生成（Tétreault et al.，2003）。

　　由于气溶胶颗粒物相对较大的表面积提供了极好的反应场所，在传输和沉降过程中部分颗粒物会不断地参与化学转化。吸湿性、油性或金属化合物颗粒沉降到文物表面，会激发或加速有害酸性化合物的形成。由于细粒子会容留在文物表面的裂隙中，所以 $PM_{2.5}$ 成为对文物威胁最大的粒子。清除和控制室内的细粒子，不但可以显著降低趋向于凝聚成核的气态污染物，还能降低被吸附在颗粒表面的气态污染物水平。

　　大气气溶胶中酸性组分（如硫酸盐、硝酸盐及小分子有机酸等）在一定的温、湿环境下与文物材料表面或者矿物颜料发生酸化学反应，在长期的积累过程中，风化、腐蚀、破坏文物（Nazaroff，1993）；另外，气溶胶中碳组分和酸性组分还可与石质文物（如大理石 $CaCO_3$）表面反应形成黑壳（black crust）或灰壳（grey crust），进一步腐蚀文物（Sabbioni，2003；Ghedini et al.，2000）（图1-4）。

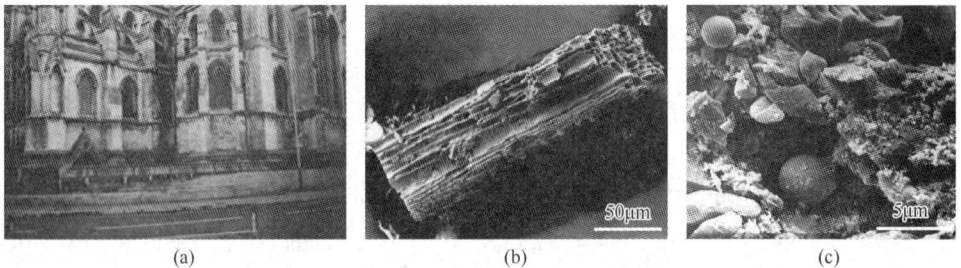

图1-4　大气气溶胶酸性组分侵蚀文物表面

法国 Cluny 博物馆石质建筑表面形成的黑（灰）壳（a），电子显微照片显示其中含有焦炭（b）和飞灰球（c）（Del Monte et al.，2001）。

气溶胶中铁、锰元素会催化低价含硫化合物（如 SO_2、H_2SO_3、SO_3^{2-}）转化为高价含硫化合物（如硫酸 H_2SO_4 和硫酸盐 SO_4^{2-}）（反应式（1-3）和图 1-5），增强与文物表面的化学反应（Brandt et al.，1995）。

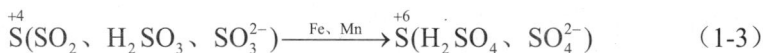

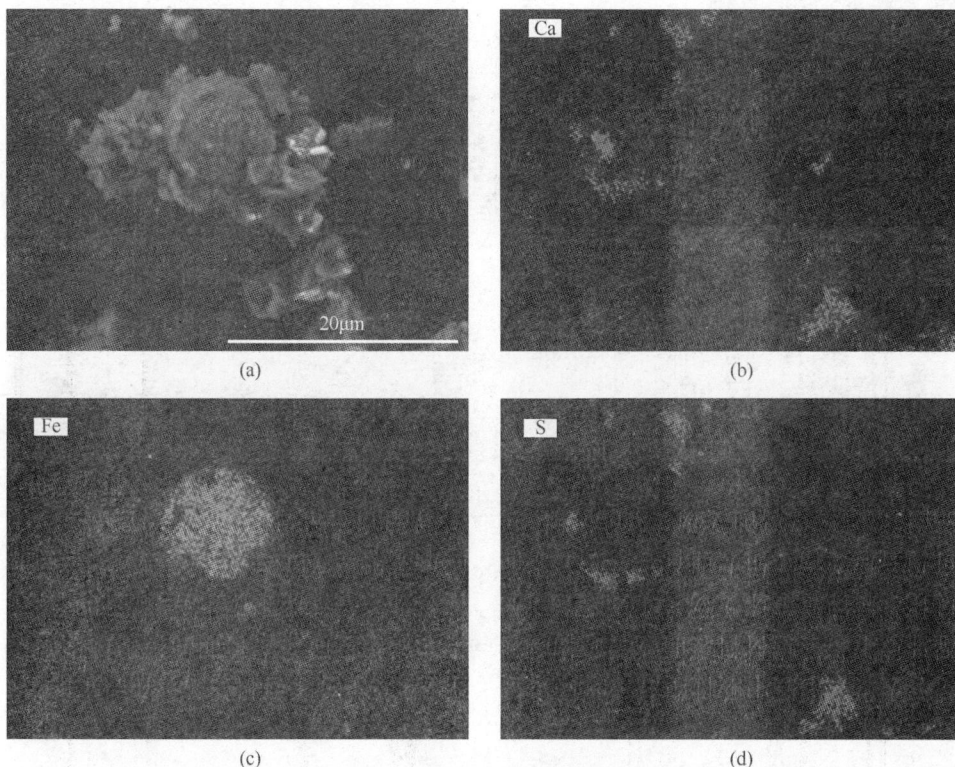

$$\overset{+4}{S}(SO_2、H_2SO_3、SO_3^{2-}) \xrightarrow{Fe、Mn} \overset{+6}{S}(H_2SO_4、SO_4^{2-}) \qquad (1-3)$$

图 1-5　秦始皇兵马俑博物院一号坑展厅内采集大气气溶胶粒子的 SEM-EDX 谱图

（a）大气气溶胶粒子的扫描电子显微镜二次粒子成像（SEM）照片，显示此粒子为多个细微颗粒组成的聚集体；（b）、（c）和（d）分别为 X 射线能量散射谱仪面扫描（EDX X-Mapping）得到的钙、铁、硫元素分布谱图，显示含铁飞灰球周围分布有数个细小的硫酸钙颗粒（Hu et al.，2011）

气溶胶中会对文物产生盐蚀侵害的粒子分为不溶性盐和可溶性盐两类。不溶性盐包括碳酸盐、硫化物和磷酸盐等，它们并非完全不溶，只是需要几天或几周时间才会溶解。不溶性盐会导致文物的污损，常常需要在污损部位取样分析才能辨识，文物的污损也往往需要修复才会还原（Zehnder et al.，1989）。

博物馆室内外文物表面的可溶性盐包括氯化物、硝酸盐和硫酸盐等，其中的 $(NH_4)_2SO_4$、NH_4NO_3、$CaSO_4$ 等组分会侵蚀陶器、瓷器、骨质、象牙、玻璃质或石质文物，酥解文物的光泽面或釉面（Brimblecombe，1990）（图 1-6）。多孔文物表面的可溶盐，无论是大气气溶胶粒子远距离输送后沉降在室内，还是特定环境条件下文物材料表面化学反应和物质迁移的结果，都会随温度和湿度的波动发生结晶、水合、溶解、渗透、再结晶和热膨胀等综合作用，对文物形成潜在的长期盐蚀侵害，导致物理风化。

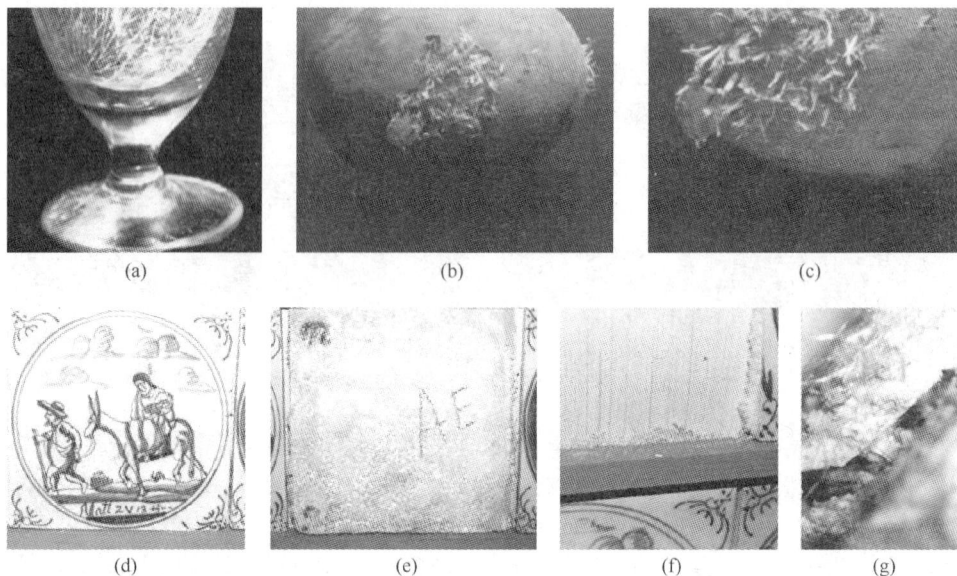

(a) (b) (c)

(d) (e) (f) (g)

图 1-6　文物受到盐蚀侵害

（a）苏格兰国立博物馆内出现乙二酸钠结晶的钠钾玻璃质酒杯（Robinet，2005）；（b）、（c）公元前 650 年塞浦路斯制作的陶罐表面出现盐蚀风化（Halsberghe，2001）；（d）～（g）荷兰博物馆展柜内出现盐蚀风化的釉面瓷砖（Linnow，2007）

3）生物作用

大气气溶胶粒子同时还是各类微生物的载体，霉菌通过大气气溶胶的传播，引起文物霉烂、腐朽（Sanchez-Moral，2005；Krumbein et al.，1991）（图 1-7）。

(a) (b)

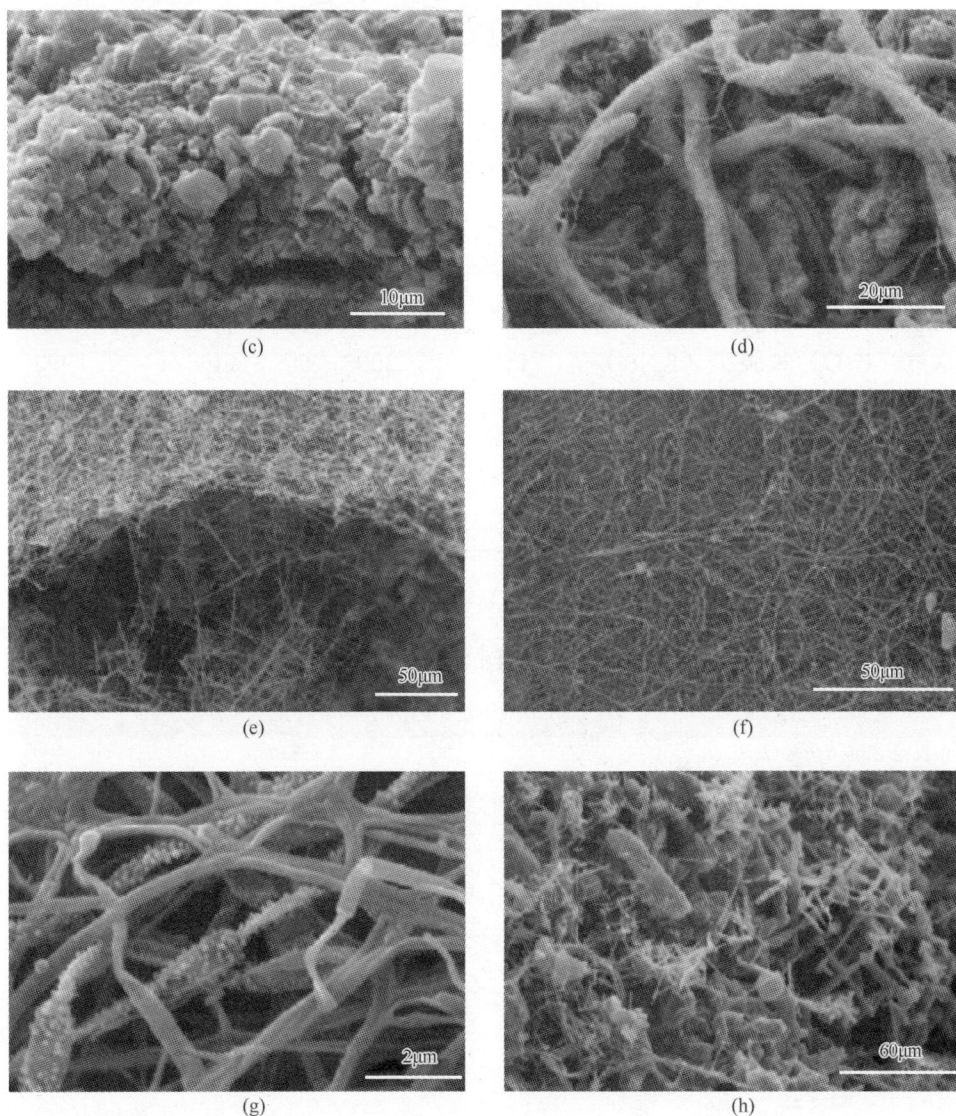

图 1-7　霉菌侵蚀文物

环境扫描电镜（ESEM）图像显示不同类型生物膜的微观细节
（a）绿色生物膜的外表面；（b）蓝细菌鞘周围的方解石沉积物；（c）从灰泥表面分离的薄层绿硅藻生物膜；
（d）蓝细菌和放线菌生成的绿色生物膜；（e）伴有密集针状方解石晶体网的白色生物膜；（f）白色生物膜外表面
的细节；（g）白色生物膜内部区域的长纤维（伴有碳酸钙内核）；（h）白色生物膜内部（球形颗粒、针状方解石晶
体、带有小珠的长纤维）（Sanchez-Moral，2005）

微生物对文物的腐蚀主要依靠自身分泌的各种酶实现，微生物酶具有很强的催
化作用，可形成生物催化剂，破坏有机质文物，如纸、麻、棉、丝、竹、骨、毛
等（Orlita，2004；Pitzurra et al.，2003；Krumbein et al.，1991）。也可在一定温度

和湿度环境下形成霉菌（mold），侵蚀土遗址（张志军，1998）。此外，部分害虫亦通过取食、蛀损破坏文物。

1.4.3　气态污染物

能够对室内环境中的文物造成损害的气态污染物有许多种，其中威胁最广泛、危害最大的主要包括硫氧化物（SO_x）、还原性含硫气体（S^{2-}）、氮氧化物（NO_x）、臭氧（O_3）和过氧化物（ROOR）、醛（RCOH）和羧酸（RCOOH）、水汽（H_2O）和胺类（RNR）等（Tétreault，2003；De Santis et al.，1992；Briblecombe，1990；Baer et al.，1985），表 1-2 是这些主要气态污染物的来源和潜在危害。

表 1-2　博物馆室内主要气态污染物的来源和危害（Tétreault，2003）

污染物	危害	室内、外来源
硫氧化物（SO_x） 　　二氧化硫与空气中的水汽反应，生成亚硫酸（H_2SO_3）和硫酸（H_2SO_4）；室外高湿度下的酸性气体与悬浮超细雨滴或气溶胶结合，形成酸雨；室内酸性气体发生相似的反应，沉降在表面	影响颜料或水基染料，使彩绘颜料变色、褪色； 导致铜、银、青铜合金和铝等金属受到不可逆转的腐蚀； 被纤维物质吸收，发生催化水解和降解，使纸张酸化或织物脆化、强度减弱； 酸化反应破坏动物皮肤的分子结构，导致皮革和羊皮纸表面粉化和脆化； 侵蚀照片材料的银盐，导致图像暗化； 侵蚀石灰石、大理石和白云石等石材，以及其他含有碳酸盐的贝壳、黏土、瓦片和瓷砖等，破坏雕像、历史性建筑、陶和低温烧制瓷器的表面	**室外源** 自然来源： 　海洋生物活动和火山活动； 　硫化氢的大气化学反应：H_2S 被氧气迅速氧化为 SO_2 和 H_2SO_4 人为来源： 　含硫化石燃料（煤、汽油和柴油等）的燃烧； 　纸浆和造纸工业过程、水泥工业、石油精炼等，烟火燃放 **室内源** 　用于室内厨灶、加热的含硫燃料、木材燃烧； 　硫化橡胶等含硫材料的降解
还原性含硫气体（S^{2-}） 　　硫化氢（H_2S）带有臭鸡蛋气味，在温泉和废水处理厂常可闻到；对人体有毒性，在 ng/m^3 浓度即可检出；博物馆藏品可受极低浓度（pg/m^3）还原性硫化物的影响	铅白颜料褪色、变暗； 腐蚀铜器和银器，与 NO_2 协同侵蚀锌制品； 侵蚀照片材料的银盐，导致照片漂白； 侵蚀室内的石质材料； 导致皮革和羊皮纸的表面粉化和脆弱； 侵蚀未成熟的植物组织、解剖学切片等	**室外源** 自然来源： 　火山活动、地热温泉、海洋活动、生物质燃烧； 　沼泽、土壤、湿地的生物活动或有机降解腐败 人为来源： 　燃料和煤的燃烧；聚硫基密封剂老化、石油精炼、纸浆和造纸工业 大气化学： 　羰基二硫化物的氧化生成硫化氢和羰基硫化物 **室内源** 　含有黄铁矿（FeS_2）材料的藏品和器物；浸水物品中硫酸盐还原菌释放；展柜材料、黏结剂、羊毛地毯等地板材料释放；电弧焊接等建筑活动

续表

污染物	危害	室内、外来源
氮氧化物（NO$_x$） NO$_x$ 是氧化亚氮（NO）和二氧化氮（NO$_2$）的集合。无色的 NO 是主要的机动车排放污染物，它与其他大气化学物质反应，生成包括 NO$_2$ 在内的多种具有反应活性的含氮化合物，NO$_2$ 有刺激性、呈红棕色，是光化学烟雾的重要组分	腐蚀铜器和银器； 使带有颜色的纤维褪色、颜料变色； 降解纤维，腐蚀皮革、织物和纸张； 侵蚀照片材料； 与 H$_2$S 协同侵蚀锌制品； 与 NO$_2$ 协同增强 SO$_2$ 对皮革、金属和石质的侵害	**室外源** 自然来源： 　闪电、生物活动，如土壤微生物、植物排放和生物质燃烧；农业施肥 人为来源： 　机动车或电厂的化石燃料燃烧；烟火燃放 **室内源** NO：空气加热器、照明、烟草燃烧、木材燃烧； NO$_2$：硝酸纤维素降解、与 NO 相同的来源、大气中 NO 的氧化（主要来源）； HNO$_3$：大气中或材料表面 NO$_2$ 的氧化
臭氧（O$_3$） 强氧化性物质，破坏有机物质碳架结构的碳碳双键，并氧化 NO$_x$ 等为相应的酸、羟基自由基，直接影响人员、器物和植物的安全 **过氧化物（ROOR）** 由于含有氧-氧双键，极具氧化反应活性	氧化含有双键的有机物； 使颜料、染料和彩绘褪色； 侵蚀照片材料； 腐蚀纸张； 氧化挥发性有机物为醛或羧酸； 照片漂白、颜料褪色； 促使有机物和气态污染物氧化	**室外源** 对流层臭氧是一种主要的由汽车和工业排放生成的二次污染物 **室内源** 电器（空气净化器、静电除尘装置、激光打印机、复印机）； 电弧、紫外光源、照明 **室外源** 二次污染物，由氮氧化物和烃类、挥发性有机物和羰基化合物反应生成；酒精-汽油混合燃料燃烧的副产品 **室内源** 有机物降解，微生物活动、油基颜料、木质产品排放
醛和羧酸（RCOH；RCOOH） 有机羰基化合物对材料的侵蚀主要来自于甲醛（HCHO）和乙酸（CH$_3$COOH）	腐蚀非惰性金属，如含铅青铜和铜合金；腐蚀碱基金属，如铅、铜和银等；以及镀镉、铅、镁、锌器物； 盐蚀含碳酸钙材料、盐蚀含钠玻璃，导致颜料上产生污点、纸张变黄	**室外源** 大气化学： 　汽车和工业排放气体发生大气化学反应生成的二次污染物；湿沉降。 自然来源： 　植物排放；生物质燃烧；有机物的生物降解 **室内源** 室内气相化学反应 黏结剂、清洁剂、木质产品、臭氧发生器、微生物活动的排放； 气体燃烧、烟草燃烧、蜡烛燃烧、烹饪；有机物降解
水汽（H$_2$O） 水汽（相对湿度）是博物馆内至关重要的环境参数。湿度不但使藏品直接发生物理性状变化，也影响腐蚀和降解的速率，还与大多数化学反应有关	加速有机物的水解反应； 加速金属材料的腐蚀； 加速氮氧化物对照片材料的腐蚀； 导致含碳酸钙材料表面的盐蚀； 颜料的光化学氧化	**室外源** 室外大气（高湿度）和水体湿气的渗入 **室内源** 游客； 水基颜料和黏结剂； 湿式清洁活动； 室内水槽、喷泉

续表

污染物	危害	室内、外来源
胺类（RNR） 　　此类碱性化合物主要由氨气衍生化而来，如对藏品的危害最大的铵离子，即为氨气与水反应生成的	与含有硝酸纤维素的材料反应，生成铵盐； 铵盐腐蚀铜、镍、银、锌等金属； 形成橡胶上的污点； 有硫酸盐和硝酸盐时在表面形成白色沉积物	**室外源** 自然来源： 　农业：施肥和牲畜排泄物； 　生物降解：垃圾填埋气和地下细菌活动排放 工业来源： 　化肥工业 **室内源** 碱性硅树脂密封剂、水泥、乳状黏结剂、油漆、家用清洁剂、游客排放

　　文物的材料特性和腐蚀性气态污染物的种类及存在状态，决定了文物材料的大气腐蚀模式（Lopez-Arce et al.，2009；Böke et al.，2006；Cultrone et al.，2005；Lopez-Arce et al.，2005；Cultrone et al.，2004；Elert et al.，2003；Lopez-Arce et al.，2003）。许多气态污染物本身就对文物具有腐蚀性，可直接参与与文物材料发生的化学反应，如二氧化硫、氮氧化物与空气中水汽结合形成硫酸（H_2SO_4）或硝酸（HNO_3）后，腐蚀金属或含钙质的文物；二氧化硫、还原性含硫化合物、卤化物和某些有机酸会锈蚀铜、铅、银和锡质的金属文物。

　　兵马俑博物馆大气中的二氧化硫即被发现与彩绘漆层原料磷灰石或降尘颗粒物发生了酸化学反应，生成磷酸二氢钙和硫酸钙的混合物——过磷酸钙，反应如式（1-4）～式（1-6）所示（Hu et al.，2009a）。

$$Ca_3(PO_4)_2 + 2H_2SO_4 \longrightarrow 2CaSO_4 + Ca(H_2PO_4)_2 \tag{1-4}$$

$$2Ca_5(PO_4)_3 \cdot F + 7H_2SO_4 \longrightarrow 7CaSO_4 + 3Ca(H_2PO_4)_2 + 2HF \tag{1-5}$$

$$2Ca_5(PO_4)_3 \cdot OH + 7H_2SO_4 \longrightarrow 7CaSO_4 + 3Ca(H_2PO_4)_2 + 2H_2O \tag{1-6}$$

　　对历史性建筑物表面黑壳的研究也发现，黑壳中的主要成分硫酸钙与周围工业或城市区域大气的二氧化硫密切相关（Giavarini et al.，2008；Sabbioni et al.，2001；Camuffo，1998）。对含钙硅酸盐与硫酸反应机理的研究（Cultrone et al.，2000）发现，在 $1120mg/m^3$ 的二氧化硫存在时，经过短短的 24h 就形成了硫酸盐壳；甚至在方解石（$CaCO_3$）含量很低（$\omega_{CaCO_3} < 10\%$）的含硅酸盐基质表面，也有硫酸盐壳生成。大气二氧化硫氧化形成的硫酸能够腐蚀含钙表面，如钙硅石（$CaSiO_3$）、钙黄长石（$Ca_2Al_2SiO_7$）和钙长石（$CaAl_2Si_2O_8$）等，导致石膏晶体形成（Simão et al.，2006；Sabbioni et al.，2001）。因此，含钙文物的表面也可发生硫酸盐化反应，反应机理方程如式（1-7）～式（1-11）所示（Hu et al.，2009b）。

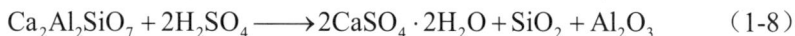

$$CaSiO_3 + H_2SO_4 + H_2O \longrightarrow CaSO_4 \cdot 2H_2O + SiO_2 \tag{1-7}$$

$$Ca_2Al_2SiO_7 + 2H_2SO_4 \longrightarrow 2CaSO_4 \cdot 2H_2O + SiO_2 + Al_2O_3 \tag{1-8}$$

$$CaAl_2Si_2O_8 + H_2SO_4 + H_2O \longrightarrow CaSO_4 \cdot 2H_2O + 2SiO_2 + Al_2O_3 \tag{1-9}$$

$$CaCO_3 + H_2SO_4 + H_2O \longrightarrow CaSO_4 \cdot 2H_2O + CO_2 \qquad (1\text{-}10)$$

$$CaMg(CO_3)_2 + 2H_2SO_4 \longrightarrow CaSO_4 + MgSO_4 + 2H_2O + 2CO_2 \qquad (1\text{-}11)$$

此外，某些气态污染物还会形成二次气溶胶污染，是硫酸盐、硝酸盐和铵盐等二次粒子的重要前体物（Tétreault，2003），二次粒子中带有结晶水的硫酸钙（$CaSO_4 \cdot 2H_2O$、$CaSO_4 \cdot 0.5H_2O$）等随温度和湿度的波动，发生反复的重结晶，导致文物腐蚀、酥解和破坏（Crawshaw，1978）。

博物馆环境存在的气态污染物不仅对文物的保存、保护极为不利，也会对游客的身体健康构成负面影响（Spengler et al.，1985；Dockery et al.，1981）。而大气腐蚀性气体浓度的变化趋势，和气体相关源头的活动密切相关，在很多情况下，特定气体的浓度变化反映了自然和人类活动排放源的强度变化。因此，研究博物馆室内气态污染物的来源、排放总量、生成机理和化学转化，是文物保存、陈列环境和游客参观环境评价与控制的主要依据。普遍影响文物保存环境的气态污染物包括以下几种。

1.4.3.1 二氧化硫

使用煤炭或石油等化石燃料的电厂是二氧化硫（SO_2）的首要排放源，其次是工业活动和交通排放，其中以汽油作为燃料的汽车排放只占较小的部分（表 1-3）。一定程度上，二氧化碳、二氧化硫和二氧化氮的排放趋势反映了不同区域的工业发展状况，地域的差别也很容易通过计算硫的排放量确定。某些区域已经采用了大量的空气污染控制技术，能很好地将二氧化硫的排放控制到较低的水平，目前在中国、东欧和美国中部仍存在很高的二氧化硫排放趋势。二氧化硫在城市中的浓度变化范围很大，在不同城市间二氧化硫的浓度差别也很大，许多情况下二氧化硫比其他大气腐蚀性气体的浓度都高。

表 1-3　大气中二氧化硫的来源和消耗（Benkovitz，1996；1994）

来源		通量/（TgS/a）	消耗	通量/（TgS/a）
自然界的产量	火山	9（可变的）	干沉降	35
人类活动产量	化石燃料燃烧	60	SO_4^{2-} 转换（在气溶胶粒子中）	30
	工业（熔炼）	5	与·OH 自由基的反应	11
	生物质燃烧	2	湿沉降	<1
总产量		76	总消耗量	76

注：$1Tg=1 \times 10^{12}g$；TgS/a 是指每年 SO_2 通量中 S 的质量。

含硫的化石燃料燃烧、金属的冶炼过程，都会产生和释放二氧化硫。许多金属的获得，就是将它们的含硫化合物进行熔炼，高温下加热矿石，同时释放出 SO_2：

$$MS \xrightarrow{\quad O_2 \quad} SO_2\uparrow + M \qquad (1\text{-}12)$$

二氧化硫中等程度地溶于水，一定量的二氧化硫可被气溶胶粒子吸收，并在气溶胶粒子上被氧化成硫酸根离子（SO_4^{2-}）：

$$SO_2(g) \longrightarrow SO_2(aq) \longrightarrow \text{几步反应} \longrightarrow SO_4^{2-} \qquad (1\text{-}13)$$

当二氧化硫在材料表面沉积时，也会发生和上述过程本质相同的反应，二氧化硫分子和羟基自由基发生反应，发生如下的气相过程，生成硫酸（H_2SO_4）：

$$SO_2(g) + \cdot OH \longrightarrow HSO_3 \cdot \longrightarrow \text{几步反应} \longrightarrow H_2SO_4 \qquad (1\text{-}14)$$

硫酸快速地溶解在可能的水相中，发生电离，并不断重复这一过程，产生腐蚀性组分硫酸根离子。

二氧化硫是组成酸沉降最主要的化合物，在酸沉降水平较高的地域，建筑结构、室外的纪念碑，甚至生态系统，都会受到一定程度的破坏。因此，二氧化硫是最重要的大气腐蚀性气体。在文物表面存在金属离子或盐类化合物时，二氧化硫（SO_2）被氧化成酸的形式（H_2SO_4）。

1.4.3.2 氮氧化物

将二氧化氮（NO_2）作为氮氧化物家族（NO_x）的主要化合物是为了便于监测，因为许多监测方法不加区别地测定二氧化氮和氧化亚氮（NO）的总量。在这些方法中，或者吸附在吸附剂上的氧化亚氮被氧化为二氧化氮后进行测定；或者因化学发光分析的需要，直接用臭氧将氧化亚氮氧化为二氧化氮。

二氧化氮主要的大气排放源是汽车、电厂和工业生产中化石燃料的燃烧，农田里的生物质燃烧也同样重要，土壤里的化学过程和光照也会产生二氧化氮，如表1-4所示。近年来随着发达国家采取各种大气污染物控制手段，大气中二氧化硫的排放显著下降，而氮氧化物的排放只略微降低。二氧化氮人类活动源和二氧化碳相近，所以其空间释放量的分布也类似：北美、欧洲和东亚、南亚在释放图中占统治地位。在城市区域，发生急剧的光化学烟雾期间，二氧化氮的浓度可高达$615\mu g/m^3$。

表1-4 大气中二氧化氮的产量和消耗（Benkovitz，1994）

来源		通量/（TgN/a）	消耗	通量/（TgN/a）
自然界的产量	光照	5～10		
	生物活动的释放	1～7		
人类活动产量	化石燃料燃烧	21	与·OH自由基反应	38～49
	生物质燃烧	9		
	土壤施肥	2		
	工业过程	<1		
总产量		38～49		

注：$1Tg=1\times10^{12}g$；TgN/a 是指每年 NO_2 通量中 N 的质量。

二氧化氮主要来自高温燃烧，燃烧过程中氧化亚氮首先形成，然后快速被周围的臭氧分子氧化：

$$N_2 + O_2 \xrightarrow{\triangle} 2NO \xrightarrow{2O_3} 2NO_2 \tag{1-15}$$

在与大气酸沉降有关的各种大气污染气体中，二氧化氮仅次于二氧化硫，排在第二位。二氧化氮很难溶于水，所以不会在水滴或表面上发生明显的损失，唯一的损失来源于和氢氧基发生气相反应形成硝酸（HNO_3）：

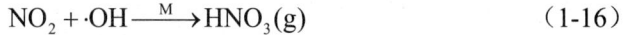

$$NO_2 + \cdot OH \xrightarrow{M} HNO_3(g) \tag{1-16}$$

这里，M 指能够带走多余能量的第三类气相。硝酸极易溶解于水，与气溶胶粒子、云滴结合；或通过干沉降和湿沉降，在大气中消失，形成氨气。二氧化氮是主要的酸沉降前体物，部分二氧化氮在大气中被氧化为硝酸；二氧化氮气体也可被文物表面吸附，之后被氧化为硝酸。二氧化氮和硝酸沉降到文物表面，都会造成纸张、颜料、鞣制皮革和石质等文物材料的降解衰败。

1.4.3.3　氨气

室外环境中氨气（NH_3）的主要来源是家畜、农业和施肥活动，自然生态体系和海洋表面也释放出一些氨气，但是全球氨气循环主要受控于人类活动（表 1-5）。农业相比于工业，是更重要的氨气释放源，包括动物排泄物、合成肥料、农田释放等，清理农田时的生物质燃烧也很重要，家畜是最大的单一氨气释放源。在博物馆室内环境中，高浓度的氨气来自大量的游客；而周期性的氨气峰值常常来自清洁剂的使用（如玻璃清洁剂）。

表 1-5　大气中氨气的产量和消耗

来源		通量/（TgN/a）	消耗	通量/（TgN/a）
自然界的产量	海水表面	8.2		
	生态系统	2.4		
	野生动物	0.1	NH_4^+ 转换（在气溶胶粒子中）	24.9
人类活动产量	家畜	21.6	干沉降	14.8
	合成肥料	9.0	湿沉降	7.0
	生物质燃烧	5.7	NH_4^+ 转换（在云凝结核中）	4.6
	人类排泄物	2.6	与·OH 的反应	2.2
	田地	3.6		
	工业	0.2		
	化石燃料燃烧	0.1		
总产量		53.5	总消耗量	53.5

注：$Tg = 1 \times 10^{12} g$；TgN/a 是指每年 NH_3 通量中 N 的质量。（Bouwman et al.，1998；1997；Dentener et al.，1994）

氨气是大气中唯一呈现碱性的气体，是其他几种酸性气体的平衡物。氨气是极性分子，水也是极性分子，而且氨气分子跟水分子能形成氢键，发生显著的水合作用，所以，氨气极易溶解于水，有很高的溶解度（体积比 1：700），它会以很快的速度消失在气溶胶粒子和云滴中，这就是湿沉降的过程，最后的产物将会和氧化的二氧化硫结合，生成硫酸铵$(NH_4)_2SO_4$。经过这些去除过程，氨气仍保留在大气中，只不过存在于一个新的相中。氨气的高溶解度，导致大气中氨气浓度显著变化，在城市区域，其浓度在 $0.8\sim38\mu g/m^3$ 变化。而氨气通过沉积在地球的表面，使其含量在大气中减少的过程，称为"干沉降"，此时气体分子遇到材料表面而被吸附。

在博物馆室内环境中，绝大多数与氨气有关的损害都与铵盐有关，铵盐会沉积并侵蚀文物表面，或形成白色的沉积物。这些铵盐是氨气和硫酸盐、硝酸盐等化合物凝聚形成的，如果室内的二氧化硫、二氧化氮、细粒子和相对湿度得到有效控制，那么氨气的损害能够降低到可忽略的程度。

1.4.3.4 臭氧

自然界的臭氧（O_3）是一种强氧化剂，通常存在于大气的同温层，保护我们免受强烈的紫外线侵害。在地表（数百米高度内）范围，臭氧产生于光化学烟雾，是在太阳辐照条件下，氮氧化物与烃类化合物及其衍生物发生多种化学反应过程中产生的。在建筑物内部，臭氧主要来源于通风空调系统内的静电除尘装置、电空气消毒器（臭氧发生器）和复印机等。

几十年来，大气中的臭氧分子浓度在很多监测站点被跟踪检测，其变化与氮氧化物和挥发性有机碳化合物的排放密切相关，而这两种物质都与化石燃料的燃烧有关。在化石燃料消耗较大的地区，尤其是汽车的大量使用，加上足量的日光照射，促进了大气光化学反应的进行，臭氧分子的浓度会快速升高。对于某些热带或中纬度城市，在过去的 20～30 年，抽样的浓度升高了两倍或三倍。

发生在大气中的气体转换主要通过羟基自由基（·OH）或臭氧分子（O_3）诱发，它们不从自然或人类活动的源头直接排放，而是大气光化学反应的产物。其主要的源反应，是二氧化氮（NO_2）光分解后，与分子氧的结合：

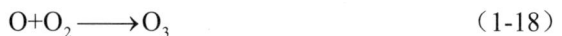

$$NO_2 \xrightarrow{\text{可见光和紫外光}} NO + O \tag{1-17}$$

$$O + O_2 \longrightarrow O_3 \tag{1-18}$$

城市大气中的臭氧水平随着清晨交通高峰的来临而开始升高，这是因为交通排放中含有大量的臭氧前体物。在强烈太阳光辐照下，臭氧水平在下午时达到最高值。除了化学前体物，气象条件是影响地表臭氧水平的主要因素，包括太阳光辐照、降雨、风速和风向，强烈太阳光辐照导致的表面高温，比前体物的浓度更能影响臭氧的峰值，在北美和中欧的一些国家，光化学烟雾就多发生在夏季。

大气中臭氧的一小部分会溶解在材料表面的水滴内形成氧化剂，它具有化学活性，能够参加很多化学反应。理论上，臭氧会腐蚀所有包含双键的有机物，而使材料降解、颜料褪色。

此外，臭氧在大气腐蚀过程中存在联合作用。例如，O_3 的加入会明显增大 SO_2 的沉积速率；此外，O_3 的消耗速率在有 SO_2 存在时也非常高。式（1-19）表明溶解的气体按化学式计量组成发生反应并形成硫酸氢根离子：

$$HSO_3^- + O_3 \longrightarrow HSO_4^- + O_2 \tag{1-19}$$

1.4.3.5　水汽

与浸于液体中的材料腐蚀不同，无论在非遮雨条件下的室外环境，还是在遮雨条件下的室内环境，大气腐蚀都会发生。视环境湿度的不同，所形成的水膜也具有不同的厚度，因此大气腐蚀也存在不同的形式。多数情况下，在潮湿的大气腐蚀过程中，水气混合了大气污染物形成几乎不可见的薄层水膜；而湿润条件下的大气腐蚀，需要有雨水或其他形式的较大量的水与大气污染物共同存在，形成肉眼可见、相对较厚的水膜（Leygraf et al.，2000）。

水相不仅是电化学反应的介质，而且可以溶解大气中的化学物质（气态的或颗粒态的）。已知的能影响大气腐蚀速率的气体物质包括 NO_2、SO_2、HCl、H_2S、CO_2、NH_3、O_2、O_3、H_2O、$HCHO$ 等气体以及 $NaCl$、$(NH_4)_2SO_4$、NH_4HSO_4、NH_4Cl、Na_2SO_4 等颗粒物质，这些物质与水结合和沉积过程也涉及他们与表面的碰撞或向表面的扩散。

气体组分溶解在水中引起许多化学和电化学反应，也可能使挥发性的反应产物从水相中逸出而进入空气，其中重要的化学反应包括 SO_2 转变成 H_2SO_3 或 H_2SO_4、NO_2 转变成 HNO_3 以及这些酸的分解反应。

$$SO_2(aq) \longrightarrow H^+ + HSO_3^- \tag{1-20}$$

1.4.4　土壤和地下水

土壤是自然环境要素的重要组成之一，它是处于岩石圈最外面的一层疏松部分，具有支持植物和微生物生长繁殖的能力，还具有同化和代谢外界进入土壤物质的能力（李天杰等，2004）。土壤环境是一个多分散和多孔的体系，由固相（土壤矿物质、土壤有机质）、液相（水分及水溶物）和气相（空气）三部分组成。遗址博物馆的文物藏品通常在遗址发掘现场就地保存和展示，因此文物、遗址和历史性建筑不可避免地与现场的土壤和地下水环境发生直接或间接接触，使文物面临盐分表聚、盐蚀、淋溶和剥蚀的威胁。影响文物侵蚀过程的土壤理化特征包括土壤的质地、组成和可溶盐含量、土壤的含水量、渗透特性、地下水的水力剥蚀和搬运特性、微生物的滋生，以及入渗、蒸发条件下的土壤水溶盐离子的溶解、毛细迁移、渗透、吸附交换和结晶规律等（Benavente et al.，2007；Cardell，2003）。

土壤水是指存在于土粒表面和土粒间空隙中的水，即能够在105～110℃从土壤中驱逐出来的水分，不包括化合水和结晶水。作为土壤组成物质，水分是土壤物质迁移和运动的载体，也是土壤能量转化的重要物质基础。正是由于土壤水分的不断运动，使有机物和无机物在土壤剖面中不断地迁移与转化。土壤水的运动趋势受土壤含水量大小影响，但不是绝对的，因为土壤水的运动主要受土水势的影响。例如，黏土的土壤含水量为20%，沙土的土壤含水量为15%，两土样接触，土壤水由砂土向黏土移动。

当土体中存在盐分时，地下水在蒸发过程中将溶解土体中的盐分上移，造成下部土壤脱盐，上部逐步积盐。刘亚平（1985）使用盐分传感器监测砂壤土中盐分运动的过程及盐峰前进的情况，把蒸发条件下的土壤盐分运动大致分为三个阶段：①盐分从潜水位上升，逐渐接近地表；②盐分到达地表后，表层浓度不断增加，而表土下的几厘米内出现盐分浓度的反弯形；③反弯形的盐分浓度消失，盐分在表层开始积累，盐分浓度呈T形分布。这表明地下水中的盐分参与了盐分在土壤中的运移，因而表层积盐较多。

土壤中的水溶性盐离子、养分、农药和污染物等溶质是溶解于土壤水溶液中的化学物质，土壤溶质在土壤中的运移过程受到物理、化学以及生物等因素的影响，随土壤水分的运动而运移。蒸发条件下，土壤中的水溶性离子通过水的垂直或侧向运动向地表积累、富集，盐蚀文物材料。对敦煌莫高窟岩体风化和盐类风化的研究也表明，由于窟区土壤水分入渗率较大，岩体中的易溶盐在水分参与下发生溶解、迁移和重结晶作用，导致壁画酥软和粉化（郑彩霞等，2001；石玉成等，1997；屈建军等，1995）。在布朗运动的作用下，它也可在有效浓度（或活度）梯度的作用下由高浓度向低浓度运移。此外，溶质运动还受到吸附—解吸、化合—分解、沉淀—溶解、离子交换等过程的影响。

郭青林等（2007）从阳关烽燧的现状调查入手，分析土遗址的矿物组成、物理力学特征及易溶盐特征，指出遗址土的高盐含量是导致遗址土风化酥碱的内因，而盐分的运移，是造成土遗址风化的重要因素之一。可溶盐的反复溶解和结晶及运移等作用，破坏遗址墙基的内部结构，使墙基受到严重风化而深深凹进，造成墙体的不稳固。而盐分随着水分的蒸发，运移到墙体的表面，经过长期的富集，盐分以胶结物的形式填充土体表面的孔隙，在墙体表面结壳，使土体表面不透气而和下层分离，进而造成土体表面剥离等病害。

碳酸盐作为黄土和土壤中普遍存在的矿物，在北方黄土研究中具有极其重要的意义。黄土的透水性与黄土的胶结物及胶结程度有很大关系。粗粒矿物是黄土结构的骨架，较细颗粒往往填充在粗颗粒之间，黏土及盐类又填充在粗细颗粒之间起胶结作用。而黄土团粒的胶结物主要是碳酸钙（郭玉文等，2004），因此碳酸钙影响土壤的透水性。此外，碳酸钙还影响土壤的 pH 及土壤的离子吸附能力等土壤的理化性质。

1.4.5　环境因素的协同作用

在大气化学中，已有超过 2000 种化学物质被明确为大气气体或气溶胶粒子的组分，几十年的实验研究证明，仅有少部分的气体是有腐蚀性的，只有在和这些腐蚀性气体接触时，材料才会发生腐蚀和破坏。一种确定的腐蚀性气态污染物，并不破坏所有种类的材料；同理，某种特定的材料，也不是对所有的腐蚀性气体都敏感。表 1-6 中列出了腐蚀性气态污染物和材料之间的敏感性关系（Leygraf et al.，2000）。几组配对显示的化学组分，表示这种活性腐蚀性组分，以气体形式或以离子形式，或以两种形式共同侵蚀材料。表中所列的腐蚀程度只定性、不定量，即相同的敏感符号，并不代表相同的腐蚀速率。

表 1-6　材料对大气中腐蚀性组分的敏感性（Leygraf et al.，2000）

腐蚀性组分	材料												
	Ag	Al	黄铜	青铜	Cu	Fe	Ni	Pb	Sn	焊料	钢	Zn	石材
CO_2/CO_3^{2-}	L	—	—	L		M	L	M	—		M	M	
NH_3/NH_4^+	M	L	L	L	M	L	L	L	L	L	L	L	
NO_2/NO_3^-	N	L	M	M	M	M	M	M	M	M	M	M	L
H_2S	H	L	M	M	H	L	L	L	L	L	L	L	—
SO_2/SO_4^{2-}	L	M	H	H	M	H	H	H	H	H	H	H	H
HCl/Cl^-	M	H	M	M	H	M	M	M	M	M	H	H	L
$RCOOH/COOH^-$	L	L	M	M	M						L	M	—
O_3	M	N	M	M	M	M	M	M	M	L	M	M	M

注：H 代表高度敏感；M 代表中度敏感；L 代表低度敏感；N 代表不敏感。

　　文物的大气腐蚀是文物材料与周围的大气环境相互作用的结果，文物材料可以是金属、陶器、瓷器、石材、玻璃、纸张、织物、皮革、骨质、颜料、聚合物或材料表面覆盖的涂层。实际上，文物腐蚀往往是材料受微环境、大气气溶胶、气态污染物和微生物的侵蚀，在物理风化、化学风化和生物风化共同作用下的结果（Brimblecombe，1990）。文物在室内环境中易受不同大气污染物的侵害，并受环境条件的影响，侵蚀速率也不相同，在多数情况下，文物材料会受到不止一种大气污染物和环境因素的联合作用（Tétreault，2003）。

　　以环境因素侵蚀石质材料的协同作用为例，存在五种增效关系。

　　（1）多种环境因素共存时腐蚀速率存在差异（Leygraf et al.，2000）：如污染气体对石质材料的影响顺序是 $NO_2 < NO_2 + O_3 < SO_2 + NO_2 < SO_2 + NO_2 + O_3$。

　　（2）SO_2 在表面的沉积速率与湿度关系密切：如 SO_2 在 Salem 石灰石和 Shelbune 大理石上的沉积速率随 RH 呈指数增长。图1-8 为在干、湿两种环境中石灰岩（portland stone）表面硫的含量与暴露的 SO_2 气体浓度的关系。说明在潮湿的环境中，石灰岩表面累积的 S 随 SO_2 气体的浓度呈指数增长，而在干燥环境中，大气中 SO_2 的浓度对岩石表面 S 的累积无明显影响（Lewry，1994）。

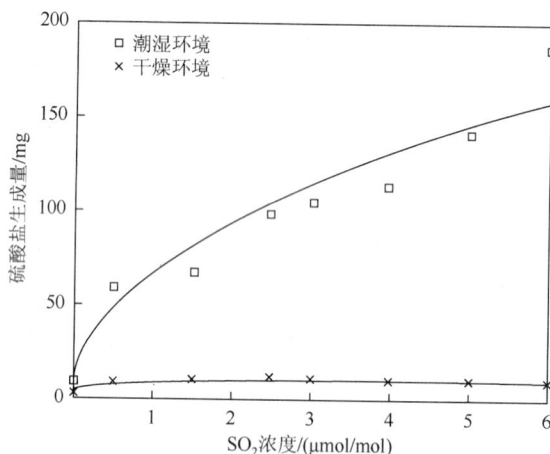

图1-8　SO_2 的浓度对 portland 石灰石表面 S 元素累积的影响（Lewry，1994）

　　（3）硫酸盐化反应速率受环境因素的影响：Goturk 等（1993）通过研究石灰石在 SO_2 气体中的反应动力学，发现硫酸盐化反应速率与 SO_2 的浓度成正比，与相对湿度成正比，与温度的增加成反比。

　　（4）硫酸根、硝酸根的形成与环境因素相关：硫酸根的形成与相对湿度密切相关，而硝酸根的形成与紫外线、碳氢化合物有关，与相对湿度无关（Leygraf et al.，2000）。

（5）腐蚀产物与环境因素相关：Johansson 等（1988）研究了三种不同的碳酸钙石块（石灰石、石灰华、大理石）在 SO_2、NO_2 同时存在时的增效协同作用。当有一定浓度的 NO_2 存在时，SO_2 的腐蚀作用会大大增加。在不含 NO_2 气体时，SO_2 的腐蚀产物主要是 $CaSO_3\cdot1/2H_2O$；而有 NO_2 同时存在时，腐蚀产物则是 $CaSO_4$。此外，当 NO_2 存在时，SO_2 的沉积速率增大，硫酸盐的形成速率也增大。

表 1-7 列出了威胁文物材料及有机聚合物等文物修复材料的各类污染物和环境参数及其文献推荐值。

表 1-7　与文物材质相关的环境参数及其可接受水平（马涛，2001）

文物材料	污染物	环境参数	文物受侵蚀现象	温度推荐值	RH 推荐值
陶器	可溶盐	温度波动 相对湿度波动	表面鳞片状剥落 表层粉化 形成包裹覆盖层	5~35	25~50
				—	0~45
				20~23	39~45
				—	40~45
				20~25	—
				—	*~70
				—	40~45
金属	SO_2 H_2S HCHO 有机酸	相对湿度	失去光泽 有机酸腐蚀铅质	—	*~60
				5~35	20~35
				—	0~45
				—	40~45
				—	40~45
				—	*~40
				—	*~30
木质	SO_2 NO_2 微生物	温度波动 相对湿度波动 热-吸湿条件	生物腐蚀 抗张强度损失 降解破裂	—	40~65
				15~22	35~50
				—	45~65
				—	40~45
				—	50~65
				—	*~40
				—	45~60

续表

文物材料	污染物	环境参数	文物受侵蚀现象	温度推荐值	RH 推荐值
彩绘	SO_2 NO_2 O_3 氧化剂 甲醛	光照，相对湿度	变色，褪色	—	—
聚合物	颗粒物 电解质 O_3	光照 紫外线 湿度	树脂降解 老化开裂 脏污	—	—
织物	SO_2 NO_2 O_3 氧化剂 甲醛	日光辐射 湿度	降解 生物腐蚀 抗拉强度损失	— 15~30 — 2~19 — — —	40~60 35~50 45~65 5~55 45~50 *~40 45~60
纸张	SO_2 NO_2 O_3	湿度 温度 光照	老化 脆化 褪色	— 15~30 — — — — —	40~60 35~50 45~65 45~65 45~50 *~40 45~60
皮革 羊皮纸	SO_2	湿度变化	纤维脆化 物理磨损 吸湿张力 化学反应	15~22 — — — —	35~50 45~65 45~65 45~50 45~60
胶卷 照片	SO_2 NO_2 O_3 H_2O_2 HCHO	湿度 温度	照相印迹褪色 材料侵蚀	— 5~10 *~19 — —	30~45 — 40~50 50~60 30~45

续表

文物材料	污染物	环境参数	文物受侵蚀现象	温度推荐值	RH推荐值
骨质象牙	可溶盐	湿度变化温度变化	表面鳞片状剥落表层粉化形成包裹覆盖层	—	45~65
				—	35~50
				—	45~65
				—	*~40
				—	45~60
玻璃	挥发性有机酸 CO_2 SO_2 NO_2 O_3	湿度	裂隙片状剥落表面崩陷	—	40~60
				—	25~50
				—	42~45
				—	50~55
				—	*~40
				—	45~60
瓷器	可溶盐乙酸水汽	温度变化湿度变化	表面鳞片状剥落表层粉化形成包裹覆盖层	5~35	25~50
				—	0~45
				20~23	39~45
				—	40~45
				20~25	*~70
				—	40~45
石质	SO_2 NO_2 CO_2 颗粒物 盐类 生物	温度湿度风速日照降雨土壤盐分	脏污黑壳褪色粒状降解片状剥落裂隙	5~35	25~50
				—	0~45
				20~23	39~45
				—	40~45
				20~25	*~70
				—	40~45

注："*"表示无要求，"—"表示无资料。

与其他室内环境研究的目的不同，博物馆室内环境的关注重点并非仅仅是人居的舒适性和健康性，还强调避免博物馆收集的藏品受到污染物和环境因素的侵害。出于这一考虑，为了长期保存文物藏品，博物馆内污染物的浓度应远远低于人员健康所要达到的室内污染物浓度，以避免出现污染物侵蚀文物的累积效应。表 1-8 列出了控制博物馆、画廊、档案馆和图书馆内关键气态污染物的推荐值。

表 1-8 博物馆内关键大气污染物的可接受浓度水平 [a]

博物馆污染物	对藏品的污染物极限值 [b,c] 敏感材料 [e]	普通藏品	化学品接触极限 [d] 高值	极高值	ASHREA手册 空气质量推荐值 档案文献收藏	图书档案馆和博物馆	美国材料咨询委员会 图书档案馆和博物馆	文献浓度 自然界背景值	城市区域	健康:1小时暴露急性水平 [f]	美国环保署 清洁空气值 [g]	世界卫生组织 [h] 时间加权平均限值
NO₂	<0.1~5.3	4.1~20.5	53.3~213.2	>533	加拿大: 5.3 美国: 5.3	5.3	BAT 10.3 [j]	0.1~10.0	3.3~98.4 美国: 45.1~106.6 加拿大: 32.8~45.1 欧洲: 4.1~69.7	500 OSHA: 10.3mg/m³	102.5 (1a)	213.2 (1h) 43.1 (年均) 127.1 (8h)
NOₓ [k] (NO₂, NO₃)	<0.3	<2.8						0.2~2.1	1.3~42.9	OSHA: 33.5mg/m³		
HNO₂, HNO₃	<0.1						BAT: 11.2	0.06~0.56	2.8~137.7			
O₃	<0.1	1.1~10.7	53.5~128.4	160.5~535	加拿大: 2.1 美国: 27.8	4.3	2.1	2.1~214	10.7~428 美国: 214~256.8 加拿大: 36.4~44.9 欧洲: 139.1~310.3	192.6 OSHA: 214	256.8 (1h) 171.2	128.4 (8h)
SO₂ (室外源)	<0.1~1.1	1.1~5.7	22.9~42.9	42.9~163.0	加拿大: 1.1 美国: 1.1	2.9	1.1 11.4 [i]	0.1~31.5 农村 美国: 17.1~28.6 欧洲: 2.9~40.0	5.7~1086.9 美国: 11.4~17.2 加拿大: 11.4~17.2 欧洲: 5.7~268.8	717.9 OSHA: 14.3mg/m³	85.8 (1a) 400.4 (24h)	543.4 (10min) 28.6 (24h) 54.3 (年均)

续表

博物馆污染物		对藏品的污染物极限值 b, c		化学品接触极限 d		ASHREA 手册空气质量推荐值		美国材料咨询委员会 图书档案馆和博物馆	文献浓度			
		敏感材料 e	普通藏品	高值	极高值	档案文献贮藏	图书档案馆和博物馆		自然背景值	城市区域	健康：1小时暴露急性毒性水平 f	美国环保署清洁空气值 g	世界卫生组织 h 时间加权平均限值
	H_2S	<0.02	<0.2	0.6~2.1	3.0~30.4				0.008~15.2	0.2~7.6	45.6mg/m³ OSHA: 15.2mg/m³		162.6
室内源	$PM_{2.5}^i$	<0.1	<1~10	10~50	50~150		预过滤 30% 中间过滤 80% 超细过滤 90%		1~30	新建、新装修建筑：4500~9000　1~100			

注：极限值外推并非基于假设终极推荐值，除特别标注外，单位均为 μg/m³。

a 目前标准尚未确定。续表参见网站：www.cci-icc.gc.ca 和 www.IAQ.dk。

b 水平极大值对敏感材料的最小伤害，假设温度介于 15~20℃，相对湿度<60%（理想状态<50%），物品洁净。

c 不仅温、湿度的波动，污染物的浓度也应尽量减至最小。

d 应采取有效措施隔离离子污染物保护藏品。

e 敏感材料特指易受某种特定污染物侵蚀的材质。

f 急性暴露参考水平（RELs）由美国环境健康危害评价办公室建立（Office of Environmental Health Hazard Assessment, OEHHA, 2003）。

g 美国环保署关于空气与辐射的清洁空气法案规定的限定值（EPA, 2004）。

h 世界卫生组织推荐的暴露最大值（World Health Organization, 2000）。

i BAT 表示采用最佳可用技术，后一值亦参见文献（Thomson, 1986），PM 预过滤仪室外空气，中间和超细过滤包括补充新风和循环空气。

j 美国劳工部、职业安全和健康委员会日工作 8h 最大允许暴露极限（PEL）。

k 由于 NO 不稳定且易分解，但与臭氧反应生成腐蚀性的 HNO_2 和 HNO_3，消除 O_3 可降低 NO 的威胁。

l 参见文献（Tétreault, 2003）。

1.5　遗址文物保存环境

　　文物的腐蚀风化过程与文物的处理方式和文物的保存环境关系密切，而遗址博物馆的文物藏品通常在遗址上就地发掘、就地保存、就地展示，且遗址一般占地面积较大，文物本体与周边环境条件关系密切，无论大面积发掘、还是展陈，都极易受自然和人为环境因素的影响产生各类风化现象，从而危及遗址文物本体的长期保存。处在不同地域、拥有不同空间布局和建筑结构、陈列有不同材质藏品的遗址博物馆，其文物保存环境中可能导致文物损害的环境因素各不相同。因此，评价其文物和遗址的保护环境就更需要综合考虑选址地特点、周边环境和建筑结构等因素的直接和间接影响，例如，充分了解遗址博物馆所处环境内的地理地貌和地层关系，有助于分析遗址区土壤的化学组成和地下水特征；而详细分析区域内的历史气候条件记录，则有助于评价室内微气候参数的变化特征和大气化学反应的关键影响因素，以及建筑墙体的隔热保温性能；通过对遗址博物馆所处环境内的人口分布、土地利用类型、工矿企业分布、道路分布和交通流量、经济总量和分类的详细调查及量化分析，可以获得周边区域内主要污染物点源、线源和面源的分布及污染源强度，有助于判定室内污染物的来源和化学转化机理。

　　一方面，遗址及其文物本体的保护比较困难，加上目前城乡经济发展、城市化进程，以及环境污染和破坏的日趋严重，遗址的保护问题越来越突出；另一方面，随着人们对遗址历史文化内涵的喜爱，遗址作为一种公共文化资源，如何在保护的同时更好地向社会公众开放、展示，使观众体验到历史的临场感，也日益成为文物工作者的考量之一。多数遗址博物馆将发掘现场直接对外展出，土遗址、彩绘文物和有机质文物与参观游客混杂在同一环境中，长时间开放会造成遗址的干裂和风化。二氧化碳和酸性气体也会对文物造成伤害，尘埃会覆盖文物、并导致彩绘脱落。由于游客与展示区处于同一环境，随着霉菌孢子被带入，部分潮湿区域会滋生霉菌，对土遗址和有机质文物的保护非常不利（王保平，2010）。

　　目前正在探寻、实践的遗址保护和展示模式主要包括以下五种（王保平，2010）。

　　（1）在自然原始状态下保护：对遗址区进行全面调查，探明文化遗存后，采集资料，不发掘，形成自然原始状态下的保护。

　　（2）发掘后进行回填标志保护：文物提取后对遗址进行回填保护，并标志展示遗址的位置和形状。

　　（3）对高出地面的高台建筑遗址，构建防风、防雨、防紫外线式的遗址保护大棚等建筑进行保护与展示。

　　（4）对已发掘的建筑遗址采用覆土回填保护、地面复原遗址、玻璃罩防风防雨、小体量木结构立体局部复原展示。

（5）全地下、全封闭式的遗址保护与展示：地面上保持陵园的自然历史风貌，在地下遗存外围竖向封闭，将遗址保护区和游客参观区域分隔成两个不同的温度和湿度空间环境。

在当代的遗址保护领域中，遗址博物馆是集保护与展示功能于一体的一种崭新的保护形式，现有的遗址博物馆模式对遗址和文物起到了一定的保护、展示作用。但是，由于遗址具有的"不可移动性"和"整体不可分割性"等特点，风化影响的环境因素众多且难以控制，保护问题非常复杂。各时期建造的遗址博物馆均解决了部分保护问题，如大棚式遗址博物馆为遗址和文物提供了遮风挡雨、抵御日晒的条件；全封闭的遗址博物馆将游客空间与文物陈列空间完全分隔开，减少了游客排放和参观活动对文物的有害影响。然而，即便是最先进的全封闭式遗址博物馆，也没有内部环境的有效监测和调控手段，远不能提供适宜的文物保存环境条件，遗址文物本体保护环境的问题依然存在，如遗址及文物本体都普遍存在不同程度的自然病害，大部分遗址的主体材质属于易风化的土质（包括生土、夯土、土坯）、砖石质，遗址风化（沙化、干化、长期饱水）、开裂、泛碱、生物病害滋生等比较普遍，相对于馆藏及发掘出土的文物，遗址中留存的文物风化、褪变更加复杂和严重。

在遗址保护中，自然风化是面临的最主要的问题。例如，陕西半坡原始居住面上出现很大的裂纹、表层风化深度已达40cm。随着旅游事业等发展，游客逐年增加、来往车辆日益增多，遗迹周边城乡经济发展造成大气污染，遗址文物受环境损害问题将会变得更加严重。即使目前认为比较接近原文物埋藏环境条件的汉阳陵从葬坑全封闭式地下保护厅，建成五年后，也已发生了明显可察的风化问题。

秦始皇兵马俑博物馆由修建在其发掘原址上的三个兵马俑坑遗址保护大厅组成。其中一号坑遗址是最大的俑坑，其拱形玻璃钢架结构的保护大厅于1979年正式对公众开放，遗址保护大厅的建成，不但为兵马俑坑的开放展出提供了室内环境，还避免了遗迹和文物受降水和日照辐射的直接侵害；二号坑遗址上修建的顶部封闭式遗址保护大厅于1994年对公众开放；三号兵马俑坑遗址是最小的俑坑，1989年正式对外展出。张志军（1998）于1989年和1992年对秦始皇兵马俑博物馆的研究表明：馆内温湿环境不利于俑坑内文物的保存且存在气体和粉尘污染，还出现了土隔墙遗址干裂和局部表面风化，陶俑表面残存的彩绘变色等。雷勇等（2004）通过多种仪器分析对兵马俑表层的风化状况进行了初步评估，认为虽然兵马俑没有发生大规模、可觉察的内部风化，但其表层已经出现了轻度风化。Cao等（2011；2005）分别于2004年8月和2005年1月对兵马俑博物馆一号坑和馆外气溶胶的化学组分进行了调查研究，发现馆内气溶胶浓度较高且呈酸性，其沉降后会对文物的保护产生不利影响。单颗粒分析研究也观测到，不同时期降尘样品（Hu et al.，2010）、室内的大气悬浮颗粒物样品（Hu et al.，2009a）和兵俑脸部的彩绘漆层表面（Hu et al.，2006），均存在相当数量的硫酸盐二次粒子。这些硫酸盐无论是污染气体与大气之间二次化学反应的产物，还是污染气体与大气颗粒物或文物表面反应的结果，都会随室内温度和湿度的波动发生聚集、水合、结晶、溶解、渗透和再结晶，这些过程的循环、反复所产生的应力，均可对陶俑材料和遗址形成进一步的盐蚀侵害。对仿制秦砖的微环境模拟初步实验及微区分析、化学态分析结果也显示，室内的酸性、碱性和氧化性污染气体，均会在文物材料表面发生不同程度的化学转化（Hu et al.，2009b）。

在已建成运行的遗址博物馆内发生的这些风化表明：遗址保护性建筑（遗址博物馆）使遗址文物本体由户外环境变为室内环境，从而避免了遗址文物本体受到风吹、雨淋、日晒的危害，也为遗址的发掘、展览、保护和管理提供了较好的基础和环境条件。但是在遗址保护性建筑（遗址博物馆）空间中，由于遗址的类型不同、所采取的空间布局及建造方式不同，遗址在埋藏或存在了千年后已通过自身的老化、风化等与其所处环境达到了平衡。通过考古发掘，进而处于遗址博物馆的新环境下，必然会出现"古代遗址文物本体"与"现代外部环境"的物质和能量交换，引发遗址的温度、含湿量、可溶盐活动、微生物生长和空气污染物沉积等问题，从而对遗址和文物产生长期、缓慢的风化破坏影响。

由于缺少可供借鉴的、系统化的文物保存环境监测和调控技术体系，绝大多数遗址博物馆建筑未考虑开展环境监测、环境控制技术的应用。而许多遗址修建保护性建筑（遗址博物馆）后，遗址材质与外界物质和能量的平衡被打破，遗址中水分的蒸发与补给、含湿量和可溶盐的变化规律、生物活动，乃至遗址空间的温度和湿度、空气成分（气溶胶、SO_2 和 NO_x 及微生物）等都会与遗址博物馆建造前大大不同，如果没有科学的环境监测、缺少环境调控手段的支撑，或环境监测、调控的技术与模式不能合理运行和有效实施，仅建造遗址博物馆不仅不能满足遗址文物安全保存的要求，许多随之产生的变化反而会严重影响遗址文物本体的保存环境，加剧其风化破坏，长此以往将会严重威胁遗址及文物本体的安全保存。

1.6　国内外文物保存环境研究现状

1.6.1　国外文物保存环境研究现状

国际上对博物馆保存环境的关注始于 19 世纪中叶，观测到 SO_2 和煤烟颗粒对博物馆油画的污损（Brimblecombe，1990）。1960 年国际博物馆委员会（ICOM）

搜集了欧美各国博物馆的温、湿度控制范围，并推荐对不同文物保存的温度和湿度标准。Toishi 等（1967）报道了建筑物混凝土释放的碱性颗粒物引起的损害。英国国家美术馆科学顾问 Thomson 于 1978 年编著首版《博物馆环境》（*The Museum Environment*）一书，全面地论述了各种环境因素：温度和湿度、光线、污染气体对文物损伤产生的影响，并提出了应控制的环境质量标准。Baer 等（1985）评述了室内空气中污染物对不同类型文物的影响。1987 年，对美国加利福尼亚州五家博物馆（J. Paul Getty Museum，Norton Simon Museum，Virginia Steele Scott Gallery，Southwest Museum，Sepulveda House）的调查表明：室内空气中气溶胶及腐蚀性气体对文物影响巨大（Nazaroff et al.，1993）。Brimblecombe 等（1990）综述了博物馆室内空气的组成。1990 年，Cronyn 等编著的《考古保护因素》（*The Elements of Archaeological Conservation*）一书中，论述了保存环境对出土文物产生破坏的因素，包括水分、氧气、温度、光、大气颗粒物、污染气体和微生物等。

近年来，欧美国家对博物馆环境问题日益关注，与之相应的研究呈显著增长趋势（Lankester et al.，2012；Loupa et al.，2006；Gysels et al.，2004；Brimblecombe，2003；Grossi et al.，2002；Gysels et al.，2002；Camuffo et al.，2001；Yoon et al.，2001；Camuffo et al.，1999）。1995～2000 年，欧盟委员会环境部（ECPE）资助了一个多学科研究课题，在比利时安特卫普的 Royal Museum of Fine Arts（Gysels et al.，2004；2002）、意大利威尼斯的 Correr Museum（Camuffo et al.，2001；1999；De Bock et al.，1996）、奥地利维也纳的 Kunsthistorische Museum（Camuffo et al.，2001）和英国诺维奇的 Sainsbury Centre for Visual Arts（Yoon et al.，2000；Brimblecombe et al.，1999）等开展了系统的室内空气质量调查，结果表明：气溶胶、SO_2 和 NO_x 及微生物等都对文物造成不良影响，其中气溶胶的影响需要引起特别关注。表 1-9 列出了历年来在一些欧美国家博物馆内典型大气污染物的监测值。

Moriske（1998）通过研究博物馆内的污染气体，指出博物馆的室内气体污染主要来自三个方面：一是室外污染气体的渗入，包括颗粒物和有机及无机污染气体；二是室内的人为排放，如 CO_2 气体；三是室内固定设备的散发，如有挥发性材料的污染。Schieweck（2005）论述了博物馆室内大气环境，指出除了上述三个方面，文物本身也会散发气体而反过来影响人体健康和文物保存环境，从而完善了博物馆环境的污染物排放源及人体与文物的理论关系（图 1-9）。

当前，博物馆大气污染研究仍是国际文物保护和室内大气污染研究的一个热点，如 2004 年 8 月在意大利佛罗伦萨市召开的第 32 届国际地质大会（International Geological Congress）中，专题讨论了地质学对文化遗产的影响；自 1998 年起，一项旨在关注博物馆文物保存环境，名为 "Indoor Air Quality in Museums and Archives（博物馆及档案馆室内空气质量）" 的系列研讨会在欧洲定期举行（http://iaq.dk/iap.htm），第六届研讨会 IAQ2004 在意大利 Padova 召开（http://www.isac.cnr.it/iaq2004）；

表 1-9 一些博物馆典型大气污染物的文献监测值

（单位：μg/m³）

博物馆名称	国家	污染物监测值						文献
		SO₂	NOₓ	NO₂	NO	HNO₃	O₃	
El Alca Âzar	西班牙	0		0~86.1[O]				[1]
Rijks museum	荷兰	5.7[O]		71.8[O]				[1]
Sandham Memorial Chapel	英国	5.7~11.4[O]		20.5~30.8[O]				[1]
Tate Gallery	英国			<4.1				[1]
Galleria degli Uffizi	意大利	1.1~6.0[I]; <17.1[O]		32.8~55.4[I]; 41.0~102.5[O]				[1]
El Pueblo de Los Angeles State Historical Park	美国			67.7~114.8[a]; 252.2[b]		0.8~21.4		[2]
Olivas Adobe Historical Park. Ventura	美国					2.2~16.0		[2]
Los Angeles County Museum of Art	美国			82.0~ 127.1[a]; 221.4[b]		2.2~29.2	21.4	[2]
Henry E. Huntington Library and Art Gallery	美国			2.1~55.4		2.8~10.1	92.0, 139.1, <10.7	[2]
Natural History Museum	美国			0~71.8		1.1~10.4		[2]
George C. Page Museum	美国			8.2~86.1		1.1~14.1		[2]
University of California（Research Library）	美国			18.5~92.3		5.6~27.3		[2]
Southwest Museum	美国			43.1~114.8		2.0~10.4	192.6, 306.0	[2]
The J. Paul Getty Museum	美国						19.3, 47.1, 59.9	[2]
Gene Autry Western Heritage Museum	美国			18.5~45.1			7.1~9.2	[2]
Juniper Serra Museum	美国						72.8, 47.1	[2]
Pasadena Historical Society Museum	美国						209.7, 53.5, 40.7	[2]
Lang Gallery	美国						36.4, 64.2	[2]
Villa Montezuma	美国						30.0, 47.1	[2]
Montgomery Gallery	美国						128.4, 143.4	[2]
Norton Simon Museum	美国					<0.1		[2]
Three museums in Los Angeles	美国	1.7~7.2						[3]

续表

博物馆名称	国家	污染物监测值						文献
		SO_2	NO_x	NO_2	NO	HNO_3	O_3	
Two museums in London	英国	8.6~120.1						[3]
Three museums in Washington	美国	<2.9~71.5						[3]
Ten museums in Los Angeles	美国						8.6~306.0	[3]
Eight museums in Los Angeles	美国			55.4~252.2				[3]
National Gallery（London）	英国						0.5	[4]
Victoria and Albert Museum	英国	8.6~120.1						[5]
Tate Modern Art Gallery	英国	<11.4						[5]
Sainsbury Centre for Visual Arts	英国						85.6[b]	[6]
NARS Archives Building	美国	5.7~71.5	20.5~516.6				<89.9	[7]
National gallery（Washington）	美国	<2.9	20.0~143					[7]
Library of Congress	美国	<1.4	8.2~297.3					[7]
Baxter Art Gallery	美国						256.8	[8]
Los Angeles County Museum of Art	美国						<21.4	[8]
Huntington Gallery	美国						<21.4	[8]
Scott Gallery	美国		188.6		42.9		66.3	[9]
Huntington Library	美国		153.8		49.6			[10]
Rijksmuseum Museum	荷兰	2.9~14.3						[11]
Rijksarchief，Den Haag	荷兰	<2.9[c]；4.3[d]	61.5[c]；100.5[d]		30.8[c]；56.3[d]		<2.1[c]	[12]
Rijksarchief，Arnhem	荷兰	1[c]；12.9[d]	32.8[c]；80.0[d]		12.1[c]；34.8[d]		4.3[c]	[12]
Rijksarchief，Leewwarden	荷兰	<2.9[c]；<2.9[d]	~14.4[c]；~94.3[d]		6.7[c]；59.0[d]		<2.1[c]	[12]
Kunsthistorisches Museum	意大利			43.9~54.1				[13]
Correr Museum	意大利	15.2~75.2		21.5~39.4				[13, 14]
Sainsbury Centre for Visual Arts	英国	<0.6		19.1~27.7				[13, 18]
Royal Museum of Fine Arts	比利时	14.3~17.2		24.6				[15]

续表

博物馆名称	国家	污染物监测值						文献
		SO_2	NO_x	NO_2	NO	HNO_3	O_3	
Kunsthistorisches Museum	意大利			36.9~62.9				[16]
St. Michael Archangel's Church	波兰	<LOD		0.8~4.7			0.4~3.0	[17]
Sepulveda House, CA	美国					1.7±0.2[c] 0.7±0.1[d]		[19]
Southwest, CA	美国					0.2±0.1[c] 0.1±0.1[d]		[19]
Norton Simon, CA	美国					<0.1[c] <0.1[d]		[19]
Scott Gallery, CA	美国					0.2±0.1[c] 0.1±0.1[d]		[19]
Getty Museum, CA	美国					0.1±0.1[c] 0.2±0.1[d]		[19]
Cloth Hall	波兰						55.0~58.6[O]; 6.9[I]	[20]
Matejko Museum	波兰						42.8[O]; 18.2[I]	[20]
Wawel Castle	波兰						31.5[O]; 5.4[I]	[20]
National Museum	波兰						23.5[O]; 3.2[I]	[20]
Collegium Maius	波兰						69.3[O]; 无数据[I]	[20]
秦始皇兵马俑博物馆	中国	80.4	24.4				93.9	[21, 22]
上海博物馆书画陈列馆	中国	16.9[b]	285.0[b]				44.9[b]	[23]
中国国家博物馆	中国	>286						[24]

注：a 监测 6h 测量值范围；b 最高值；c 夏季监测；d 冬季监测；O: Outdoor 室外监测值；I: Indoor 室内监测值；LOD: 最低检测限。

本表参考文献：[1]Odlyha et al., 2000; [2] Grosjean et al., 1992; [3] Grosjean et al., 1994; [4] Derwent, 1983; [5] Hackney, 1984; [6] Davies et al., 1984; [7] Hughes et al., 1983; [8] Shaver et al., 1983; [9] Nazaroff et al., 1986; [10] Nat. Mat. Adv. Board., 1986; [11] Feenstra, 1984; [12] Van der Wal et al., 1987; [13] Camuffo et al., 2001; [14] Camuffo et al., 1999; [15] Gysels et al., 2004; [16] Sturaro et al., 2003; [17] Worobiec et al., 2007; [18] Brimblecombe et al., 1999; [19] Salmon et al., 1990; [20] Salmon et al., 2000; [21] 张志军, 1998; [22] 童俊刚, 2008; [23] 解玉林等, 2002; [24] 张月玲, 2006。

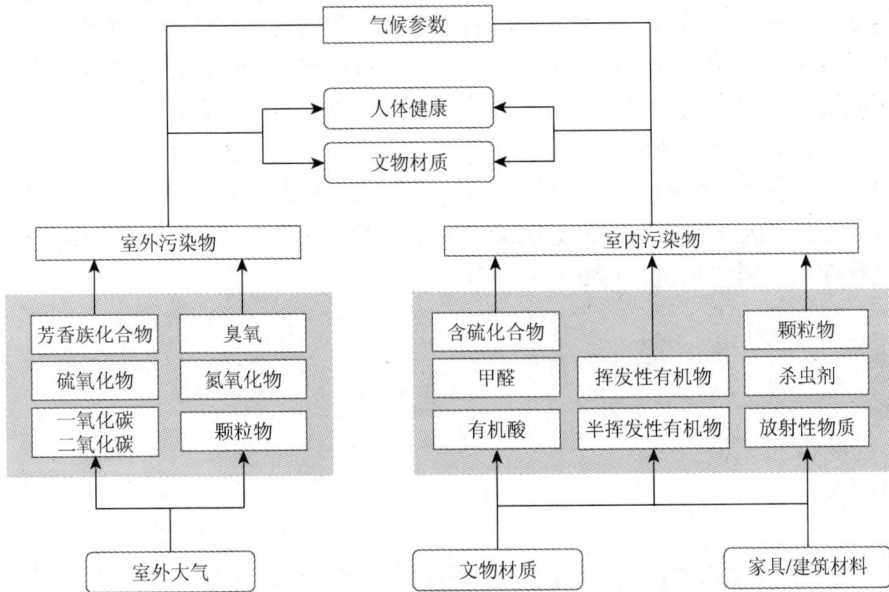

图 1-9　博物馆室内外排放源对文物和人体的影响

第七届研讨会 IAQ2006 在德国 Braunschweig 召开（http://iaq.dk/iap/iaq2006/2006_contents.htm），2008 年第八届研讨会 IAQ2008 则在奥地利维也纳召开（http://iaq.dk/iap/iaq2008/2008_contents.htm），每届研讨会都收到数十份研究报告，展示博物馆保存环境研究与政策制定、污染物监测与控制技术的最新进展。

1.6.2　国内文物保存环境研究现状

我国博物馆众多，且数量逐年增长，而由博物馆室内环境、室内大气污染引发的文物腐蚀、破坏、消亡等问题日益突出。2004 年，中国国家文物局开展了"全国馆藏文物腐蚀损失调查"项目，对 31 个省（自治区、直辖市）包括博物馆、文管所、考古所在内的 2802 个收藏单位共计 1700 多万件馆藏文物进行调查，结果表明：由环境变化、空气污染、霉菌侵害引起的文物腐蚀相当严重，各博物馆都存在不同程度的腐蚀损害，其中一些省（自治区、直辖市）文物腐蚀约占馆藏文物总数的 7.8%。

1990 年山西大同云冈石窟与美国加州理工学院合作对大气环境与粉尘污染的调查显示：粉尘对石质文物的风化是物理和化学风化长期相互作用导致的（黄继忠等，2004；Christoforou et al.，1999；1996a；1996b；Salmon et al.，1994）。敦煌博物馆与美国盖蒂保护研究所合作对壁画腐蚀研究结果表明（张国彬等，2005）：游客呼出的 CO_2 及游客导致的温度上升、湿度增加，都可能加速壁画彩绘的变色和脱落。马涛（2005）对陕西部分遗址和博物馆环境的调查表明，主要影响因素是温度和湿度、粉尘（TSP）、SO_2、NO_x 和降尘，建议对省内博物馆内外环境进行长期监测。相比于西方国家，我国博物馆独立的环境和污染物调查与研究显得相对零散、薄弱，多为环保部门或文物保护领域的部分专家和学者季节性的监测及评估，特别是大遗址区内有针对性的、长期性的、综合性的监测工作则更为匮乏，因此在环境对于文物保存状况的影响及污染物控制对策方面，均有待进行深入的科学研究（Cao et al.，2005）。

2 汉阳陵博物馆

2.1 汉 阳 陵

2.1.1 汉景帝

阳陵是西汉景帝刘启与其皇后王氏同茔异穴的合葬陵园。继汉高祖刘邦、汉惠帝刘盈、汉文帝刘恒之后，汉景帝刘启是西汉王朝的第四代皇帝。刘启生于汉惠帝七年（公元前 188 年），汉文帝后元七年（公元前 157 年）即位，汉景帝后元三年（公元前 141 年）崩于长安城未央宫，葬于阳陵。阳陵始建于公元前 153 年，至公元前 126 年王皇后入葬后基本告竣，历时约 27 年（刘克成等，2006）。

相较于其祖父汉高祖刘邦、或其子汉武帝刘彻，汉景帝刘启既缺乏大风一曲、慷慨卓绝的气概，也没有开边拓土、勒石燕然的雄健。然而，史家笔下以及后人心目中的刘启，应该算是一个圣明君主。他登基之后，承"黄老之术"，顺应天命，抚驭万民，和亲匈奴，轻徭薄赋，减笞去刑，与民生息，无为而治，的确颇有一番可嘉的实绩。汉景帝执政 17 年期间，与其父汉文帝刘恒共同开创了中国封建社会早期治国安邦的黄金时代，被后世赞誉为"文景之治"，为其子汉武帝刘彻开疆拓土奠定了雄厚的基础。据史书记载，当时社会"京师之钱累百万巨，贯朽不可校，太仓之粟陈陈相因，充溢露积于外，腐败不可食"。质诸当时社会经济发展的有关史实来看，所谓"周云成康，汉言文景"的赞誉，绝非史家曲笔谀世之词，而"文景之治"也就成为后人心目中封建社会早期治国安邦的黄金时代（王保平，2004）。

2.1.2 自然地理状况

汉阳陵陵园位于西安以北五陵塬的最东端、渭河北岸的二级台塬上（图 2-1），为西汉九座帝陵最东的一座。五陵塬地处关中平原中部的咸阳渭城区，地势高亢平坦，海拔在 405～450m，塬面平坦，泾河蜿蜒于北，渭河奔腾于南，两河在陵东 9km 处交汇，形成挟双龙而东向的气势和"泾渭分明"的独特景观（陕西省文物局等，2011）。

图 2-1　黄土塬上的汉阳陵

（资料来源：http://www.hylae.com）

陵园所处西安市近郊，地域气候温和，雨量适中。气候范围属于典型的北温带大陆性气候，夏热冬冷，春冬干燥、秋夏多雨，年平均气温 13℃，年平均降水量 604mm，年平均气压 97030Pa，年平均风速 1.93m/s，主导风向为东北风，频率为 14%，次主导风向为西南风，频率为 9%，静风频率为 29%。

2.1.3　汉阳陵陵园

中国的历代帝王多信奉"事死如生"的礼制，秦汉之际，帝王为自己建造陵墓的热情更是达到空前的程度。所谓宫室之量、器皿之度、棺椁之厚、丘封之大，常令后世咋舌。现已初步探明，汉阳陵主要由帝陵陵园、后陵陵园、南北区从葬坑、礼制建筑、陪葬墓园、刑徒墓地以及阳陵邑等几部分组成。与同类型大遗址比较，汉阳陵是迄今为止所发现最为完整的西汉帝王陵园，其整齐规矩的陵邑、陪葬墓园、庙园的设置与完整的保存现状在中国历代帝陵中十分罕见（吴晓丛等，2001）。

"阳陵"一名取自地名"弋阳县"中的褒义词"阳"。由于汉代帝、后同茔异穴的葬制，汉阳陵陵园内帝陵与后陵两座巨大的覆斗形陵冢比肩而立，形成了与秦始皇陵及唐宋以降帝陵陵园中一陵独尊格局迥然不同的独特景观，在中国古代陵墓发展史上具有典型性。帝陵坐西朝东，高约 31m，后陵在东，高约 25.5m，帝陵和后陵间距 450m。在苍凉厚重的黄土台地的衬托下，显得格外突兀雄浑。虽经过两千多年来兵燹战乱和风雨雷电的破坏，阳陵陵园原有的殿宇建筑基本荡然无存，但是，历史的积淀和岁月的洗礼，更造就出了汉阳陵"西风残照，汉家陵阙"的壮阔（图 2-2）。封土下是皇帝和皇后的陵寝，形制为四条墓道的亚字形大墓。封土外围呈放射状分布着从葬坑，帝陵 81 条，后陵 28 条。其四周则等距离分布着后陵、南北区从葬坑以及建筑基址。宽约 110m 的司马道平坦如砥，向东延伸 7 华里（1 华里=0.5km）直达陵邑——那里曾是富豪云集、商贾出没的繁华所在。而司马道两侧又密密匝匝排列着王侯将相和文武百官的陪葬墓园，一如当年天子临朝时大臣位列两班的威仪。汉阳陵是迄今为止发现的最为完整的西汉帝王陵园。其整齐规矩的陵邑、排列有序的从葬坑和陪葬墓园，以及规模宏大的礼制性建筑，在中国古代陵墓建造的历史上极具典型性（王保平，2004）。

图 2-2　汉阳陵规划中试图恢复"西风残照，汉家陵阙"的历史风貌

（资料来源：http://www.hylae.com）

西汉初期，与统治者推崇"黄老之术"和"扫除烦苛，与民休息"的施政方针有关，文帝与景帝均主张薄葬。考古发现，这里的陪葬品虽然数量众多，体量却普遍较小，陶器众多而金银器和青铜器很少。但是，这里出土的陪葬品内容之丰富却为秦俑坑所不能相比。如果说秦俑坑是秦王朝百万雄师的生动写照，那么，汉阳陵种类齐全的陪葬品，则构成了西汉初期政治、经济、军事、文化以及社会生活的缩影。通过对帝陵东侧北部 11 座从葬坑的发掘，出土了大量动物陶塑、生活用具、粮仓、兵器、车马器、着衣式陶俑、粉彩侍女俑、宦官俑、玺印封泥等珍贵文物，形象地再现了西汉时期的宫廷文化（吴晓丛，2006）。尤其是陪葬坑出土的猪、马、牛、羊等动物造像，成群成组地密集排列，俨然一座庞大的地下"动物世界"（图 2-3），在中外考古史上都是极为少见的。这是阳陵文物内涵的又一显著特色（王保平，2004）。

2.1.4　社会经济环境

汉阳陵博物馆地处城市近郊，向南约 20km 是人口近 850 万的西安市（图 2-4）；西南方向直线距离约 1km 的大唐渭河热电厂是周边最大的大气污染点排放源；博物馆紧邻高速公路等线排放源，向东约 2km 为 G65 西黄高速公路，向西约 5km 为机场专用高速公路，而旧机场公路则直接从陵园园区穿过。此外，陵园被众多面排放源环抱：包括耕地、果园、菜地和村庄等农业源，生物质燃烧排放源，东边约 2km 的泾河工业园等，每年春季还会受到季节性的沙尘暴侵袭。因此，周边大气污染物的人为和自然来源及其时空变化都较为复杂。

图 2-3　猪、马、牛、羊等动物陶塑的出土现场

（资料来源：http://www.hylae.com）

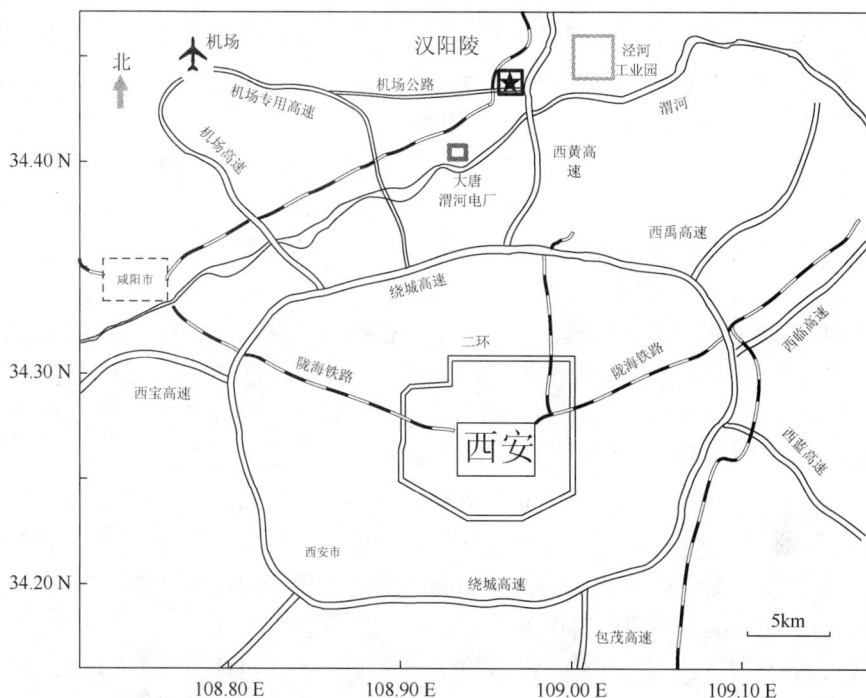

图 2-4　汉阳陵地理位置及周边环境示意图

2.2　汉阳陵博物馆

2.2.1　博物馆概况

陕西是我国历史文物遗存分布十分密集的重要省份之一。从公元前 11 世纪起，先后有周、秦、汉、唐等 13 个王朝在这里建都，作为全国政治、经济、军事、文化的中心历时 1100 余年，中国古代历史最辉煌的篇章基本上都是在这片沃土上谱写的。据第三次全国文物普查统计，陕西仅不可移动文物点就达 8 万多处。全省有国家级重点文物保护单位 55 处，省级重点文物保护单位 355 处，各类文物遗存 35750 余处（王保平，2004）。

对于汉阳陵的初步考古勘探调查始于 20 世纪 70 年代。1990 年以后，由于配合西安—成阳国际机场专用公路建设，阳陵陵园的考古勘探、发掘与清理工作在较大范围内展开。此后，在大约 20km² 的陵园范围内，便不断有一些世所瞩目的考古发现。从已经公布的考古资料看，在西汉帝王陵园的考古发掘、勘探调查和研究工作中，汉阳陵也是目前工作最为深入周详、成果最为显著的一个。这些考古研究成果，正在为学术界所广泛关注和引用，成为科学工作者破解西汉帝王陵寝制度和丧葬文化的重要资料（吴晓丛等，2001）。汉阳陵的考古发现先后被评为1990 年"全国十大考古发现"之一、1999 年"全国十大科技新闻"之一、"20世纪中国重大考古发现"之一。2001 年，汉阳陵成为第五批国家重点文物保护单位之一。

对于汉阳陵大遗址保护与利用的研究始于 1994 年。当时，西安建筑科技大学西安城市与建筑研究所和陕西省古建筑保护研究所先后合作完成了《汉阳陵大遗址可行性规划研究》及陕西省自然科学基金资助的《汉阳陵大遗址保护与利用研究》。1998 年，陕西省决定建立周、秦、汉、唐四大旅游景区，汉阳陵被列入汉文化的核心区。1999 年，总体规划编制完成、获得政府批准并正式定名为《汉文化旅游景区——汉阳陵规划》。这些工作为此后汉阳陵保护与利用项目的实施奠定了基础。同年，由陕西省政府投资 1.16 亿元，征用了汉阳陵封土周围 190 余万平方米文物保护用地，再加上原有的遗址保护用地，使整个汉阳陵的园区面积超过200 万平方米，为汉阳陵遗址的保护和利用奠定了良好的管理基础，标志着该项目的全面启动（吴晓丛等，2001）。

作为旅游资源，汉阳陵博物馆的优势来自三个方面：卓有成效的考古进展；有特色的人文遗迹；优越的地理区位、环境以及与人文遗迹和谐的统一。由此，汉阳陵博物馆的性质与功能定位为："以汉阳陵大遗址和出土文物为主要内容的博物苑；大型考古发掘、展示现场和文物保护的示范工程，内容包括：保持陵园风貌原始性；保持陵园格局及遗址的完整性和真实性；运用科学、先进的技术手段进行考古发掘、文物保护与修复工作；遗址、考古发掘与文物修复现场以及出土文物展示的艺术性、多样性，参观的舒适性以及它们与文物保护小气候环境创造的完美结合；'模型保护''情态保护'的科学与创造性运用；地下博物馆满足不同观众需求所进行的多种内容、多种视角参观环境的设计等；西安城郊的绿化生态区和具有休闲、观光功能的遗址公园"（图 2-5）。

2005 年年底，国务院批复的陕西省政府关于《渭河流域综合治理规划》和西安市政府 2008 年通过的《渭河西安城市段综合治理规划》，已经明确指出汉阳陵遗址公园毗邻的渭河两岸将成为西安和咸阳两市未来发展的重点区域，将建设集高科技产业、旅游休闲、商务金融、居住、生态等为一体的滨水特色功能区，打造风光秀丽的滨河生态景观廊道。两个规划中还指出，要"统筹考虑渭河两岸产业对接，发展高新技术、生态科技、文化教育等产业，形成渭滨产业聚集区，整合两岸旅游资源，利用渭河南岸的汉长安城、秦宫城遗址及北岸的汉阳陵等，发展旅游及相关产业，带动区域经济发展。同时，协调发展渭河两岸产业区、居住区、生态区及休闲旅游观光区，促进功能互补，增强区域综合竞争力。"

图 2-5 汉阳陵的展陈模式被视为北方黄土区大遗址的保护典范

（资料来源：http://www.hylae.com）

汉阳陵博物馆对汉阳陵遗址进行保护和利用的 10 年间，逐步对汉阳陵遗址的历史风貌和原始环境进行了恢复。目前，汉阳陵遗址区园林绿地总面积达到 86 万余平方米，绿化率达 43%，绿化覆盖率达 39%，栽植各类乔灌木等达 100 多种、80 多万株，草坪面积 20 余万平方米，形成了四季常绿，三季有花的景区风貌。按照汉代陵园的风格，突出古朴浑厚，壮观大气的意境，放眼望去，整个汉阳陵遗址环境整洁优美，植被密集繁荫。2009 年，汉阳陵被陕西省绿化委员会、省人事厅、省林业厅评为"陕西省绿化模范单位"。

2.2.2 陵区遗迹和建筑

汉阳陵遗址保护的原则与国家文物局批准的《汉阳陵保护与利用规划》的指导思想相吻合，即在其性质与功能定位上突出全国重点文物保护单位、西汉帝陵大遗址的性质和文物遗址保护、研究及展示的综合示范区的功能；在规划原则上则强调了保持文物遗址真实性、历史性、完整性和"西风残照、汉家陵阙"的历史沧桑感，保持自然郊野景象，以及少干预、可还原、可持续发展和弹性的建设原则。

按照汉阳陵文物保护和利用的总体规划，通过对汉代文物资源的整合，构建汉阳陵博物苑的基本规模和框架，使之既成为文物考古工作者的"天堂"，又令参观者在观赏领略大量出土文物精品的同时，身临其境地感受考古发掘和文物修复的真实场景，激发普通参观者寻幽探胜的极大热情（王保平，2004）。

汉阳陵的大遗址保护目前包括四个境界，一是陵区遗址的原始环境保护；二是发掘遗址的回填保护；三是在发掘遗址上修建保护建筑，室内保护，游客还可以参观遗址；四是封闭式保护，就是将遗址和参观者用玻璃隔离，为遗址保存提供独立的环境空间。汉阳陵的考古、文物陈列和大遗址保护工作主要依托于一系列遗迹和保护性建筑内，包括 1999 年建成的汉阳陵考古陈列馆、2003 年建成并开放的帝陵南阙门遗址保护陈列厅，以及 2004～2006 年实施的帝陵外藏坑保护展示厅和宗庙建筑遗址保护工程等。

2.2.2.1 考古陈列馆

1999 年，在考古发掘、勘探与研究的基础上，汉阳陵考古陈列馆落成，并对外开放，专门展示汉阳陵的考古成果，陈列馆还负责陵区的文物安全等工作。考古陈列馆是一座建筑风格独特、陈列手段新颖的综合展馆，别具一格的外观结构营造出两千年历史沧桑所造成的残垣断壁的景象，与陵园整体古朴的历史环境风貌保持协调（图 2-6）。在上下两层、占地面积 6 万余平方米的展厅内，密集陈列着 30 多年来考古发掘出土的 1700 余件文物精品。由于紧密依托于帝王陵园和考古发掘现场之上，加之与历史生态环境和谐统一，汉阳陵考古陈列馆日益凸显出自己与众不同的特色和魅力（王保平，2004）。

图 2-6 汉阳陵考古陈列馆外景及内部展示空间

（资料来源：http://www.hylae.com）

2.2.2.2 宗庙遗址

宗庙遗址（即"德阳宫"遗址）是阳陵陵园中极为重要的建筑遗迹，其占地面积六万余平方米，平面为"回"字形双回廊结构，形制规整，规模宏大，可与当年汉长安城的礼制建筑媲美，是目前发现保存最完整的帝陵陵庙建筑遗址。在保护和展示手法上，采用了将遗址局部复制上移、大面积进行绿化的方式，使游客既能领略到西汉宗庙建筑的宏大气势，又可使这一珍贵遗址得到有效的保护（图 2-7）。

图 2-7　汉阳陵宗庙遗址发掘现场

（资料来源：http://www.hylae.com）

2.2.2.3 南阙门遗址保护展示厅

南阙门是帝陵陵城四门中的南门，也称朱雀门，由两组对称相连的三出阙建筑组成，是目前发现时代最早、级别最高、规模最大的帝陵陵阙建筑遗址。南阙门遗址保护展示厅外观是一座仿汉式阙门建筑，既完整地将现存的遗址加以保护，又将汉代帝王享用的三出阙高台建筑雄伟高大的风貌展现给游客；同时，在近 2000m² 的展厅内，系统地介绍了中国历代阙楼建筑发展演变的历史（图 2-8）。

2.2.2.4 帝陵外藏坑遗址保护展示厅

外藏坑是帝陵陵园的重要组成部分，主要埋藏供墓主人在冥世役使的陶俑和器物。1998 年，考古工作者在帝陵园内、封土四周钻探发现呈放射状的外藏坑 81 座，这些外藏坑长短不一，内涵丰富。随后，对位于帝陵东侧、墓道以北编号为 DK12~21 的 10 个外藏坑进行了科学发掘，出土了大量的包括文吏、武士、男女侍从、宦者等各种身份的陶俑，以及各类陶塑家畜、原大或原尺寸 1/3 的木车马、各种质地的生活器具和兵器及粮食、肉类、纺织品等生活消费品。尤其是坑内出土的"宗正之印""大官之印""永巷丞印""内官丞印"等有文字的印章、封泥，足以证实这里代表当时的"宗正"和"少府"所在，也说明这 81 个外藏坑极有可能象征着当时西汉王朝中央官署的"九卿"机构，其考古成果的重要性不言而喻。

图 2-8　汉阳陵南阙门遗址外的仿古保护展示厅

（资料来源：http://www.hylae.com）

　　保持并展现遗址的原真状态又避免发掘现场的暴露现状，不仅有助于从根本上解决遗址的保护问题，也有利于专家长期进行分门别类的研究工作。因此，经过国家文物局多次组织权威专家论证，决定在帝陵封土东北侧已发掘的上述 10 个外藏坑原址上建设帝陵外藏坑保护展示厅（图 2-9）。

　　2006 年 4 月 1 日，世界上第一座采用最先进文物保护技术和展示理念建成的全地下遗址博物馆——帝陵外藏坑保护展示厅正式开放，当年即被评为 2006 年中国博物馆十大陈列精品之首。2005 年 10 月 20 日，在它尚未完全竣工的时候，参加在古城西安举行的世界古迹遗址理事会第 15 届年会的世界古迹遗址理事会主席米歇尔·佩赛特先生题词盛赞："祝贺，这是一项杰出的成就，是其他古遗址的楷模。"我国著名文化遗产专家、同济大学阮仪三教授的评价是："设计科学，保护周到，祖国瑰宝，后辈永葆。"而著名文物保护专家、91 岁高龄的郑孝燮老先生则在留言簿中写道："国宝保护与现代展览技术结合，历史文化风貌和谐。"

他还饶有风趣地说："这是一出很好的新编历史剧，一出新编秦腔戏"。而在帝陵外藏坑保护展示厅开放典礼上，国家文物局副局长童明康称赞说：汉阳陵博物苑的这种做法"是文物保护和利用的成功典范"（马雨林，2006）。国家文物局局长单霁翔视察地下博物馆时指出："汉阳陵的文物保护理念和保护方式、陵园环境风貌保护和地下文物保护、文物科技保护和文物展示都是国内最好的，在世界上也是一流的。"

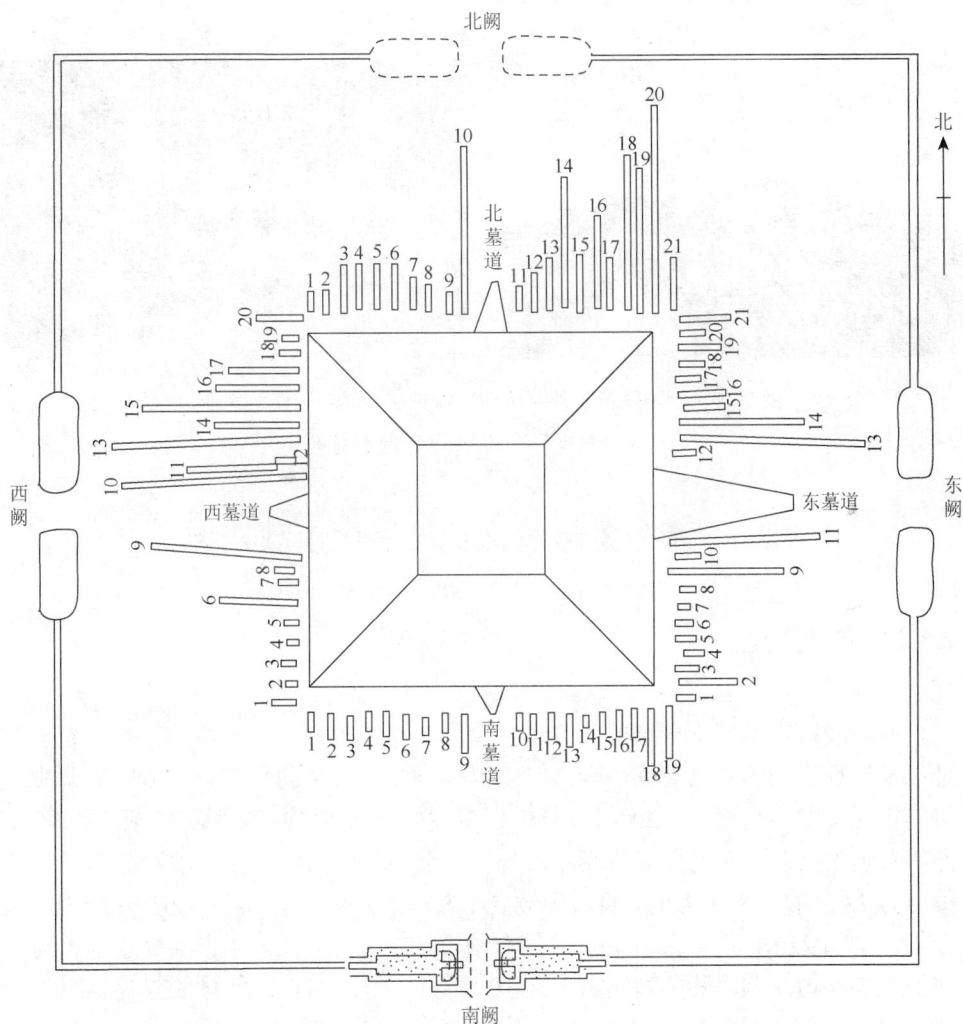

图 2-9 汉阳陵帝陵陵冢及外藏坑位置示意图（李岗，2006）

为切实保护遗址本体及其环境风貌，帝陵外藏坑保护展示厅在建筑设计上"弃宏大而就无形"，工程采用全地下建筑方案，几乎没有任何地面建筑形象，故常被形象地称为"地下博物馆"。在建筑顶部，则覆土植草种树，保持陵园原有的历史环境风貌和自然景观（图2-10）。展示厅内由中空镀膜电加热玻璃幕墙和通道将文物遗址区和游客参观区分隔在两个截然不同的温度和湿度环境中，在最大限度科学保护文物遗存的设计意图下，使游客在充满神秘感的环境中近距离、多角度欣赏大量的文物遗存，了解文物考古发掘和保护利用的最新成果。此外，采用国际上最先进的影视成像技术演示当年真实历史事件的幻影成像节目，又使游客穿越时空感受西汉皇帝宫廷生活的丰富多彩。

图2-10　汉阳陵帝陵外藏坑遗址保护展示厅入口及游客通道

（资料来源：http://www.hylae.com）

2.3　帝陵外藏坑保护展示厅馆藏文物

2.3.1　文物类型

汉阳陵博物馆属于典型的北方帝陵陵园大遗址类型，其主要保护对象为土遗址以及遗址出土的彩绘陶俑、陶器、铁器、铜器，以及动物骨骸、木质彩绘遗迹等有机质文物（马雨林，2006）。其中，帝陵外藏从葬坑内除埋藏有各式陶、铜、漆等质地的兵器、车马和生活用具外，还有大量骑兵、步兵、动物等陶俑。以编号为13号的从葬坑为例，可窥埋藏之丰富：该从葬坑总长度92m，分东西两部分，东半部22m，西半部68m，中间有约2m的夯土隔梁。东半部放置羊、狗、猪等彩绘动物俑群，其中陶制山羊共19排231件，陶狗共28排456件，绵羊共6排33件，陶猪共2排53件。考古工作者发现，以上仅为13号从葬坑内第一层的埋藏，第一层木板之下还有一层数目不详的彩绘动物陶俑（马文治，2004）。仅从这一个从葬坑的考古发现，就可想象帝陵全部81个从葬坑内文物埋藏的丰富（图2-11）。

图 2-11　汉阳陵帝陵外藏坑出土的各种动物陶俑

（资料来源：http://www.hylae.com）

　　汉阳陵博物馆馆藏文物以各种陶俑最具特色，绝大部分发掘出土于外藏坑和陪葬墓园。汉代在丧葬方面实行"事死如生"的丧葬制度，汉阳陵馆藏的陶俑正是反映当时宫廷场景的一个缩影。它们是西汉早期陶塑艺术的杰出代表，汉阳陵陶俑从陪葬级别、制作工艺、种类和数量都是其他博物馆无法比拟的。陶俑以制作形式分为着衣式（裸体）彩绘俑、塑衣式彩绘俑、骑兵俑和着塑结合式彩绘俑四种（石宁，2009）。着衣式（裸体）彩绘俑的馆藏数量最多，完整俑一般高度55～60cm，埋藏时穿有丝、麻、棉和皮质的衣服或铠甲，手臂由木头制成，有活动骨节，出土时衣服和铠甲腐朽成灰，故呈裸体形状（图 2-12）。

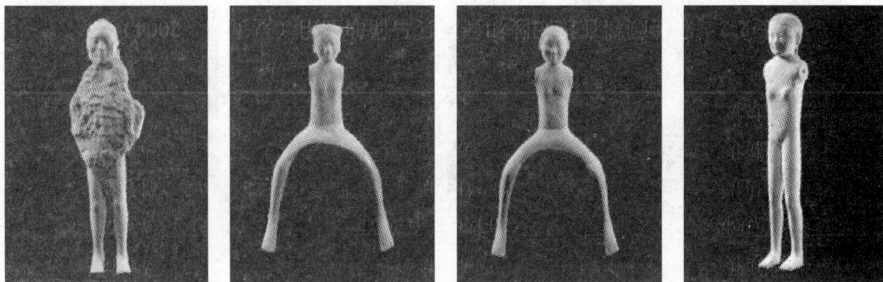

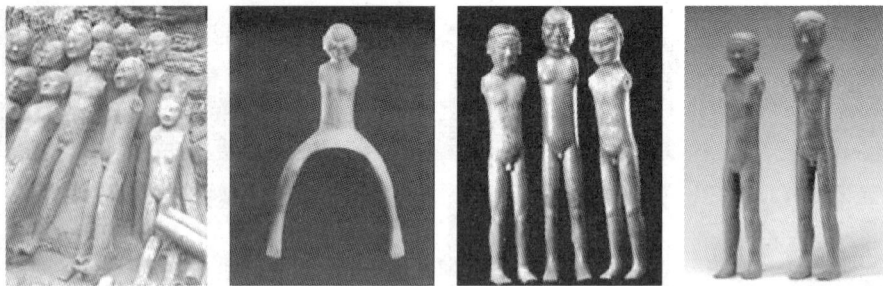

图 2-12　汉阳陵帝陵外藏坑出土的各种人物陶俑

（资料来源：http://www.hylae.com）

　　汉阳陵出土的陶俑还体现了西汉早期无为和节俭的理念，随葬的陶俑和其他用品缩小为原尺寸的 1/3，但陶俑的种类和功能有增无减，贯穿事死如生的丧葬制度，陶俑种类多样化，涵盖了社会的各个方面，犹如地上帝国的再现。有威风凛凛严阵以待的军阵武士俑、身着丝绸华衣头戴冠文质彬彬书生意气的文吏俑、身材高挑秀丽端庄美轮美奂的侍女俑、形态各异动感十足形象逼真的乐伎俑、神态萎靡塑造真实特点鲜明的宦官俑、英姿飒爽形态夸张的骑兵俑、姿态优美轻裾飘逸纤腰皓齿的舞女俑等，每个大种类中还有形态各异的小种类（图 2-13）。着衣式

图 2-13　汉阳陵帝陵外藏坑出土的彩绘陶俑

（资料来源：http://www.hylae.com）

彩绘武士俑中出土的行走俑和弯腰负重俑到目前为止只有在汉阳陵出土，其他地方还没有发现。着衣式彩绘宦官俑是目前发现最早的宦官实物形象。着衣式白彩女俑也是汉阳陵博物馆独有的陶俑种类。俑的身份涵盖社会各个阶层（石宁，2009）。

2.3.2 文物材质

汉阳陵出土的文物中，陶质文物占有很大的比例，按其工艺可分为素面陶和彩绘陶，彩绘陶中又有一般彩陶和粉彩陶。经考古研究分析，这些随葬的陶俑经过"模塑—窑烧—上彩—装臂—着衣"等五个步骤后置于从葬坑中（党小娟，2006）。俑粗坯完成后，放入窑内烧烤，出窑后在裸体俑和塑绘结合式陶俑的肩部预留的圆孔处，安装可以活动关节的木质胳膊，再根据真人身体每个部位的实际情况施以彩绘（魏珍等，2008）。俑虽然只有真人的 1/3 大，工艺上却体现了陶塑制作手法的多样性和全面性，有模制、捏、塑、刻、彩绘等。人体缩小，比例还如此精准，相对秦俑的制作是一种进步。更重要的是它的施彩工艺，是秦代无法比拟的，彩绘保存两千多年，鲜亮如初，经过秦代的经验，汉代工匠在胶质中加入无机质的原料，使胶质层更加耐老化，以保持彩绘的长久（石宁，2009）。由于两千多年的地下水浸泡淋洗，俑衣及两木臂早已腐化，仅存遗迹，出土后的俑均为无臂裸体形象，与形体高大的秦兵马俑塑绘衣饰形成了鲜明的对比（郑利平等，2000）。

陶器由黏土烧制而成，黏土是岩石风化的产物，是由石英、长石及金属矿物按不同比例组成的。制陶时主要选用高铁质易熔黏土为原料，通过淘洗、练泥、成型、晾干后入窑焙烧（齐扬等，2005）。这类黏土中碱金属氧化物等助熔剂含量较高，陶瓷的烧制温度因此而大受限制，一般在 800～1000℃，在此温度下，烧制陶制品必然结构不致密，多孔隙，吸水性强，容易遭受腐蚀（王惠贞等，2009）。

中国古代彩绘所用颜料，大多采用天然矿物颜料。王丽琴等（2000）和郑利平等（2000）的研究发现，阳陵汉俑所用的朱红色颜料为纯度很高的朱砂（HgS）；橙红色颜料中含有大量黏土成分，主要物相为石英、云母、高岭土和少量碳酸钙，显色物相可能是少量铁红（Fe_2O_3）；赭黑色颜料中主要物相为石英（α-SiO_2）、云母，显色物相为少量无定形炭黑。王惠贞等（2009）也借助偏光显微粉末分析法和 X 衍射法鉴定了粉彩颜料，分析结果显示：棕红色颜料由红色六方晶系朱砂（HgS）与黑色立方晶系辰砂（HgS）混合而成；红色颜料为六方晶系朱砂（HgS）；粉红色颜料由六方晶系朱砂（HgS）与白色 $CaSO_4$ 混合而成；白色颜料为铅白（白铅矿）$2PbCO_3\cdot Pb(OH)_2$；亮橙红色颜料为铅丹 Pb_3O_4；橘红色颜料为铁红（Fe_2O_3）；淡蓝色为石青、群青；鲜绿色为石绿；黑色为炭黑；红色为 HgS。对彩绘颜料分析的结果和颜料的应用分别列于表 2-1 和表 2-2。

表 2-1　汉阳陵彩绘颜料的分析结果（左健等，2002）

颜料外观	主要物相	显色物相
土红色粉状	赤铁矿，锐钛矿	赤铁矿
土红色粉状	赤铁矿，石英	赤铁矿
鲜红色粉状	辰砂	辰砂
黄色粉状	针铁矿	针铁矿
黑色粉状	碳黑	碳黑
红色块状	赤铁矿	赤铁矿
鲜红色块状	赤铁矿，石英	赤铁矿
黄色块状	针铁矿	针铁矿
白色粉状	方解石	方解石
蓝色块状	石青	石青

表 2-2　彩绘颜料在汉阳陵和秦陵兵马俑的应用（夏寅等，2004）

颜料名称	汉阳陵	秦陵兵马俑
朱砂 HgS	√	√
铅丹 Pb_3O_4		√
铁红 Fe_2O_3	√	√
石绿 $Cu(OH)_2 \cdot CuCO_3$		√
石青 $Cu(OH)_2 \cdot 2CuCO_3$	√	√
铅白 $PbCO_3 \cdot Pb(OH)_2$		√
骨白 $Ca_5(PO_4)_3OH$	√	√
紫色硅酸铜钡 $BaCuSi_2O_6$	√	√
密陀僧 PbO		√
炭黑 C		√

2.4　帝陵外藏坑保护展示厅文物保存环境

2.4.1　全封闭遗址区

汉阳陵帝陵外藏坑保护展示厅是我国遵照国际人类文化遗产保护准则和遗址文物保护的通行办法建造的第一座全地下遗址博物馆，也是陕西省第一个多国、多学科合作设计的博物馆。该保护展示厅建筑面积近 $6500m^2$，建筑陈列部分包括四个分区：陈列大厅，面积为 $1802m^2$；遗址大厅，面积为 $1350m^2$；遗址陈列厅及玻璃通廊，面积为 $1886m^2$；设备用房，面积为 $558m^2$。建筑主体为地下一层，层高 6.0～$9.9m$，钢筋混凝土结构，建筑耐火等级为一级，立面玻璃通过合金框架与建筑的底部和顶部相连,展示厅设有一约 2.5m^2 的玻璃门,供工作人员进入遗址区。建筑抗震设防类别为乙类,抗震设防烈度为 8 度(肖莉等,2005)。

1998 年,西安文物保护修复中心与斯洛文尼亚政府合作,开始在汉阳陵南区 8 号从葬坑进行局部封闭式保护试验。其基本的技术思路和方法是,在发掘现场模拟原始的遗址环境,采用防腐金属结构和一种中空镀膜电加热玻璃材料对遗址进行全面封闭。这种复合中空的电加热玻璃具有强度大、耐高温、透明度好、可以通电加热防止结露和调节环境温度及湿度的功能,既能起到封闭屏障的作用,有效地改善遗址文物的存储环境,也可为参观者近距离、多角度地观赏文物、遗址提供便利(图 2-14)。经过近 7 年的试验,检测数据和观察结果表明:在向参观者开放时,此种封闭保护方式取得了良好的保护效果。尤其是对于控制遗址温度和湿度、防止虫害和尘埃、减少紫外线辐射和霉菌侵入等方面效果明显,被玻璃围护的遗址环境内,相对湿度甚至可以达到 98%(吴晓丛,2006)。

图 2-14 展示厅内全封闭结构的玻璃围护

(资料来源:http://www.hylae.com)

基于上述试验,汉阳陵帝陵外藏坑保护展示厅大面积推广采用玻璃全封闭的保护与展示手段,使遗址免受游客活动和外界环境波动的影响,尽可能接近发掘前的原始环境,从而达到有效保护遗址和出土文物的目的。整个保护大厅覆罩在 10 座外藏坑上,用于封闭结构的玻璃达到 1900m^2 以上。全封闭玻璃共隔离、覆盖了 10 座外藏坑,其中遗址区以 14~21 号(共计 8 个)从葬坑作为一个整体封闭空间,坑深为 2~3m,坑宽 2.8~3.0m(14 号坑宽度为 3.8m),隔梁宽 3~5m,隔梁至屋顶高约 6.5m。遗址区域与外界环境隔绝,为人为有效地按照设定技术参数、创造最适宜文物和遗址保存的环境提供了空间条件,遗址区空间体积约 2 万 m^3。为了增强观赏效果,一条宽 3m、长约 60m 的悬空 U 形玻璃通道南北向延伸,横跨在一条条俑坑之上(马雨林,2006)。使参观者一面踏着玻璃通道前行,一面透过玻璃俯视脚下考古人员的发掘过程和文物出土(图 2-15)。

图 2-15　展示厅内的悬空玻璃通道

（资料来源：http://www.hylae.com）

　　而对于长度最长，从葬品最为丰富的 13 号坑，倒 L 形的玻璃封闭结构直接敷设在汉代土遗址之上，仅在封闭俑坑的端头，设置有供考古和文物保护工作者出入的双重门道（图 2-16）。全封闭玻璃围护的目的，是隔绝外界不良环境气候对遗址的侵袭和干扰，用少量能耗控制遗址区内温度和湿度以达到文物保护所需要的适宜区间，并保持稳定，让文物、遗址回到发掘前的存储环境，达到其保护效果（刘克成等，2006）。

图 2-16　帝陵东侧第 13 号从外藏坑遗址陈列

（资料来源：http://www.hylae.com）

　　此外，汉阳陵帝陵外藏坑保护展示厅的内部设施配置上，还选用了诸多具有高科技含量的新产品。例如，多媒体技术与幻影光成像技术运用于辅助陈列中，利用地热资源实现绿色环保和节能效用的水源热泵空调通风系统，方便轻巧的壁挂式残疾人电梯，以及光纤和 LED 等组成的遗址区照明光源等（吴晓丛，2006）。

2.4.2 文物病害

汉阳陵博物馆帝陵外藏坑保护展示厅内采取玻璃全封闭的围护手段，是对遗址区文物进行保护与展示的一种全新尝试。在展示厅建成前，经权威专家多方论证认为：这一保护形式能够有效隔绝室外的污染物，并使保存文物的环境避免温度和湿度的剧烈变化，也能在很大程度上降低虫害、降尘及紫外线辐射等不利因素对文物的影响。

然而，2006 年帝陵外藏坑保护展示厅建成并向公众开放后不久，汉阳陵博物馆工作人员就发现，即使在保持温度约 25℃、相对湿度接近 100%的隔离环境下，保护展示厅内仍然出现明显的返碱现象，返碱现象不但出现在遗址区内的文物或土遗址表面，还出现在库房内的文物表面（图 2-17）；部分猪、牛等雕塑出现起皮脱落现象；木质遗迹也出现风化的迹象。也就是说，这些对极其珍贵文物的保护效果并未达到玻璃全封闭展厅设计时的理想效果。

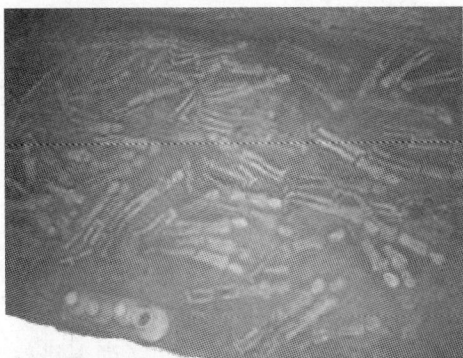

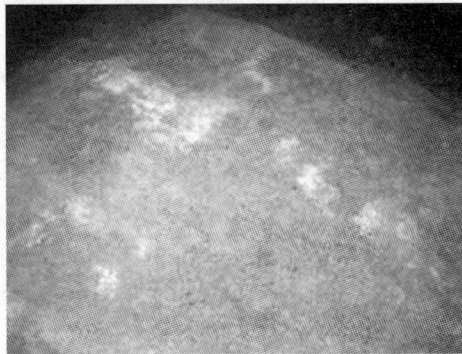

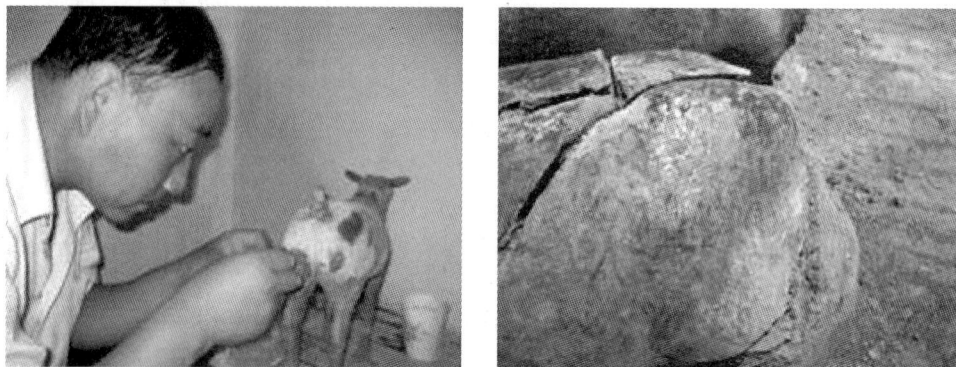

图2-17　帝陵外藏坑保护展示厅遗址区及库房内文物和土遗址表面的返碱病害（见彩图）

据博物馆文物保护工作者判断，帝陵外藏坑保护展示厅建成之后，为从葬坑遗址提供了相对封闭的保存条件。但是，由于遗址区内没有安装必要的环境调控设施，所以无法对遗址区域的环境进行及时、有效的调节和控制，而利用游览区内的中央空调系统等温度和湿度调控设备对遗址区内环境因素进行干预的作用是滞后的、不全面的，效能也必然十分有限。

此外，遗址区的环境还受到一些不稳定因素的影响，主要表现在三个方面。

（1）遗址区由中空镀膜电加热玻璃合围，玻璃的使用面积达1900余平方米，用以分隔遗址区和游览区。由于内、外环境的温度和湿度不同，常常导致玻璃表面出现冷凝水雾，虽然通过玻璃的加热功能可以除去水雾，不影响参观者的观赏，但玻璃的加热使遗址区内的温度和湿度产生波动。

（2）保护展示厅玻璃围护的密闭性未经定量评估，一旦存在漏气，就不能完全阻隔玻璃层内遗址区与玻璃层外游览区的空气交换过程，而游客会对遗址区内二氧化碳浓度的累积产生明显作用。

（3）遗址区内的文物数量大、种类多，不但包括有机质和无机质，还存在大面积的土遗址。对于这样复杂的文物遗存、遗迹和遗址的保存空间，尚未进行文物保存环境的综合监测与评价，故缺乏相对适宜的环境因素指标指导文物保护工作。

2006年8月，应汉阳陵博物馆邀请，中国科学院地球环境研究所（简称地环所）、西安文物修复保护中心及西安交通大学的文物和环境专家赴汉阳陵博物馆帝陵外藏坑保护展示厅，实地考察了文物返碱状况。经数次讨论，2007年5月，在汉阳陵博物馆的资助下，以西安文物修复保护中心为首，组织地环所、西安交通大学、秦始皇兵马俑博物馆等四单位赴博物馆开展了为期一周的预采样和分析研究。同时，地环所与西安文物修复保护中心签订了"汉阳陵从葬坑地下博物馆封闭遗址区空气成分、小环境特点与土遗址及文物本体风化监测研究工作委托协议书"，针对汉阳陵帝陵外藏坑保护展示厅内出现的局部风化返碱等病害，地环所开始承担保护展示厅封闭遗址区内空气成分、环境变量的监测和分析，以及土遗址和文物本体的风化病害追因等工作。经过为期一年的调查，获得了初步认识，包括以下几方面。

（1）文物返碱现象应为文物保存环境研究中的白壳（white crust）现象，其成分为硫酸盐而非硝酸盐类矿物，主要化学成分为 $CaSO_4$。

（2）猪、牛陶俑起皮现象应为文物保存环境研究中的黑壳（black crust）现象，其主要成分为黑碳和硫酸盐的混合物。

（3）玻璃展厅密闭程度未达到100%，仍存在较明显的空气交换现象，如以黑碳颗粒为示踪物，其室内浓度为室外的1/3，且展厅内存在较高浓度的空气污染物（SO_2、NO_x），这对形成白壳和黑壳具有促进作用。

上述研究结果进一步确认：博物馆保护展示厅内存在空气质量问题，不利于文物的良好保存。因此，如何更好地发挥投资近亿元的新建玻璃全封闭展厅的作用，有效地保护文物，是摆在文物保护和大气污染研究工作者面前亟待解决的科学问题，且具有现实紧迫性。

2009年，依托国家自然科学基金面上项目"汉阳陵地下博物馆室内空气质量及其对文物的影响"（NSFC 40875089）的支持，同时，在2012年，依托国家科技支撑项目"遗址博物馆环境监测调控关键技术研究"（2012BAK14B01），地球环境研究所研究小组得以继续深入地开展此项重要的研究工作，通过了解展示厅内的文物保存环境，探讨文物返碱的原因。

2.4.3 汉阳陵博物馆文物保存环境研究的内容和意义

汉阳陵博物馆文物保存环境研究的重要意义、目标和实现途径包括以下几个方面。

2.4.3.1 研究意义

（1）汉阳陵帝陵外藏坑保护展示厅是迄今为止世界上最大的全封闭展馆，其室内空气质量监测系统尚属空白，并无连续的观测数据定量评估这种新的文物保存方式对文物的影响。在这一独特的环境下建立长期观测的系统与方法，填补国际上此类文物环境观测数据的空白，能够为进一步的多学科、多用途基础和应用研究提供数据积累。

（2）定量评估各环境因子对不同材质文物的影响，探讨全封闭展馆模式下文物保存的最佳条件，有利于提出减少空气污染影响的控制对策与方法，总结全封闭展馆模式下文物保存环境质量标准与评估方法体系。

（3）探索全封闭展馆保存环境下文物腐蚀的机理与过程，提升我国文物保存环境研究的水平与能力，为国内其他博物馆室内空气研究提供借鉴，并为国际上文物保护的类似研究积累范例和素材。

2.4.3.2　研究目标

在汉阳陵博物馆帝陵外藏坑保护展示厅建立室内空气质量观测系统，实时监测遗址区内对陶俑等文物有重要影响的微环境变化；开展微气候、腐蚀性气体（SO_2、NO_2、NH_3、O_3 和 HNO_3）、气溶胶理化成分为期三年的联合观测，并通过释放 SF_6 示踪气体定量评价展室内空气密闭程度，获得关键空气污染物的变化特征及其化学反应机制；对比土遗址本体、返碱部位及陶俑表面风化物的物理化学组成和微结构特征，了解文物风化的原因，评估风化的程度，探讨保护的方法，为更好地进行文物保存环境控制提供依据。在此基础上，总结全封闭模式下文物保存环境空气质量评估体系，便于向国内同类文博单位推广，为遗产地的科学化、规范化安全预警工作奠定理论基础，提升文化遗产保护的安全防范能力。

2.4.3.3　研究思路

汉阳陵博物馆帝陵外藏坑保护展示厅文物保存环境研究的思路如图 2-18 所示。

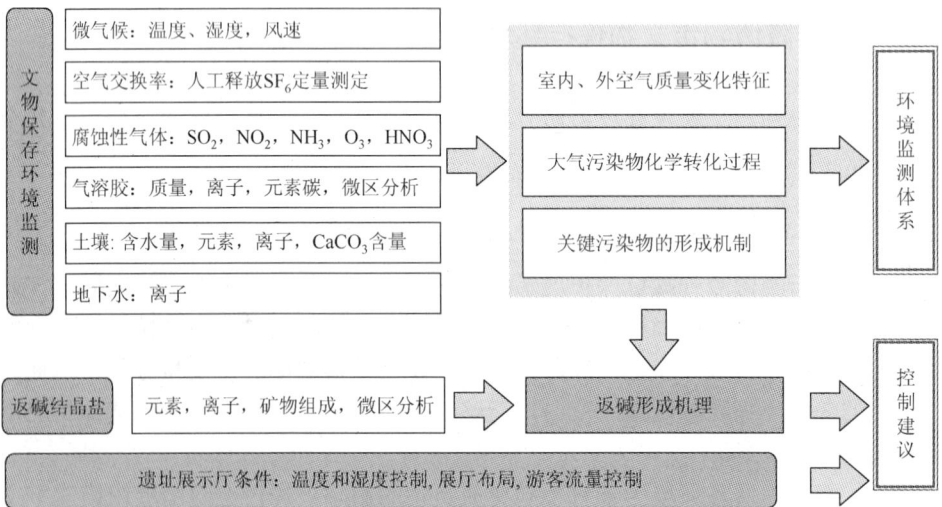

图 2-18　帝陵外藏坑保护展示厅文物保存环境研究思路

2.4.3.4 主要研究内容

1）采样点设置

在帝陵外藏坑保护展示厅遗址区内（代表封闭环境）和展示厅外（代表室外背景环境）设立两个监测站点。其中，遗址区内 15 号坑和 16 号坑之间的夯土隔梁上（图 2-19 中以星标注）设立室内大气环境观测点，在展示厅建筑的顶部设立室外大气环境观测点，周围开阔无建筑物阻挡。选取夏、冬两季（2007 年 7 月 10 日～25 日以及 2007 年 12 月 20 日～2008 年 1 月 17 日），室内、外同步测量空气中的气态污染物、气溶胶颗粒物和微气候参数。

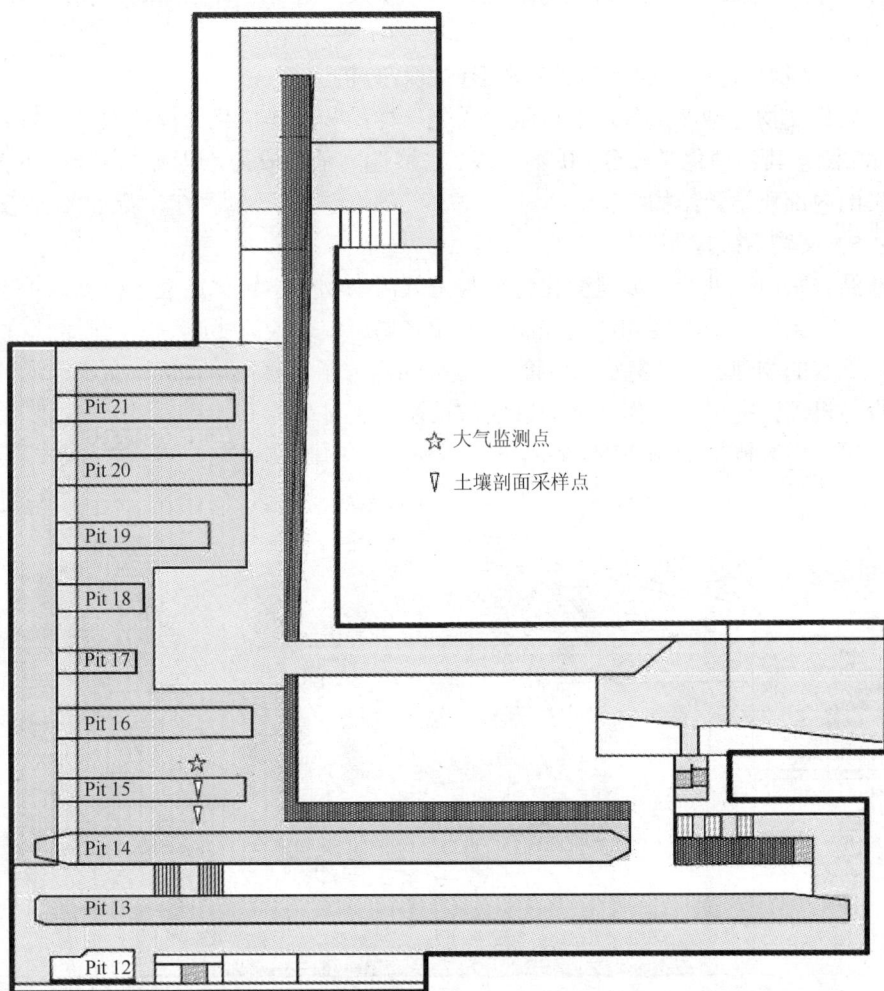

☆ 大气监测点

▽ 土壤剖面采样点

图 2-19　帝陵外藏坑保护展示厅遗址区内采样点的平面布局

2）空气密闭程度定量评估

为定量评估展厅的密闭程度，在展厅遗址区内采用释放 SF_6 气体，根据其浓度衰减曲线及遗址区总容积，定量计算玻璃围护内外的大气交换速率，认识空气交换速率变化原因。在室内外采用 Metone 气溶胶数浓度监测仪同步测量气溶胶数浓度的实时变化，采用回归模型定量评估不同粒径气溶胶粒子的渗入速率。

3）遗址区内空气质量监测与评估

在遗址区内（代表封闭环境）、外（代表室外环境）设立两个观测站点，同步测量空气中 SO_2、NO_2、NH_3、O_3 和 HNO_3 气体、黑碳及气溶胶的质量浓度，并采集 $PM_{2.5}$ 和 TSP 样品，分析颗粒物的化学组成，并通过在线测量收集微气象资料（温度、相对湿度等），以研究遗址现场的化学反应过程，评估影响文物的关键环境因子。

4）文物病害产物的化学成分及形成过程分析

采集文物返碱严重部位的微量"白壳"样品和文物风化部位的微量"黑壳"样品，测量其物理化学成分、矿物组成、水溶性离子组成等，识别"白壳"和"黑壳"的内部化学、结构特征。

5）文物返碱控制

结合室内、外空气质量变化特征与空气污染物化学转化过程，根据保护展示厅的实际条件，如温度和湿度控制、展厅布局、旅客人流影响等，同时测量土壤和地下水的物理、化学特征，评价土-气界面水分子运移规律，认识文物"返碱"过程与机理，提出可操作性强的短期与长期控制对策。

研究内容概括如图 2-20 所示。

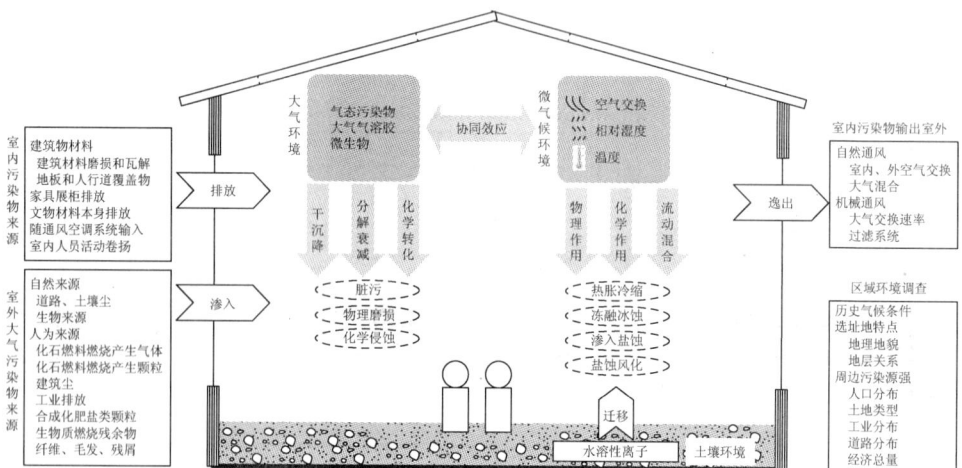

图 2-20　汉阳陵博物馆帝陵外藏坑保护展示厅文物保存环境研究内容

3 帝陵外藏坑保护展示厅遗址区的微气候

3.1 微气候监测概述

3.1.1 温度监测方法

3.1.1.1 温度的定义

平衡态是测量温度的主要依据之一。处在没有外界影响条件下的热力学系统，经过一段时间后，将达到一个确定的状态，而不再有任何宏观的变化。热力学系统是指由大量分子、原子组成的物体或物体系。这种在不受外界影响的条件下，宏观性质不随时间变化的状态称为平衡态。如果系统与外界存在某种形式的能量交换，则不能达到并保持在平衡态。因此，平衡态是指系统的宏观性质不随时间变化；从微观角度观察，在平衡态下，组成系统的基本粒子仍在不停地运动，只不过分子运动的平均效果不随时间改变，这种平衡效果的不变在宏观上就表现为系统达到了平衡态。

当一个热力学系统处于平衡态时，具有一些可用确定物理量表征的属性，选择其中几个固有属性作为描述系统状态的量，称为状态参量。通常需用几何参量、力学参量、化学参量和电磁学参量来描述热力学系统的平衡态。选用哪些参量才能完全描述系统的状态，则是由系统本身的性质决定的。上述四类参量都不能直接表征处于平衡态系统的冷热程度，因此，必须引入一个新的物理量——温度。

假设有两个热力学系统，各自处于一定的平衡态，现在使这两个系统互相接触，则它们之间会发生传热，热接触后两个系统的状态都将发生变化，经过一段时间后，两个系统的状态就不再变化，表明两个系统最后达到一个共同的平衡态。由于这种平衡态是两个系统发生热传递的条件下达到的，故称为热平衡。由此可知，如果两个热力学系统中的每一个都与第三个热力学系统处于热平衡，则它们彼此也必定处于热平衡。这一结论称为"热力学第零定律"。

热力学第零定律的重要性在于它给出了温度的定义和温度的测量方法。它为建立温度的概念提供了实验基础，即处于同一热力学平衡状态的所有热力学系统都具有共同的宏观性质，定义这个决定系统热平衡的宏观性质为温度。换句话说，这一宏观性质的特征就是一切互为热平衡的系统都具有相同的温度，这也是使用温度计测量温度的依据。选择适当的系统作为标准，这一系统就成为温度计，将温度计与待测系统接触，经过一段时间后使之达到热平衡，温度计的温度就等于待测系统的温度，而温度计的温度可通过它的某一个状态参数表示。

温度（temperature）是表示物体冷热程度的物理量。物质与温度有关的物理和化学性质的变化，统称为热现象，包括吸热和放热反应过程中的失（结晶）水、分解、相变、晶格破坏和重建等热效应变化（郭宏，2001）。从微观上来讲，温度表征了组成物体的基本粒子（分子或原子）热运动的剧烈程度。按照分子运动论的观点，温度是物体内基本粒子平均动能的标志，是宏观物体内部大量微观粒子无规则运动的集体表现，具有统计意义，对个别分子来说，温度是没有意义的。

温度只能通过物体随温度变化的某些特性来间接测量，用来量度物体温度数值的标尺称为温标。温标即温度的"标尺"，是温度的数值表示法，它规定了温度的读数起点（零点）和测量温度的基本单位。目前国际上用得较多的温标有华氏温标（℉）、摄氏温标（℃）、热力学温标（K）或称国际实用温标。

热力学温标最早由开尔文勋爵（Lord Kelvin）引入，故又称开尔文温度，用此种温标所确定的温度称为热力学温度。它是以零开尔文（0K）作为计算起点的温度，即把水三相点的温度准确定义为 273.16K 后所得到的温度，旧称绝对温度。热力学温标是一种完全不依赖于任何测温物质及其物理属性的温标，用 T 表示。热力学温度的单位为开尔文，简称开，以符号 K 表示。根据定义，1K 等于水的三相点的热力学温度的 1/273.16。热力学温度和人们习惯使用的摄氏温度相差一个常数 273.15，即 $t=T+273.15$（t 是摄氏温度的符号）。

摄氏温标（centigrade）的发明者是瑞典人 Anders Celsius（1701～1744 年）。水结冰点定义为 0℃，沸点为 100℃。1740 年，Celsius 提出在标准大气压下，把冰水混合物的温度规定为 0℃，水的沸腾温度规定为 100℃。根据水这两个固定温度点来对玻璃水银温度计进行分度，两点间 100 等分，每一份称为 1 摄氏度，记作 1℃。

华氏温标（Fahrenheit）以其发明者德国人 Gabriel D. Fahrenheir（1681～1736 年）命名。其结冰点是 32℉，沸点为 212℉。1714 年，Fahrenheit 以水银为测温介质，制成玻璃水银温度计，选取氯化铵和冰水的混合物的温度为温度计的 0℉，人体温度为温度计的 100℉，把水银温度计从 0℉到 100℉按水银的体积膨胀距离分成 100 份，每一份为 1 华氏度，记作"1℉"。

摄氏温度和华氏温度的关系：t_F（℉）=1.8t（℃）+32（t 为摄氏温度，t_F 为华氏温度）。

3.1.1.2 温度的测量

测量温度的方法很多，按照测量体是否与被测介质接触，可分为接触式测温法和非接触式测温法两大类。

接触式测温法的特点是测温元件直接与被测对象接触，两者之间进行充分的热交换，最后达到热平衡，这时感温元件的某一物理参数的量值就代表了被测对象的温度。接触式温度传感器的检测部分与被测对象有良好的接触，又称温度计。这种方法的优点是温度计通过传导或对流达到热平衡，从而使温度计的示值能直接表示被测对象的温度。一般测量精度较高，直观可靠。在一定的测温范围内，温度计也可测量物体内部的温度分布。缺点是感温元件影响被测温度场的分布，接触不良等都会带来测量误差，测量运动体、小目标或热容量很小的对象会产生较大的测量误差。另外，温度太高和腐蚀性介质对感温元件的性能和寿命会产生不利影响。常用的温度计有双金属温度计、玻璃液体温度计、压力式温度计、电阻温度计、热敏电阻和温差电偶等。它们广泛应用于工业、农业、商业等部门，在日常生活中人们也常常使用这些温度计。

非接触式测温法可以避免接触式测温法的缺点，具有较高的测温上限。非接触式温度传感器的敏感元件与被测对象互不接触，又称非接触式测温仪表。这种仪表可用来测量运动物体、小目标和热容量小或温度变化迅速（瞬变）对象的表面温度，也可用于测量温度场的温度分布。此外，非接触式测温法的热惯性（由于测温传感元件的热接点具有一定的热容量，热接点从介质中吸热量后，加热自身、使温度提高到稳定值需要一定的时间，即热接点的温度变化在时间上总是滞后于被测介质的温度变化，这种现象称为热惯性）小，故便于测量运动物体的温度和快速变化的温度。由于受物体的发射率、被测对象到仪表之间的距离以及烟尘、水汽等其他介质的影响，这种方法一般测温误差较大。

最常用的非接触式测温仪表基于黑体辐射的基本定律，称为辐射测温仪表。辐射测温法包括亮度法（如光学高温计）、辐射法（如辐射高温计）和比色法（如比色温度计）。各类辐射测温方法只能测出对应的光度温度、辐射温度或比色温度。只有对黑体（吸收全部辐射并不反射光的物体）所测温度才是真实温度。如欲测定物体的真实温度，则必须进行材料表面发射率的修正。而材料表面发射率不仅取决于温度和波长，还与表面状态、涂膜和微观组织等有关，因此很难精确测量。在自动化生产中往往需要利用辐射测温法来测量或控制某些物体的表面温度，如冶金中的钢带轧制温度、轧辊温度、锻件温度和各种熔融金属在冶炼炉或坩埚中的温度。在这些具体情况下，物体表面发射率的测量是相当困难的。对于固体表面温度自动测量和控制，可以采用附加的反射镜使其与被测表面一起组成黑体空腔。附加辐射的影响能提高被测表面的有效辐射和有效发射系数。利用有效发射系数通过仪表对实测温度进行相应的修正，最终可得到被测表面的真实温度。最为典型的附加反射镜是半球反射镜。球中心附近被测表面的漫射辐射能受半球镜反射回到表面而形成附加辐射，从而提高有效发射系数。至于气体和液体介质真实温度的辐射测量，则可以采用插入耐热材料管至一定深度以形成黑体空腔的方法。通过计算求出与介质达到热平衡后的圆筒空腔的有效发射系数，在自动测量和控制中就可以用此值对所测腔底温度（即介质温度）进行修正而得到介质的真实温度。随着红外技术的发展，辐射测温温度传感器逐渐由可见光向红外线扩展，700℃以下至常温都已采用，且分辨率很高。

气象学上把表示大气层中气体冷热程度的物理量称为空气温度，简称气温。气象部门所说的地面气温，是指在野外空气流通、不受太阳直射时测得的空气温度，故气温一般在高于地面 1.25～2.00m 处的百叶箱或防辐射罩内测得，且气温测量元件有良好的通风条件。

温度传感器是能感受温度并转换成可用输出信号的传感器，即利用物质各种物理性质随温度变化的规律把温度转换为电量的传感器。温度传感器是温度测量仪表的核心部分，品种繁多。按测量方式可分为接触式和非接触式两大类，按照传感器材料及电子元件特性分为热电阻和热电偶两类。

常用的测量气温的仪器有以下几种。

1）玻璃温度计

玻璃温度计的温度感应部分是一个充满液体的玻璃球或柱，与感应部分相连的示度部分是一端封闭、粗细均匀的玻璃毛细管，测温液体通常用水银、酒精或甲苯等。玻璃液体温度计是一种膨胀式温度计。由于玻璃球内液体的热膨胀系数远大于玻璃，毛细管中的液柱会随温度变化而升降，温度计所显示的示值即液体体积与玻璃毛细管变化的差值。常用的玻璃温度计有最高温度表、最低温度表和干湿球温度表。

2）金属温度计

金属温度计是能够自动记录气温连续变化的仪器。金属温度计利用两种不同金属在温度改变时膨胀程度不同的原理工作，主要的感应元件是一个用膨胀系数相差较大的两种或多种金属片焊接或叠压在一起组成的多层金属片。将其一端固定，另一端随温度变化而发生位移，位移量与气温接近线性关系。金属温度计是一种测量中低温度的现场检测仪表。可以直接测量各种生产过程中−80～500℃的液体蒸气和气体介质温度。为提高测温灵敏度，通常将金属片制成螺旋卷形状。由于螺旋卷的一端固定而另一端和一可以自由转动的指针相连，所以当金属片感受到温度变化时，指针即可在一圆形分度标尺上指示出温度来。这种仪表的测温范围是 200～650℃，允许误差均为标尺量程的 1%左右。这种温度计和棒状的玻璃液体温度计的用途相似，但可在机械强度要求更高的条件下使用。

3）电阻温度计

电阻温度计是根据导体电阻随温度而变化的规律来测量温度的温度计，它利用电阻丝的电阻正比于温度变化的原理制成，分为金属电阻温度计和半导体电阻温度计。常使用铂丝、铜丝、铁丝等金属丝绕制成感温元件，阻值在几十到一百欧之间，在低温下还有碳、锗和铑铁电阻温度计。精密的铂电阻温度计是目前最精确的温度计，温度覆盖范围为 14～903K，其误差可低到万分之一摄氏度，它是能复现国际实用温标的基准温度计。电阻温度表适用于遥测，使用方便可靠，已得到广泛应用。它的测量范围为−260～600℃，在某些特殊情况下，可将金属丝绕在待测温度的物质上，或装入被测物质中。在极低温的范围内测量时，亦可将碳质小电阻或渗有砷的锗晶体，封入充满氦气的管中。

4）热敏电阻温度计

感应元件是由几种金属氧化物混合烧结成的导体电阻，电阻值通常几十千欧，其电阻温度系数大，灵敏度高于金属电阻温度计，但稳定性稍差，广泛应用于高空遥测。热敏电阻通常是以半导体材料制成的陶瓷器件，如由锰、镍、钴等金属的氧化物与其他化合物按不同配比烧结而成，优点是元件尺寸小、响应速度快、电阻随温度变化的能力强、成本低，缺点是稳定性差。

5）温差电偶温度计

利用温差电现象制成，将两个物理和化学性质不同的金属导体（称为热电偶丝材或热电极）两端结合成一个闭合回路，称为热电偶。测量时，将热电偶一个结合点置于恒温条件（如冰水溶液中），称为参考端（也称冷端、补偿端）；另一个结合点放在待测物体上，称为工作端（也称测量端）。两个结合点的温度不同，就会产生温差电动势，电动势正比于两结合点的温度差。热电偶实际上是一种能量转换器，它将热能转换为电能，用所产生的热电势测量温度。热电偶温度计可用于遥测，在日射仪器和小气候观测中广泛应用。

6）红外温度传感器

非接触式红外测温也称辐射测温，一般使用热电型或光电探测器作为检测元件。在自然界中，当物体的温度高于 0K 时，由于内部热运动的存在，就会不断地向四周辐射电磁波，其中就包含了波段位于 0.75～100μm 的红外线，红外温度传感器就是利用这一原理制作而成的。此温度测量系统比较简单，可以实现大面积的测温，也可以用于被测物体上某一点温度的测量；可以是便携式，也可以是固定式。红外温度传感器具有温度分辨率高、响应速度快、不扰动被测目标温度分布场、测量精度高和稳定性好等优点；另外，红外温度传感器的种类较多，发展非常快，技术比较成熟，是一种重要的非接触温度测量技术。但利用红外辐射测量温度，必然受到物体发射率、测温距离、烟尘和水蒸气等外界因素的影响。红外温度传感器按照测量原理可以分为两类：光电红外温度传感器和热电红外温度传感器。

现代信息技术的三大基础是信息采集（即传感器技术）、信息传输（通信技术）和信息处理（计算机技术）。现代信息技术日新月异，推动了传感器技术的蓬勃发展，近百年来，温度传感器的发展大致经历了传统的分立式温度传感器、模拟集成温度传感器、智能温度传感器三个阶段。温度传感器正从模拟式向数字式、集成化、智能化、网络化的方向发展。

传统的分立式温度传感器包括上述电阻温度传感器、热敏电阻和热电偶温度传感器等。模拟集成温度传感器在 20 世纪 80 年代问世，它将温度传感器集成在一个芯片上、可完成温度测量及模拟信号输出等功能。模拟集成温度传感器的主要特点是功能单一（仅测量温度）、测温误差小、价格低、体积小、微功耗、外围电路简单等；其缺点是响应速度慢，测温范围较小。智能温度传感器亦称数字温度传感器，于 90 年代中期问世，是微电子技术、计算机技术和自动测试技术的结晶。智能温度传感器内部包含温度传感器、A/D 传感器、信号处理器、存储器和接口电路。智能温度传感器能输出温度数字数据及相关的温度控制量，适配各种微控制器（MCU），并且可通过软件来实现测试功能，有的产品还带多路选择器、中央控制器（CPU）、随机存取存储器（RAM）和只读存储器（ROM）。

几种常见温度传感器的优缺点比较见表 3-1。

表 3-1　常见温度传感器的优缺点比较（王玉华，2002）

传感器类型	优点	缺点
热电偶传感器	精度较高，测温范围广，构成简单，使用方便	需要冷端补偿，线性度差
热电阻传感器	线性度好，精度高，多用于精度较高的场合	灵敏度低
热敏电阻传感器	灵敏度高，体积小，制作简单，价格便宜	线性度差，稳定性和重现性差
红外线测温传感器	灵敏度高，反应速度快，测温范围广	测温装置复杂，价格较高
模拟集成温度传感器	精度较高，体积小，抗干扰能力强，低功耗	响应速度慢，测温范围较小
光导纤维传感器	抗电噪声和其他外界干扰强，动态范围大	配用的测量仪器复杂，价格高
智能数字传感器	温度数字信号输出，不需要外围电路，抗干扰能力强，稳定性好，适合单片机系统	需要进行软件编程，程序量大

3.1.2　湿度监测方法

3.1.2.1　湿度的定义

湿度是表示大气干燥程度的物理量。在一定的温度下，一定体积的空气里含有的水汽越少，则空气越干燥；水汽越多，则空气越潮湿。在此意义下，空气的干湿程度常用绝对湿度、相对湿度、比湿以及露点等物理量来表示；而表示在湿蒸汽中液态水分的质量占蒸汽总质量的百分比，则称为水汽压。

绝对湿度（α）是标况（0℃，一个标准大气压，1atm=1.013 25×10^{5}Pa）下一定体积的空气中含有的水蒸气的质量，其单位是 g/m^3 或 g/cm^3。绝对湿度的最大限度是饱和状态下的最高湿度。绝对湿度只有与温度一起才有意义，因为空气中能够含有的湿度的量随温度的变化而变化，在不同的温度中绝对湿度也不同，因为随着温度的变化空气的体积也要发生变化。但绝对湿度越靠近最高湿度，它随温度的变化就越小。

相对湿度（RH，U）是绝对湿度与最高湿度之比，用空气中实际水汽压与当时气温下的饱和水汽压之比的百分数表示，它的值直接显示空气距离饱和的相对程度。相对湿度的概念是为了不受温度影响而引入的表述空气干湿程度的量。相对湿度为 100%的空气是饱和的空气。相对湿度为 50%的空气含有同温度下饱和空气 1/2 的水蒸气。相对湿度超过 100%的空气中的水蒸气一般会凝结出来。随着温度的升高空气中可以含的水就越多，也就是说，在同样多水蒸气的情况下温度升高相对湿度就会降低。因此在提供相对湿度的同时也必须提供温度的数据。通过相对湿度和温度也可以计算出露点。

比湿（q）是熔化在空气中的水的质量与湿空气的质量之比。假如没有凝结或蒸发的现象发生，一个封闭的空气在不同高度下的比湿是相同的。在饱和状态下的最高比湿的符号是 S。

水汽压（e）表示空气中水汽部分的压强，以百帕（hPa）为单位。

露点湿度（T_d）是表示空气中水汽含量和气压不变的条件下冷却达到饱和时的温度，单位用摄氏度（℃）表示。气温越低，饱和水汽压就越小。所以对于含有一定量水汽的空气，在气压不变的情况下降低温度，使饱和水汽压降至与当时实际的水汽压相等时的温度，称为露点。空气中水汽已达到饱和时，气温与露点相同；当水汽未达到饱和时，气温一定高于露点温度。所以露点与气温的差值可以表示空气中的水汽距离饱和的程度。

3.1.2.2　湿度的测量

空气湿度表征空气中水蒸气的含量或空气的干湿程度。在常规的环境空气状态参数中，它是一个非常重要而又难以准确测量的物理量。这是因为测量湿度要比测量温度复杂得多，温度是个独立的被测量，而湿度却受其他因素（大气压强、温度）影响。空气的含湿量随空气温度的升高而增大，在高温状态下（温度在100℃以上），即使空气的相对湿度相差很小，其含湿量（或空气的水蒸气含量）的差异可能会很大。

空气湿度的测量方法主要有干湿球法、露点法和吸湿法等。湿度传感器，基本形式都是利用湿敏材料对水分子的吸附能力或对水分子产生物理效应的方法测量湿度。有关湿度的测量，早在 16 世纪就有记载。许多经典的测量方法，如干湿球温度计、毛发湿度计和露点计等至今仍广泛采用。现代工业要求高精度、高可靠性和连续地测量湿度，因此陆续出现了各类湿敏元件。

近年来，湿敏传感器正从简单的湿敏元件向集成化、智能化、多参数检测的方向迅速发展，为开发新一代湿度/温度测控系统创造了有利条件，也将湿度测量技术提高到新的水平。湿敏元件主要分为两大类：水分子亲和力型湿敏元件和非水分子亲和力型湿敏元件，如图 3-1 所示。

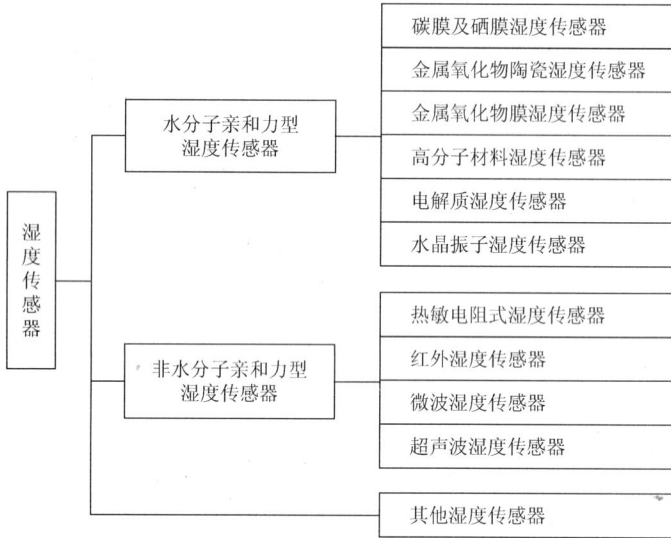

图 3-1 常见湿敏传感器的分类

利用水分子有较大的偶极矩，易于附着并渗透入固体表面的特性制成的湿敏元件称为水分子亲和力型湿敏元件。例如，利用水分子附着或浸入某些物质后，其电气性能（电阻值、介电常数等）发生变化的特性可制成电阻式湿敏元件、电容式湿敏元件；利用水分子附着后引起的材料长度变化，可制成尺寸变化式湿敏元件，如毛发湿度计。金属氧化物是离子型结合物质，有较强的吸水性能，不仅有物理吸附，而且有化学吸附，可制成金属氧化物湿敏元件。这类元件在应用时附着或浸入被测的水蒸气分子，与材料发生化学反应生成氢氧化物，或一经浸入就有一部分残留在元件上而难以全部脱出，使重复使用时元件的特性不稳定，测量时有较大的滞后误差和较慢的反应速度。目前应用较多的均属于这类湿敏元件。另一类非亲和力型湿敏元件利用其与水分子接触产生的物理效应来测量湿度。例如，利用热力学方法测量的热敏电阻式湿度传感器，利用水蒸气能吸收某波长段红外线的特性制成的红外线吸收式湿度传感器等。具体如下所述。

1）毛发湿度计

利用毛发、纤维等物质随周围空气湿度变化而伸缩的特性来测量空气的含湿量。该测量方法简单、成本低。但测量量程窄、精度低（量程为 15%～80%，-35～45℃，测量精度为±5%），且维护繁琐。

2）干湿球湿度计

干湿球法使用简单干湿球湿度计或通风干湿球湿度计（阿斯曼计），通过测量空气的干湿球温度来测量空气的含湿量。该方法是最古老、最常用的湿度测量方法之一，在量程范围内相对湿度测量精度较高，可达到±2%～±3%，但只适用于0～85℃温度范围内的空气湿度测量。

3）露点湿度计

露点法使用（光电式）露点湿度计等，通过测量空气的露点温度来间接测量空气的湿度。湿度计主要由冷却装置、结露面和温度计组成。露点法测量精度高、量程宽，特别适用于低温、低湿空气的湿度测量。但该测量方法费用高、装置复杂，同时为保证测量镜面的结露温度，需进行精确控制。

4）电解质湿敏元件

电解质湿敏元件是利用潮解性盐类受潮后电阻发生变化制成的湿敏元件。最常用的是电解质氯化锂（LiCl），1938年由顿蒙发明。氯化锂湿敏元件的工作原理是基于湿度变化能引起电介质离子导电状态的改变，使电阻值发生变化。结构形式有顿蒙式和含浸式。氯化锂元件具有滞后误差较小，不受测试环境的风速影响，不影响和破坏被测湿度环境等优点，但因其基本原理是利用潮解盐的湿敏特性，经反复吸湿、脱湿后，会引起电解质膜变形和性能变劣，尤其遇到高湿及结露环境时，会造成电解质潮解而流失，导致元件损坏。

5）高分子材料湿敏元件

高分子材料湿敏元件是利用有机高分子材料的吸湿性能与膨润性能制成的湿敏元件。其中，利用吸湿后介电常数发生明显变化的高分子电介质，制作电容式湿敏元件；利用吸湿后电阻值改变的高分子材料，制作电阻变化式湿敏元件。常用的高分子材料是醋酸纤维素、尼龙和硝酸纤维素等。高分子湿敏元件的薄膜极薄（约500nm），元件易于快速吸湿或脱湿，减小其滞后误差，因此响应速度快。此种湿敏元件的缺点是不适用于含有机溶媒气体的环境，也不能用于80℃以上的高温环境。

6）金属氧化物膜湿敏元件

许多金属氧化物，如氧化铝、四氧化三铁、钽氧化物等都有较强的吸脱水性能，将它们制成烧结薄膜或涂布薄膜，可制作多种湿敏元件。多孔质的氧化铝湿敏元件互换性好，低湿范围测湿时的响应速度较快、滞后误差小，常用于高空气球上的测湿。而四氧化三铁胶体具有固有电阻低、长期置于大气环境下表面状态稳定、胶体粒子间相互黏结紧密等优点，是一种价廉物美、较早投入批量生产的湿敏元件，在湿度测量和湿度控制方面都有大量应用。

7）金属氧化物陶瓷湿敏元件

将极其微细的金属氧化物颗粒在1300℃高温下烧结，可制成多孔体的金属氧化物陶瓷，在这种多孔体表面加上电极，引出接线端子可制成陶瓷湿敏元件。湿敏元件使用时须裸露于测试环境中，油垢、尘土和气、固体有害物质都会改变其物理吸附和化学吸附性能。而金属氧化物陶瓷湿敏元件具有陶瓷烧结体结构，其物理和化学状态稳定，并可用加热去污方法恢复元件的湿敏特性，且烧结体的表面结构扩展了元件表面与水蒸气的接触面积，使水蒸气易于吸着和脱去，还可通过控制元件的细微构造使物理性吸附占主导地位，获得最佳的湿敏特性。因此陶瓷湿敏元件的使用寿命长、元件特性稳定，是目前最有可能成为工程应用的主要湿敏元件之一，使用温度为 0～160℃。

8）热敏电阻式湿度传感器

热敏电阻式湿度传感器利用热敏电阻作为湿敏元件。传感器内由珠状热敏电阻组成桥式电路，当热敏电阻接触待测含湿空气时，含湿空气与参比干燥空气产生热传导差，导致电阻增高，可根据输出电压反映湿度变化。由于热敏电阻式湿度传感器的输出电压与绝对湿度成比例，因而可用于测量大气的绝对湿度。但传感器利用湿度与大气热导率之间的关系作为测量原理，当气压变化或大气中混入其他特种气体时，对测量结果有不同程度的影响。此外，热敏电阻的位置对测量也有很大影响。但这种传感器可靠性强、稳定性高，且不需特殊维护，已用于空调机湿度控制，或制成便携式绝对湿度表、直读式露点计、相对湿度计、水分计等。

9）红外线吸收式湿度传感器

红外线吸收式湿度传感器是利用水蒸气能吸收某波段的红外线制成的湿度传感器。20 世纪 60 年代中期，美国气象局以波长为 1.37μm 和 1.25μm 的红外光分别作为敏感光束和参考光束，研制成红外线吸收式湿度传感器。此种传感器采用装有 λ_0 滤光片和 λ 滤光片的旋转滤光片，当光源通过旋转滤光片时，轮流地选择波长为 λ_0 和 λ 的红外光束，两条光束通过被测湿度的样气抵达光敏元件，波长为 λ_0 的光束不被水蒸气吸收，其光强仍为 I_0；波长为 λ 的光束被水蒸气部分吸收，光强衰减为 I。采用朗伯-比尔法，根据光强度的变化，将光敏元件上的信号处理后，可获得正比于水蒸气摩尔浓度 c 的电信号。红外线吸收式湿度传感器属非水分子亲和力型湿敏元件，测量精度和灵敏度较高、能够测量高温或密封场所的气体湿度，也能解决其他湿度传感器不能解决的大风速或通风孔道环境中的湿度测量问题。缺点是结构复杂、光路系统存在温度漂移等现象。

10）微波式湿度传感器

微波式湿度传感器利用微波电介质共振系统的品质因数随湿度变化的机理制成的传感器。微波共振器采用氧化镁-氧化钙-二氧化钛陶瓷体，共振器与耦合环构成共振系统，含水蒸气的气体进入传感器腔体后改变原共振系统的品质因数，其微波损失量与湿度呈线性关系。这种传感器的测湿范围为相对湿度 40%～95%，在温度 0～50℃时，精度可达±2%。微波式湿度传感器具有非水分子亲和力型湿敏元件的优点，又由于采用陶瓷材料作为共振系统，故可加热清洗，且坚固耐用。缺点是对微波电路稳定性要求甚高。

11）超声波式湿度传感器

超声波在空气中的传播速度与温度、湿度有关，利用这一特性可制成超声波式湿度传感器。传感器由超声波气温计和铂丝电阻测温计组成，前者的测量数据与湿度有关，后者的测量数据只与温度有关，按照超声波在干燥空气和含湿空气中的传播速度可计算出空气的绝对湿度。超声波湿度传感器有很多优点，它的测湿数据比较准确，响应速度快，可以测出某一极小范围的绝对湿度而不受辐射热的影响。目前这种传感器的应用尚处于起步阶段。

国内外各厂家的湿度传感器水平不一、质量和价格相差较大，用户选择性价比优良的理想产品时，应要求湿度传感器具有如下特点：湿度传感器的精度应达到±2%～±5%，年漂移量控制在±2%，湿度传感器的温度系数在每摄氏度 0.2%～0.8%，且在 40℃以下能够正常工作。使用中应满足同一型号的传感器能够互换，并易于标定校准等。

几种湿度传感器的比较见表 3-2。

表 3-2　几种常见湿度传感器的优缺点（王玉华，2002）

传感器类型	优点	缺点
毛发湿度计	直接指示相对湿度，结构简单	精度低，稳定性差
简易干湿球	结构简单	不能直接显示相对湿度
气象站式通风干湿球湿度计	常温下精度高	不能直接显示相对湿度
电阻温度计式干湿球湿度计	直接指示相对湿度，可连续记录与远距离测量	须进行复杂的公式换算
光电式露点计	可连续记录与远距离测量，能测量低湿度	机构复杂，必须冷却
电阻式湿度计	可连续记录与远距离测量，体积小	电阻温度系数大，必须精确测定温度，高温下不稳定
电容式湿度计	动态反应快，阻抗高，功率小，具有较高的信噪比和系统稳定性，温度系数小	存在迟滞现象，互换性不佳
红外测湿仪	抗干扰能力强，不受可见光影响	测量误差较大

实际应用中常见的温湿度测量工具，常常是温度计和湿度计组合为一体的温湿度仪。根据测量中数据的存储方式将其粗略分为以下几类。

（1）指针式温湿度仪：指针式的温湿度仪通常用来指示现场的温湿度状况，对观察、纪录人员进行警示，一般只能进行实时监测，不能存储数据。

（2）电子温湿度仪：对研究室内环境质量的人员来说，仅指示现场的温湿度瞬时情况，不进行温湿度数据的存储是不够的。指针式温湿度仪不能记录历史数据，如果需要连续数据，人员须守候在仪器旁不断跟踪记录。而电子温湿度仪可直接放置在指定位置，自动监测文物保存环境的温湿度信息，并存储数据以便追踪解析。

（3）温湿度遥测仪：温湿度遥测仪分为有线和无线两种，均由发射、传达、接收三部分组成。在监测点分散、人力不足，或环境调控装置需要了解监测点温湿度的瞬时状况时，可采用遥测仪即时掌握各监测点的温湿度变化。

3.1.3　气密性检测方法

3.1.3.1　建筑的通风

建筑空间的通风方式主要有机械通风和自然通风两类。

依靠风机提供的风压、风量，通过管道和送、排风口系统可以有效地将室外新鲜空气或经过处理的空气送到建筑物的任何工作场所；还可以将建筑物内受到污染的空气及时排至室外，或者送至净化装置处理合格后再予排放。这类通风方法称为机械通风。根据作用范围的大小、通风功能的区别划分，机械通风分为全面通风和局部通风两种形式（陈妙芳，2002）。机械通风系统一般由风机、风道、阀门和送、排风口组成。

自然通风指的是用自然风压、空气温差、密度差等自然驱动方法为室内空间提供或者抽走空气的过程。这里所谓的"自然方法"，是指在提供或者抽走空气的过程中，无需使用风扇或者其他机械装置，而是利用建筑物与外界环境之间的气压差提供通风和空间冷却。建筑的自然通风分两种类型：风力驱动通风和热压作用通风。两种类型的自然通风都是由自然形成的气压差引起的，风力驱动通风是利用自然风力引起的气压差，而热压作用通风则利用气温和湿度上的差异引起的上升浮力所产生的压力。

3.1.3.2　气密性的测量

无论使用机械通风制冷的空调建筑，还是不使用机械制冷手段的被动式自然通风式建筑，其室内温湿度和空气质量都与建筑围护结构以及室内环境的蓄热特性息息相关。而为了有效排出恶化室内空气质量的污染物，保证室内场所的大气环境要求，则主要依赖建筑物的气密性、通风方式、换气量或通风换气速度等特性。这些数据更能够在建筑物业管理、预算、室内空气质量诊断、建筑能耗调查等方面发挥重要作用（Persily，1997）。

气密性包括内部与外界进行气体交换的能力、阻止外界气体进入的能力，以及阻止内部气体渗出的能力（ASHRAE，2001）。气密性检测的对象丰富，既包括居室、车间、粮仓或公共场所等建筑空间，也涉及汽车、展柜、轮胎、化学仪器和容器等需要保持密闭的装置空间。对于建筑物，一般用空气交换速率（ACH）指标评价其气密性，即单位时间内由室外进入室内空气的总量与该室室内空气总量之比，单位为 h^{-1}。空气交换速率与室内空气质量关系密切，它既影响有室内排放源的污染气体的扩散；也会影响由室外渗入室内的气体污染物的浓度，并且，对于一定的空气交换速率，室外不同粒径范围的颗粒物进入室内的渗透能力不同（Bennett et al., 2006）。

气密性检测又称致密性试验，常用的试验介质有空气、氨气、卤族化合物、二氧化碳、氦以及煤油（灵敏度低，极少使用），它的目的是检查容器或建筑空间是否存在不允许的泄漏。常见的气密性检测方式主要有两种，即压力式检测技术和流量式检测技术。

Charlesworth（1988）和 Sherman（1998）的综述中列出了各种涉及建筑物泄漏的研究，包括借助鼓风加压方法（fan pressurization method，FPM）和示踪气体浓度分散法（tracer gas dilution methods，TGDM）诊断建筑物空气渗入和泄漏的状况等，见表 3-3。

表 3-3　建筑物空气泄漏级别与通风需求（Luther，2007）

泄漏级别	最小 NL	最大 NL	典型的 ACH_{50}	通风装置要求	推荐通风类型
A	0	0.10	1	完全通风系统	仅稳定通风
B	0.1	0.14	2	通风系统为主	稳定通风为主
C	0.14	0.20	3	通风系统为主	二者均可
D	0.20	0.28	5	部分通风系统	二者均可
E	0.28	0.40	7	通风可能性大	非稳定通风为主
F	0.40	0.57	10	存在通风可能	仅非稳定通风
G	0.57	0.80	14	通风可能性小	仅非稳定通风
H	0.80	1.13	20	无通风系统	二者均无
I	1.13	1.60	27	在此范围内的建筑过于松散，首先需要增加气密性，才能讨论通风系统	
J	1.60	—	—		

NL：无风和非加压状态下的归一化空气泄漏值（normalized leakage），亦可用空气交换速率 ACH_{NL} 表示；ACH_{50}：鼓风机-门测试中，当压力为 50Pa 时的空气交换速率。

Sherman（1998）基于众多课题研究的结果，建立了压力为 50Pa 时鼓风加压方法所测得的空气交换速率 ACH_{50} 与归一化空气泄漏值 ACH_{NL}（自然通风渗透条件下）之间的关系式，如式（3-1）所示。

$$ACH_{50} / 20 = ACH_{NL} \tag{3-1}$$

压力式泄漏检测仪利用测试压力的变化间接评价气密性，可分为压力式和压差式两类。前者结构可靠、使用简便，且价格较低；而后者的测量精度高于前者，但仪器的结构更为复杂，且必须有一套全密封参考组件配合使用。无论压力式还是压差式检测技术，均可采用正压法或负压法（又称真空法），计算被检测对象的渗透系数。正压法采用充气方式，涉及的设备简单、耗时较少，因此检测效率较高；而负压法则拥有较高的测试精度。

流量式气密性检测方法直接测算被检测对象的泄漏流量。在被检环境内、外压差较小时，采用示踪气体浓度分散法可以精确测定建筑物的密闭程度，即向被检测对象空间内以一定形式释放示踪气体，通过测量待测点的示踪气体浓度变化，获得被检环境内、外的通风换气量或通风换气速率，由此计算得出空气交换速率的值。依据操作方式不同，示踪气体浓度分散法可划分为示踪气体浓度衰减法（tracer gas concentration decay method）、恒定注入示踪气体法（tracer gas constant injection method）和示踪气体浓度恒定法（tracer gas constant concentration method）等（ASTM，2006；ISO 12569，2000）。三种方法基本原理相同，其中，示踪气体浓度衰减法是应用最普遍、测量最简便直接的方法，可以直接测定空气交换速率（ASTM，2006）。测定中选用的示踪气体在使用浓度范围内应无毒、无害、无味、环境本底浓度低，且易于现场测定（Sherman，1990）。目前，符合这些条件的常用示踪气体的环境本底及安全性见表 3-4。

表 3-4　示踪气体本底水平及安全性（GB/T 18204.18—2000）

示踪气体名称	环境本底水平/（mg/m³）	毒性水平
一氧化碳（CO）	0.125～1.25	人吸入 50mg/m³ 1h 无异常
二氧化碳（CO_2）	600	车间最高允许浓度 9000mg/m³
六氟化硫（SF_6）	低于检出限	小鼠吸入 48000mg/m³ 4h 无异常
氧化亚氮（NO）	0.4	小鼠 LC_{50} 1090mg/m³
八氟环丁烷（C_4F_8）	低于检出限	大鼠吸入 80%（20%氧）无异常
三氟溴甲烷（CF_3Br）	低于检出限	车间标准 6100mg/m³

建筑物气密性检测的目的，就是借助实验设置、仪器测量和数据计算，提供关于被检测对象的如下特征（Luther，2007）。

（1）室外空气进入室内的流速（机械通风或自然通风渗入）。

（2）建筑物特定空间（房间）内空气交换速率的有效性。

（3）通过建筑物孔隙的累积最大和最小渗入速率。

（4）特定空间内空气运动定性评价（气流可视化模式）。

（5）特定空间内空气运动定量评价（气流速度、方向和湍流等）。

（6）非机械辅助式空气交换速率——渗入 ACH。

（7）机械辅助式空气交换速率——通风ACH。

（8）空气泄漏的位置和定量。

（9）建筑的平均压力（正压或负压）。

3.1.3.3 示踪气体浓度衰减法

示踪气体浓度分散法均基于检测对象空间内示踪气体浓度均匀的稳态假设，因此，测试时应采取机械手段（如风机、搅拌等）使空间内示踪气体混合均匀，且不影响换气量。当然，在实际测试中，换气量只能保持相对稳定，且多数情况下，尽管采用机械搅拌使混合尽可能均匀，但所测得的示踪气体浓度随时间的变化还会受测点位置影响而存在显著差异（朱奋飞等，2008）。

在特定建筑空间内，示踪气体当满足质量守恒方程，如式（3-2）所示。

$$V\frac{dC(t)}{dt} = S(t) - Q_V(t)C_{OD} - Q_V(t)C(t) \tag{3-2}$$

式中，V为建筑空间体积，m^3；$S(t)$为室内示踪气体源强度，mg/h；$Q_V(t)$为t时刻室内外换气量，m^3/h；C_{OD}为室外示踪气体浓度，mg/m^3；$C(t)$为t时刻测试点示踪气体浓度，mg/m^3。

浓度衰减法在建筑空间内释放一定量的示踪气体，待测室内释放的示踪气体与室内空气混合均一后，随着建筑空间内与外界的空气交换，示踪气体浓度随时间延长呈指数衰减。通过浓度的测量和计算，得出空间与外界的空气交换速率。基于混合均匀且换气量恒定，计算空气交换速率如式（3-3）所示。

$$\ln c_t = \ln c_0 - A \cdot t \tag{3-3}$$

式中，c_t为t时间的示踪气体浓度，mg/m^3；A为平均空气交换速率，h^{-1}；c_0为测量初始时示踪气体浓度，mg/m^3；t为测定时间，h。

由式（3-3）导出计算空气交换速率A的两种方法：第一种为平均法，只需测定任意两个时刻的浓度，即可计算这段时间的平均空气交换速率，如式（3-4）所示。

$$A = (\ln c_{t1} - \ln c_{t2})/\Delta t \tag{3-4}$$

式中，A为平均空气交换速率，h^{-1}；c_{t1}为$t1$时刻的示踪气体浓度，mg/m^3；c_{t2}为$t2$时刻的示踪气体浓度，mg/m^3；Δt为测定时间段，h。

第二种是非线性回归方程法，连续采样获得一系列浓度数据，用最小二乘法进行回归分析，回归方程斜率的绝对值$|-A|$即为空气交换速率，如式（3-5）所示。

$$\ln c_t = -A \cdot \Delta t + \ln c_0 \tag{3-5}$$

式中，c_t为t时刻的示踪气体浓度，mg/m^3；A为空气交换速率，h^{-1}；Δt为测定时间段，h；c_0为测量初始时示踪气体浓度，mg/m^3。

3.1.3.4　空气交换速率的测算

根据美国采暖、制冷和空调协会手册 ASHRAE 1985 的定义，由于建筑物密封状况、通风系统设计、安装、维护和运行状况的差异，建筑物的室内、外空气交换速率介于 $0.1h^{-1}$ 和 $3.5h^{-1}$ 之间（ASHRAE，1985）。其中，新建成建筑物的室内、外空气交换速率约为 $0.5h^{-1}$，高度密闭的建筑物，其室内、外空气交换速率可低至 $0.1h^{-1}$，而在老旧建筑物内，中等通风水平的室内、外空气交换速率约为 $0.9h^{-1}$。

目前空气交换速率主要采用示踪气体六氟化硫（SF_6）或（CO_2）来进行测量。当使用 SF_6 作为示踪气体时，常采用钢瓶释放；当使用 CO_2 作为示踪气体时，除可在室内空间释放干冰外，还可以室内人员呼出的 CO_2 作为示踪气体释放源，其前提一是室内人员释放（产生）CO_2 的速率依赖于人员的体型和活动状态，二是室内 CO_2 的浓度须高于其室外的浓度水平（王立鑫等，2007）。

在开放式的秦始皇兵马俑博物馆室内空气质量研究中，采用痕量气体衰减法，以游客呼出的 CO_2 作为示踪气体进行稳态分析和连续监测，计算了一号坑展示厅的室、内外空气交换速率（Hu et al.，2009a）。CO_2 浓度使用室内空气质量监测仪（Q-Trak Model 7565，TSI incorporated，Shoreview，MN，USA）测定，测定时间为 24h，室内测定前、后，均在室外测定 1h，取其平均值作为室外二氧化碳本底浓度。开馆期间游客呼出二氧化碳，博物馆关闭后，展厅内无人员活动，室内的二氧化碳浓度不断下降，在一定时间后达到最低值，并趋于稳定，则展厅建筑物在夜间的室内、外空气交换速率 $I_{\text{nighttime}}$，单位 h^{-1}，可用式（3-6）计算。

$$I_{\text{nighttime}} = \frac{\left[\ln C(t_1) - \ln C(t_2)\right]}{(t_2 - t_1)} \qquad (3-6)$$

式中，$C(t_1)$ 为闭馆时间 t_1 时二氧化碳的浓度，$\mu g/m^3$；$C(t_2)$ 为闭馆游客和工作人员离开后，二氧化碳在 t_2 时达到的浓度最低值，$\mu g/m^3$。

昼间博物馆开放时间内，展厅游客出入口的大门保持开启，使建筑物相比夜间，增加了室内、外空气的交换途径。通过分别测定游客出入口的空气流速、大门的面积和展厅建筑物的内部空间体积，用式（3-7）计算昼间的室内、外空气交换速率 I_{daytime}，单位 h^{-1}，

$$I_{\text{daytime}} = I_{\text{nighttime}} + \frac{Q \times 3600 \times A}{V} \qquad (3-7)$$

式中，$I_{\text{nighttime}}$ 为建筑物的夜间室内、外空气交换速率，h^{-1}；Q 为开馆期间通过游客出入口的空气流速，m/s；3600 为小时和秒的单位换算系数 s/h；A 为游客出入口的大门面积，m^2；V 为建筑物的内部空间体积，m^3。

两座展厅出入口处的空气流速使用手持式风速仪（Model A031 Kanomax，Osaka，Japan）测量。昼间室内、外空气交换速率 I_{daytime}，等于夜间室内、外空气

交换速率 $I_{nighttime}$，加上昼间进入室内的空气体积除以建筑物内部空间体积 V 的商。根据以上建筑物大门风速和室内空间体积的测定值，计算获得一号坑的昼、夜室内、外空气交换速率。

使用 SF_6 作为示踪气体时，由于 SF_6 无自然来源，故在一定量的示踪气体均匀散布后即开始测量。通常借助空气散布系统（如机械通风管路）或数个简单的台式风扇（如自然通风的空间内）协助示踪气体的均匀分布。经过一段时间的混合后，借助气体实时分析仪测量示踪气体浓度，通常的测量时间间隔为 15～30min。如被检测空间存在泄漏或处于自然通风，空气交换速率受天气状况频繁变化的影响较大，此时应在示踪气体浓度衰减期间，以一定时间间隔测量室内外的静压力差加以修正。

3.2　帝陵外藏坑保护展示厅遗址区的微气候监测

3.2.1　遗址区的气密性检测

遗址展示厅的气密性是其作为一种建筑形式本身的基本属性，是评价展示厅对文物保护作用的一项重要指标。它反应室内外大气交换情况，影响室内大气组分的浓度水平及变化，进而和文物保护息息相关。帝陵外藏坑保护展示厅遗址区气密性检测实验的主要目的，是探讨其内外空气交换速率水平、气密性与室内气体污染物的关系，以及对文物的潜在不利影响。

3.2.1.1　实验仪器与材料

示踪气体 SF_6 的浓度采用红外光声谱气体监测仪（photoacoustic infrared multi-gas analyzer，INNOVA Model 1412，LumaSense Technologies，Ballerup，Denmark）测量，如图 3-2 所示。

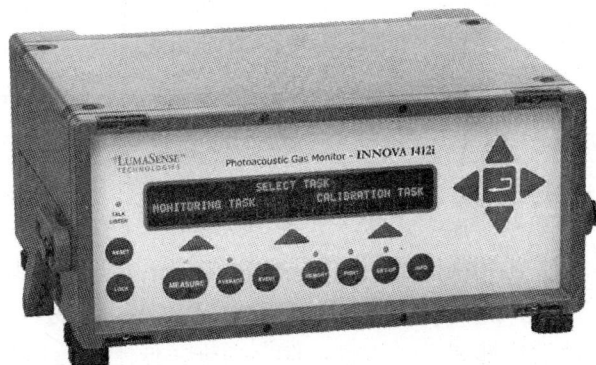

图 3-2　INNOVA 1412 型红外光声谱气体监测仪

红外光声谱气体监测仪（photoacoustic infrared multi-gas analyzer）可选配不同滤光镜测量不同气体，能够测量所有吸收红外线的气体。最多可将五个滤光镜安装在监测仪的滤器圆盘上，外加水汽滤光片，即可选择性地同时测量五种不同气体和水汽的浓度。对 SF_6 的检测精度在纳克每立方米范围内，可以在线记录示踪气体浓度的变化，并能够补偿量度时不稳定的气温、水汽和其他气体的干扰，以确保准确可靠的测量结果。仪器工作原理如图 3-3 所示。

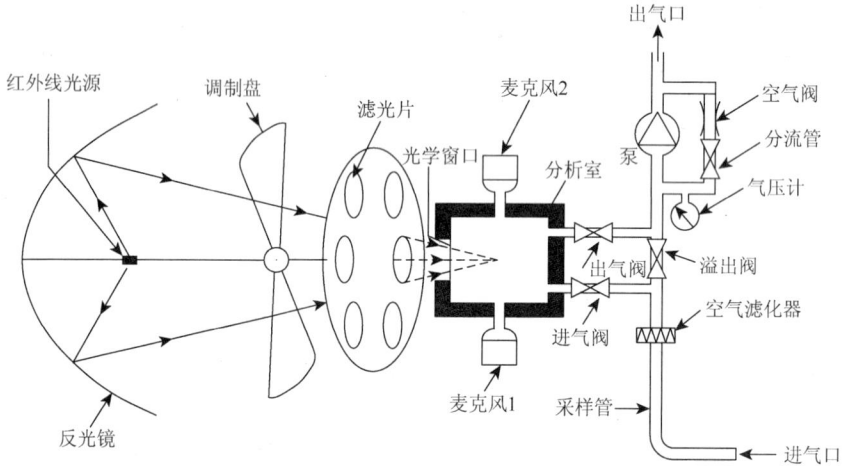

图 3-3　INNOVA 1412 型红外光声谱气体监测仪工作原理示意图

选用 SF_6 作为示踪气体。SF_6 是一种无色、无味、无臭的，且具有惰性的非燃烧性气体，参数见表 3-5。其物理活性大，在扰动的空气中能够迅速混合，均匀地分布在检测空间中；不溶于水、无沉降、不凝结，不易为室内土壤等物质吸附；化学稳定性强，与酸、碱、盐、氨、水等不发生化学反应。因此，仪器对其有较好的选择性和极高的灵敏度，其缺点是属于温室气体。

表 3-5　示踪气体六氟化硫（SF_6）的理化性质

分子量	密度/（g/L）（20℃，0.10MPa）	熔点/℃	凝固点/℃	临界温度/℃	临界压力/MPa	临界密度/（g/cm³）	临界容积/（mL/mol）	介电常数（25℃，0.10MPa）
146.07	6.139	−50.8	−63.8	45.64	3.84	0.73	198	1.002 026

辅助实验器材包括：用于示踪气体采样的 Teldar 气体采气袋（SKC-West，Fullerton，CA，USA）容量为 5L，由聚氟乙烯（PVF）薄膜材料制成，对所收集各种气体均具有化学惰性和不渗透性，储存损失率低于聚乙烯等材料；内径为 1/4in 的连接管和阀门的隔塞均选用聚四氟乙烯（PTFE）材质，以避免气体样品

因吸附于管壁而损失，采样前，使用高纯氮气充洗气袋五次后抽成真空；采样时示踪气体样品利用 SKC 44-XR 通用型空气采样泵（SKC-West，Fullerton，CA，USA）提供负压，直接充入空气采样袋内，采样流量设定为 1L/min；其他辅助器材包括家用台式风扇和梯子等。气体采气袋和空气采样泵在使用状态时的连接如图 3-4 所示。

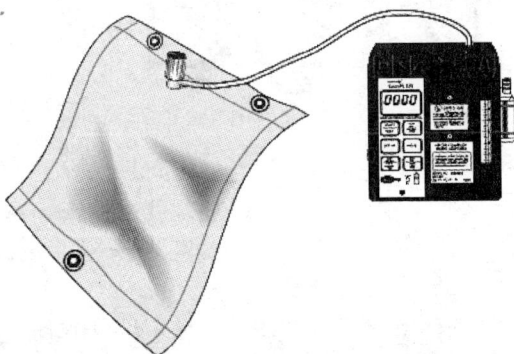

图 3-4 气体采样袋和便携式空气采样泵

3.2.1.2 实验步骤

汉阳陵外藏坑保护展示厅玻璃围护气密性研究选用示踪气体浓度衰减法，即在遗址区内用标准气体钢瓶释放适量 SF_6 气体。基于遗址区内、外存在空气交换，示踪气体的浓度随着时间延长呈指数衰减，根据 SF_6 浓度衰减曲线以及展厅遗址区的总容积计算，获得展厅遗址区的计算空气交换速率，用于定量评价帝陵外藏坑保护展示厅的气密性状况。由于博物馆的公众开放时间为上午 9：00 至下午 17：30，为了不影响正常参观，于 2009 年 5 月 26 日下午 19：00 开始实施第一次检测，实验持续 12h，于 27 日进行了相同流程的重复检测。每次检测均分为五个步骤（图 3-5），分别如下。

（1）背景值测量：在遗址区内安放红外光声谱气体监测仪，用于测量示踪气体 SF_6 的浓度。仪器基于红外吸收原理，对 SF_6 的检测精度在 10^{-9} 范围内，采样期间设置为每 30s 记录一个数据，获取展示厅内示踪气体的背景测量值，待测量值稳定后，继续检测背景值超过 0.5h。测量示踪气体浓度的红外光声谱气体监测仪在使用前由香港理工大学土木工程系大气实验室校准；采样气袋在使用前使用惰性气体进行反复清洗。

（2）示踪气体释放：根据遗址区的空间体积（估算值 20 000m^3），计算需释放纯度为 99.99% 的 SF_6 约 20L。用减压阀和流量计控制钢瓶释放流量为 1L/min，释放过程中在遗址区匀速移动钢瓶的位置，使气体均匀散布。

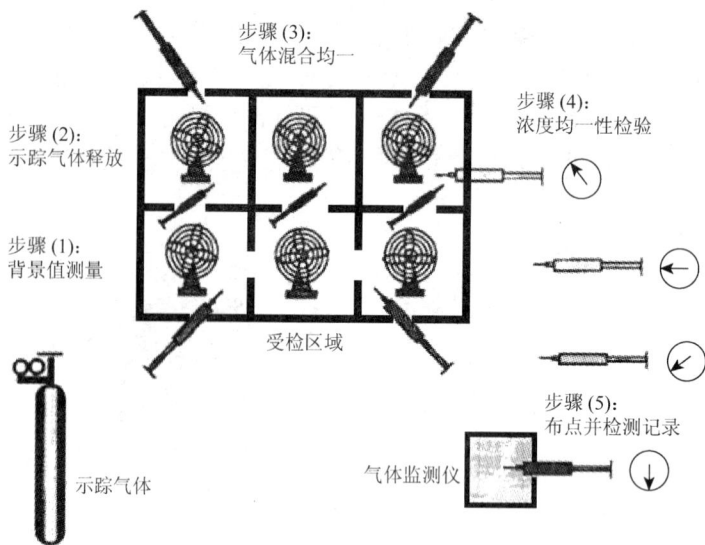

图 3-5　浓度衰减法的操作步骤及涉及的设备

（3）启动风扇促进气体混合均一：在遗址区不同位置摆放四台台式风扇，打开风扇，采用摇头模式向各方向吹风，促进示踪气体混合均一。

（4）示踪气体浓度均一性检验：在遗址区空间中布设六个采样点（如图 3-6

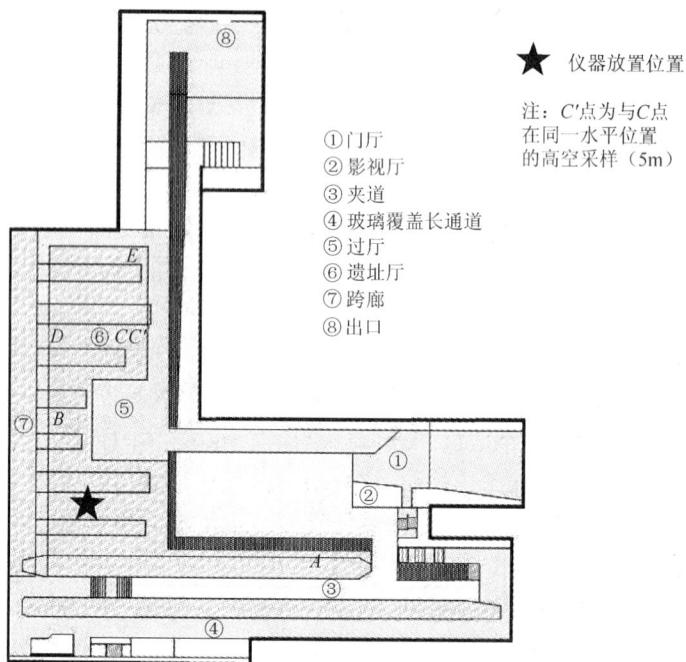

图 3-6　展示厅遗址区内采样点的平面布局图

所示,其中 A、B、C、D、E 距地面 1m,C'距地面 6m),每隔 0.5h 同时用 SKC 44-XR 通用型空气采样泵采集室内空气,充入容量为 5L 的 Teldar 空气采气袋,采样流量设定为 1L/min。仪器测定六个采气袋中的 SF_6 浓度,仪器安放位置作为第 7 个采样点,至各点气体浓度与平均值的标准偏差小于 10%时,视为室内气体已经充分混合。

(5)以固定时间间隔在空间各布点检测并记录:关闭风扇,让室内示踪气体的浓度自然衰减。每隔 2h 重复步骤(4)的气体采样,记录各位置对应的气体浓度和相应的采样时间,当各点示踪气体浓度每次测量值的标准偏差小于 10%时,视为室内示踪气体处于稳态衰减过程。

3.2.2　遗址区的温、湿度监测

3.2.2.1　传感器的选择

在汉阳陵外藏坑保护展示厅遗址区内外监测温湿度时,传感器的选择应注意以下事项。

1)选择测量范围

与测量温度相同,选择湿度传感器首先要确定测量范围。汉阳陵外藏坑保护展示厅遗址区具有封闭环境,且夯土隔墙表面要经常性地洒水保湿,而玻璃围护结构受到厚重的展示厅建筑混凝土外墙的保护。因此,选择温度测量范围为 0~60℃;湿度测量范围则需要尽量接近全湿程(0~100%RH)测量。

2)选择测量精度

测量精度是温湿度传感器最重要的指标,每提高一个百分点,制造成本就相差甚远。由于相对湿度是温度的函数,温度严重影响着指定空间内的相对湿度,所以在不同温度下使用湿度传感器,示值还应考虑温度漂移的影响。温度测定值每相差 0.1℃,会产生 0.5%RH 的湿度测量误差。受检室内环境如果难以实现恒温,则要求过高的测湿精度是难以实现的。多数情况下,如果没有精确的控温手段,或者被测空间是非密封的,±5%RH 的精度就足够了。对要求精确控制恒温、恒湿的局部空间,或需随时跟踪记录湿度变化的场合,选用±3%RH 以上精度的湿度传感器。对相对湿度的测量仪表,即使在 20~25℃,要达到 2%RH 的准确度也是较困难的,通常商业化产品资料所列参数都是在常温洁净气体(20℃±10℃)中测量的。

3)考虑时漂和温漂

实际使用中,由于尘土、油污及有害气体的影响,使用时间一长,电子式温湿度传感器会产生老化,精度下降。如电子式湿度传感器年漂移量一般都在±2%RH

左右，甚至更高。一般情况下，生产厂商会标明一次标定的有效使用时间为一年或两年，到期需重新标定。

4）其他注意事项

电子式温湿度传感器是非密封性的，为保护测量的准确度和稳定性，应尽量避免在酸性、碱性及含有机溶剂的气氛中使用，也应避免在粉尘较大的环境中使用。为正确反映待测空间的湿度，还应避免将传感器安放在离墙壁太近或空气不流通的死角处。如果待测的房间过大，就应放置多个传感器。部分传感器对供电电源要求比较高，否则将影响测量精度，或者传感器之间相互干扰，甚至无法工作。因此，使用时应按照技术要求提供合适的、符合精度要求的供电电源。传感器需要进行远距离信号传输时，还应注意信号的衰减问题。

3.2.2.2　温度和湿度的监测

1）遗址区内的温度和湿度

使用 TSI MODEL 7545 IAQ CALC MONITOR 室内空气品质监测仪（TSI instruments Ltd.，Buckinghamshire，UK）（图 3-7），测量遗址区内温度、湿度、CO_2 和 CO 浓度，并计算露点温度、湿球温度和空气的相对湿度。温度测量时采用热敏电阻式传感器，测量范围 0～60℃，测量误差±0.6℃，分辨率 0.1℃，响应时间 30s（2m/s 风速时，温度显示值达到最终值的 90%）。相对湿度测算时采用薄膜电容式传感器，测量范围 5%～95%，测量精度±3.0%，分辨率 0.1%，响应时间 20s。

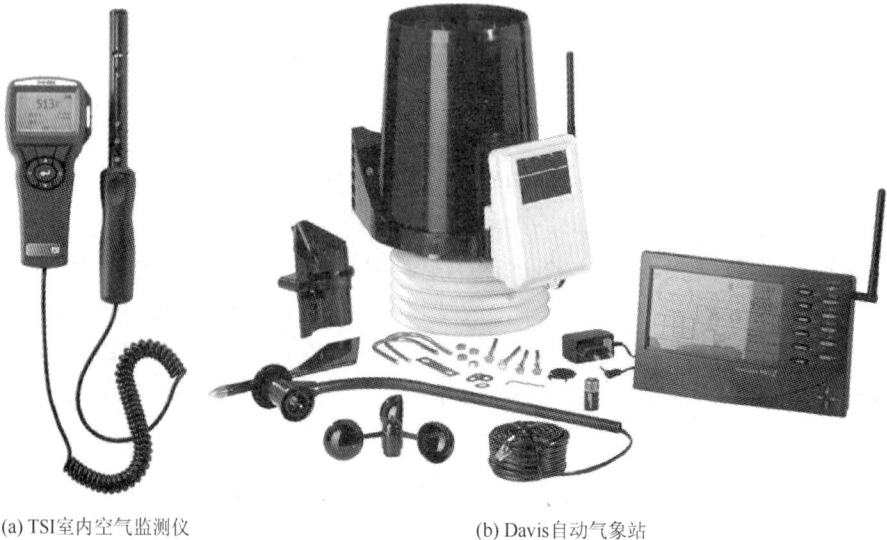

(a) TSI室内空气监测仪　　　　　　　　　　(b) Davis自动气象站

图 3-7　TSI 室内空气品质监测仪和 Davis 自动气象站

2）展示厅外气象参数

使用 Davis Vantage Pro 2 自动气象站（Davis Instruments Corp.，CA，USA）监测（图 3-7）。气象站采集风速、风向、温度、湿度、光照、雨量、气压和露点等信息，并进行数据无线传输（平原地区 300m，有建筑阻隔 60～120m）和趋势分析。部分传感器的主要技术指标包括：整机工作环境–20～70℃，可野外工作（主机部分可在–40℃工作）；风速测量范围 1～67m/s，测量误差±5%；风向测量范围 0～360°，测量误差±70°；空气温度测量范围–40～65℃，测量误差±0.5℃；相对湿度测量范围 0%～100%，测量误差±3%；气压测量范围 880～1080hPa，测量误差±1.0hPa；雨量测量范围每天 0～819mm，测量误差±4%；太阳辐射测量范围 0～1800W/m²，测量误差±5%；紫外辐射测量范围 0～199MEDs，测量误差±5%。本研究采样期间，仪器设置为每小时自动记录一组温度、相对湿度、气压、风向、风速、降雨量和太阳辐射等参数。

3.3　遗址区玻璃围护的气密性

3.3.1　遗址区影响气密性的环境因素

汉阳陵外藏坑保护展示厅遗址区以 14～21 号（共计八个）从葬坑作为一个整体封闭空间，从葬坑平均深 2～3m，除 14 号坑宽度为 3.8m 外，其余各坑宽度均为 2.8～3.0m，夯土隔梁宽 3～5m，隔梁至屋顶高约 6.5m。遗址区内部空间体积约 20 000m³。一条宽 3m，长 60m 的 U 形玻璃游客通道穿过遗址区，南北延伸，横跨在一条条俑坑之上。遗址区与展厅及玻璃游客通道之间由玻璃围护隔离开，围护构件的复合中空镀膜玻璃与玻璃之间以合金框架支撑衔接、橡胶条和密封胶密封（图 3-8）。遗址区内实体墙面采用粗陶粒蓄水砖，可吸收土壤中散发的

图 3-8　玻璃围护构件的衔接位置

多余水分。从展示厅进入遗址区内仅设有一个约 2.5m² 的入口玻璃门，博物馆工作人员每日由此进入进行日常清洁及检修操作。

遗址区内的温度受两方面因素影响：一方面，展示厅和游客通道内安装有机械通风和中央空调系统，遗址区内的大气会与展示厅内、玻璃围护外的大气发生热传递；另一方面，可以通过对复合中空镀膜玻璃实施电加热直接调节遗址区内的温度。遗址区内的湿度则主要靠工作人员频繁洒水来保持较高的相对湿度。遗址区内未观察到明显的气体排放源。

3.3.2   遗址区的空气交换速率

3.3.2.1   平均空气交换速率

示踪气体浓度衰减法在理论上将某一时刻所有监测点的最大浓度偏差小于10%视为此时遗址区内示踪气体已混合均匀。观察测量值，SF_6 在风扇协助下随着时间的推移逐渐混合均匀，气体释放 0.15h、0.53h、1.07h 和 1.62h 后，各测量点的浓度偏差最大值分别为 93.1%、78.9%、40.1%和 21.3%。气体释放 2.20h 后，各点间的最大偏差为 10.7%、最小为 0.2%，即遗址区内气体已混合较均匀。气体释放 3.83h 后，各点偏差最大值减小至 1.1%，遗址区内空气已经充分混合。此后任一时段的示踪气体浓度变化均可以代入式（3-4）或式（3-5），计算遗址区内、外的空气交换速率。

各监测点在示踪气体释放后的浓度变化趋势也显示：除仪器所在位置点的示踪气体浓度先急剧降低，而后呈指数衰减，其他监测点的示踪气体浓度均为先迅速升高到某一浓度，而后开始呈指数衰减。在 2.2h 后各监测点的示踪气体浓度缓慢降低，这与用最大偏差求得的结论一致，即遗址区中各点浓度在 2.2h 后已混合较均匀。

图 3-9 为遗址区入口关闭状态下，采用回归方程法得到的遗址厅内仪器所处位置（即图 3-6 中星点）在 1.25h 内示踪气体浓度的自然对数随时间变化的回归曲线。由此计算出遗址区空气交换速率为 0.040h⁻¹，表明每小时遗址厅内、外的换气次数为 0.040，即每小时遗址区中有 4%体积的气体与外界发生了交换。此空气交换水平相当于每经过 25h，遗址区内的空气与玻璃围护外的气体交换量等于整个遗址区的体积。从计算方法来看，选取同一时间段（03：00A.M.～04：15A.M.），采用回归方程法和平均法计算得到的空气交换速率分别为 0.040h⁻¹ 和 0.041h⁻¹，即两种方法计算结果一致。模拟工作人员 1h 内进出遗址区 5 次时，空气交换速率增至 0.068h⁻¹，大于 1.25h 内无人员出入情况下的空气交换速率 0.040h⁻¹，即短时间（1h）内的空气交换速率会受到人员频繁出入的影响。

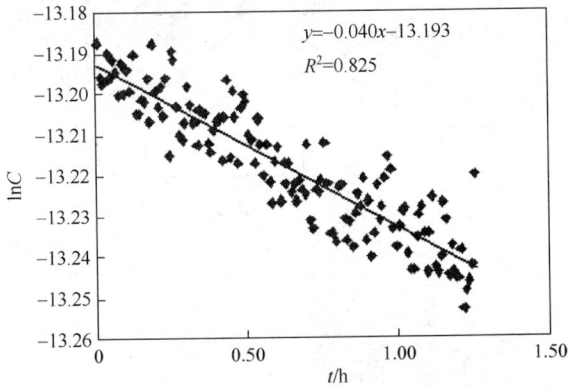

图 3-9　示踪气体浓度的对数-时间的回归曲线

Said（1997）曾通过实测及模型计算发现：建筑房屋的空气交换速率一般在 $0.01 \sim 40h^{-1}$，而 $0.01h^{-1}$ 的空气交换速率非常罕见。汉阳陵帝陵外藏坑保护展示厅遗址区玻璃围护的气密性略优于一些配备了通风或空调系统的建筑（表 3-6），如教室、居民住房、化学实验室和盖蒂博物馆、画廊等。

表 3-6　不同建筑物环境 ACH 研究结果比较

建筑物环境	测试时室内状态	ACH/h^{-1}	参考文献
汉阳陵地下博物馆	偶尔有人出入	$0.033 \sim 0.068$	本研究
教室	门窗关闭，空调关闭	0.120 ± 0.004	Guo et al.，2008
	门关，空调关，窗户打开	2.16	
	门窗打开，空调打开	7.92 ± 0.25	
民居	中央空调开	0.7	Meng et al.，2009
	中央空调关	1.3	
	扇窗开	1.5	
	扇窗关	1.1	
	吊扇开	1.2	
	吊扇关	1.1	
画廊	通风口打开	$0.3 \sim 3.4$	Salmon et al.，1990
盖蒂博物馆	通风口打开	$1.2 \sim 1.3$	
化学实验室	通风橱开	$6 \sim 8$	Klein et al.，2009

3.3.2.2　遗址区不同位置的空气交换速率

各监测点在示踪气体释放后的浓度变化趋势如图 3-10 所示。

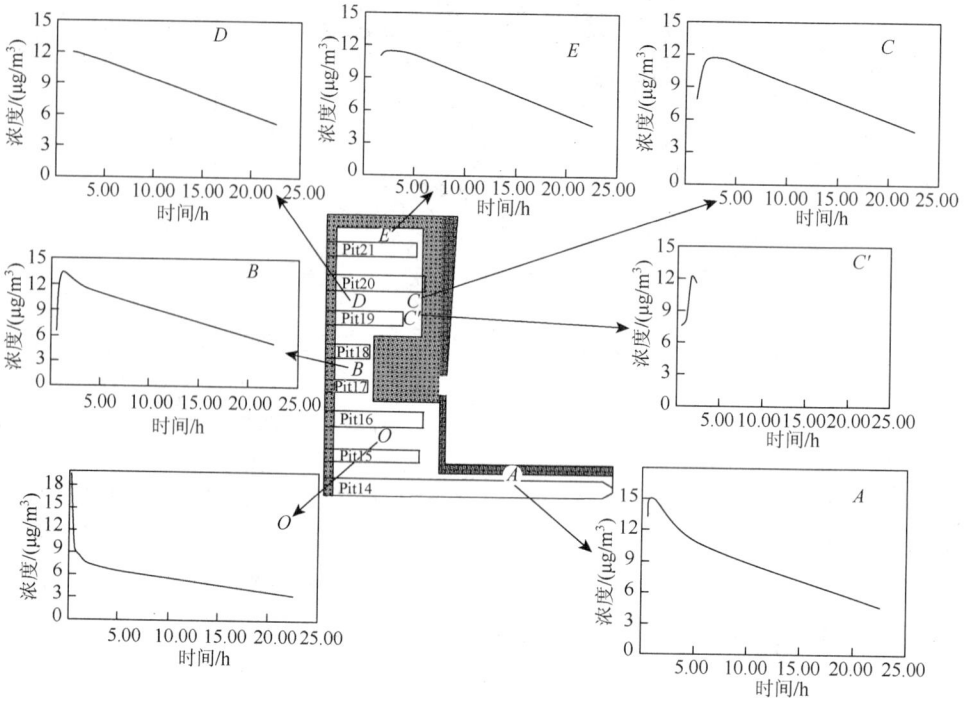

图 3-10　示踪气体释放后各采样点的浓度变化

表 3-7 为不同监测点在不同时段内计算的遗址区的空气交换速率。由表可见，相同的时间段内，不同点的空气交换速率略有差别，表明由于施工原因及建筑材料老化，遗址区内不同位置的渗漏存在差别，也证明示踪气体法能够用于此类封闭建筑的检漏。

表 3-7　不同位置的空气交换速率

监测点	空气交换速率/h^{-1}		
	02:39~04:15	02:39~21:15	04:15~21:15
A	—	—	0.051
B	—	0.044	—
C	0.028	0.045	0.047
D	0.031	—	—
E	0.034	—	0.049

由表可见，同一位置、不同的时间段内的空气交换速率也存在差异。对于 C 点三个时段内（分别是 1.6h、18.6h、17h），空气交换速率分别为 0.028h^{-1}、0.045h^{-1}、

0.047h^{-1}。E 点在 1.6h 和 17h 内空气交换速率分别为 0.034h^{-1}、0.049h^{-1}。空气交换速率无时无刻不在变化，显示遗址区内、外的空气交换来自于玻璃围护缝隙处内外大气压差造成的空气渗漏，即主要与展示厅和遗址区内的温度等微气候因素有关。

3.4 帝陵外藏坑保护展示厅遗址区的微气候

3.4.1 馆外气象状况

以 2007～2008 年度冬季观测期（2007 年 12 月 20 日～2008 年 1 月 17 日）为例，基于小时平均值的主要气象要素时间序列变化如图 3-11 所示。馆外日均大气温度为 0.4℃±2.7℃，变化幅度介于−4.9～3.8℃；相对湿度的日均值为 68.7%±20.7%，变化幅度介于 29.3%～93.9%。冬季观测期内，天气状况在前期以阴天和多云天气为主，从 2008 年 1 月 10 日至 17 日，均出现降雪，并伴有明显的降温过程。与此同时，室外温度和相对湿度呈现出相反的变化趋势，变化幅度较大。

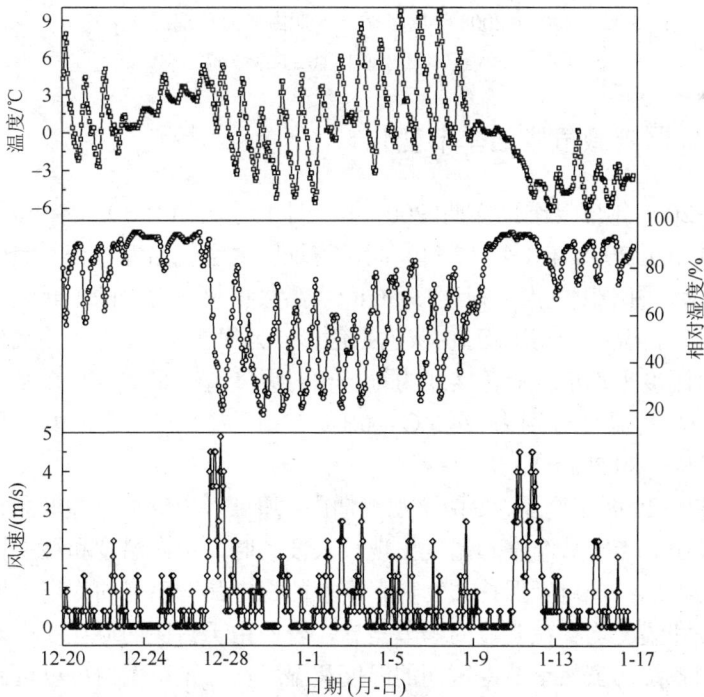

图 3-11 2007～2008 年度冬季馆外大气温度、相对湿度以及风速变化

图 3-12（a）和（b）分别为 2007～2008 年度冬季观测期间室外风向变化和风速分布情况。由图可见，汉阳陵博物馆所在地域的冬季主导风向为北风（22%）、西风（12%）和东北风（11%）。风速主要分布在 0～1.5m/s，占全部风速记录值的87.3%，风速普遍较小，仅在冷锋过境时出现较高风速，且变化幅度较大。

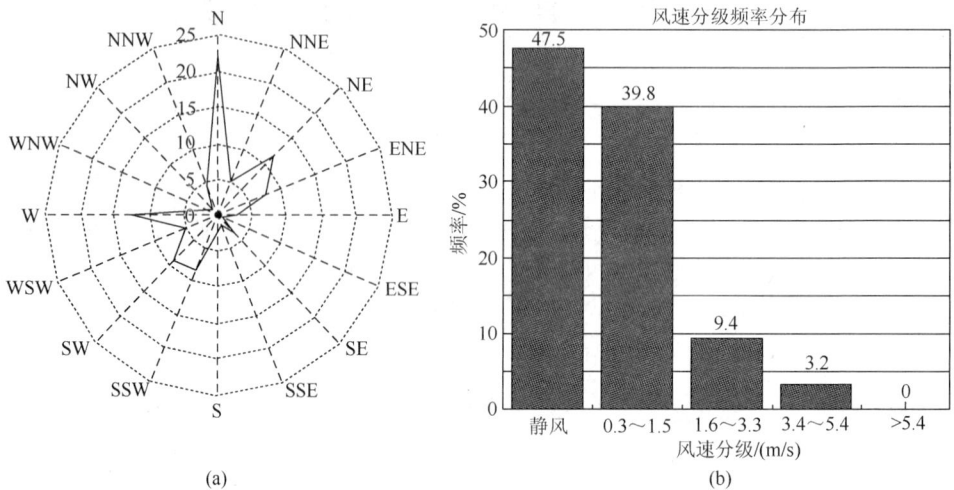

图 3-12　2007～2008 年度冬季观测期内风向玫瑰图和风速分布

（a）风向玫瑰图；（b）风速分布

3.4.2　遗址区内微气候的季节变化

2007～2008 年度夏季采样期（2007 年 7 月 10 日至 13 日）和冬季采样期（2007年 12 月 20 日至 2008 年 1 月 17 日）间，遗址区内空气温度和相对湿度的变化如图 3-13 所示。图中黑色点为根据每 5min 实测数据整理得出的小时温度平均值；红色实线为每日温度滑动平均值；灰色三角形点为根据每 5min 实测数据整理得出的小时相对湿度平均值；蓝色实线为每日相对湿度滑动平均值。在夏、冬两季，遗址区内的日均温度分别为 24.3℃±0.1℃ 和 15.7℃±0.5℃，相对湿度分别为99.8%±0.4%和89.5%±1.1%。

在 2007～2008 年度夏、冬两个观测期内，遗址区内的大气温度和相对湿度变化范围均较小。当室外温度和湿度出现较大波动时，室内温度和湿度均保持相对恒定，表明玻璃围护对于保持文物保存环境的稳定具有明显的作用。但是，遗址区内的温度和湿度均存在明显的季节差异，表明由于封闭的遗址厅内未配备机械通风和空调系统，虽然季节内短期的温度和湿度在一定范围内可以达到相对稳定的状态，但是从季节尺度上讲，室内的微气候变化主要受室外控制，呈现出温、湿度夏高、冬低的一致变化趋势。

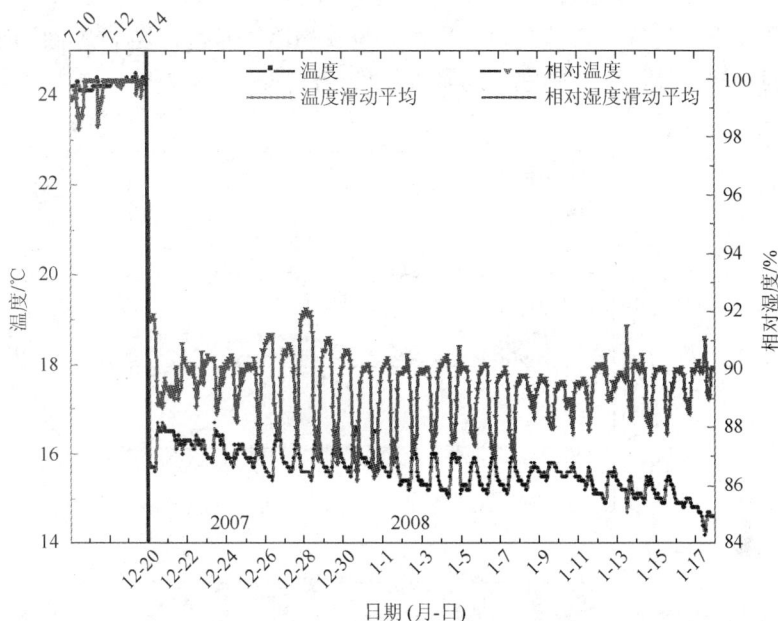

图 3-13　2007～2008 年度遗址厅内的温、湿度季节变化（见彩图）

3.4.3　遗址区内微气候的日内变化

2007～2008 年度夏、冬两季观测期内，遗址区室内、外的大气温度和湿度日内平均变化如图 3-14 所示。由图可知，在夏季，室外温度最高值出现在下午 14: 00，达到 40.1℃，最低温度为凌晨 5: 00 的 21.7℃，而室内的温度基本保持恒定，波动范围在 24.2～24.4℃；同时，室外相对湿度最高值为深夜 2: 00 的 99.9%，最低值为下午 14: 00 的 45.4%，而室内空气的平均相对湿度为 99.7%，变化范围在 99.2%～100%。在冬季观测期内，室外的平均温度为 0.4℃，变化范围为 -1.9～3.5℃，16: 00 时达到最高值，8: 00 时降至最低值；室外相对湿度平均为 68.7%，变化范围为 54.7%～78.4%，最高值和最低值分别出现在 8: 00 和 16: 00。由遗址区室内大气温度和湿度的日内变化则可以看出，冬季采样期的室内平均温度为 15.7℃，变化范围介于 15.3～16.4℃。日均值存在约 1℃的波动，5: 00 达到最低值，15: 00 达到最高值；相对湿度平均值为 89.9%，变化范围为 88.2%～90.7%，5: 00 和 15: 00 分别达最高值和最低值。

2007～2008 年度夏、冬两季，遗址区内温度分别为 24.3℃±0.1℃和 15.7℃±0.5℃，相对湿度分别为 99.8%±0.4%和 89.5%±1.1%。冬、夏季室内温度和湿度的波动均较小，玻璃围护对保持文物保存环境的稳定具有明显的作用；室内温度和湿度存在季节差异，即玻璃围护能够使遗址区内的微气候在短时间内保持相对稳定，而在季节尺度下依然受室外气候影响。相比较而言，夏季遗址区内的温度和湿度稳定性更高，而冬季室内的微气候稳定性需进一步加强。

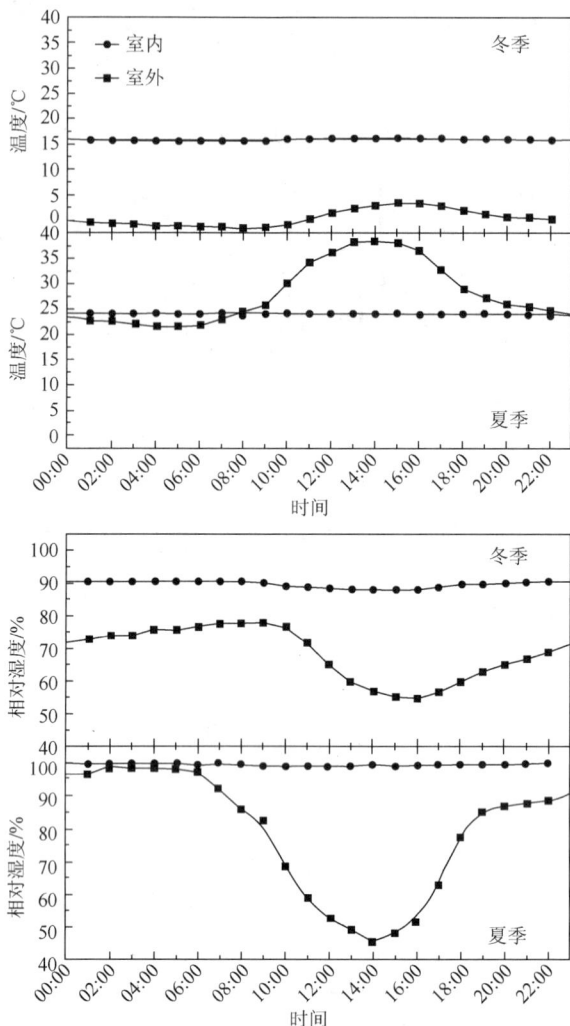

图 3-14 2007~2008 年度遗址区室内、外温度和湿度日变化

3.4.4 遗址区内微气候的历史演变

2013~2014 年度的夏季（2013 年 9 月 13 日~28 日）和冬季（2013 年 12 月 25 日~2014 年 1 月 7 日），再次对汉阳陵博物馆外藏坑保护展示厅遗址区内的温度和湿度、天气情况及游客数量进行监测和统计，以获得其历史变化特征。同时

在遗址区玻璃围护外的游客通道内设置室外采样点，以评价玻璃围护的隔绝效果。夏季采样监测共计 16 天，冬季采样监测共计 14 天，采样期间博物馆室外经历了多种天气状况。

汉阳陵帝陵外藏坑保护展示厅遗址区内外 2013～2014 年度夏季和冬季采样期间温度和湿度小时均值的实时变化趋势分别如图 3-15 和图 3-16 所示。由图可

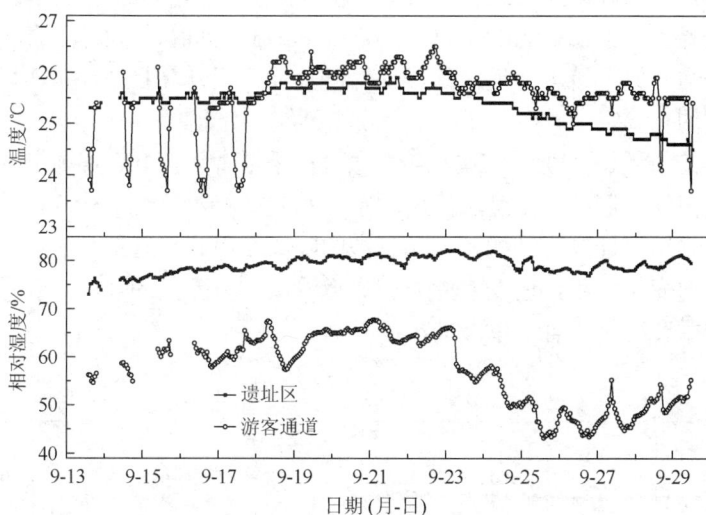

图 3-15　2013～2014 年度夏季遗址区内、外的温度与相对湿度

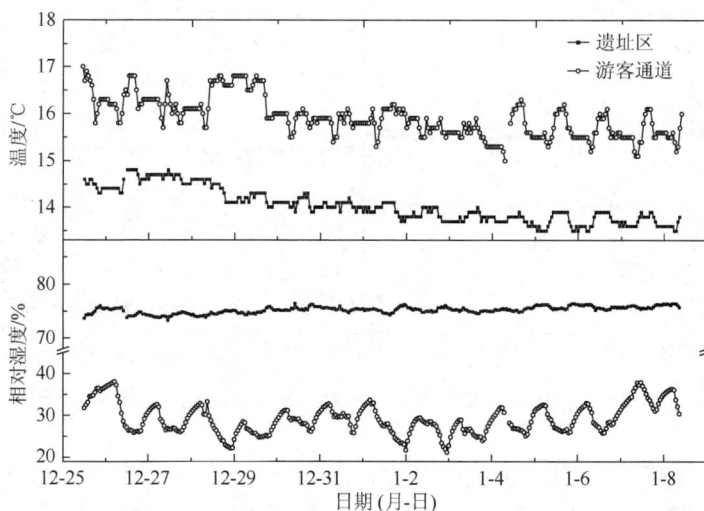

图 3-16　2013～2014 年度冬季遗址区内、外的温度与相对湿度

见，冬、夏两季采样期间，遗址区内温度最低值为 13.5℃，最高值为 25.9℃，平均气温为 19.7℃±0.4℃；相对湿度最低值为 73.0%，最高值为 82.2%，平均值为 77.6%±1.6%。室外最低气温 15.0℃，最高为 26.5℃，平均气温为 20.8℃±0.3℃；相对湿度最低值 31.8%，最高湿度值为 67.7%，平均值为 52.1%±8.1%。2013～2014 年度夏季采样的 2013 年 9 月 13 日～17 日期间，为提供舒适的游客观览环境，博物馆的空调在日间开馆期间运行，出风口均位于遗址区玻璃围护外的游客通道内，故室外昼夜温差较大。至 2013 年 9 月 18 日～24 日期间出现降水，气温下降，博物馆空调无需开放，游客通道内的日均温度较前几天升高且波动减小，室内和室外相对湿度均有一定上升。

如图 3-17 所示的 2013～2014 年度微气候季节观测可知，冬季和夏季采样期间，汉阳陵博物馆遗址区温度和湿度的室内和室外相对差异均较大，这主要归功于汉阳陵博物馆遗址区内外配备玻璃围护的隔离作用。尽管遗址区玻璃围护内相对湿度的日内变化较小，但受室外游客通道温度季节差异的影响，遗址区内温度存在显著的季节变化，且冬季波动小于夏季。

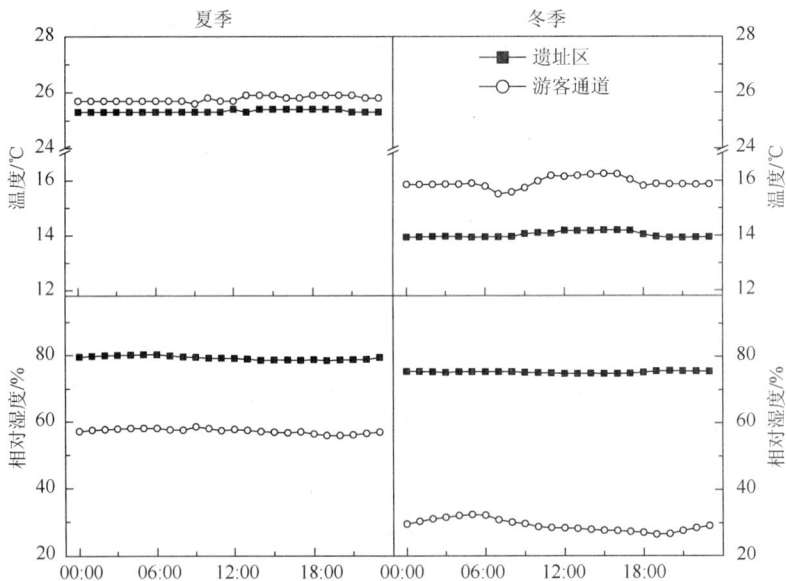

图 3-17　2013～2014 年度冬季遗址区内、外的温度和相对湿度季节变化

遗址区内相对湿度的 2013～2014 年度监测值较 2007～2008 年度监测结果略有下降，遗址区外相对湿度水平基本一致。但各采样季节内，遗址区内的温度和相对湿度均波动较小，即外藏坑保护展示厅开馆近十年后，玻璃围护的存在依然使遗址区内的微环境保持在相对稳定的状态。

2013 年 9 月 13 日～17 日期间遗址区外的游客通道内空调开启，而 2013 年 9 月 18 日～25 日出现阴雨天气，气温略降且游客数量基本不变，空调并未开启，将这两个时间段视为博物馆空调开启和关闭条件，对比其温度和波动（图 3-18），空调开启时遗址区外游客通道的日内温度波动显著，玻璃围护内则变化不大，进一步说明玻璃围护的密封对维持遗址区内稳定的温度依然有明显的效果。

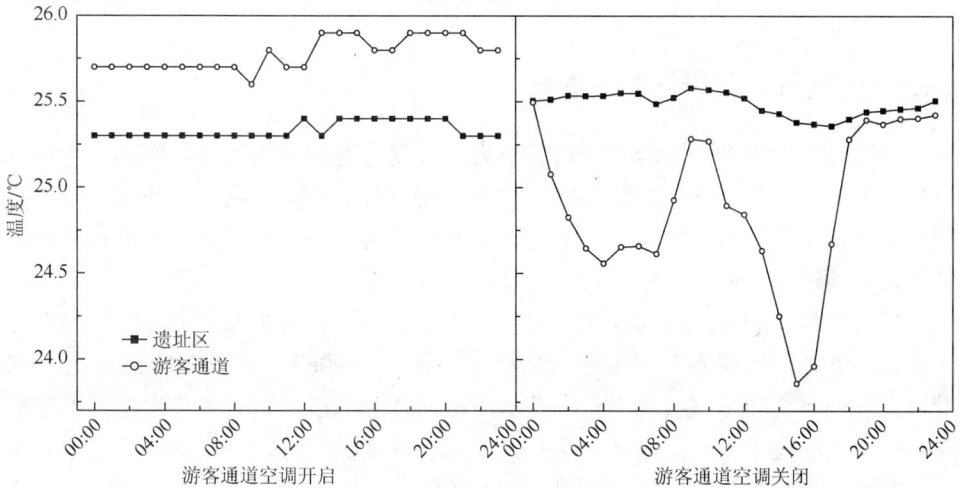

图 3-18 游客通道未开空调和开空调时遗址区内外温度的日变化

从文物保护的角度（博物馆文物保存环境质量）考虑，汉阳陵帝陵外藏坑保护展示厅遗址区内的温度存在季节波动，而相对湿度的季节内和季节间波动均较小，但六年间依然可观察到遗址区内微气候的历史变化（表 3-8），尤其玻璃围护内的相对湿度下降十分显著，成为不利于文物长久保存的环境波动。

表 3-8 汉阳陵帝陵外藏坑保护展示厅遗址区内微气候的历史对比

时间	温度/℃		相对湿度/%	
	均值	范围	均值	范围
2007～2008 年度				
夏季	24.3±0.1	24.2～24.5	99.8±0.4	99.2～100
冬季	15.7±0.5	14.2～18.1	89.5±1.1	88.2～90.7
2013～2014 年度				
夏季	25.4±0.3	24.5～25.9	79.2±1.7	73.0～82.2
冬季	14.0±0.3	13.5～14.8	75.3±0.7	73.3～76.5

4 帝陵外藏坑保护展示厅遗址区的大气气溶胶

4.1 大气气溶胶科学概述

4.1.1 大气气溶胶科学的发展史

自第二次世界大战至今，气溶胶研究已被视为基础和应用科学中的一个特定主题。作为一门学科，气溶胶科学的发展有其自身的历史，它由一些卓有声望的物理学家、化学家和气象学家等创建，并不断被这些科学家、某些政治和经济事件及技术的进步所推动（Spurny，2001）。

气溶胶科学的发展史与大气污染的历史紧密相关。最早的气溶胶研究成就与胶体化学的初期发展有十分紧密的关联（Spurny，1998）。气溶胶测量技术在20世纪之前的研究和发展被称为经典期前阶段，在此阶段，研究者首次观察了分散在空气中的细粒子，并完成了一系列早期的实验室实验。

气溶胶物理的经典发展时期以测量和实验技术的普遍应用和开发为标志，并延续到20世纪中期，至《气溶胶力学》的出版而告一段落（Spurny，1993）。在这一时期先后开发的气溶胶采样和测量方法包括：利用计尘器（konimeter）、串联冲击式采样器（cascade impactor）、采尘器（impinger）、沉降器（precipitator）、过滤采样等收集气溶胶粒子；利用显微镜法对计尘器、冲击式采样器、热沉降器和静电沉降器所收集的粒子进行计数和粒度测量；利用淘析器（elutriator）和气溶胶离心机（aerosol centrifuge）分离不同粒径的粒子和测量空气动力学粒径分布；凝结核计数和测量技术；高倍显微光学粒子计数器；矿物和化学气溶胶的分析技术应用等（Spurny，2001）。

气溶胶测量技术在1960年后的深入开拓和发展，均是基于经典发展时期的理论、采样和测量的基本原则与机理，并获益于微电子技术、激光及计算机技术和仪器的进步，以及分析化学和分析电子显微镜技术中现代物理学方法的迅猛发展（Spurny，2001）。这一时期，科学家能够根据气溶胶测量的基本原理，确定能够测定的气溶胶特性，并对测量结果进行解释（Baron et al.，2001a）。

4.1.2 常见单位与术语

4.1.2.1 常见单位

气溶胶粒子的粒径即粒子的直径，在某些出版物中也特指粒子的半径。气溶胶粒子的粒径范围在 10^{-9}～10^{-4}m，所以在表述粒子的粒径时，常用微米作为单位（1μm=10^{-6}m），蒸发和凝结过程形成的气溶胶粒子的直径在 0.01～0.1μm 或更小，因此也习惯用纳米（1nm=10^{-9}m）表示粒度。气溶胶数量浓度的单位用数目/m^3 或数目/cm^3 表示（Baron et al.，2001b）。

气溶胶浓度的单位表示单位气体体积内气溶胶物质的质量，采用国际单位制时用 kg/m^3 表示，由于实际空气中气溶胶的含量一般都较低，故气溶胶的质量浓度常用 g/m^3、mg/m^3、μg/m^3 和 ng/m^3 表示。气溶胶粒子（在重力场或电场作用下）的运动速度则用 m/s 或 cm/s 表示。压力的国际标准单位(SI)用帕斯卡（1Pa=1N/m^2）表示。大气压（101kPa）也可用 1atm=14.7psig=760mmHg=1040cmH$_2$O=408inchH$_2$O 表示。描述气体和粒子的性质时，通常指在常温常压下（NTP），即 101kPa 和 293K（相当于 1atm 和 20℃=68℉）时的性质。某些手册也采用 101kPa 和 273K（相当于 1atm 和 0℃）表示常温常压，因为多数环境气溶胶的测量均是在 293K（相当于 20℃）时进行的，故此种应用较少（Baron et al.，2001b）。

4.1.2.2　常见术语

大气颗粒物有不同的名称：**粒子**（particle）指单一的物质单元，它具有与大批物质单元相近似的密度。单个粒子在化学组成上可以是均一的，也可能含有不同的化学物质，还可能由固态或液态物质组成，或固、液态物质共存。颗粒形状可能很简单，如球形液滴，也可能很复杂，如束状纤维或烟团。下述的术语中，许多并没有严格的科学定义，只是在描述粒子的外观和来源时普遍使用的描述性词汇。

气溶胶（aerosol）：悬浮于气态介质中的液态或固态粒子的集合体，悬浮停留的时间足够长，可被观察和测量。通常，气溶胶粒子的粒径介于 0.001～100μm。当粒子浓度足够大、气溶胶的密度比气态介质的密度大 1%时，粒子集合体就被认为是"云"（cloud），它具有与稀释气溶胶截然不同的整体性质。注：技术层面上使用的术语"气溶胶"，远比日常生活中诸如喷雾罐中喷出的液滴这些概念要宽泛的多。

生物气溶胶（bioaerosol）：生物来源的气溶胶，包括大气悬浮病毒、花粉、细菌、真菌孢子及其碎片等。

云（cloud）：空气中高密度的悬浮粒子，通常具有明确的边界。

粉尘（dust）：母岩物质粉碎或以其他方式机械碎裂产生的固态粒子，通常具有不规则形貌，且粒径大于 0.5μm。

雾（fog）或**霭**（mist）：液态气溶胶粒子，可以是超饱和蒸汽凝结而成，也可以是液体受物理剪切应力形成的，如雾化、喷雾或鼓泡作用等。

烟尘（fume）：通常由蒸汽凝结、随之凝聚形成的粒子。固态烟尘粒子通常由复杂的链状亚微米级粒子（粒径＜0.05μm）组成，这些亚微米级粒子常具有相近的粒径。烟尘*多是燃烧或其他高温过程的产物。

霾（haze）：一种能够降低能见度的气溶胶。

粒子（particle）：一种微小、分散的物质。

纳米粒子（nanoparticle）：粒径范围介于 1～100nm 的粒子。

颗粒态（particulate）：形容词，用于描述性质与粒子相似的物质，不适于描述粒子。

烟雾（smog）：一种由固态和液态粒子组成的气溶胶，至少有部分是由阳光作用于蒸汽而形成的。"烟雾"（smog）一词是"烟"（smoke）和"雾"（fog）的组合体，常指代全部烟态和雾态的污染物，也包括气态成分。

烟（smoke）：一种固态或气态气溶胶，是不完全燃烧或超饱和蒸汽凝结的产物。绝大多数呈烟态的粒子具有亚微米级粒径。

喷雾或飞沫（spray）：液体在机械作用或静电作用下破碎生成的液滴气溶胶。

许多术语描述气溶胶粒子的形状和来源，包括以下几种：

聚并体（agglomerate）：受范德华力或表面张力作用聚集在一起的一组粒子。

聚集体（aggregate）：一个非均相粒子，组成粒子的不同组分很难分开。此处"非均相"一词表明每个单一组分的粒径、形状和化学组成均各不相同。

絮凝物（flocculate）：通常受静电力作用、松散地结合在一起的一组粒子，大气中的絮凝物可被剪切力轻易地击碎。

一次粒子（primary particle）：以固态或液态形式输入空气的粒子。一次粒子的概念是相对于二次粒子而言的。

二次粒子（secondary particle）：经过空气中的气粒转化生成的粒子。这一术语有时还用于描述凝聚粒子或再分散粒子。

4.1.3　大气气溶胶粒子的粒度和形状

粒度是气溶胶重要的性质，它是决定空气中悬浮粒子行为的主要因素。粒度范围不同时，粒子的行为不同，甚至需要遵循不同的物理学定律（Baron et al.，2001b）。粒子集合很少由相同粒径的粒子组成，只有在实验室内、小心操作才能产出"单分散"（monodisperse）气溶胶。单分散气溶胶用于研究与粒度有关的特性，或用于仪器校准。不论粉尘、霾还是烟气，事实上自然界获得的所有气溶胶，都是具有多种粒度的粒子混合物，称为"多分散"（polydisperse）气溶胶。

---

　*通常使用的"烟尘"一词，也指有害蒸汽成分。

　　粒度和形状的定义可能会十分复杂，它们的定义只能基于测量和计算所能达到的程度。因此，众多对粒子粒度和形状的定义都受到测量技术或参数应用场合的限制。气溶胶科学与技术中一个常用的术语是"等效直径"（equivalent diameter），它是一个粒子可测量的直径指标。一个粒子的等效直径，是与之具有相同物理特性量值的球形粒子的直径，如图 4-1 所示。

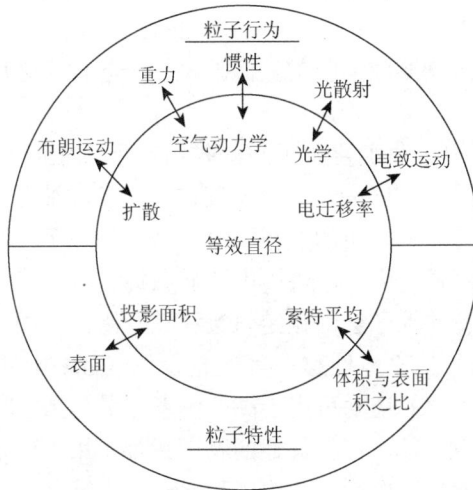

图 4-1　依据对粒子特性或行为的观测而定义的粒度（Baron et al., 2001b）

　　例如，"空气动力学（等效）直径"（aerodynamic equivalent diameter）是与被测粒子重力沉降速度相同，且具有标准密度（$1000kg/m^3$ 或 $1g/cm^3$）的球形粒子的直径。空气动力学直径常用于表征在静止空气中相对于扩散运动，更趋向于沉降运动的粒子（常温常压下粒径大于 $0.3\mu m$ 的粒子）。粒子的空气动力学直径标准对于描述粒子在呼吸道内的沉降和惯性行为十分有益，因为人体器官在暴露于毒性气溶胶时所受威胁最大。在其他装置，如滤膜、旋风器和撞击采样器中，粒子的行为也受其周围的空气动力学气流限制，其粒径也称为空气动力学直径（Baron et al., 2001b）。

　　粒子的形状可能会相当复杂，如凝聚体。此时，颗粒内部相当一部分体积由空腔组成。当描述这类粒子的特性和行为时，可引入两个另外的定义："质量等效直径"（mass equivalent diameter），即粒子压缩成实心球体时的直径；以及"表面等效直径"（envelope equivalent diameter），即包括了粒子空腔部分在内的球体的直径。

　　显微镜和粒子成像系统常用于测量粒子，例如，粒子轮廓的观察，以及计算与粒子投影面积相同的圆的直径，称为"投影面积（等效）直径"（projected area equivalent diameter）。

每个气溶胶粒子散射光的总量是粒子因素，如粒径、形状、折光指数，以及仪器参数，如光源波长和散射角等的复合函数。通常定义"光学等效直径"（optical equivalent diameter）为：当被测粒子散射光的量等于仪器测定的校准粒子散射光的量时，校准粒子的直径就是被测粒子的光学等效直径。

飞沫气溶胶液滴在燃烧过程中作为燃料时，燃烧或化学反应发生在其表面，此时用到"索特平均直径"（Sauter mean diameter），定义为：当一个液滴的表面积与体积之比等于飞沫气溶胶中全部液滴的表面积与体积之比时，此液滴的直径即为索特平均直径。

由于亚微米粒子的运动主要源于布朗扩散，所以很自然地用"扩散等效直径"（diffusion equivalent diameter）定义其粒径，即与被测粒子具有相同扩散速度，且具有标准密度的球形粒子的直径。对于密实的粒子，其扩散等效直径十分近似于粒子的物理学直径，因此，可用电子显微镜测量。

电场中，已知电荷的粒子会沿预定轨迹移动。因此，根据荷电粒子在电场中的电迁移率，定义粒子的"电迁移率等效直径"（electrical mobility equivalent diameter）。粒子在电场中的运动可用于高分辨率测量和指定粒径粒子的分离。

除了上述各种等效直径，任何其他的物理量都可用于确定其等效直径，如磁场迁移率、外表面积、放射性、化学浓度和元素浓度等。

当使用粒度参数描述单一来源的气溶胶时，粒子的粒度常用平均粒径（所有粒径的平均值）、中值粒径（大于和小于此粒度的粒子数量相同）或模态（数量最多的粒子粒径）表示，如图 4-2 所示。粒径分布可用算术或几何（对数）标准偏差表示，典型的粒径分布呈对数正态分布，也称为高斯分布。在实际大气、工业环境或生产过程的气流中测量的气溶胶都是气溶胶混合物，其中存在不止一种粒子模态，且涉及的粒度范围较广。因此，实际气溶胶的测量和分析十分复杂，应首先大致知晓气溶胶来源，再确定需要的气溶胶特征信息、测量和分析的目的等，由此，筛选最有效的仪器获得理想的测量和分析结果。

4.1.4 大气气溶胶粒子间的作用力

粒子受到重力或电场力等外力作用时，会在力场内发生位移。众多气溶胶粒度分光光度计测量粒子粒径时都发现，粒子在力场内位移的速度取决于其粒度。

使粒子聚集在一起或使粒子黏附在表面的粒子内和粒子间的作用力，以及使粒子互相分离或从表面剥离的作用力都难以定量。这些作用力取决于粒子的体积参数和表面参数（粒度、形状、粗糙度、化学参数）、粒子周围气体的特性（温度和湿度）以及粒子相互接触的机理（粒子的相对运动速度、接触时间）

等，所以此处仅进行定性描述。

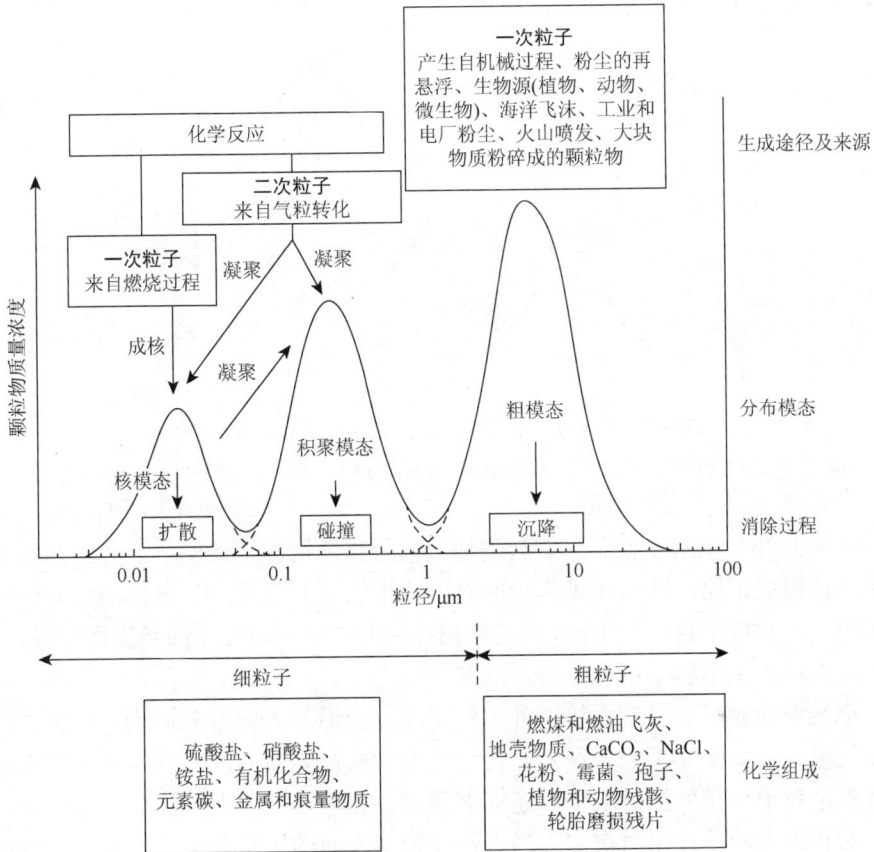

图 4-2 粒子分类、粒径分布、生成和消除过程、分布模态和化学组成示意图（Cambra-López et al.，2010；EPA，2004；Seinfeld et al.，1998）

　　距离很近的粒子之间存在互相吸引的分子间力，或称伦敦-范德华力（London-van der Waals force）。它由三部分作用力组成：①当极性分子相互接近时，它们的固有偶极发生同极相斥、异极相吸而定向排列，产生分子间的作用力，称为取向力。偶极矩越大，取向力越大。②当极性分子与非极性分子相互接近时，非极性分子在极性分子的固有偶极作用下，发生极化，产生诱导偶极，诱导偶极与固有偶极相互吸引，产生分子间的作用力，称为诱导力。当然极性分子之间也存在诱导力。③非极性分子之间，由于分子内电子的随机运动，瞬间正、负电荷的重心不重合，即出现瞬时偶极。瞬时偶极之间的相互作用力，称为色散力。

空气湿度会影响粒子间的黏附，如图 4-3（a）所示。当湿度很大时，液体分子吸附在粒子表面，并填充粒子接触点附近的毛细空间。此时，液体层的表面张力增强了粒子表面间的黏附。

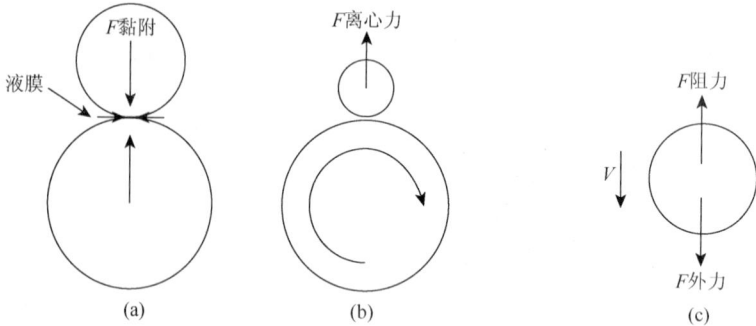

图 4-3　粒子所受作用力示例（Baron et al.，2001b）

（a）液膜导致的黏附；（b）离心力导致的粒子分离；（c）外力和阻力平衡时粒子以速率 V 运动

图 4-3（b）示意了粒子从旋转物体表面分离的情况，此时，离心力与粒子的质量或体积成正比，即与粒子直径的立方成正比。其他类型，如振动等导致的分离作用力也与粒子直径成正比，气流吹扫导致的分离则与粒子的暴露面积成正比。因此，大粒子比小粒子更易分离。

空气中的粒子受（重力等）外力作用时，会沿外力的方向运动，其反作用力为空气阻力，如图 4-3（c）所示。经过非常短暂的弛豫时间，这两个作用力达到平衡后，粒子会在外加力场中以速率 V 运动。因此，粒子在气流中的迁移速率由这一对作用力和反作用力决定，当评价滤膜或表面的采集效果、进行粒度筛选、模拟气溶胶粒子在呼吸系统中的沉积、粒子在测量仪器中的气溶胶行为时，粒子速率是一个需要考虑的重要因素。

4.1.5　气溶胶粒子的物理化学变化

从本质上讲，气溶胶是相当不稳定的，它的浓度和粒子特性随时间不断变化。这些变化可能是外力的结果，如重力作用下大粒子的沉降，也可能是物理和化学过程的结果，如粒度和化学组成的变化。气溶胶粒子的物理和化学变化涉及粒子内、外的质量传递，包括：粒子和周围气体之间的分子传递，如凝结（condensation）、蒸发（evaporation）、成核（nucleation）、吸附（adsorption）、吸收（absorption）和化学反应（chemical reaction）；粒子间的质量传递，如凝聚（coagulation）（Hinds，2001）。凝结、热凝聚和吸附过程涉及分子或粒子扩散至另一粒子的表面。蒸发是凝结的反向过程，并遵循相同的法则。化学反应能够改变气溶胶粒子的组成和密度，但很少或不改变粒子的粒径。

4.1.5.1 凝结和蒸发

液态气溶胶凝结过程中的一个重要参数是蒸汽分压与饱和蒸气压的比值，称为饱和度（saturation ratio，S_R）。分压（partial pressure）的定义是蒸汽在一定体积气体中浓度的表达方法，它是保持温度和体积不变时，混合气体系统中某一蒸汽组分单独存在时所具有的压力。饱和蒸气压（saturation vapor pressure）是一定温度下，液体蒸汽在气-液界面保持相平衡（液体不蒸发）所需的最小分压，在此质量平衡状态下，不存在净凝结（net condensation）或净蒸发（net evaporation）。上述的蒸气压定义，为平坦液面的蒸气压。当涉及实际大气气溶胶时，液态气溶胶粒子的表面较为弯曲，在一定温度下，要保持液滴周围的质量平衡，所需分压就必须大于平坦液面所需分压。由于蒸汽分压的提高，质量平衡会随着粒度的减小而增强，这种效应称为开尔文效应（Kelvin effect）。粒径为 d_P 的液滴达到质量平衡时的饱和度用开尔文公式[式（4-1）]表示为

$$S_R = \exp\left(\frac{4\gamma M}{\rho_P R T d_P}\right) \tag{4-1}$$

式中，γ 为表面张力；M 为分子量；ρ_P 为液体的密度；R 为气体常数；T 为温度；d_P 为液滴的粒径。

S_R 等于 1 时，混合物处于饱和状态（saturated）；S_R 大于 1 时，混合物处于超饱和状态（supersaturated）；S_R 小于 1 时，混合物处于不饱和状态（unsaturated）。当一种液态纯物质处于超饱和状态时，其饱和度大于开尔文公式计算值，蒸汽会凝结在液滴的表面，使液滴增大。增长速率取决于饱和度和粒子的粒径，并受蒸汽分子抵达液滴表面的速率控制。

4.1.5.2 成核

均相成核：4.1.5.1 小节描述纯物质在液滴形成后的增长过程，而蒸气中液滴的最初形成过程则更为复杂。不存在凝结核的时候也会有液滴形成，但这一被称为均相成核（homogenous nucleation）或同质成核（self-nucleation）的过程需要大的饱和度，通常范围在 2～10，如此高的饱和度只能在专业实验室或化学过程中才能实现。纯水蒸气在 293K（20℃）下、饱和度达到 3.5 或更高时，会通过均相成核过程自发形成液滴，相当于开尔文直径 0.0017μm，即此过程中的分子簇需要有 90 个分子。

异相成核：相对于均相成核，更常见的粒子形成机制是凝结成核或异相成核（heterogeneous nucleation）。这一过程依赖于已存在的亚微米级粒子提供凝结

过程的场所，亦称为凝结核（condensation nuclei）。自然界大气内每立方厘米空气中就含有数以千计的凝结核。大致上，不溶性物质组成的凝结核提供超饱和状态下发生凝结过程的钝态场所。在超饱和状态下，具有可湿润表面的固态凝结核会在其表面吸附一层蒸汽分子。如果特定超饱和状态下，某一凝结核的直径超过开尔文直径，这个凝结核"看上去就像"一个被蒸汽分子环抱的液滴，而蒸汽能够在凝结核表面凝结。

凝结核由可溶性物质组成时，凝结过程会更复杂，也更重要。自然界大气中含有大量的可溶性凝结核，这些凝结核是含有溶质的液滴蒸发水分后遗留的固态残余物，其中多数是海洋中海浪和鼓泡产生的海水液滴蒸发水分后形成的氯化钠凝结核。由于可溶性凝结核有极强的亲水性，它们便于液滴的初始形成，并且相比不溶性凝结核，具有可溶性凝结核的液滴处于更低的饱和度时就能实现液滴的增长。可溶盐会对液滴的增长产生复杂影响，它能提高液滴增长速率，降低蒸发速率。

4.1.5.3　凝聚

凝聚是粒子的相互碰撞引发的气溶胶增长过程。如果碰撞是由布朗运动造成的，则称此过程为热凝聚（thermal coagulation）；如果碰撞是由外力下的位移造成的，则称此过程为运动凝聚（kinematic coagulation）。凝聚过程中，粒子之间相互碰撞的结果，是粒度的增大和气溶胶粒子的数量浓度减小；同时，由于不存在损失或去除机制，凝聚不会导致质量浓度的变化。

4.1.5.4　化学反应

相对于大块的物体，气溶胶粒子具有极大的比表面积。例如，1g 具有标准密度（1000kg/m^3）的物质，如果被切分为粒径 0.1μm 的粒子，将具有 60m^2 的表面积。由于具有极大的比表面积，气溶胶粒子会活跃地参与众多各类气体分子与液态或固态粒子之间的交互作用。

粒子共会经历三种反应：粒子内化合物之间的反应；具有不同化学组成的粒子之间的反应；粒子与周围气相中一种或几种化学物质之间的反应。第一种情况下，反应速率由通常的化学反应动力学控制；第二种情况下，反应速率更有可能由其他粒子的抵达速率控制，这一步骤可由凝聚过程描述，而一旦不同的粒子相互接触后，反应的进程就由化学反应动力学控制；第三种情况下，反应的进程可能由适宜反应的气体分子抵达粒子表面的速率控制，气体分子的抵达速率可用凝结增长公式表述（Hinds，2001）。

吸收和吸附则是互相关联的过程，它们都具有一个必须存在的步骤，即气体分子抵达粒子表面。吸收和吸附过程被认为均包含三个连续的质量传递步骤，其中任何一个步骤都可以是速率控制步。首先，特定的气体分子扩散至粒子表面；

其次，气体分子运移穿过接触面，或在接触面内反应；最后，气体分子扩散进入固态或液态粒子内部。

当悬浮气体与粒子之间发生化学反应时，上述三个步骤的每一步都可能控制反应速率。气体分子扩散进入固态粒子内部的速度相对较慢，尽管此时扩散的距离很短。气体分子扩散进入液态粒子内部的速度更快，并且会由于液滴内的液体循环而加速。如果化学反应的速率受气体分子抵达粒子表面的速率控制，则称为扩散控制反应（diffusion controlled reaction），则反应的最大速率如式（4-2）所示。

$$R_R = \frac{2\pi d_P D_v p}{kT} \quad (当\ d_P > \lambda\ 时) \qquad (4-2)$$

式中，R_R 为反应速率，分子/秒；d_P 为粒子粒径，m；D_v 为气体分子的扩散系数，对于 293K（20℃）的水气分子为 $2.4 \times 10^{-5} m^2/s$；p 为气体分压，Pa；k 为波尔兹曼常数，$1.38 \times 10^{-23} J/K$；λ 为气体分子的平均自由程，m。这种情况于恒温条件下的凝结过程，此时反应会继续进行，直至粒子中的所有分子反应耗尽。

4.1.5.5　吸收

气体分子溶解于液滴的过程称为"吸收"。这一过程中，在接触界面上的质量传递通常不可控制，而在气相或液相中的扩散则可被控制。吸收过程会一直持续，直至气体达到在液体中的溶解度，这一溶解度可随温度改变，或由于液体中存在其他可溶性组分而改变。

4.1.5.6　吸附

气体分子从周围空气运移至固态表面的过程称为"吸附"。固态粒子表面的吸附过程有两类：物理吸附（physical adsorption）或称物理吸着（physisorption）；化学吸附（chemical adsorption）或称化学吸收（chemisorption）。物理吸附是一个物理过程，气体分子通过范德华力附着在粒子表面。当周围空气温度低于气体的临界温度时，任何气体都可能发生物理吸附。物理吸附是一个快速、可逆的过程。由于吸附过程很快，所以气体分子扩散至粒子表面的过程是速率限制步骤。在给定温度下，所吸附气体量与气体分压或蒸汽分压的关系曲线称为"吸附等温线"（adsorption isotherm）。饱和度低于 0.05 时，物理吸附现象常不明显；但饱和度达到 0.8 或更大时，则会产生厚度达几个分子的吸附层。对于一个处于吸附平衡状态的粒子，蒸汽分压的降低会使被吸附的蒸汽分子从粒子表面向气体中运移。吸附过程类似于凝结过程，高度多孔材料的吸附等温线与光滑固体的吸附等温线显著不同。如活性炭，由于具有巨大的表面积，并含有无数的小孔和毛细管，所以有利于气体在其表面凝结及抑制蒸发。

化学吸附与物理吸附在机理上的唯一不同是，化学吸附过程中形成了化学键，气体分子通过化学键附着在粒子表面。因此，无论周围空气温度高于还是低于气体的临界温度，气体都能发生化学吸附。与物理吸附不同，在化学吸附过程中仅能产生气体分子的单分子层；由于化学键远强于范德华力，所以化学吸附过程不易发生可逆反应。气体扩散速度和化学反应速率均可控制化学吸附的速率，当气体单分子层接近完全形成时，气体分子的运移减慢。在某些情况下，气体分子首先通过物理吸附附着在粒子表面，之后缓慢地通过化学吸附与粒子发生反应；在另外一些情况下，化学吸附层的顶端还可形成一个物理吸附层。

　　图 4-4 是不完全燃烧条件下，前体物在经历一系列物理和化学变化后，形成烟炱粒子的途径和机理示意图。

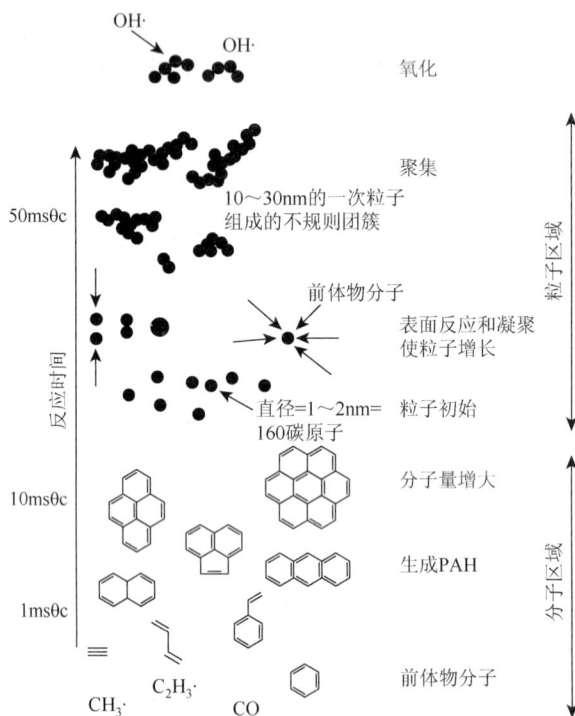

图 4-4　烟炱粒子的形成示意图（Bockhorn，1994）

　　图 4-5 是不完全燃烧条件下，前体物在经历一系列物理和化学变化后，形成飞灰粒子的途径和机理示意图。

4.1.6　室内气溶胶

　　工业卫生学研究的目的主要是识别、评估和控制工业场所内职业性的健康危

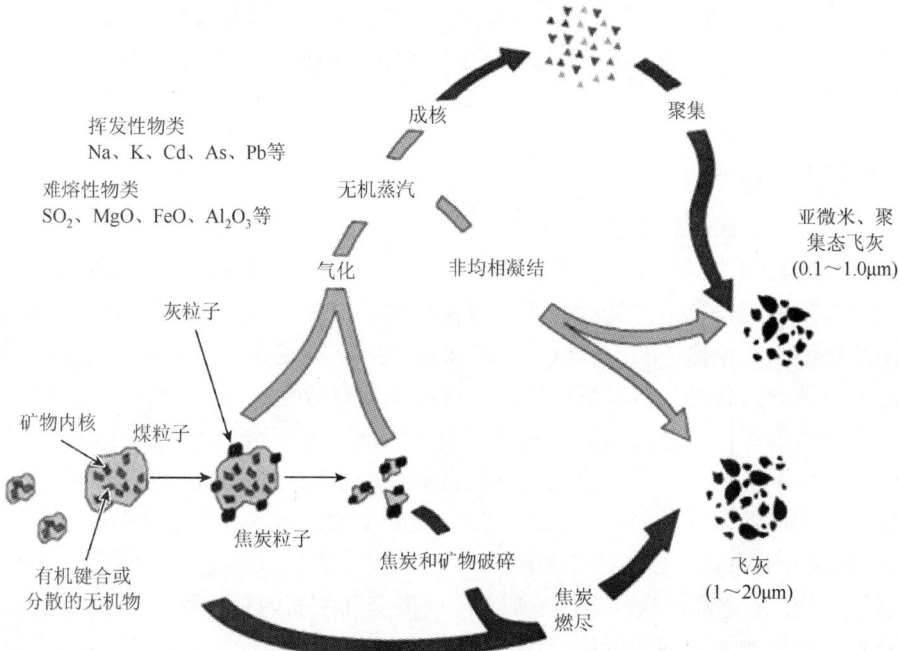

图 4-5 燃煤飞灰粒子的形成示意图（Sarofim et al.，1993）

害，包括：由于污染物的使用或泄漏而导致接触危险物质；暴露的途径（摄入、吸入或皮肤接触）；暴露和剂量的关系；承受剂量导致的健康效应等（Maynard et al.，2001）。粒子数量、粒子特性及其生物学反应一直是暴露评估的重要内容，因此，计尘器、冲击式采样器、热沉降器、光电显微镜、滤膜采样结合重量分析、化学分析和毒理学分析是其测量的主要手段，最终建立暴露模型，并获得基于健康风险的气溶胶暴露极限。

　　而室内气溶胶通常指居所、办公、公共场所或汽车内等非职业环境下的大气气溶胶，以区分工业车间等场所。室内气溶胶的研究不侧重于各微环境内气溶胶的浓度与来源，而强调个体暴露评价，即人员曾经到过的所有微环境内测量结果的时间加权平均值。通过表征室内气溶胶的表面积分布、凝结核计数和电迁移率等特征细节，了解微环境内气溶胶的时空浓度分布；借助测量呼吸区域，从统计学上评价室内人群的气溶胶暴露水平。个体暴露与室内活动时间和室内气溶胶的来源关系密切，使健康危害最小化的主要方法则是控制室内外气溶胶的源排放和浓度，即控制毒性物质释放与健康效应两者关系式中的任何一个环节，如式（4-3）所示（Wiener et al.，2001）。室内气溶胶个体暴露评价的理论和方法也是博物馆文物风化评价的基础。

$$源 \rightarrow 排放 \rightarrow 浓度 \rightarrow 暴露 \rightarrow 剂量 \rightarrow 效应 \tag{4-3}$$

4.2　大气气溶胶的采集

4.2.1　测量方案设计

　　测量气溶胶的仪器常常只能通过间接测量来提供所需信息，大多数仪器也只能在一个有限的粒径范围内运行，为了覆盖较大的粒径范围，经常需要两台或更多检测原理不同的仪器（Baron et al.，2001a）。因此，在选定一个或多个特定测量目标时，必须评估各种仪器所获得数据的有用性和有效性。

　　为了获得准确、有效的数据，必须将质量保证原则应用于气溶胶测量中。许多质量保证原则都能够融入数据精确度和有效性的费效比相对较低的方法中。以下步骤是美国环保署开发的一套实现质量保证的步骤，这些步骤常常循环重复，以获得优化的测量方法（EPA，2001）。

　　目标罗列：陈述需解决问题的同时，应列出全部所需的参数和可利用的资源，这样有助于明确测量过程的解决方法。

　　确定测量方案：详细说明测量程序的适宜置信度水平，可揭示将要实施的测量工作的复杂性，有助于实施测量。

　　确定测量程序的输入参数：即确定实施这一测量工作程序所需获取的数据。

　　规划研究范围：设计精密的实验获得参数值常常很容易，但这些参数不一定对测量方案的确定有意义。

　　制定测量规则：即对数据期望置信度的统计学表述，由此确定测量方案。

　　明确测量误差的阈值：即为测量方法提供统计学上的"目标值"。

　　优化设计：本步骤借助初始的数据获取过程中积累的经验，精炼和改良前期的测量步骤。

　　可用于测量气溶胶的技术多种多样，选择测量技术、确定测量方案时，应根据待测气溶胶的性质、时间分辨率、仪器尺寸、资源局限性、所需精确度等，缩小待选项为一种或两种技术。虽然没有明确的界限，但气溶胶测量技术通常可划分为两类：采集分析（collection and analysis）和直读传感器（direct-reading sensors）。前者耗费较少、耗时较长，可提供完整的浓度测定和气溶胶的定性、定量测量；后者需要借助昂贵的仪器，可提供粒径分布的信息和近乎实时的结果，并允许随时间的推移实施多项测量。

　　选择气溶胶测量方法时，首先要考虑的因素是气溶胶的粒度范围。几种常用仪器适用的粒径范围如图 4-6 所示。

　　直读式气溶胶测量仪器及其他仪器的筛选和应用流程如图 4-7 所示。

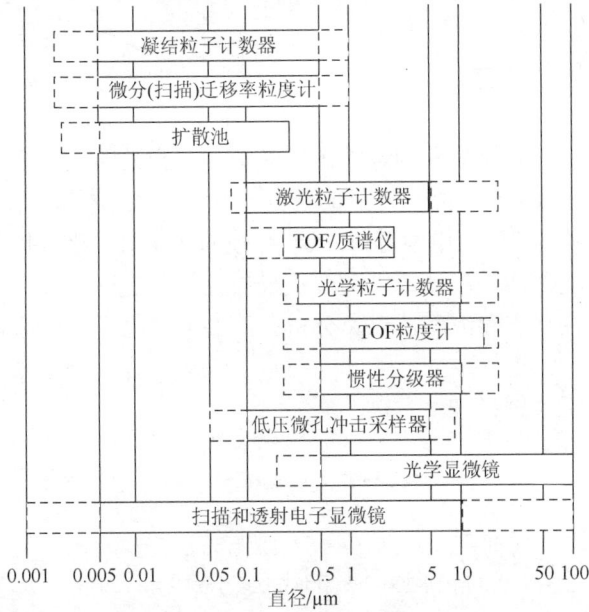

图 4-6　几种主要的气溶胶粒径测量和分析仪器的测量粒径范围

TOF 为飞行时间（time of flight）（Baron et al.，2001a；Pui，1996）

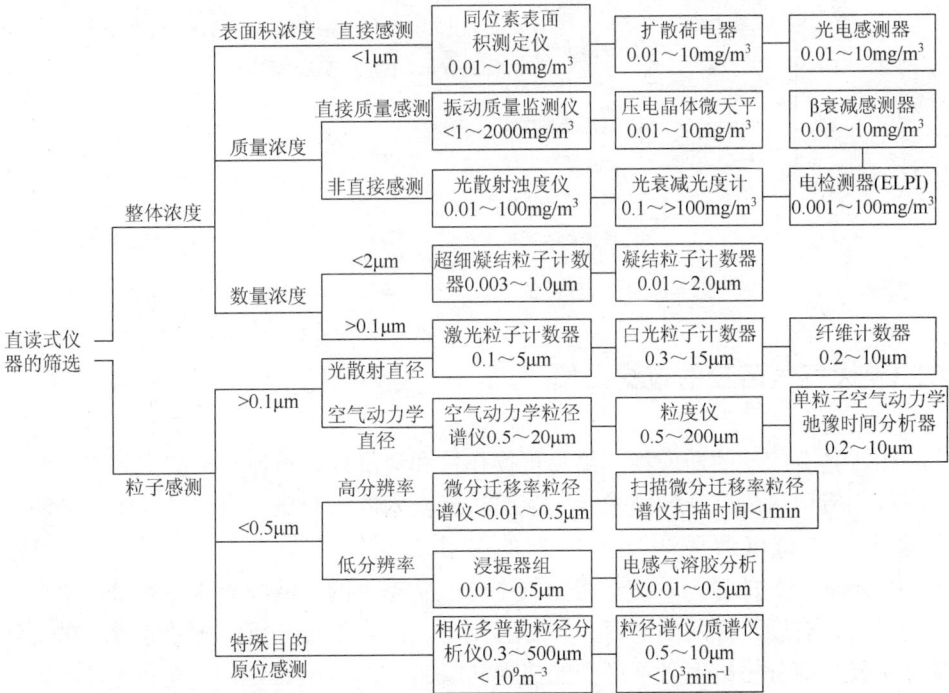

图 4-7　直读式仪器分析气溶胶粒子的筛选流程（Baron et al.，2001a；Pui，1996）

4.2.2　大气样品的采集

大气样品包括气态样品和固、液态样品两类，样品的采集直接关系到分析测定结果的可靠性和代表性。大气样品的观测与分析可依据被测组分的性质（惯性、重力、光学、散射、热学、电学等），或监测技术（实时分析或捕集采样、个体暴露评价或区域环境评估、被动或主动方式采样分析）进行分类。通常根据被测组分在大气中的存在状态和浓度，以及分析方法的灵敏度，选择适合的采样方法，如图 4-8 所示。

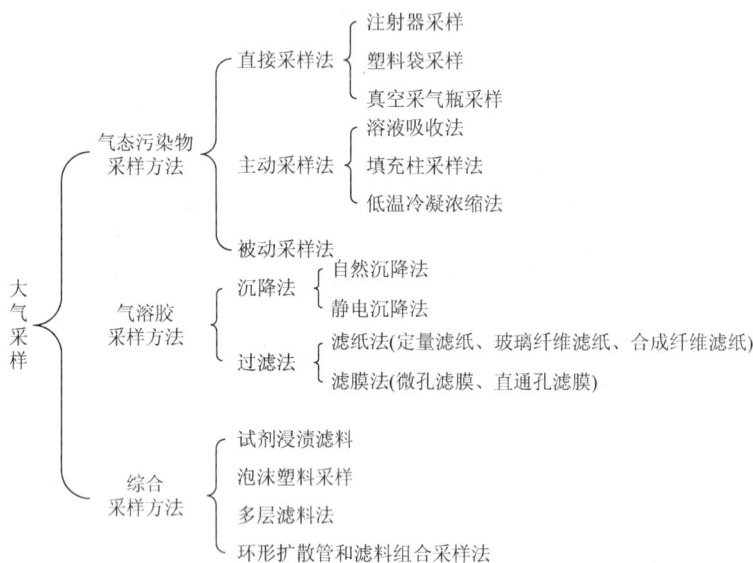

图 4-8　大气样品的采样方法（李蔚卿，2010）

4.2.3　大气气溶胶的过滤采集

由于具有广泛的适应性、简易可操作性和经济性，过滤收集技术是气溶胶测量过程中应用最为广泛的技术。气溶胶过滤技术的核心概念是通过气相中的滤过去除作用，将气溶胶采集到适当的多孔介质或滤膜上，获得具有代表性（representative）的样品。这一将空气中分散状态下的气溶胶转化为滤膜上密实样品的过程，有助于样品的储存、转移和制备，也是重量分析、显微分析、微量化学分析及其他分析技术必不可少的前提（Lee et al.，2001）。

最常见的气溶胶过滤收集技术之一是使用滤膜收集空气中的粒子，绝大多数现代采样滤膜对全部气溶胶粒度范围都完全有效。收集在滤膜上的粒子可以通过多种不同的方法分析，对整张滤膜，可进行重量分析、化学分析、生物分析或放射性分析；对于滤膜上的单个粒子，则可进行显微分析、光谱分析或形态学分析等。

依据实际应用的差别，适当介质的滤膜置于不同的滤膜托架上。匀速采样时，从探头进入采样器的气流携带着气溶胶通过托架。在滤膜上，气溶胶与气流分离的程度取决于滤膜的特性、穿过滤膜的气流速度及滤膜上的颗粒物通量等其他因素。同时，采样设备经常是为特定的应用而设计的，由此一些影响采样效率的因素必须考虑，包括：气溶胶动力学行为导致采样探头的吸入效率（aspiration efficiency）限制；探头入口表面与气流之间温度梯度导致的粒子损失；探头入口表面荷电后导致的静电沉积损失，尤其是塑料材质的探头。气溶胶进入探头后，到达滤膜托架前的粒子损失通常用传输效率（transport efficiency）表征，它描述了粒子受重力、扩散和惯性作用影响沉降至管壁表面的损失，以及温度梯度和静电壁效应等因素对粒子损失的影响。滤膜托则通过隔离滤膜和周围环境，来消除样品气体未能完全通过滤膜导致的采样损失。选择商业化的滤膜时，除了应考虑滤膜对气溶胶测量的适用性因素，如滤膜材质、孔径尺寸、收集特性、滤膜形状、费用等；还应考虑影响采样效率的因素，包括滤膜表面的化学反应和转化、滤膜的静电荷、滤膜材料和吸湿性气溶胶吸收的水汽等。最后，由于计算样品浓度时必须知晓穿过滤膜的气流流速和累积体积，所以通过滤膜的气流流速测量和控制与收集有代表性的气溶胶样品同等重要。

由于各种采样设备的吸入效率和内部损失不同，所以当采样设备单机操作采集环境粒子时，设备的外壳围护与气流入口需要适当地设计，以获得精确的采样效率，即便不够精准，至少也应当知晓所采用设备的采样效率（Baron et al., 2001a）。

4.2.4　滤膜的选择

目前公认对气溶胶测量中所用滤膜的较合理分类依据是其结构特征。据此，用于采集气溶胶的常见滤膜可分为纤维膜（fibrous filters）、多孔膜（porous-membrane filter）、直通孔膜（straight-through pore membrane filter）、颗粒床膜（granular-bed filter）和多孔泡沫膜（porous-foam filter）等，其特点见表 4-1。

影响过滤介质的因素很多，且视乎应用侧重点不同，这些因素包括粒子的收集效率、必要的流速下通过滤膜后的压力降、与所用分析方法的兼容性、费用的制约等。此外，还应考虑滤膜介质的强度制约和滤膜与采样时环境条件的兼容性，如温度、压力、湿度和腐蚀性等。

表 4-1　气溶胶测量中常用的各类滤膜及其优缺点比较（Lee et al., 2001）

滤膜类型	材质特性	特征尺寸	工作原理	优缺点	微观形貌
纤维膜	由直径为 0.1～100μm 的纤维铺垫、编制而成，纤维材质包括纤维素、木质（纸质）、玻璃、石英和聚合物纤维（聚四氟乙烯包裹的玻璃纤维）等	孔隙率 60%～99%；厚度 0.15～0.5mm	气流贯穿滤膜时，粒子被纤维截留，或撞击、扩散至纤维上	实现粒子高效收集时，所需空气流速低；在可比较条件下，压力降是各类滤膜中最低的	
多孔膜（微孔膜）	微孔膜被扭曲的小孔贯穿的结构，微孔纤维的材质包括聚合物（醋酸纤维酯/硝酸纤维酯、聚氯乙烯、聚四氟乙烯-聚乙烯）、烧结金属和陶瓷	孔径（借助液体滤过测得）介于 0.02～10μm；孔隙率＜85%；厚度 0.05～0.2mm	粒子附着在微结构单元上	收集效率高；但压力降是各类滤膜中最高的	
直通孔膜（核孔模）	聚碳酸酯薄膜（10μm），圆柱形的孔与膜的表面垂直正交	孔径介于 0.1～8μm；孔隙率低，介于 5%～10%；厚度 10μm	粒子撞击和被截留在孔附近，或扩散至孔内管壁上	收集效率介于纤维膜和微孔膜之间；在同等收集效率下，压力降显著高于纤维膜，与微孔膜相当或更高	
颗粒床膜	用于特定采样时，颗粒分别选用专门的化学品、糖类、萘、沙粒、金属和玻璃珠等	颗粒珠的粒径从 200μm 到几个毫米；固定床孔隙率 40%～60%	通过撞击、截留、扩散和重量作用实现过滤收集，经洗脱或挥发提取样品	颗粒较大导致收集效率低；为强化扩散作用，可采用低流速、增加床深度或使用较小的颗粒	
多孔泡沫膜	通常由网状的聚亚安酯或聚乙烯发泡基体构成	孔隙率＜97%；常用孔径介于 10～50μm	通过撞击、截留和扩散作用留在网状滤膜上	收集效率低	

　　采集气溶胶粒子的目的是研究，气溶胶研究所采纳分析技术的原理和实际要求，极大地决定了滤膜介质的筛选。基于滤膜的分析技术可分为三类：重量分析、显微分析和微量化学分析。

4.2.4.1　重量分析

　　测量滤膜经过一段明确采样时间后的质量增量，是测定气溶胶质量浓度最常用的方法。这就要求：滤膜能够高效地（接近 100%）收集气溶胶；采样导致的滤膜质量增加完全来自所收集的气溶胶，即滤膜重量应不受滤膜老化及所暴露温度和湿度环境条件的影响。在基于滤膜的重量分析中，最敏感的影响因素是湿气/相对湿度和滤膜材料上的静电荷积聚。

湿度效应的原因是滤膜材料和滤膜上吸湿性气溶胶样品吸收水蒸气。纤维素滤膜最易吸水，玻璃纤维和纤维素石英滤膜不易吸水，聚四氟乙烯（特氟龙，Teflon）滤膜最不易吸水。重量分析中，使相对湿度的影响最小化的标准方法是：在采样前、后，将滤膜置于恒温恒湿（如20℃、50%RH）条件下平衡24h。克服滤膜上吸湿性气溶胶样品吸水影响的方法则很少，如通过测定对照样本（control sample）在不同的相对湿度下的质量增加量实施校准；尽量缩短采样和测量之间的时间间隔。

滤膜上的静电荷积聚会导致重量分析时操作困难，增强或减低粒子的采集，给电子天平引入测量误差。基于材质的特点和制造过程，某些滤膜，如聚碳酸酯和聚氯乙烯（PVC）滤膜极易荷电，从而导致采样和测量误差。常用的方法是：在采样前和重量测定前，将滤膜暴露于一个偶极离子源下消除静电荷积聚，如Po-210或Am-241下。

4.2.4.2　显微分析

通常，借助光学显微镜或电子显微镜可获得气溶胶样品中粒子的粒径、形貌和组成等特征信息。纤维分析要求尽量将粒子收集在平整的或尽量平整的滤膜上，如微孔膜或直通孔膜。由于具有光滑、平整和近乎完整的表面（选择适当的孔径），直通孔膜中的聚碳酸酯膜尤其适合显微分析。

其他表面分析技术，包括用于元素和化学组分浓度分析及放射性分析的X射线荧光（XRF）分析、X射线衍射（XRD）分析、质子激发X荧光（PIXE）分析等，对气溶胶的收集也有类似的限制。将气溶胶采集在滤膜表面或尽量接近滤膜表面，并尽可能减小收集气溶胶的表面的面积、滤膜的背景浓度或空白滤膜材料的分析响应值，都有利于对样品的分析测定。特氟龙滤膜具有惰性和低背景浓度值，因此适于气溶胶样品的XRF分析；当颗粒物浓度高时，石英和玻璃纤维滤膜可用于XRD分析，当颗粒物浓度低时，特氟龙滤膜则成为首选。

4.2.4.3　微量化学分析

筛选用于微量化学分析所用滤膜时，应考虑的首要因素是化学分析所需的颗粒物最小样品量。其次，需把以下两个因素的影响降至最小：一是空白膜背景响应造成的干扰；二是采样中和采样后，滤膜上发生化学转化生成的物质。

绝大多数化学分析要求提取滤膜上所收集粒子的方式应便于输入分析仪器中。常用于微量化学分析的气溶胶采样滤膜有纤维素膜、玻璃纤维膜、特氟龙包裹玻璃纤维膜、石英纤维膜等，这些滤膜都具有较低的压力降，因此能够实施大流量采样。各类纤维滤膜的典型应用、优点和局限性见表4-2。

表 4-2 各类纤维滤膜的典型应用及优缺点（Lee et al.，2001）

滤膜类型	典型应用	优点	局限
纤维膜（通则）	空气质量采样	采样体积大时压力降低；耗费低；承载粒子能力强	采集亚微米粒子效率低；被采集粒子分布在整个滤膜厚度内
纤维素膜	空气质量采样中的有限/定性应用	价格低廉；提取颗粒便利	对湿气高度敏感；温度适用范围有限；粒子收集效率低；化学耐受性差
硼硅酸盐玻璃纤维膜	空气质量采样中应用广；无有机黏合剂	温度耐受性≈500℃；具一定的化学耐受性	纤维呈碱性导致次生硫酸盐生成，易吸收水汽，须适当地平衡
特氟龙包裹玻璃纤维	广泛用于空气采样——排放分析、重量分析、生物和突变因子分析	不易吸收湿气；化学转化产物最少	生成次生硝酸盐
石英纤维膜	采样用于化学分析——离子色谱、原子吸收、碳分析、多环芳烃分析等	不易吸收湿气；温度耐受性高达800℃；痕量污染物水平低；采样前可通过烘烤去除有机物；次生物少	脆性易碎；生成次生硝酸盐

各类微孔膜的典型应用、优点和局限性见表 4-3。

表 4-3 各类微孔膜的典型应用及优缺点（Lee et al.，2001）

滤膜类型	典型应用	优点	局限
薄膜（通则）（以下适用）	用于表面分析的空气采样及亚微米级粒子的收集	收集效率高；机械强度大	压力降高；承载粒子的能力弱、堵塞快；适用温度范围窄
硝酸纤维酯、醋酸纤维酯、聚氯乙烯（PVC）膜	在 NIOSH 标准方法中用于金属、棉状尘、石棉等的采样	在微孔薄膜中价格低廉；耐化学侵蚀能力较弱	易吸收水汽；操作温度局限在75～130℃；PVC 膜易出现静电荷积聚
特氟龙（PTFE）膜	重量分析、中子活化分析、XRF 分析、XRD 分析	呈化学惰性；对湿气的敏感性极低；痕量/背景浓度低；耐化学侵蚀能力较强	硝酸盐测定会有损失；支持膜的适用温度范围局限在约 150℃，纯特氟龙膜则在 260℃
银膜（已弃用）	有机颗粒的收集与分析	耐化学侵蚀能力较强；背景干扰低；最高操作温度550℃	在常用薄膜中，价格最为昂贵

直通孔滤膜的典型应用、优点和局限性见表 4-4。

表 4-4 直通孔滤膜的典型应用及优缺点（Lee et al.，2001）

滤膜类型	典型应用	优点	局限
聚碳酸酯膜	采样后实施显微镜分析、PIXE 等表面分析的理想气溶胶采样滤膜	平整、均匀的表面；非吸湿性；背景/空白浓度低；在表面捕集粒子；半透明的滤膜表面	压力降高；承载粒子的能力弱；某些粒径范围收集效率低；静电荷易积聚

表 4-5 总结了室内大气环境监测中常用滤膜的测量特性和基质材料。

表 4-5　室内大气环境气溶胶采样时可供选择的滤膜（Maynard et al.，2001）

滤膜基质材料	典型应用	称重稳定性	压力降
纤维素滤膜	一般性采集；重量分析	☆☆	☆☆
硝酸纤维素滤膜	一般性采集；重量分析	☆☆	☆☆
玻璃纤维滤膜	一般性采集；重量分析	☆☆☆	☆☆
石英滤膜	化学分析	☆☆☆	☆☆
纤维素酯薄膜	图像分析；纤维采样	☆☆☆	☆☆☆
聚氯乙烯（PVC）薄膜	化学分析	☆	☆
聚四氟乙烯（Teflon）薄膜	重量分析；化学分析	☆☆☆	☆☆☆
聚碳酸酯滤膜	颗粒图像分析	☆☆	☆☆☆☆
银膜	化学分析	☆☆	☆☆☆☆
聚亚安酯泡沫	各种采样器	☆☆☆☆	☆～☆☆☆☆
聚酯薄膜（Mylar）冲击式基质	冲击式基质	☆☆	N/A
铝膜冲击式基质	冲击式基质	☆☆	N/A
导电塑料盒	IOM 可吸入式采样器；锥形可吸入式采样器	☆☆☆☆	N/A
铝盒	IOM 可吸入式采样器	☆	N/A
不锈钢盒	IOM 可吸入式采样器	☆	N/A

注：☆数量越多，表示称重稳定性越好，或压力降越小；N/A 表示无资料。

4.3　大气气溶胶的分析

4.3.1　气溶胶物理性质测量

对大气气溶胶粒子的物理表征涉及诸多技术和实用仪器，概述见表 4-6。

表 4-6　大气气溶胶粒子的物理表征技术（Skillas et al.，2001）

物理性质	表征技术	物理性质	表征技术
粒径	沉降速度测量 扫描电迁移率测量 显微图像分析 光散射分析 过滤分析 场流分离色谱分析 电感方法	形貌	扫描电子显微镜（SEM） 透射电子显微镜（TEM） 光谱学分析 扫描隧道显微镜/原子力显微镜（STM/AFM） 显微图像分析
微结构/孔隙率	压汞法孔隙率测定 比表面积测定 氦密度法 小球密度	微结构/粒度	透射电子显微镜（TEM） 扫描电子显微镜（SEM） 扫描隧道显微镜/原子力显微镜（STM/AFM）
		电荷	静电计

4.3.2 气溶胶化学组成分析

大气气溶胶是液态和固态粒子悬浮于空气中构成的复杂混合物。大气颗粒物（PM）无论固态还是液态，都既有生物来源（自然源），又有人为来源（人造物质）。这些粒子或者直接排放至大气中（称为一次粒子），或者由大气中的前体物经化学反应形成（称为二次颗粒）。一次粒子大多由机械过程形成，如风化或研磨，因此其空气动力学直径常大于 $2.5\mu m$。一般地，一次粒子的主要成分是与土壤有关的物质（如 Fe、Si、Ca、Mg）和有机物（如花粉和孢子的碎片）。二次人为源粒子的前体物主要包括燃烧过程排放的氮氧化物、硫氧化物和有机物等。前体物反应生成的产物种类繁多，在正常大气条件下，大都同时存在于气相和积聚模态的粒子中（如气相的 HNO_3 和 NH_3 与固态 NH_4NO_3 粒子共存）。典型的二次粒子空气动力学直径小于 $2.5\mu m$，绝大多数为硝酸盐、硫酸盐、有机碳和元素碳（烟炱）等。从时间顺序上，颗粒物被采集到各类滤膜上，有时还会采用专门仪器消除人为误差，之后，在实验室内实施化学分析。如上所述，大气颗粒物由多种化合物组成，测定各类化合物必然需要众多的采集技术和化学分析技术（Solomon et al.，2001）。

由于环境中的人为源粒子能够对人体健康产生不利影响、造成能见度降低，以及参与酸沉降过程，导致材料和农作物受损、影响全球气候变化，并带来全面的脏污危害，因此，了解大气粒子的来源十分重要。由于不同来源产生粒子的化学成分不同，大气颗粒物的化学组分能够为判断粒子的来源提供线索。表 4-7 列出了主要的气溶胶化学组分分析方法。

表 4-7　测定大气颗粒物化学组成的常见分析方法（Solomon et al.，2001）

类型	方法	制样	备注
PM$_{2.5}$质量	重量分析	在确定的温度及湿度和电中性条件下平衡	美国联邦标准方法（U.S. CRF）
	β-衰减半连续法	无	
	惯性微量天平（TEOM）	在 50℃ 下平衡	标准的商业化方法，有可能损失挥发性组分
	半连续法（TEOM）	用 Nafion 干燥器平衡至 30℃	研究模式下的非常规方法，可减少不稳定组分的挥发
	CAMM 半连续法	无	研究方法，用于建立滤膜两侧压力降与膜上所承载质量的联系
阴离子和阳离子	离子色谱	在液相中，用水或其他水相溶剂浸提	EPA 方法，PM$_{2.5}$ 化学组分网络中用于测定阴、阳离子

续表

类型	方法	制样	备注
阴离子和阳离子	离子选择性电极	用水浸提	最常用于测定铵根离子，也可用于硫酸根和硝酸根
	比色法	用水浸提	最常用于测定铵根离子
	X 射线荧光	无	仅用于硫酸盐，相当于硫元素含量的 3 倍
	傅里叶变换红外光谱	无	半定量方法
	蒸汽冷凝/离子色谱	无	测定阴、阳离子的半连续方法
	硝酸盐自动监测仪	冷凝至金属表面后快速挥发	测定硝酸盐的半连续方法
颗粒态碳	热光反射法（TOR）	>773K 温度下焙烧石英滤膜数小时，或 1173K 温度下焙烧 3h	提供 OC、EC、CC 和 TC 数据，采用 IMPROVE 协议测量颗粒态碳的浓度
	热光透射法（TOT）	>773K 温度下焙烧石英滤膜数小时，或 1173K 温度下焙烧 3h	提供 OC、EC、CC 和 TC 数据，采用 NIOSH 方法中的 5040 协议测量颗粒态碳的浓度
	程序升温挥发法（TPV）	>773K 温度下焙烧石英滤膜数小时，或 1173K 温度下焙烧 3h	研究方法，可提供石英滤膜上的 OC、EC 和 TC 数据，以及碳浸渍膜上的 OC 数据
	Aethalometer 黑碳仪	无	半连续测量元素碳或吸光性碳的光学吸收
	在线热光碳分析仪	无	采用 TOT 方法半连续地测量 OC 和 EC
有机气溶胶	GC/MS	>773K 温度下焙烧石英滤膜数小时，或在 1173K 下焙烧 3h，采样后溶剂提取	提供大量非极性和少量极性有机化合物含量信息，作为示踪物，在受体模型和探究大气化学过程中极为有用
元素-非破坏性分析	X 射线荧光（XRF）	无	主要提供地壳元素（Si、Ca、Fe）及 S、Zn 和 Pb 的含量，其他大气组分常低于检出限
	质子激发 X 射线荧光（PIXE）	无	PIXE 与 XRF 唯一的不同是激发荧光的方式，前者借助高能质子，后者为 X 射线
	中子活化（INAA）	滤膜对折或揉成小球，密封在聚丙烯袋子或瓶子内	除 C、Si、Ni、Sn 和 Pb 外，可提供众多环境气溶胶中常见痕量元素的定量测量
元素-破坏性分析	电感耦合等离子体质谱（ICP-MS）	用水浸提，或酸解	对大约 65 种元素的检出限为 $1\sim100ng/m^3$，线性变化范围超过 8 个数量级
	半连续金属检测仪	蒸汽冷凝收集气溶胶，用石墨炉原子吸收法（GFAAS）分析	半连续方法，最多可同时测定 6 个元素
	单颗粒质谱	无	最能够定性的方法，可实时测量单个颗粒的化学组成

4.3.3　气溶胶微生物检测

具有生命的气溶胶粒子（包括细菌、真菌、病毒等微生物粒子）和活性粒子（花粉、孢子等），以及由有生命活性的机体所释放到空气中的各种质粒统称为生物气溶胶。由于空气微生物是大气生物气溶胶的主要组成部分，所以生物气溶胶有时又称为微生物气溶胶，依其种类可划分为细菌气溶胶、真菌气溶胶、病毒气溶胶等。具有较大意义的生物气溶胶的粒径范围是 0.1～20.0μm，其浓度及粒径的变异范围也较大。由于空气中缺少微生物直接可利用的养料，不能繁殖生长，所以空气中无固有的微生物群系，其均由暂时悬浮于空气中的尘埃携带着的微生物所构成，所以大气生物气溶胶主要来源于土壤、灰尘、江河湖海、动物、植物及人类本身。同时它也借助大气的各种运动进行输送，有些花粉、孢子、真菌、细菌芽孢和某些立克支氏体、病毒都可由大气输送很远的距离。

室内空气微生物气溶胶是影响室内空气品质的一个重要因素，它对人类的健康有着很大危害，能引起如各种呼吸道传染病、哮喘、建筑物综合症等疾病。室内环境本身存在着各种微生物气溶胶污染源，采用中央空调系统时，空调系统凝结水盘中往往存有凝水，附近的空气一般处于相对湿度较高的环境（尤其在夏季），细菌病毒容易滋生繁殖。此外，室内微生物气溶胶还可能通过新风或回风影响空调系统内的不同房间或区域。所以研究室内空气生物污染的种类、来源、时空分布、致病性、预防和空气净化对预防室内空气生物污染非常重要。室内空气微生物气溶胶主要包括细菌、真菌（包括真菌孢子）、花粉、病毒、生物体有机成分等。除物理、化学因素对文物的影响外，生物尤其是微生物的腐蚀也是造成文物损坏的一个重要因素。对石质文物微生物腐蚀的观测研究显示，微生物腐蚀过程可分为生物化学机理和生物物理机理两类，破坏作用既有因微生物的菌丝穿透作用引起的机械破坏，也有因它们的分泌物（酸）螯合石材矿物中的金属离子而引起的化学破坏（张秉坚等，2001）。从微观上的石面裂化矿物、腐生矿物和晶体沉积，到宏观上的一些石面的片状剥落、裂开和粉化等，微生物污染和腐蚀不仅破坏了文物的外观和结构，也会对古建筑、石刻和纪念碑表面的雕刻、文字和画作等造成损害（于淼等，2011）。

选择空气微生物采样器及相应的分析方法，主要取决于待采集空气微生物的种类和浓度。选择检测方法时应根据检测目的来选取合适的采样器和采样介质，要根据检测环境来布设采样点和采样时间，此外还要考虑到检测的特异性、准确性、可操作性及气溶胶的粒子大小等，最终目的是获得最大的收集效率和微生物活性。

常用的空气微生物气溶胶采样器划分为六类：撞击式采样器，包括固体式、液体式和气液混合式；沉降式采样器，包括自然沉降式和热力沉降式；过滤式采样器，包括可溶性滤膜采样和不溶性滤膜采样；静电吸附采样器；气旋式采样器；离心撞击式采样器等。

空气微生物的测定方法也分为两大类：培养基方法和非培养基方法。培养基方法是将采集的微生物经过培养繁殖生长成菌落后计数和鉴别，非培养基方法在采样后不经过培养就可进行计数和鉴别。非培养基方法建立于 20 世纪 80 年代，包括光学显微镜方法、荧光显微镜、电子扫描显微镜和流通式血球计方法。目前，国内外最常用的检测方法是利用空气微生物采样器主动抽取空气于采样介质中，采样介质是液体或固体培养基。菌落计数法是目前国内外检测生物气溶胶应用最广泛，结果最可靠的方法，但是菌落计数法依赖于微生物的可培养性。由于传统的菌落计数法不够准确而且耗时耗力，所以许多研究尝试将新方法引入空气微生物检测中，如基于微生物核酸水平的鉴定方法、基于微生物细胞膜水平的鉴定方法、基于微生物次级代谢产物水平的鉴定方法等（于淼等，2011）。

4.3.3.1 基于微生物核酸水平的鉴定

在细菌 rDNA 基因中，16SrDNA（真核生物为 18SrDNA）和 23SrDNA 之间的基因间隔序列（internal transcribed spacers，ITS）没有特定的功能。因此，现代分子生物学常常利用 16SrDNA 在所有细菌菌种中，保守区序列高度一致，而可变区序列则随菌种的不同有较大的变化这一特点，在保守区设计引物，扩增所有细菌 16SrDNA 相应的可变区片段，并基于对以 DNA 序列分析为核心的 ITS 测序分析技术，将不同细菌的 16SrDNA 扩增产物通过变性梯度凝胶电泳（denaturing-gradient gel electrophoresis，DGGE）、温度梯度凝胶电泳（temperature gradient gel electrophoresis，TGGE）、酶切产物的末端限制性片段长度多态性分析（terminal restricted fragment length polymorphism，T-RFLP）、扩增 rDNA 限制性酶切片段分析法（amplified ribosomal DNA restriction analysis，ARDRA），以及特定菌种 16SrDNA 的荧光原位杂交技术（fluorescence in situ hybridization，FISH）等，将微生物群落中不同的微生物进行分离，再利用数据库序列比对进行菌种鉴定。

4.3.3.2 基于微生物胞膜水平的鉴定

脂肪酸甲酯分析法（fatty acid methylesters，FAMEs）的原理是，基于磷脂系生物细胞膜的重要组成成分，而不同微生物的细胞膜所含有的磷脂脂肪酸组成和含量有不同，其组成和含量具有种属特异性，可以代表某一种类微生物的存在，因而可以将其作为一种生物标记物用于微生物种类的检测。磷脂构成的变化能够说明环境样品中微生物群落结构的变化，可以对微生物群落进行识别和定量描述。由于脂肪酸本身挥发性较小，所以要将脂肪酸甲基化转化成脂肪酸甲酯以增加脂肪酸的挥发性，供气、液相色谱等仪器分析利用。

　　FAMEs 方法的技术步骤为：利用有机溶剂对样品中的磷脂脂肪酸进行提取、分离纯化，然后将磷脂脂肪酸甲基化为脂肪酸甲酯。再通过气、液相色谱等仪器分析，得到样品的磷脂脂肪酸组成图谱，进而得到不同脂肪酸的含量和种类，最后根据谱图中脂肪酸甲酯的多样性，利用相关的数据库和相关的计算机分析软件，便可鉴定出样品中微生物的种类或微生物群落结构组成的多样性。

　　该方法的优点是简单易操作，并且磷脂不能作为细胞的储存物质，一旦生物细胞死亡，其中的磷脂化合物就会马上消失，因此磷脂脂肪酸可以代表"存活"的微生物。缺点是由于古生菌极性脂质以醚键而不是酯键存在，故无法对古生菌进行分析。

4.3.3.3　基于微生物次级代谢产物水平的鉴定

　　不同种类的微生物所产生的次级代谢产物不相同，如抗生素、毒素、激素、色素等，具有菌种特异性，它可以作为菌种鉴定的一种快速有效的手段。例如：采用荧光免疫标记技术，以黑色素连接抗体作为指示物，并与传统培养法、显微观察法相结合运用，可辨识产生黑色素的真菌菌属；对真菌产生的挥发性有机化合物进行检测，通过气相色谱分析、火焰离子化检测和质谱检测等方法，将分析结果与 NIST 质谱数据库进行比对，并基于真菌在不同生长阶段产生的挥发性有机化合物不同，可在真菌菌落滋生的早期，甚至在肉眼无法辨识的时期就证实菌落的存在。由于微生物次级代谢产物的种类繁多，在对其中一种或几种进行检测时，可选取菌株特异性强，且易于用实验方法检测出来的次级代谢产物作为鉴定目标，实现快速、准确的鉴定目的。

4.3.4　离子色谱分析

　　大气二次颗粒物质量中的大部分是离子组分。并且，气溶胶中的离子含量可用于估算源对受体的贡献。离子色谱（ion chromatography）是一种广泛使用的、快速测定水溶液中阴离子和阳离子浓度的方法。水溶液中单一原子离子的浓度，如氯离子、钾离子、钠离子，以及多原子离子的浓度，如硫酸根离子、硝酸根离子和有机酸根离子，都可借助离子色谱分析进行测定。

　　用水从玻璃纤维滤膜和石英纤维滤膜上提取大气颗粒物，并用于阴离子和阳离子组分分析的方法极少会遇到困难。亲水性的滤膜，如纸质、玻璃纤维和石英纤维滤膜，通常其对水溶性组分的提取效率接近 100%。而憎水性的特氟龙滤膜的提取效率则会低很多，用水相溶剂提取水溶性化合物之前需要经过特殊处理，例如，在提取之前用乙醇浸润滤膜。滤膜浸润后，提取过程通常还需要长达数小时以至整夜的摇床或超声浴振荡。此外，将样品维持低温下保存，也有助于减少提取过程中挥发性组分可能的损失，如硝酸铵等硝酸盐。

提取后的样品等分后，注入离子色谱仪的进样口。绝大多数情况下，用于洗脱强酸性阴离子的淋洗液为碳酸盐-碳酸氢盐稀溶液，用于洗脱弱酸性阴离子的淋洗液为硼酸稀溶液，用于洗脱阳离子的淋洗液为盐酸稀溶液。

依据被测组分的不同，离子色谱法选用阴离子保护柱和阳离子保护柱去除样品中有机化合物及其他干扰组分的影响。在离子色谱柱内，使用碱性离子交换树脂分离阴离子，使用酸性离子交换树脂分离阳离子。在离子交换柱之后是淋洗液抑制器，用于将溶剂中的离子（如碳酸盐或碳酸氢盐中的阴离子）转化为低电导率的化合物形式（如 H_2CO_3），同时将被分析物转化为其高电导率的酸性化合物形式。这个过程能有效提高被分析物在检测器内的信号-背景比值，使检测器能够检测到很低浓度的被分析物，通常检出浓度可达低于纳克每立方米级。使用电导检测器检测离子时，抑制器技术使硫酸根、硝酸根和铵根的被检出浓度可跨越 3 个数量级，因此称为化学抑制阴离子色谱（chemically suppressed anion chromatography），如图 4-9 所示。离子色谱的仪器检出限（instrumental detection limit，IDL）值随系统校准而变化。大气颗粒物中可用离子色谱法检测的离子还包括氯离子、氟离子、甲酸根离子、乙酸根离子、钾离子、钠离子、铵根离子等。

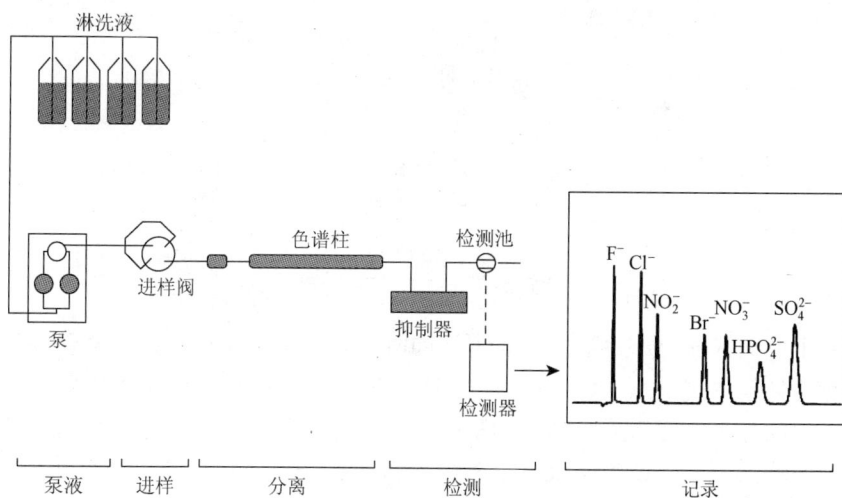

图 4-9 离子色谱仪的结构及工作原理示意图

（资料来源：www.dionex.com.cn）

4.3.5 X 射线荧光光谱分析

一束高速电子（X 射线）与原子相互作用时，如果其能量大于或等于该元素原子内壳层某一能级轨道上电子的结合能，则电子被激发逐出原子而引起电子跃迁，形成电子空穴。此时，原子处于亚稳定状态，在极短的时间内，外层轨道的电子会向空穴跃迁，使原子恢复稳定状态。外层电子跃迁的过程中，两个能级壳层的能量差就会以特征 X 射线的形式溢出原子，每一种元素都有其特定波长的特征 X 射线。这就是特征 X 射线产生的原理，即利用能量足够高的 X 射线照射试样，试样会被激发出各种波长的荧光 X 射线。

如果能够把混合的特征 X 射线按波长（或能量）分开，分别测量不同波长（或能量）的特征 X 射线谱线的强度，就可以进行定性和定量分析。实现这一分析过程的仪器称为 X 射线荧光光谱仪（X-ray fluorescence spectrometer，XRF），其工作原理如图 4-10 所示。特征谱线的波长只与元素的原子序数（Z）有关，而与激发 X 射线的能量无关。谱线的强度和元素含量的多少有关，因此，测定谱线的波长，就可判断试样中包含何种元素，测定谱线的强度，就可获得该元素的含量信息。因此，X 射线荧光光谱仪广泛应用于地质、冶金、矿山、电子机械、石油、化工、航空航天材料、农业、生态环境、建筑材料、商品检验等领域的材料化学成分分析。

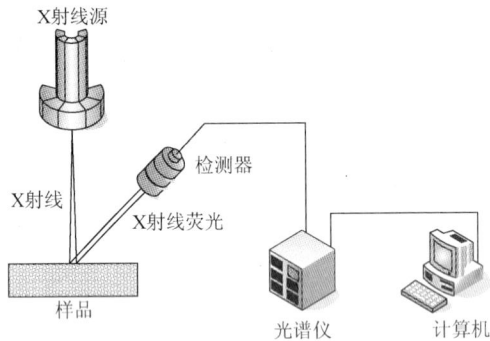

图 4-10　X 射线荧光光谱仪的工作原理示意图

由于特征 X 射线具有特定的波长，同时又有一定的能量，所以 X 射线荧光光谱仪有两种基本类型：波长色散型（WDXRF）和能量色散型（EDXRF）。波长色散型采用的分光元件为分光晶体和狭缝，具有分辨率高、定性分析容易（谱线重叠少）的特点，但灵敏度略低，可分析元素介于 $_5B \sim _{92}U$。能量色散型不必使用分光晶体，而是采用半导体检测器检测具有不同能量的荧光 X 射线，其灵敏度高，但分辨率略低，定性较难（谱线重叠多），且日常维护中需液氮冷却，可分析元素介于 $_{11}Na \sim _{92}U$。

4.3.6　颗粒态碳分析

颗粒态碳是大气 $PM_{2.5}$ 的主要成分，以美国东部和西部地区为例，颗粒态碳组分通常占了大气 $PM_{2.5}$ 质量的 25%~50%，在美国东部地区的某些冬季样品中有机碳（OC）的含量甚至超过了 70%（Solomon et al.，2001）。颗粒态碳在仪器检测上被划分为元素碳（elemental carbon，EC）或称黑碳（black carbon，BC）、有机碳（organic carbon，OC）和碳酸盐碳（carbonate carbon，CC），它们的总和称为总碳（total carbon，TC）。EC 主要是来自人为源的不完全燃烧排放，如柴油车的排放，尤其是在城市地区，EC 只存在于由污染物直接排放的一次气溶胶中，通常可视为表征人为污染影响程度的示踪物。OC 有人为源排放（一次气溶胶），也有在气态前体物在大气中生成的（二次气溶胶）。典型的 CC 与土壤来源相关，且它仅能通过风蚀过程进入大气，通常在 TC 中少于 5%（Solomon et al.，2001）。

EC 是一种高聚合的、黑色的、在 400℃ 以下很难被氧化的物质。在常温下 EC 表现出相当的憎水性，不溶于任何溶剂，并且在大气研究中一直认为 EC 是化学惰性的，这种惰性决定了 EC 的转换和清除机制都是物理过程。尽管 EC 具有惰性，但是它在化学反应中具有重要的作用，特别是它能在液相系统中加速 SO_2 氧化成硫酸盐。考虑到 EC 的来源，其表面可能包覆具有吸附性的聚合物质（如部分燃烧产生的憎水性烃类化合物或复杂的脂肪类、酚类、羧基有机化合物等）；或在大气中受到扩散和凝聚过程的影响，与其他环境颗粒或气体碰撞，导致 EC 的表面被亲水性的物质覆盖（如 H_2SO_4），因此其颗粒表面或粒子团表现出憎水或亲水性的行为。EC 在大气中的存在时间较长（一般为一周左右），且其表面具有较好吸附活性，在大气中输送时容易捕获二次污染物（如硫酸盐），使 EC 由憎水性向亲水性转化，形成云凝结核，从而对云的形成和微物理结构产生影响。EC 颗粒的表面活性可以影响 SO_2、NO_x、O_3 和其他气态化合物的均相和非均相化学反应，因此，对对流层及低层平流层臭氧的非均相转化消耗有重要贡献。

OC 主要代表大气颗粒物中的有机物成分，是一种含有上百种有机化合物的混合体，一般组分为脂肪类、芳香族类化合物和酸等，也包括多环芳香烃（PAHs）、正构烷烃、酞酸酯、醛酮类羧基化合物等有毒有害类物质。OC 是大气气溶胶的重要组成成分，在污染严重的地区，有机物一般占到 $PM_{2.5}$ 质量的 10%~50%。OC 能吸收硫酸盐和硝酸盐而改变其吸湿特性，从而对大气中云凝结核（CCN）浓度有较大贡献，间接影响地球辐射平衡。OC 也是有效的光散射因子，对降低能见度和直接气候辐射强迫作用有极大的贡献，可能含有致癌化合物而影响人体健康。挥发性的有机碳可以通过大气光化学反应由气相转化成颗粒相的二次有机碳气溶胶（SOC）。

许多技术能够用于测量收集在滤膜上的颗粒态碳，但除了利用激光透射或吸收原理对黑碳进行间接测量，其他的碳分析技术都具有破坏性。对碳的直接测量则通过加热采集了气溶胶的滤膜，并测定颗粒物所释放出碳的量（热分析）。在加热过程中，部分颗粒态的 OC 会发生裂解，并转化为 EC，现有的测量方法中，只有其中部分方法会统计这部分碳。各种碳分析方法的区别在于：直接或间接测量、加热温度、各温度下分析时间的长短、升温速度、氧化有机化合物的氛围，以及校正裂解时选用的方法（光透射法或光反射法）等。直接测量技术能够提供相近的 TC 结果，已实现商业化的多波段光吸收方法也能够提供样品中碳类型的额外信息，但是，操作方法上的差异仍会导致 EC 和 OC 浓度的变异（Solomon et al.，2001）。

4.3.6.1　热光法碳分析仪

两种使用最广泛的热光法（thermal optical method）可测定收集在滤膜上的大气颗粒态 OC 和 EC 的浓度，即热光透射法（thermal optical transmittance，TOT）和热光反射法（thermal optical reflectance，TOR）。TOT 法和 TOR 法均通过程序升温加热采集了气溶胶的石英纤维滤膜，首先在氦气氛围下经历四个温度段升温释放并测定 OC，然后在氦气/氧气氛围下经历三个温度段升温释放并测定 EC 浓度。各阶段内被释放的碳首先被催化氧化为 CO_2，之后被还原为 CH_4，最后用火焰离子化检测器（flame ionization detector，FID）定量。两种方法中 OC 和 EC 组分的划分及裂解碳的校正，基于透射光原理，或基于反射光原理。TOT 法和 TOR 法分别基于美国国家职业安全与卫生研究所（National Institute for Occupational Safety and Health，NIOSH）的"方法 5040"和保护环境能见度机构间联合监测计划（Interagency Monitoring of Protected Visual Environments，IMPROVE）的协议，二者之间的主要不同是其加热升温程序的差异。在两种方法各自典型的测试条件下，EC 测定浓度值的变异系数为 2（TOR＞TOT），OC 测定值的变异系数为 10%～20%（TOT＞TOR）。

4.3.6.2　黑碳仪

由于 EC 的存在，收集在滤膜上的颗粒物在外观上呈现从灰色到黑色的变化，一般 EC 含量越高的样品，颜色越深；而有机物质在可见光下通常是透明的。因此，光学方法只能用于估算大气颗粒物样品中的 EC（或称黑碳，BC）的浓度。根据比尔定律（Beers law），收集在滤膜上的粒子对光的吸收与粒子中 EC 的浓度线性相关。被吸收光的量与 EC 浓度（如滤膜上 EC 的量）之间的关系称为吸光系数，可由实验测定，也会因为 EC 来源的不同和气溶胶收集介质的差异而发生变化。商业化的光学仪器中最常见的是黑碳仪（aethalometer），该仪器通过测量透射穿过滤膜的光信号，连续测定收集在带状连续石英纤维滤膜上的 EC 浓度。以 AE16 型为例，仪器工作波长为 880nm，吸光系数为 $16.7m^2/g$。早期型号的黑碳仪（如 AE-9）使用白炽灯光源，其 1h 测量的黑碳检测限为 100ng/m³，后续的双波长和多波长黑碳仪不但提高了测定黑碳的能力，还可深入了解所采集颗粒物中的有机类成分。

4.3.7 单颗粒分析

气溶胶对地球气候系统和生态环境的变化都具有重要的意义。目前，气溶胶研究发展的重要分支之一，是从颗粒物的整体表征（bulk analysis）向单个颗粒物的微分析（single particle analysis/individual particle analysis）发展，并将气溶胶的特性与环境效应和大气化学过程密切结合起来，向更深的层次和更广的范围开拓。

长期以来，大气颗粒物的表征都采用全颗粒样品分析，重视样品的总体特征和样品中各组分的平均水平。从大气环境收集的颗粒物其化学组成都不均匀恒定，但是由同一排放源排放的单颗粒具有特定的显微形貌特征和相对均一的化学组成，因此单个颗粒物的微分析更能反映排放源的特征，在判别污染源、颗粒的形成机制和环境效应时，都有其独特的优势。近年来应用单颗粒的物理与化学特性研究环境问题日益受到重视，随着显微分析技术的发展，应用的手段也更为多样。目前得到应用的单颗粒微分析技术包括：扫描电子显微镜（SEM）、透射电子显微镜（TEM）、原子力显微镜（AFM）等专门研究显微形貌的手段；以及能谱仪（EDX）、波谱仪（WDX）、电子微探针法（EPMA）、激光显微质谱法（LAMMS）、显微质子诱导 X 射线荧光（micro-PIXE）、飞行时间二次质谱仪（TOF-SIMS）等用于微区成分分析的仪器。这些方法大都利用高能粒子束（光子、电子、质子和离子等）射入颗粒物表面，收集高能粒子束与颗粒物表面原子相互作用激发的物理信号（特征 X 射线、二次电子、透射电子等），分析得出高分辨率的微区形貌、成分和结构信号，从而获得颗粒物形貌、粒径、结构、化学组成和矿物成分等信息。单颗粒分析技术通过获得样品中颗粒物的粒径和表面形貌，结合能谱的元素组成结果可判断颗粒物的类型、主要来源、传输、化学组成及其大气化学转化等。扫描电子显微镜、透射电子显微镜与光学显微镜的工作原理比较如图 4-11 所示。

其中，扫描电子显微镜与能谱仪联用是最简便快捷的单颗粒表征技术。扫描电子显微镜可以同时研究大气颗粒物的形貌特征和粒径分布特点，识别污染源。扫描电子显微镜不但可对微区气溶胶粒子做形态观察，配有 EDX（energy dispersive X-ray）能谱的扫描电子显微镜（SEM-EDX）还可对粒子的成分进行定量测量，确定颗粒物的种类和理化特性，已广泛应用于单颗粒的矿物学、形态学、化学成分及环境效应等研究中。

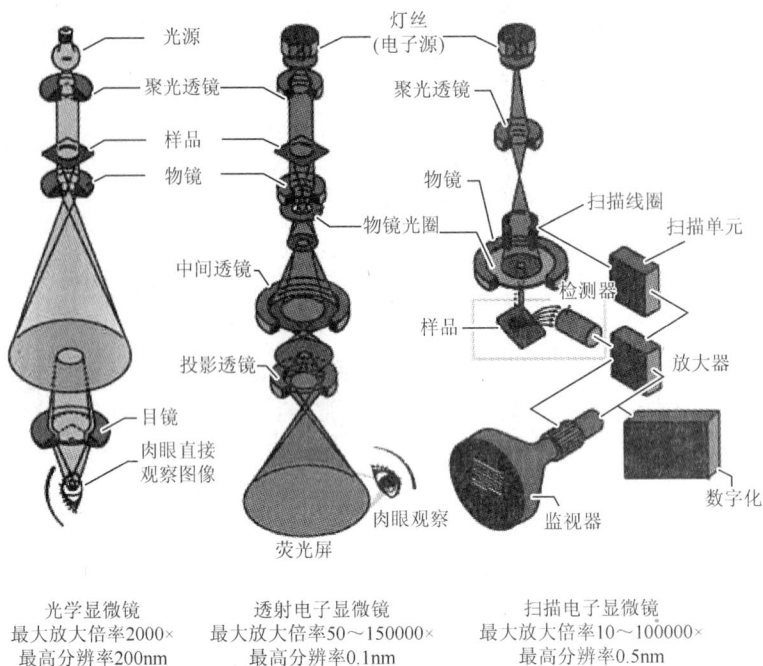

图 4-11　光学显微镜、透射及扫描电子显微镜的工作原理示意图

（资料来源：http://media.wiley.com/mrw_images/）

借助单颗粒微分析技术，对分级采样获得的博物馆室内颗粒物进行显微形貌和化学组成分析，可提供有关大气颗粒物的化学组分、化学变化、迁移传输及去除过程最直接的信息，并判断颗粒物的类型、来源及其对文物的影响，在这些研究中，单颗粒微分析技术常常与 X 射线光电子能谱（XPS）、能量色散型 X 射线荧光光谱仪（XRF）、X 射线衍射仪（XRD）和离子色谱（IC）等全颗粒样品分析技术结合使用，综合分析博物馆室内外颗粒物的形貌、元素组分、矿物组成和化合物形态，能够对气溶胶单颗粒的物理、化学特性与组分、形态分布的特征及其和周围环境的关系，做出较为准确的判断。

4.4　帝陵外藏坑保护展示厅遗址区的大气气溶胶

4.4.1　样品采集

4.4.1.1　采样点

在博物馆外藏坑展示厅遗址区内 15 号坑和 16 号坑之间的夯土隔梁上设立

室内大气环境观测点，在地下博物馆的建筑顶部设立室外大气环境观测点，距地面约 4m，周围开阔无建筑物阻挡（图 4-12）。选取夏季和冬季，在室内、外同步测量空气中的气态污染物、气溶胶颗粒物和微气候参数。

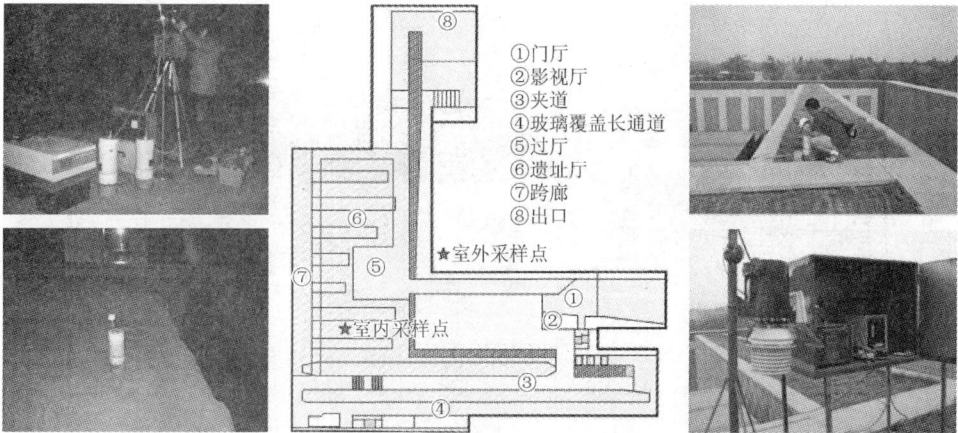

①门厅
②影视厅
③夹道
④玻璃覆盖长通道
⑤过厅
⑥遗址厅
⑦跨廊
⑧出口
★室外采样点
★室内采样点

图 4-12 帝陵外藏坑保护展示厅遗址区室内外采样点的位置示意图

4.4.1.2 采样时间

采样共分 2 个阶段。

2007～2008 年度：2007 年 7 月 10 日～25 日为夏季采样期，共 16 天；2007年 12 月 20 日～2008 年 1 月 17 日，共 29 天，为冬季采样期。

2013～2014 年度：夏季（2013 年 9 月 13 日～28 日）共 16 天和冬季（2013年 12 月 25 日～2014 年 1 月 7 日）共 14 天。

4.4.1.3 采样和监测仪器

PM$_{2.5}$ 气溶胶样品的采集使用 Mini-vol 便携式微流量气溶胶采样仪（Airmetrics Corp.，Springfield，OR，USA）采集（图 4-13），至 47mm 石英滤膜（Whatman Corp.，Maidstone，UK）上，流量为 5L/min，采样时间为 24h。使用 Nuclepore 滤膜采集 TSP 样品用于电镜观察，白天（采样时间 5h）和夜间（采样时间 7h）分别采集样品，共计 4 个 TSP 样品。其中 TSP-1 和 TSP-2 是白天样品，TSP-3 和 TSP-4 是夜间样品。TSP-1 和 TSP-3 为室内样品，TSP-2 和 TSP-4 为室外样品。采集样品后的滤膜置于聚苯乙烯片夹中密封，4℃冰箱内保存。

冬季采样期间，使用两台 AE-16-ER 型 Aethalometer 黑碳仪（Magee Scientific，Berkeley，CA，USA）同步测量了室内、外的黑碳（BC）浓度（图 4-14），仪器具有内置泵，通过一根软管将 PM$_{2.5}$ 切割头与仪器相连，仪器内部安装有石英滤纸带，每 5min 获取一个数据，流量为 4L/min（夏季由于仪器故障未获得数据）。

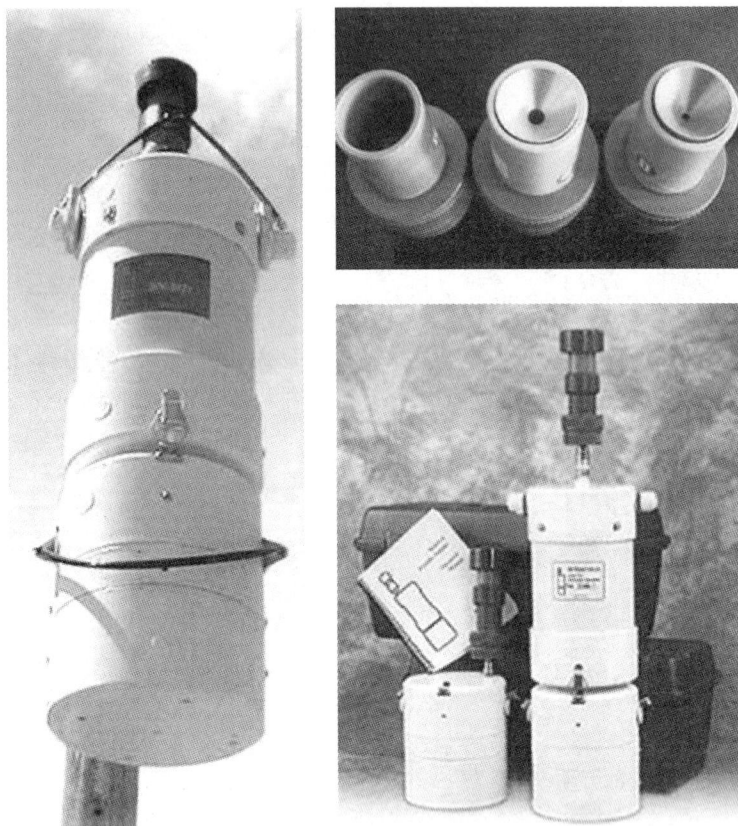

图 4-13　AirmetricsMini-vol 便携式微流量气溶胶采样仪与各种规格的采样头

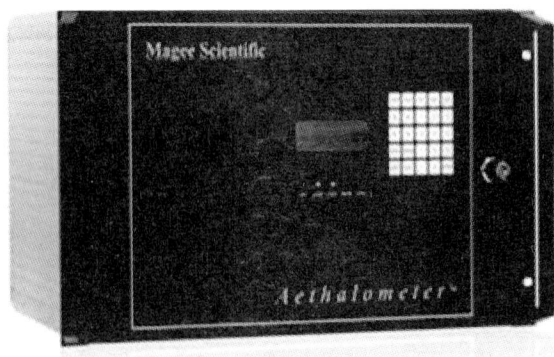

图 4-14　AE-16-ER 型 Aethalometer 黑碳仪

4.4.2　样品分析

4.4.2.1　质量浓度

PM$_{2.5}$气溶胶样品的质量浓度采用 Sartorius ME5-F（精度±1μg，Sartorius，Göttingen，Germany）微电子分析天平（图 4-15）测定，称重前石英滤膜在恒温恒湿箱（温度 20～30℃；相对湿度 35%～45%）中平衡 24h。采样前、后，每张滤膜都至少称量 3 次，样品的质量浓度为采样前后称量平均值之差。

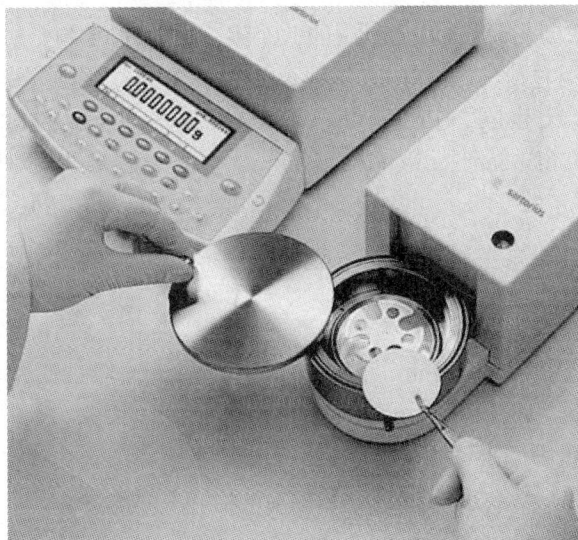

图 4-15　Sartorius ME5-F 微电子分析天平

4.4.2.2　颗粒态碳分析

PM$_{2.5}$气溶胶样品中的有机碳（OC）与元素碳（EC）分析使用 DRI Model 2001 热-光碳分析仪（Atmoslytic Inc.，Calabasas，CA，USA）（图 4-16），以及采用 IMPROVE 协议的热光反射法（TOR）测量。仪器的测试原理是在无氧的纯 He 环境中，分别在 140℃（OC1）、280℃（OC2）、480℃（OC3）和 580℃（OC4）温度下，对 0.526cm^2 的滤膜片进行加热，将滤纸上的颗粒态碳转化为 CO_2；然后再将样品在氧气含量为 2%的氦气环境下，分别于 580℃（EC1）、740℃（EC2）和 840℃（EC3）逐步加热，释放元素碳。上述各个温度梯度下产生的 CO_2 经 MnO_2 催化，于还原环境下转化为可通过火焰离子检测器检测的 CH_4。有机碳裂解过程中形成的碳称为裂解碳（OP）。

图 4-16   DRI Model 2001 热-光碳分析仪

样品测试完毕，有机碳和元素碳的八个组分（OC1、OC2、OC3、OC4、EC1、EC2、EC3、OP）同时给出。IMPROVE 协议将有机碳定义为 OC1+OC2+OC3+OC4+OP，EC 定义为 EC1+EC2+EC3−OP（Waston et al.，2005）。IMPROVE_TOR 协议与 TMO（thermal manganesedioxide oxidation）方法的测量结果对比研究表明，TC 的实验误差小于 5%，OC 和 EC 质量浓度均小于 10%。

4.4.2.3   水溶性离子分析

$PM_{2.5}$ 样品的水溶性离子：1/4 滤纸置于样品瓶中，加 10mL 去离子水（$R > 18.2MΩ$），超声萃取 15×4min，经 0.45μm 水系过滤器过滤到进样瓶中，使用 Dionex-600 型离子色谱仪（Dionex，Sunnyvale，Calif.，USA）（图 4-17）检测（仪器配置：AS11-HC 阴离子分析柱，ASRS 自身再生抑制器，CS12A 阳离子分析柱，CSRS 自身再生抑制器，ED50 电导检测器）。借助 Chromeleon 软件进行谱图分析，得到 11 种水溶性离子组分（Na^+、NH_4^+、K^+、Mg^{2+}、Ca^{2+}、F^-、Cl^-、Br^-、NO_2^-、NO_3^-、SO_4^{2-}）的质量浓度。淋洗液分别为 20mmol/L 的 MSA 溶液和 25mmol/L 的 KOH 溶液。阴离子 Cl^-、Br^-、NO_2^- 检出限为 0.5μg/L，NO_3^-、SO_4^{2-} 的检出限为 15μg/L，阳离子 Na^+、NH_4^+、K^+、Mg^{2+}、Ca^{2+} 检出限分别为 0.9μg/L、0.26μg/L、0.65μg/L、0.42μg/L 和 0.65μg/L。每 10 个样品分析一组标样和重复样以控制测试精度。

4.4.2.4   单颗粒分析

对采有大气悬浮颗粒（TSP）的 Nuclepore 滤膜，剪取约 10mm×10mm 小片，用双面碳导电胶带固定在铝制样品台上。样品喷金后用 JEOL JSM-6460 LV 型扫描电子显微镜（图 4-18）进行形貌观察，20kV 加速电压下摄取二次电子像（SEI）。表面元素分布组成分析借助 NORAN SYSTEM SIX EDX 检测器（Thermo）的单点测定（Point & Shoot）和 X 射线面分布扫描（X-ray Mapping）模块完成，各元素的能谱峰采用 EDX 的软件转换为元素的质量百分比，未采用 ZAF 校正。

图 4-17 Dionex-600 型离子色谱仪

图 4-18 JEOL JSM-6460 LV 型扫描电子显微镜

4.4.2.5 质量保证与控制

气溶胶采集使用的石英滤膜在采样前经 800℃ 高温（马弗炉）灼烧 3h 去除可能的碳污染。空白滤纸和采样滤纸在每次称重前需先在恒温（20℃±2.5℃）、恒湿（35%±5%）的恒箱内平衡 24h，采用微电子分析天平称重两次，两次称量要求的误差分别小于 15μg 和 20μg，否则进行重复测量。采样仪每月检修一次，清洗采样头。以确保仪器正常运行。气溶胶样品在采集后及时放入滤纸盒中密封带回，放于 4℃ 冰箱保存（以防有机组分挥发）。在样品采集分析过程中，尽可能避免人为污染，使用 Kimwipes（Kimberly-Clark corp.，Roswell，USA）滤纸擦拭镊子、切刀和切盘等器具，滤纸盒在使用前经稀酸溶液浸泡，然后用高纯水进行冲洗，烘干后备用。气溶胶质量浓度的分析使用实验室空白进行校正。

热光碳分析仪每个月进行一次仪器系统内部清洁，采用高纯氦气和混合空气阀门对调，用高纯氦气（99.999%）吹扫系统内部，将燃烧炉调至 700℃，预烧 3h，去除所有的气体杂质。样品分析结果通过火焰离子检测器（FID）控制，如果样品分析前后 FID 值之差小于 3，则认为该样品的分析结果是有效的。实验开始和结束前后都需要用已知量的标准 CH_4/CO_2 进行气体检测，TC、OC、EC 质量浓度的偏差均应在 5%以内；气体检测完毕后，需要分析一个已知量的标准样品，标准样品的 TC 变化范围需要小于 5%，OC 或 EC 变化范围小于 10%；另外，当天样品分析完毕后，需每 10 个样品中随机选择一个样品进行复检，如果复检 TC 偏差在 5%以内，OC、EC 的偏差在 10%以内，则证明该样品的分析结果是有效的，否则重新分析该组样品。每周做一次系统空白，系统空白应满足式（4-4）：

$$TC - 5 \times EC < 0.2 \mu g / cm^2 \tag{4-4}$$

以确保仪器系统内不含有其他气体杂质。

　　离子色谱分析时，使用 18.2MΩ 去离子水溶样，每隔 10 个样品分析一组标准和重复样以严格控制仪器精度和分析数据，每测定 10 个样品复检一个，样品浓度在 0.030~0.100mg/mL 时，允许的标准偏差为 ±30%；浓度在 0.100~0.150mg/mL 时，要求标准偏差为 <20%；样品浓度大于 0.150mg/mL 时，允许的标准偏差为 10%。

4.4.3　BC 变化特征

　　当用光学分析方法来区别碳气溶胶中的有机和无机组分时，有强烈吸光特性的这部分含碳物质称为黑碳（BC）。BC 不溶于任何极性和非极性溶剂，在 350℃以下的纯氧环境中不会发生任何化学反应，在空气污染研究中常用作示踪物。BC 沉降在文物表面会遮盖文物表面的细节，造成脏污侵害。基于 2007~2008 年度冬季采样期间每 5min 的测量数据观察 BC 的日变化，室内和室外平均浓度分别为 4.4$\mu g/m^3$ 和 13.5$\mu g/m^3$，室外浓度为室内浓度的约三倍（图 4-19），室内无 BC 源，表明玻璃围护不能完全隔绝室外空气污染物的渗入。

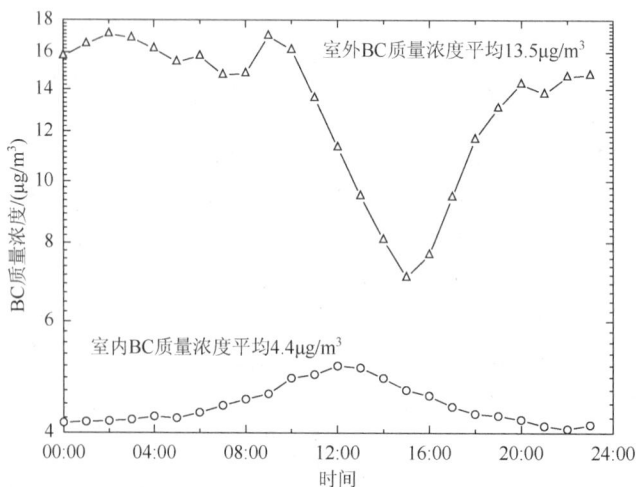

图 4-19　2007~2008 年度汉阳陵地下博物馆冬季室内外 BC 浓度的日内变化

4.4.4 PM$_{2.5}$质量浓度

2007～2008 年度夏、冬观测期，汉阳陵博物馆帝陵外藏坑遗址展示保护厅遗址区内的大气细粒子 PM$_{2.5}$ 质量浓度及 I/O 的时间变化序列如图 4-20 所示。夏季和冬季室外大气中 PM$_{2.5}$ 的平均浓度分别为 134.1μg/m^3 和 271.2μg/m^3，变化范围分别为 48.1～203.0μg/m^3 和 94.7～722.7μg/m^3。夏季和冬季遗址区内 PM$_{2.5}$ 质量浓度的平均值分别为 36.8μg/m^3 和 55.3μg/m^3，变化范围分别为 20.7～49.5μg/m^3 和 21.0～122.9μg/m^3。与国内外其他博物馆比较，遗址厅内的细粒子污染明显小于兵马俑博物馆（Cao et al.，2011；2005），与国外的博物馆水平相当，表明这种全封闭的馆藏形式对阻挡室外颗粒物向室内的渗入有一定的作用。

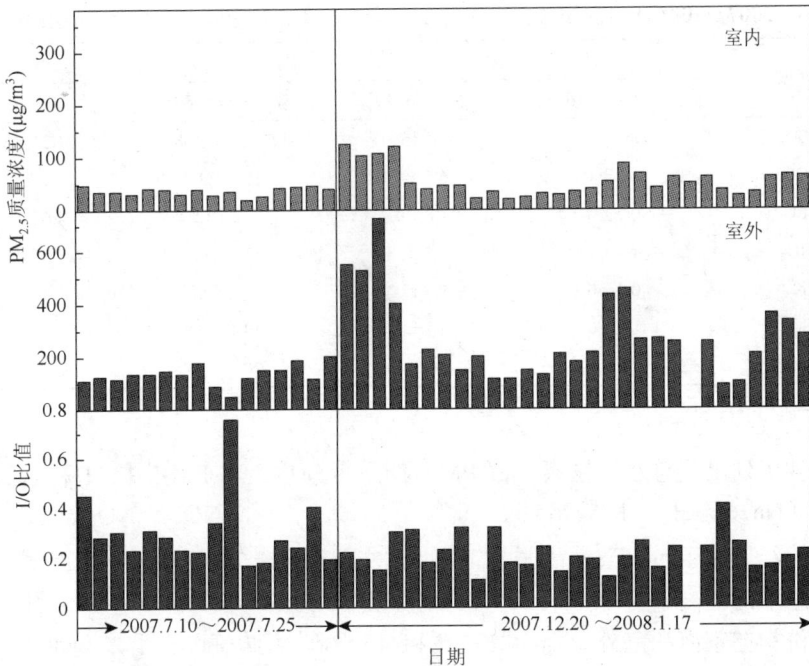

图 4-20 2007～2008 年度遗址区内外 PM$_{2.5}$ 的日均质量浓度及 I/O 时间序列

2007～2008 年度夏季和冬季 PM$_{2.5}$ 质量浓度的 I/O 变化范围分别为 0.2～0.8 和 0.2～0.4，表明室外颗粒物的渗入是室内颗粒物的一个主要来源，这也是冬季室内 PM$_{2.5}$ 质量浓度高于夏季且波动较大的主要原因。冬季的 I/O 多高于夏季，且室内和室外 PM$_{2.5}$ 质量浓度的相关系数冬季（R=0.86）大于夏季（R=0.2），这应该是由于夏季游客数量较多，游览区内人为活动对遗址区内 PM$_{2.5}$ 的影响增大。

4.4.5　PM$_{2.5}$化学组成

表 4-8 为 2007～2008 年度夏季和冬季汉阳陵博物馆遗址厅室内、外 PM$_{2.5}$ 的化学组成。总水溶性离子是 PM$_{2.5}$ 的主要组分，冬季水溶性离子组分在室内外分别占 PM$_{2.5}$ 的 53.8% 和 45.8%，在夏季的室内、外分别占 35.9% 和 53.8%。被检出的 11 种水溶性离子组分中，SO$_4^{2-}$、NO$_3^-$ 和 NH$_4^+$ 是最主要的离子组分，这三种离子之和约占总水溶性离子的 80%～90%，其中 SO$_4^{2-}$ 在两个季节的室内、外已检出离子中的含量都最高，其次为 NO$_3^-$ 和 NH$_4^+$。这三个组分在大气中均由其气态前体物（SO$_2$、NO$_x$ 和 NH$_3$）通过化学反应形成，并富集在细粒子上，形成较为稳定的颗粒态化合物。

表 4-8　2007～2008 年度汉阳陵室内外 PM$_{2.5}$ 中 OC、EC 及主要水溶性离子的质量浓度

组分项目	室内		室外	
	夏季（n=16）	冬季（n=29）	夏季（n=16）	冬季（n=29）
PM$_{2.5}$质量浓度	36.8±7.6	55.3±28.5	134.1±37.8	271.2±152.7
OC	6.2±1.1	6.6±4.1	10.3±2.9	31.7±18.4
EC	0.7±0.2	1.8±0.7	2.2±1.1	4.6±2.0
NH$_4^+$	1.4±1.1	2.7±3.0	11.2±6.3	20.5±14.6
K$^+$	0.3±0.1	1.5±0.9	1.5±0.6	5.4±3.2
SO$_4^{2-}$	1.9±0.9	4.7±3.1	14.1±6.9	27.9±15.9
NO$_3^-$	7.7±3.2	11.1±8.1	38.1±18.1	52.7±39.7

注：表中所列为均值±标准偏差，单位为 μg/m^3。

表 4-9 列出了总水溶性离子占 PM$_{2.5}$ 的质量分数。对 PM$_{2.5}$ 中 11 种水溶性离子组分（Na$^+$、NH$_4^+$、K$^+$、Mg^{2+}、Ca^{2+}、F$^-$、Cl$^-$、Br$^-$、NO$_2^-$、NO$_3^-$、SO$_4^{2-}$）进行分析的结果显示，水溶性离子是 PM$_{2.5}$ 的主要组分，2007～2008 年度夏季室内和室外总水溶性离子占 PM$_{2.5}$ 的百分比分别为 35.9% 和 50.7%，冬季水溶性离子组分所占份额在室内和室外分别为 53.8% 和 45.8%。由此可以看出，室外环境温度越高，室内相对湿度越大，则水溶性离子组分所占份额越大，应与高温、高湿条件有利于二次气溶胶的形成有关。

此外，2007～2008 年度夏、冬两季室内外 PM$_{2.5}$ 中三种主要离子 SO$_4^{2-}$、NO$_3^-$ 和 NH$_4^+$ 两两之间的相关性均很高（表 4-10），K$^+$ 同这三种离子间也表现出很高的相关性，表明机动车、燃煤排放和生物质燃烧是博物馆 PM$_{2.5}$ 的一个主要来源。根据 SO$_4^{2-}$、NO$_3^-$ 和 NH$_4^+$ 的分子量，分别计算阴、阳离子的摩尔当量，阳离子摩

尔当量为[NH_4^+]/18，阴离子摩尔当量为[NO_3^-]/62+[SO_4^{2-}]/48。夏季的阴、阳离子摩尔当量分别为 0.15 和 0.13，冬季的阴、阳离子摩尔当量分别为 0.21 和 0.22，阴阳离子基本平衡，表明三种离子会以化合物形式沉降，在陶质文物或彩绘表面形成风化物，导致盐蚀威胁。

表 4-9　2007～2008 年度总水溶性离子占 $PM_{2.5}$ 的份额　　　（单位：%）

	室内		室外	
	夏季（n=16）	冬季（n=29）	夏季（n=16）	冬季（n=29）
均值	35.85	53.82	50.66	45.81
标准偏差	10.68	12.06	11.07	12.55
极大值	51.48	83.87	66.14	67.17
极小值	12.43	35.12	26.36	18.01

表 4-10　2007～2008 年度汉阳陵地下博物馆 $PM_{2.5}$ 中几种主要水溶性离子间的相关性

					夏季				
	室内					室外			
	NH_4^+	K^+	SO_4^{2-}	NO_3^-		NH_4^+	K^+	SO_4^{2-}	NO_3^-
NH_4^+	1.00				NH_4^+	1.00			
K^+	0.19	1.00			K^+	0.27	1.00		
SO_4^{2-}	0.93	0.17	1.00		SO_4^{2-}	0.96	0.22	1.00	
NO_3^-	0.82	0.00	0.82	1.00	NO_3^-	0.91	0.25	0.79	1.00
					冬季				
	室内					室外			
	NH_4^+	K^+	SO_4^{2-}	NO_3^-		NH_4^+	K^+	SO_4^{2-}	NO_3^-
NH_4^+	1.00				NH_4^+	1.00			
K^+	0.94	1.00			K^+	0.94	1.00		
SO_4^{2-}	0.98	0.92	1.00		SO_4^{2-}	0.98	0.88	1.00	
NO_3^-	0.93	0.92	0.92	1.00	NO_3^-	0.92	0.89	0.87	1.00

为对比室内外 $PM_{2.5}$ 的化学组成差异，对 $PM_{2.5}$ 化学组成进行初步的质量平衡计算。其中 OM 为有机物，以 OC 含量乘以 1.6 表示，NaCl 为 Na^+ 和 Cl^- 含量总和；物质平衡计算结果如图 4-21 所示。由图可见，2007～2008 年度硫酸盐（SO_4^{2-}）无论在夏季还是冬季，在室内外大气中已测组分中都是含量最高的，达到 20%～30%。硝酸盐含量在室外大气中约占 10%，而在室内大气中也占到了 5%～8%。铵盐在室外大气中约占 8%，在室内大气中占到 4%～5%。这三种二次化学反应形成的无机颗粒物质（硫酸盐、硝酸盐和铵盐的总和）在室外占到 37%～47%，在

室内也占到 30% 以上。

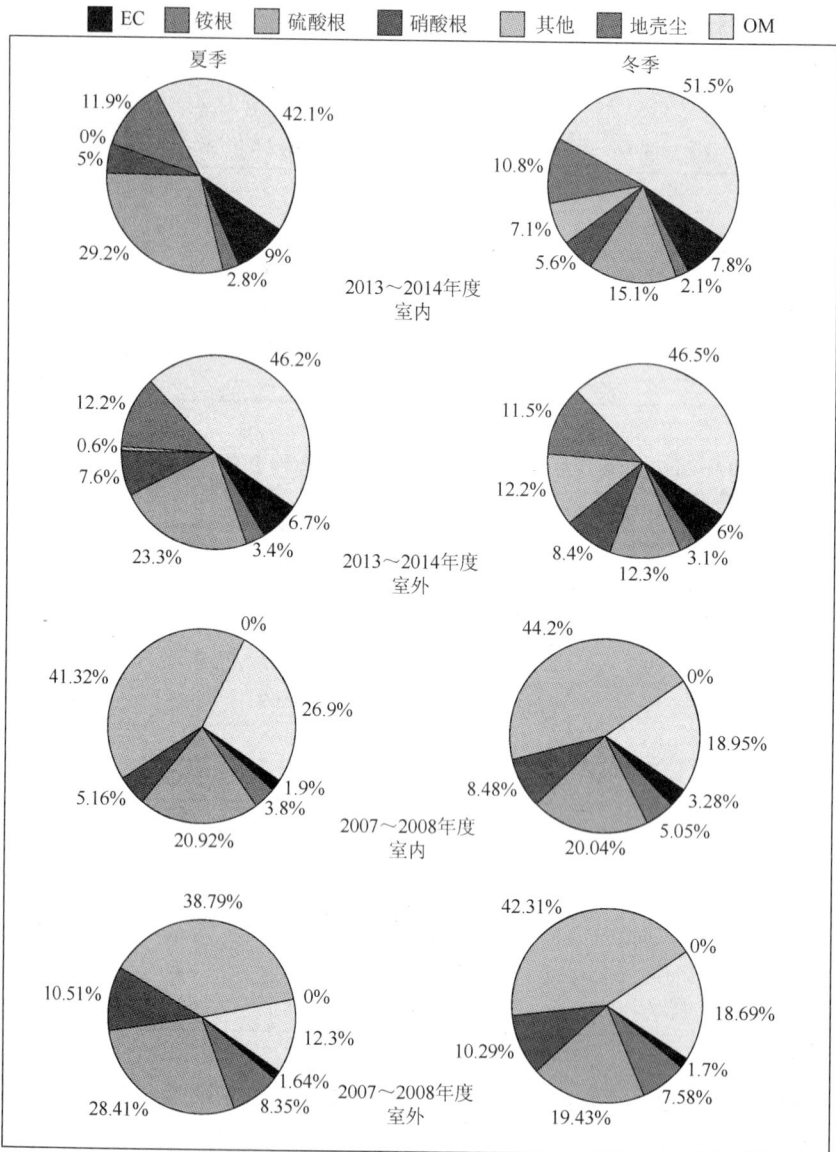

图 4-21　2007～2008 年度与 2013～2014 年度汉阳陵地下博物馆冬夏两季室内外 PM$_{2.5}$ 的物质平衡（见彩图）

有研究借助 OC/EC 质量浓度比值推测碳气溶胶的来源（Watson et al.，2001），西安地区的 OC/EC 质量浓度比值在机动车源中为 4.1，燃煤源为 12，生物质燃烧源则高达 60.3（Cao et al.，2005）。本研究中，汉阳陵博物馆遗址厅室内 PM$_{2.5}$ 在夏、冬两季的 OC/EC 质量浓度平均比值分别为 9.71 和 3.54，室外夏、冬两季分别为 7.98 和 6.75，显示 OC 和 EC 兼具燃煤和机动车等多种来源。OC 对 EC 的相关性分析则表明两者具有相似的排放源，且拟合线的斜率在两个季节均为室外高于室内，显示室外有植物排放等非燃烧源的 OC 贡献。

尽管测量原理不同，呈化学惰性的 EC 与 BC 显示了相同的变化趋势——室外浓度是室内的三倍。如果据此假设室外有 1/3 的颗粒物通过物理过程渗透到展厅中，由表 4-8 的数据计算，SO$_4^{2-}$、NO$_3^-$、NH$_4^+$ 和 K$^+$ 的 I/O 均远远小于 1/3，推测是由于在相对湿度较高的遗址区内，PM$_{2.5}$ 中存在硫酸盐、硝酸盐、铵盐和钾盐的吸湿沉降消耗。

4.4.6　TSP 单颗粒分析

对汉阳陵地下博物馆遗址区内外昼夜共四个 TSP 样品的 SEM 形貌观察和 EDX 能谱分析显示，室内外大气悬浮颗粒物主要包含矿物尘颗粒、生物质颗粒、烟炱和少量燃煤飞灰，如图 4-22 所示。在相同的采样时间内，室外大气悬浮颗粒数量远大于遗址区内样品，粒径也较大，但颗粒类型一致，在从葬坑遗址区玻璃围护内也观察到源自室外的生物质孢粉与人为污染物，如烟炱和燃煤飞灰等，佐证了封闭的遗址区玻璃围护内依然与室外存在空气交换。

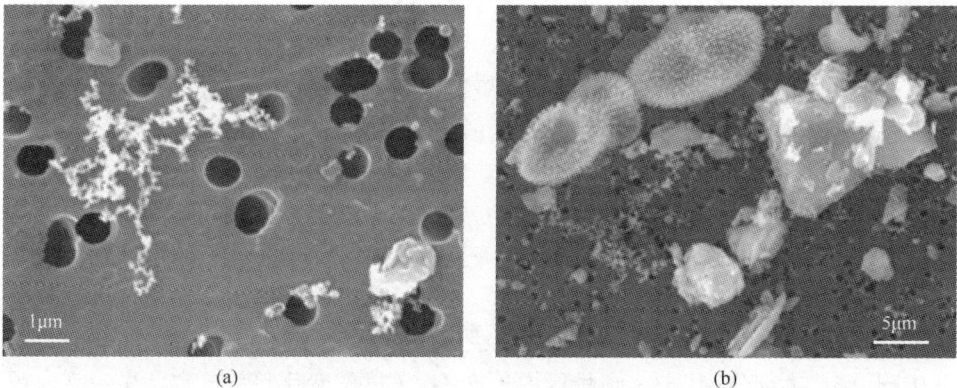

图 4-22　大气悬浮物中的典型颗粒形貌

（a）遗址区内夜间样；（b）室外夜间样

汉阳陵博物馆帝陵外藏坑的全封闭遗址厅对保持文物环境的温度和湿度相对恒定有明显的作用，但通过夏、冬两个季节的比较，遗址厅内的微环境在较长的时间尺度上仍然受室外气候变化的影响，且室内微环境在夏季的稳定性更高。

遗址厅内的大气细粒子 $PM_{2.5}$ 的平均质量浓度低于室外，也低于位于同一城市且具有开放式建筑结构的兵马俑博物馆内，显示全封闭的围护结构具有一定的保护作用。但 BC 含量测量和 OC、EC 含量分析都显示，玻璃围护并不能完全阻止室外颗粒物的渗入。

水溶性离子是室内 $PM_{2.5}$ 的主要组分，其中 SO_4^{2-}、NO_3^- 和 NH_4^+ 三种离子约占总水溶性离子的 80%～90%，且三种离子以共同的化合物形式沉降。室外的 SO_2 和 NO_2 渗入遗址厅后，也迅速发生了吸收、吸附或化学反应等消耗。沉降在文物表面的黑碳颗粒会导致文物表面的脏污，而可溶盐颗粒物会对文物产生进一步的物理和化学风化。

4.4.7　遗址区内 $PM_{2.5}$ 的历史演变

2013～2014 年度的夏季（2013 年 9 月 13 日～28 日）和冬季（2013 年 12 月 25 日～2014 年 1 月 7 日），再次对汉阳陵博物馆外藏坑保护展示厅遗址区内的 $PM_{2.5}$ 进行了实时监测和采样分析，以获得其历史变化特征。同时在遗址区玻璃围护外的游客通道内设置室外采样点，以评价玻璃围护的隔绝效果。夏季采样监测共 16 天，冬季采样监测共 14 天，采样期间博物馆室外经历了多种天气状况。

4.4.7.1　$PM_{2.5}$ 质量浓度

对比不同历史时期 $PM_{2.5}$ 的质量浓度监测值，显示汉阳陵帝陵外藏坑保护展示厅遗址区内的气溶胶细粒子质量浓度在冬夏季节都显现出降低的趋势。2013～2014 年度夏季遗址区内的 $PM_{2.5}$ 质量浓度为 2004 年（108.4μg/m³）的 22%，2013～2014 年度冬季遗址区内的 $PM_{2.5}$ 质量浓度为 2007～2008 年度冬季的 42%，即汉阳陵博物馆中颗粒物的浓度近十年有所下降。图 4-23 为 2013～2014 年度夏季和冬季采样监测期间汉阳陵帝陵遗址区内外的 $PM_{2.5}$ 浓度的小时均值变化，夏季的遗址区内外 $PM_{2.5}$ 浓度均值分别为 18.4μg/m³±4.6μg/m³ 和 33.9μg/m³±15.3μg/m³，I/O 为 0.9±0.5，大部分接近 1，遗址区内外 $PM_{2.5}$ 浓度的变化趋势一致，显示室内颗粒物来自室外颗粒物渗入。在夏季 9 月 18～25 日出现连续降水，此期间降水洗刷博物馆外颗粒物，同时降低了游客通道内的 $PM_{2.5}$ 浓度，使部分 I/O 大于 1。冬季遗址区内外 $PM_{2.5}$ 浓度均分别为 28.0μg/m³±18.9μg/m³ 和 43.2μg/m³±26.6μg/m³，且 I/O 为 0.7±0.5，较夏季明显下降，应该是西安冬季雾霾频发，博物馆外环境大气中 $PM_{2.5}$ 浓度增高所致。

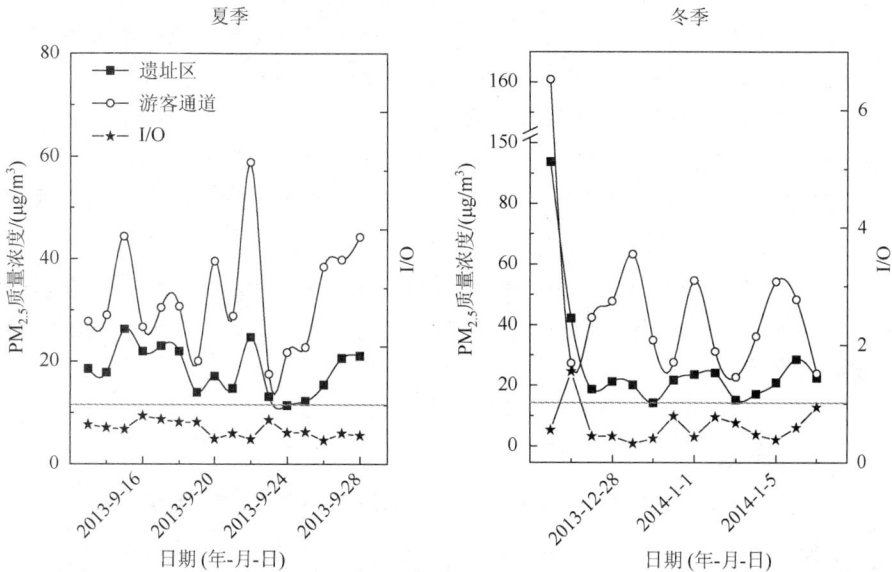

图 4-23 2013～2014 年度夏、冬季采样期间遗址区内外的 $PM_{2.5}$ 浓度及 I/O

2013～2014 年度遗址区玻璃围护内外的 $PM_{2.5}$ 浓度也呈现一致的日内变化趋势，即遗址区内颗粒物浓度受室外的影响。对比 2007～2008 年度的监测，冬、夏两季遗址区外 $PM_{2.5}$ 浓度均有升高，而玻璃围护内的 $PM_{2.5}$ 处于同一浓度水平。遗址区玻璃围护内的 $PM_{2.5}$ 虽略有增高，但波动较小，表明遗址区玻璃围护对阻隔大气颗粒物的渗入依然有明显作用。

2013～2014 年度用于对比分析的室外监测点位于游客通道内，而 2007～2008 年度的室外监测点位于帝陵外藏坑保护展示厅外。为对比两处采样点的气溶胶浓度水平和变化趋势，以 2013～2014 年度冬季采样期间为例，玻璃围护内、游客通道和展示厅室外的 $PM_{2.5}$ 浓度水平如图 4-24 所示。冬季监测开始前一周（2013 年 12 月 17 日），西安市发生较严重的灰霾污染，持续至 2013 年 12 月 26 日出现降水。距离汉阳陵最近的环境监测站的监测记录显示，此次灰霾期间，$PM_{2.5}$ 质量浓度的波动范围为 206～739$\mu g/m^3$，平均值为 504$\mu g/m^3$，达到国标 GB 3095—2012 中二级日均浓度限值（75$\mu g/m^3$）的 6.7 倍。图 4-24（a）、（b）、（c）分别为 2013～2014 年度冬季采样期间汉阳陵博物馆室外、游客通道和玻璃围护内遗址区的 $PM_{2.5}$ 实时质量浓度小时均值，室内外和玻璃围护内外的 $PM_{2.5}$ 实时质量浓度 I/O，以及遗址区内颗粒物分粒级数量浓度的时间变化。图中第一条竖线表示室外出现降水后 $PM_{2.5}$ 质量浓度降低至极小值，第二条竖线表示玻璃围护内遗址区的 $PM_{2.5}$ 质量浓度降低至平均值，综合图 4-24（a）、（b）、（c）可以观察到建筑物与玻璃围护内外的空气交换状况差异，游客通道的浓度降至最低点的时间滞后室外 5h，遗址区降低至最小值的时间滞于室外 30h，2009 年采用示踪气体衰减法测定玻璃围护内外空气交换的 ACH 指数为 $0.04h^{-1}$。受室外污染天气影响，游客通道和遗址区也出现了 $PM_{2.5}$ 浓度高值，汉阳陵帝陵外藏坑保护展示厅游客通道的 $PM_{2.5}$ 浓度最大值是室外高值的 33.6%，遗址区浓度高值为游客通道的 35.0%。尽管展示厅地下建筑和玻璃护围较封闭的结构对大气颗粒物有一定的阻挡作用，但依然无法隔断室外颗粒物的渗入，尤其室外出现重度污染事件时，遗址区内也会出现高浓度的颗粒污染物。此外，渗入玻璃围护内的颗粒物多为小于 1μm 的细粒子，在未配备通风过滤系统的遗址区内，这些细粒子能够长时间悬浮于大气中，扩散沉降至遗址文物的各个表面。

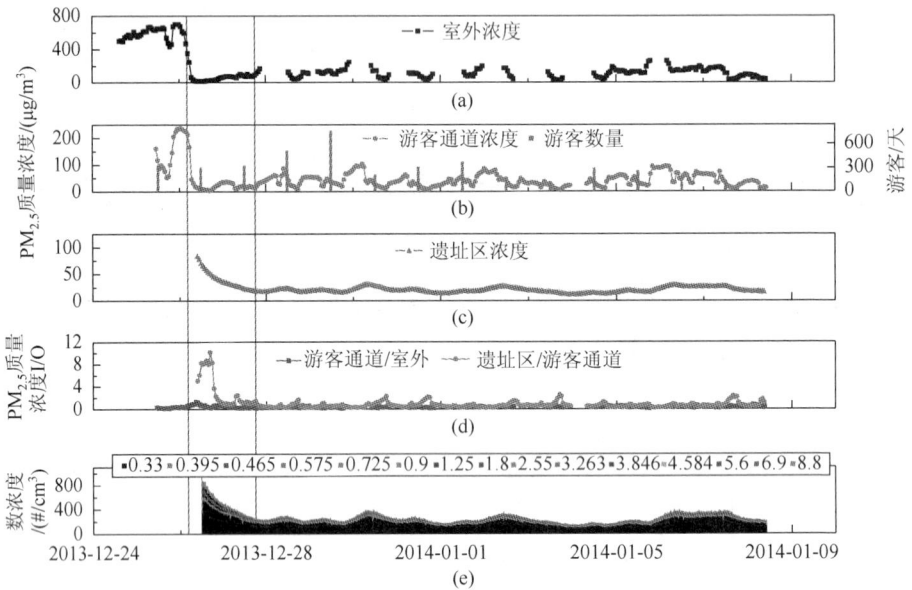

图 4-24 2013～2014 年度冬季采样期间遗址区内、游客通道和室外的 $PM_{2.5}$ 质量浓度、游客数量、I/O 和遗址区内 0.3～10μm 粒径数浓度分布时间序列变化（见彩图）

（a）汉阳陵帝陵外藏坑保护展示厅室外 $PM_{2.5}$ 质量浓度小时均值的时间序列；（b）展示厅内游客通道 $PM_{2.5}$ 质量浓度小时均值的时间序列；（c）遗址区 $PM_{2.5}$ 质量浓度小时均值的时间序列；（d）游客通道/室外，遗址区/游客通道 $PM_{2.5}$ 质量浓度比值的时间序列；（e）遗址区颗粒物分粒级数浓度时间序列，图例显示粒径为区间中值粒径，0.33：0.3～0.36μm；0.395：0.36～0.43μm；0.465：0.43～0.5μm；0.575：0.5～0.65μm；0.725：0.65～0.8μm；0.9：0.8～1μm；1.25：1～1.5μm；1.8：1.5～2.1μm；2.55：2.1～3μm；3.263：3～3.525μm；3.846：3.525～4.168μm；4.584：4.168～5μm；5.6：5～6.2μm；6.9：6.2～7.6μm；8.8：7.6～10μm

4.4.7.2 $PM_{2.5}$ 化学组成

表 4-11 为汉阳陵帝陵外藏坑保护展示厅遗址区玻璃围护内所采集 $PM_{2.5}$ 中各主要已测组分的质量浓度历史变化。总水溶性离子仍然是遗址区内 $PM_{2.5}$ 的主要

组分，夏、冬两季水溶性离子组分在遗址区分别占 PM$_{2.5}$ 的 42.2% 和 26.6%，被检出的 11 种水溶性离子组分中，SO$_4^{2-}$、NO$_3^-$ 和 NH$_4^+$ 依然是最主要的离子组分，其中 SO$_4^{2-}$ 含量最高，其次为 NO$_3^-$ 和 NH$_4^+$。同时，遗址区内的含碳颗粒物（OC、EC）含量有一定增加。

表4-11　汉阳陵帝陵外藏坑遗址区内 PM$_{2.5}$ 主要化学组成的历史变化（单位：$\mu g/m^3$）

组分项目	2007~2008 年度		2013~2014 年度	
	夏季（n=16）	冬季（n=29）	夏季（n=16）	冬季（n=14）
PM$_{2.5}$ 质量浓度	36.8±7.6	55.3±28.5	18.4±4.6	28.0±18.9
OC	6.2±1.1	6.6±4.1	5.0±1.1	9.0±4.2
EC	0.7±0.2	1.8±0.7	1.7±0.6	2.2±1.2
SO$_4^{2-}$	7.7±3.2	11.1±8.1	5.6±2.3	4.2±4.7
NO$_3^-$	1.9±0.9	4.7±3.1	1.0±0.2	1.6±1.4
K$^+$	0.3±0.1	1.5±0.9	0.4±0.4	0.6±0.4
NH$_4^+$	1.4±1.1	2.7±3.0	0.5±0.5	0.6±1.5

如图 4-21 所示的 2013~2014 采样年度汉阳陵帝陵外藏坑保护展示厅遗址区玻璃围护内外所采集 PM$_{2.5}$ 的物质平衡图，即 PM$_{2.5}$ 中各主要已测组分占总质量的百分比。与 2007~2008 年度相比，PM$_{2.5}$ 中的各组分所占比例的季节变化不大，有机物和硫酸盐依然是重要的组分，且有机物所占比例显著增加。

汉阳陵帝陵外藏坑保护展示厅内硫酸盐等二次反应生成组分的质量浓度及其所占 PM$_{2.5}$ 的比例长期较高。环境大气中，人为活动排放的大气硫氧化物和氮氧化物在传输过程中被中和，生成各种颗粒态的硫酸铵和硝酸铵化合物，或在含有过渡金属的湿润颗粒表面被氧化为硫酸和硝酸，这些携带酸性物质的气溶胶颗粒沉降后，将酸蚀威胁引至文物表面。此外，大气中高含量的可溶盐，如硫酸盐、硝酸盐和铵盐，对于文物保存，尤其是易受盐蚀威胁的陶质彩绘文物十分不利。博物馆的室内环境应使文物免受大气污染物沉降的侵害，此时，就更需要关注酸性及可溶性气溶胶粒子的潜在威胁。

5 帝陵外藏坑保护展示厅遗址区的气态污染物

5.1 室内气态污染物监测

5.1.1 室内气态污染物来源

室内环境主要指居室，广义上讲是人类生存和活动的重要场所，包括办公室、会议室、教室、医院等室内环境和宾馆、饭店、图书馆、候车室等公共场所以及火车、轮船、飞机等交通工具。博物馆的室内环境从它的物理特性来定义，包括文物和遗址展示厅、库房乃至展柜内的空气质量、照度、环境布置和噪声等，其中最难控制的是室内环境的空气质量问题。环境优劣的定量化表征通过烟尘、气态污染物和微生物等的污染程度，以及空气温度、湿度、空气流动速度等环境参数来衡量。

博物馆室内气态污染物主要包括二氧化硫、氮氧化物、氨、臭氧、挥发性有机物等。与广义室内环境的污染源类似，主要是装饰和装修材料、家具、室内化学用品、吸烟、室内餐厅的燃料燃烧及烹饪活动、人体自身新陈代谢散发出的气溶胶和化学物质、室外大气污染等。通风条件、季节变化、人为活动对室内空气污染物浓度水平起着重要作用，同时室外空气质量也直接影响室内空气污染物浓度的高低。

1）装饰、装修和家具材料

随着人们生活水平的提高，在城市里引起居室、办公室等室内环境空气污染的最主要原因是不良材料的使用，即在装饰、装修过程和家具制造中使用了大量含有害物质，如甲醛、挥发性有机物（volatile organic compounds，VOCs）等的涂料、黏合剂、溶剂、地毯等材料。

2）室内化学用品和电器

室内清洁剂和空气清新剂中广泛使用的溶剂和香味剂等，能够排放 VOCs 等一次污染物；室内使用的空气净化器、复印机、激光打印机、紫外灯和一些消毒设备，是臭氧的重要来源。这些一次污染物不但直接对人体健康构成威胁，而且还会与室内的其他化学物种发生反应，生成刺激性和危害性更大的二次污染物，并改变室内空气污染物的种类、浓度水平和动力学行为。

3）室内燃烧

由于家居中生物燃料的使用和取暖炉灶燃烧效率的落后，二氧化硫（SO_2）、一氧化碳（CO）、二氧化碳（CO_2）、氮氧化物（NO_x）等成为传统的室内燃烧所排放的气态污染物，随着烟道、抽油烟机的广泛采用和燃料结构的改善，室内空气的污染程度已显著降低。

4）烟草烟雾

烟草烟雾中含有许多致病物质，如烟碱、二氧化氮、氢氰酸、丙烯醛、砷、铅、汞等，环境烟草暴露和肺癌发生有很强的病因学关系。

5）烹调活动

中国有高温烹饪的传统习惯，烹调方式以煎、炒、烹、炸为主，烹调释放的油烟含有多种有毒化学成分，对机体具有肺脏毒性、免疫毒性、致癌致突变性，且其致突变性与烹调油温密切相关。

6）生物源污染

生物性污染主要来自室内的装饰盆景植物和花鸟鱼虫、猫狗等宠物，包括氨气、硫化氢、VOCs、细菌、真菌（包括真菌孢子）、花粉、病毒、生物体碎屑有机成分等。

7）人体代谢

由人体呼吸排入环境的气体污染物有 100 多种，由皮肤排泄的有近 200 种。其中，影响人体健康的主要有体臭、氨气、霉菌、病菌、病毒等。

8）室外来源

室外空气中的所有气态污染物包括工业废气和汽车尾气等，均可通过建筑物门窗、孔隙和通风系统等进入室内。

5.1.2　室内气态污染物监测技术

5.1.2.1　室内气态污染物监测

在特定的室内环境中选择采用何种气态污染物监测技术，首先取决于监测的预期目标。例如，如果需要观察室内空气质量的长期变化趋势、评价建筑物通风策略对气态污染物浓度的影响，或检验某种环境控制措施的效果，则所选用的监测技术应适于设立项目全面和运行稳定的常规监测体系；如需建立室内空气质量的预警和预报系统，则所选用监测技术应保证污染物浓度监测数据的代表性和时效性，并设立室内气态污染物的自动连续监测；如需进行室内污染物的来源解析、室内源的排放强度调查和污染物有害效应的暴露评价，则所选用监测技术应保证研究性监测项目筛选和采样布点的合理性，以及间歇性监测频次的代表性等（国家环境保护总局，2003）。

通常，气态污染物监测技术可分为现场实时技术和整合技术两大类。这两类的技术，按照其采样监测的时效性均可进一步细分为连续性监测和间歇性监测，或按照其采样动力原理，进一步细分为主动式方法和被动式方法。连续性监测和间歇性监测的优点和内容见表 5-1。

表 5-1　连续性监测和间歇性监测的比较

比较项目	连续性监测	间歇性监测
优点	工作强度小；监测项目全	耗时少；占用较少的仪器资源
气态污染物监测项目	二氧化碳、一氧化碳、总挥发性有机物、甲醛、臭氧、二氧化硫、二氧化氮、氡气	二氧化碳、一氧化碳、总挥发性有机物、甲醛、二氧化硫、二氧化氮、氡气
其他 IAQ 监测项目	悬浮颗粒物、温度、相对湿度	悬浮颗粒物、大气微生物、温度、相对湿度、空气流速

其次，由于建筑物通风特性（新风量、机械通风策略、进风口外环境大气污染状况和空气净化处理设备的设置等）、室内污染物来源（室外输入、建筑和装修材料、装饰和家具陈设材料、室内电器及炊具使用、室内动植物等的排放）和室内活动（室内生产生活、炊事烹饪、人员吸烟、清洁方式、人员分布与运动模式等）的不同，在位于不同地域的建筑物内，不同功能区的污染物浓度水平和波动趋势均存在差异，这些因素直接决定选用监测技术时，需考虑仪器或测试方法的量程、灵敏度和数据稳定性，以及监测布点和采样时段设置的合理性。

通常实施室内气态污染物监测的一般流程应包括：需求分析→环境背景信息分析→现场调研巡视（目视检查）→监测方案设计→实验室准备→监测数据获取→数据分析与解释→污染状况辨析→监测报告。设计监测方案时认真分析影响监测技术筛选的各项因素。例如，结合已收集的背景信息和室内环境实际情况的巡视结果，关注室内布局、功能区使用状况、已有的腐蚀或霉菌点、清洁活动的频率和方式；尤其在检视建筑物使用和维护记录时，需注意对建筑结构、通风系统和空气净化设备的改动等。

5.1.2.2　实验室化学分析仪器概述

实验室内用于分析大气污染物的仪器均基于分析化学与光学、电磁学、声学和机械工程等学科的结合，自 20 世纪 50 年代开始得到快速发展。相对于经典化学分析方法，仪器分析法能够提供更快的分析速度、更高的灵敏度、更简便的操作，并通过更高的自动化实现程度有效避免了人为误差。根据仪器的工作原理，实验室内可用于气态污染物检测的化学分析仪器主要包括以下各类。

（1）基于电磁波辐射与物质相互作用机理的光谱类分析仪器，如原子吸收分光光度计（atomic absorption spectrometer，AAS）、紫外光/可见光分光光度计（utraviolet/visible spectrometer，UV/Vis）、荧光/磷光光度计（fluorescence/luminescence spectrometer）、红外/傅里叶红外光谱仪（infrared/Fourier transform infrared spectrometer，IR/FTIR）、拉曼光谱仪（Raman spectrometer）及光声光谱仪（photoacoustic spectrometer）等。

（2）基于层析/色谱原理的色谱类分析仪器，如气相色谱仪（gas chromatography，GC）、高效液相色谱仪（high performance liquid chromatography，HPLC）、离子色谱仪（ion chromatography，IC）及薄层色谱仪（thin layer chromatography，TLC）等。

（3）基于对离子质荷比分析的各种质谱仪，如同位素质谱仪（isotope-MASS）、有机/无机质谱仪（organic-MASS/inorganic-MASS），以及质谱分析技术与色谱分离分析技术联用形成的气质联用仪（gas chromatography mass spectrometry，GC-MS）和液质联用仪（high performance liquid chromatography mass spectrometry，HPLC-MS）等。

（4）基于电化学原理的电化学分析仪器，如电导分析（conductometric analysis）、电位分析（potentiometric analysis）、电解库仑分析（electrolytic and coulometric analysis）、极谱伏安分析（polarography and voltammetry analysis）、流动注射分析仪（flow injection analysis，FIA）、滴定仪（titration apparatus）及各种电泳仪（electrophoresis apparatus）等。

5.1.2.3　现场监测气体传感器技术

现场检测仪器中最关键的部件是传感器，它对被检测对象的化学量或物理量变化产生敏感响应，并转化为可辨识的电信号。随着微电子技术、微波技术、激光技术、自动化技术、计算机技术，特别是化学传感器和光学传感器小型化技术的飞跃发展，使气态污染物监测分析仪器的灵敏度和准确性越来越高，体积越来越小，操作越来越便利，从而使室内现场检测、实时测定和监测结果的即时分析，以及气态污染物与室内微环境参数的同时测定成为可能。

目前，室内环境中气态污染物的常见检测手段主要包括电化学气体传感器、紫外吸收分析、光纤传感器、化学发光气体传感器、半导体气敏传感器和热导分析等。

（1）电化学传感器（electrochemical sensor）：电化学传感器以电化学敏感材料为元件，测量电流、电量、电位和电阻等电化学参数的变化即可实现气态污染物的定量检测。大部分的气态污染物均可产生直接或间接的电化学信号，电化学传感器可用于几乎所有无机气态污染物的定量分析，某些分子量较小的有机气体和挥发性有机物，甚至某些生物代谢物、微生物等也可用电化学传感器检测。

一方面，基于电化学传感器的现场实时检测仪器具有灵敏度高、响应快、重复性好、操作简单、小型便携和价格低廉等优点。另一方面，电化学传感器除对被测气态污染物具有敏感性响应外，通常还对其他共存气态污染物具有不同程度的响应，商业化的仪器多采用预吸收捕集装置消除共存污染物产生的背景噪声。

（2）光学传感器（optical sensor）：随着光导纤维的使用，大大简化了仪器的光路系统，激光技术的进步为仪器提供了高纯度和高能量的单色光，且高灵敏度的光能检测器极大地提高了仪器的信噪比，基于光学传感器的气态污染物小型现场实时检测仪器近几十年得到迅速发展和完善。目前，商品化的各种小型光学分析仪器已用于定量检测一氧化碳、二氧化碳、烃类化合物及其他挥发性有机化合物等；便携式比色计可用于测量空气中的甲醛浓度；激光散射式光学分析仪器还用于计量尘埃粒子的数量浓度等。

（3）半导体气敏传感器（semiconductor gas sensor）：半导体气敏传感器采用金属氧化物或金属半导体氧化物材料作为气敏元件，当气态污染物吸附在气敏元件表面或与表面反应后，可通过测量电导率、伏安特性或表面电位的变化实现气态污染物的检测。基于半导体气敏传感器的现场实时检测仪器灵敏度较高，但稳定性较差，因此，在对有毒、有害气体的快速定性监测中具有重要的应用价值，一般用于工作场所作为报警装置。

（4）光离子化检测器（photo ionization detector，PID）：光离子化检测器问世于 20 世纪 80 年代，用于对总挥发性有机物（TVOC）的定量分析。目前用基于 PID 检测技术的 TVOC 分析仪，具有纳克每立方米级别的分辨率和检测精度，以及较宽的线性范围，且响应快、操作简便，已广泛用于环境空气和化工行业中对总挥发性有机物的检测及突发事件中有机物泄漏的调查。

5.1.2.4 主动式和被动式采样技术

空气采样指采集环境空气中可用于监测分析的具有代表性的样品。若气态污染物的浓度不变化，或只是为了定性污染物的类型，可采用瞬时/短时间采样。例如，打开抽空负压的采样罐，使环境空气迅速（通常数秒钟）采集到采样罐内，直至采样罐的内部与环境压力达到平衡。

对于绝大多数的环境空气，瞬时采样法的时间代表性差，无法全面反映空气质量的变化规律。为了获得更有代表性的样品，须以连续时段的方式采样，并在采样时间段内对采集样品流量加以控制，获得均匀混合的样品或基于时间加权平均（time weighted average，TWA）的整合样品，以确保精确地反映环境中空气的平均状况。

采集空气中气态污染物时依据所采用动力原理的差异，环境大气和室内空气中气态污染物的采样技术分为主动式和被动式两种，其各自的优劣见表 5-2。

表 5-2 采集气态污染物的主动式和被动式采样技术的特点比较（Krupa et al.，2000）

特点	被动式采样技术	主动式采样技术
使用历史	始于 19 世纪后期	多数始于 20 世纪 50 年代
野外使用的复杂程度	低	高
构建/使用费用	低	高
野外所需人力	低	高
野外维护费用	低	高
实验室分析费用	中等/高	无/中等
污染物水平的时间分辨率	低	高
野外使用时对电力供应的需求	无	有
测量的专一性（其他污染物共存时）	可能发生干扰	无干扰
气象条件干扰	可能会较高	低
最低检测限（处于各方法良好的时间分辨率时）	相对较高	相对较低
区域尺度下的使用费用	低	高
短时间（如 1h、2h）内对超标污染物的检测能力	低	高

1）主动式采样技术

气态污染物的主动式采样技术利用抽气动力采集样品，并基于实验室内仪器的化学分析或基于气体传感器的现场监测。主动式采样器具有进气通道和出气通道，进气通道与外界环境大气连通，出气通道与气体流量计和抽气动力（抽气泵或负压容器）连通，在采样器内部的进气通道与出气通道之间的气流通道上设有气体传感器组件、气体采样袋/罐或吸附介质组件。抽气动力抽吸空气，使待测气体通过气体传感器组件时，传感器对待测气体中的气态污染物产生响应，实现对气态污染物的检测；或抽气动力抽吸空气，使待测气体通过气体采样袋/罐或吸附介质组件时，气态污染物储存于气体采样袋/罐内或吸附在吸附介质上，实现对样品的收集，样品返回实验室后借助化学分析仪器进行测试。

主动式采样方法也可依据待测气体样品的存在形式分为直接采集法、液体采集法和固体采集法。直接采集法即直接把气态污染物采集在采样袋和真空采样罐等容器内（图 5-1，图 5-2）。气体采样袋也称为气体采集袋，使用铝塑复合膜、聚氟乙烯（polyvinyl fluoride，PVF）、聚偏二氟乙烯（polyvinylidene fluoride，PVDF）或聚四氟乙烯（polytetrafluoroethylene，PTFE）等惰性材料满足气体样品的采集和保存的纯度要求，并采用气体采样泵实现抽气动力；气体采样罐多为内壁经过惰性处理的金属罐体，采样前必须经过零空气或高纯氮气多次置换清洗，并抽成真空提供采样时的负压抽气动力。液体采集法依靠气态污染物与液态吸附介质发生吸收、溶解、反应等过程，把气态污染物采集到吸附介质组件中。固体采样法通过硅胶、活性炭、硅藻土和铝矾土的吸附作用，把气态污染物采集到吸附介质组件中。吸附介质组件选择吸附介质必须得当，应满足气体污染与吸收液接触面积大、气体停留时间长、吸收效率高等条件。

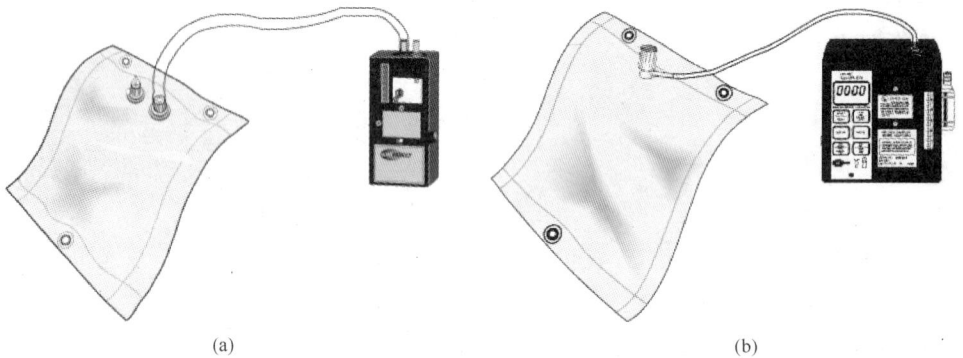

(a) 　　　　　　　　　　　　　　　　　　　　(b)

图 5-1　Tedlar 气体采集袋及使用示意图

（a）通过不锈钢接头连接低流量采样器；（b）通过聚丙烯接头连接通用流量采样器
（资料来源：http://www.skcgulfcoast.com/kbase/ShowKbase.asp?Article=1167）

图 5-2　Silonite 气体采样罐

（资料来源：http://www.entechinst.com/products/air-monitoring/sampling/silonite-canisters/）

　　主动式采样方法的优点在于方式灵活，能够通过控制采样周期和流量，准确地采集一定体积的空气，准确反映气态污染物的浓度。此外，主动式采样方法借助抽气动力对气态污染物进行主动收集，可减少工作时间、提高工作效率，实现对空气中气态污染物的快速采集。不足之处是仪器复杂、操作烦琐、不易携带和维护，并需要为样品反映环境空气的真实性附加质量保证，包括采样和分析过程中无被分析物的残留或被分析物的损失。而且，主动式采样需要能源动力的维持，因此给长时间采样带来不便。

2）被动式采样技术

被动式采样技术基于分子扩散原理或渗透原理，采集空气中以气态或蒸汽态存在的污染物。被动式采样器借助某些物理扩散的过程，控制从空气中收集污染物的速度，如静电空气层或渗透膜等。被动式采样结束后，需返回实验室，某些采样管可直接通过颜色变化反映气态污染物浓度；某些则要将被采集样品从吸附介质上洗脱后再进行仪器分析检测，如热解吸和溶液洗脱等。被动采样技术中常用的吸收剂/吸附剂和实验室仪器定量分析手段见表 5-3。

表 5-3　被动采样技术中常用的吸收剂/吸附剂和实验室仪器定量分析手段

气态污染物	吸收剂/吸附剂	实验室分析	文献来源
氨气（NH_3）	柠檬酸	比色法	Sommer et al.，1996；Adema et al.，1993
		分光光度法	Schjoerring，1995
		滴定法	Schjoerring et al.，1992
		离子色谱法	Roadman et al.，2003
一氧化碳（CO）	部分 Na 离子被 Zn 离子取代的改性 Y 型沸石	气相色谱/火焰离子化检测器	Lee et al.，1992
甲醛（HCHO）	2,4-二硝基苯肼（DNPH）	高效液相色谱/紫外检测器	Grosjean et al.，1992a；Larsen et al.，1992；Mulik et al.，1989；Levin et al.，1986
		气相色谱/热导检测器	Larsen et al.，1992
硫化氢（H_2S）	硝酸银	荧光分析法	Shooter et al.，1995
氧化亚氮（NO）	3-氧代-2-苯基-4,4,5,5-四甲基咪唑啉-1-氧（PTIO）	流动注射分析	Mulik et al.，1991
二氧化氮（NO_2）	注入三乙醇胺-氢氧化钾的 Sep-Pak C_{18} 吸附柱	离子色谱法	Nishikawa et al.，1987；1986
	三乙醇胺	比色法	Lee et al.，1995；Campbell et al.，1994；Cado et al.，1983；Hewitt，1991；Mulik et al.，1991；Atkins，1990；Hangartner et al.，1989；Palmes，1981
二氧化氮（NO_2）	三乙醇胺	离子色谱法	Sickles et al.，1990；Mulik et al.，1989
	三乙醇胺	分光光度法	Gair et al.，1991
	碘化钠+氢氧化钠	比色法	Ayers et al.，1998
	碘化钠+氢氧化钠	分光光度法	Ferm et al.，1998；1992

续表

气态污染物	吸收剂/吸附剂	实验室分析	文献来源
一氧化二氮（N₂O）	分子筛	红外光谱法	Bishop et al.，1984
臭氧（O₃）	1,2-二（4-吡啶基）乙烯（DPE）	比色法	Hauser et al.，1966
	1,2-二（4-吡啶基）乙烯（DPE）	分光光度法	Monn et al.，1990；Hangartner et al.，1989
	10,10′-二甲基-9，9′-双吖啶烯（DBA）	比色法	Surgi et al.，1985
	靛青	分光光度法	Werner，1989
	靛青红（靛青的5，5′-二磺酸盐）	比色法	Runeckles et al.，1999
		反射光谱法	Grosjean，1995；Grosjean et al.，1992；Grosjean et al.，1992b
		分光光度法	Scheeren et al.，1996
	尼龙-6聚合物，碘化钾	库仑分析法	Kanno et al.，1992
	亚硝酸钠，3-甲基-2-苯并噻唑酮腙盐酸盐（MBTH），对乙酰氨基酚（p-ATP），靛青红	荧光分析法；分光光度法	Zhou et al.，1997
	亚硝酸钠	离子色谱法	Manning et al.，1996；Brauer et al.，1995；Liu et al.，1995；1994；Koutrakis et al.，1993；Mulik et al.，1991；Koutrakis et al.，1990
光化学氧化剂（POs）	姜黄色素，靛青红，1-甲基-萘嵌间二氮杂苯，吩嗪	反射光谱法	Grosjean et al.，1992a
二氧化硫（SO₂）	注入三乙醇胺-氢氧化钾的Sep-Pak C₁₈吸附柱	离子色谱法	Nishikawa et al.，1987
	碳酸钠	离子色谱法	Tang et al.，1998；Mulik et al.，1991
	氢氧化钠	离子色谱法	Ayers et al.，1998；Ferm et al.，1998
	三乙醇胺（TEA）	比色法	Krochmal et al.，1997；1991；Hangartner et al.，1989
挥发性有机物（VOCs）	活性炭	气相色谱/电导检测器/火焰离子化检测器	Begerow et al.，1995
		气相色谱/火焰离子化检测器	Ballesta et al.，1992；Cohen et al.，1990；Otson，1989
		气相色谱/质谱联用仪	Shields et al.，1987
	石墨化炭黑	气相色谱/火焰离子化检测器	Bertoni et al.，1990
挥发性有机物（VOCs）	碳分子筛1000+Carbotrap吸附剂	气相色谱/质谱联用仪	Uchiyama et al.，1999
	Tenax GA	气相色谱/火焰离子化检测器	Roche et al.，1999
	Tenax GC	气相色谱/火焰离子化检测器	Coutant，1985；Beveridge et al.，1981
		气相色谱/微电导&光离子化检测器	Lewis et al.，1985
	Tenax GR，Tenax TA，Carbotrap和Chromosorb 106 吸附剂	气相色谱/火焰离子化检测器	Cao et al.，1994a；1994b；1993

被动式采样器的采样原理基于菲克（Fick）扩散定律，气态污染物分子在空气中沿着浓度梯度运动，即由高浓度向低浓度扩散，其质量传递速度与气态污染物的浓度梯度、分子扩散系数及吸附介质扩散层的截面积成正比，与扩散层的长度成反比，如式（5-1）所示。

$$W = \frac{DA}{L}(C_1 - C_0) \tag{5-1}$$

式中，W 为质量传递速度或分子扩散速度，ng/s；D 为分子扩散系数，cm^2/s；A 为扩散层的截面积，cm^2；L 为扩散层的长度，cm；C_1 为空气中气态污染物的浓度，ng/cm^3；C_0 为吸附介质表面处气态污染物的浓度，ng/cm^3。$C_1 - C_0$ 表示在整个扩散层长度 L 上的浓度变化，即浓度梯度，若使用的吸附介质能够有效地吸附到达其表面的全部气态污染物分子，则 $C_0 = 0$，将式（5-1）乘以采样时间 t，就可以得到扩散到吸附介质上的气态污染物的总量 M（ng），如式 5-2 所示。

$$M = \frac{DA}{L}C_1 t \tag{5-2}$$

由式（5-2）可见：被动式采样器采集气态污染物的总量与采样器本身构造（A、L）、气态污染物在空气中的浓度（C_1）及其分子的扩散系数（D）和采样时间（t）相关。由于每一种气态污染物的扩散系数都是确定的，所以决定被动式采样器效能的参数主要是采样器扩散层的面积和长度。对于管式采样器，采样管的长度和半径分别决定了扩散层的长度和截面积；对于徽章式采样器，半透膜的厚度决定了扩散层的长度，半透膜上所有孔的总面积决定了扩散层的截面积。

依据气态污染物分子进入吸收层的途径，被动式采样器可分为扩散型被动式采样器（diffusion passive sampler）和渗透型被动式采样器（permeation passive sampler）两种类型。依据被动式采样器形状的不同，可以分为管式被动式采样器（tube passive sampler，图 5-3～图 5-5）和徽章式被动式采样器（badge passive sampler，图 5-6）两类。被动式采样器采集气态污染物时常见的吸附介质组件有：聚氨酯泡沫（polyurethane foam，PUF）盘（图 5-7，Harner et al.，2006；Shen et al.，2004；Shoeib et al.，2002）、半渗透膜装置（semipermeable membrane devices，SPMDs）（Ockenden et al.，2001）、离子交换大孔吸附树脂（XAD-2 resin）（Wania et al.，2003）、聚合物涂覆玻璃（polymer coated glass，POGs）（Wilcockson et al.，2001）、吸收液涂覆滤膜（absorbent coated filter）等。吸附介质的工作原理通常既有化学吸收，也

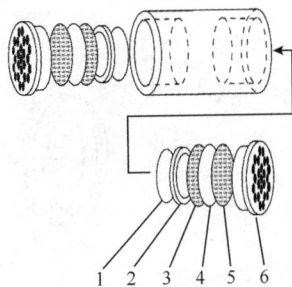

图 5-3 Ogawa 被动采样器分解示意图

1. 扩散隔栏；2. 扩散筛网；3. 涂覆滤膜；
4. 支撑环；5. 支撑板；6. 实心 Teflon 壳体
（资料来源：www.ogawa.usa.com）

有物理吸附，目前商业化的气态污染物被动式采样器均可采集一种或数种污染物。

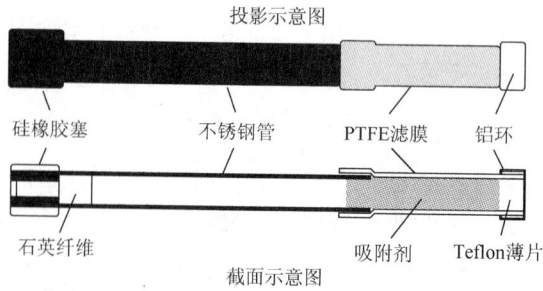

图 5-4　填充固体吸附剂的扩散管式被动采样器示意图（Uchiyama et al.，1999）

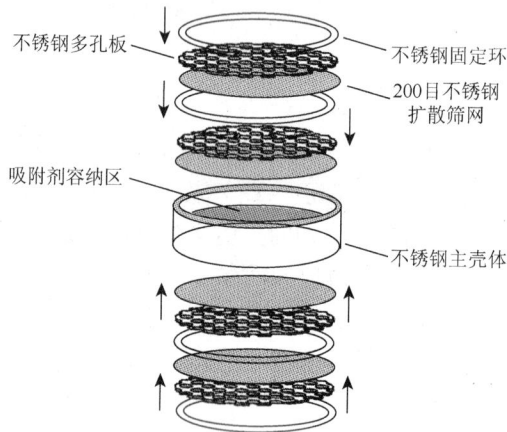

图 5-5　滤筒式被动采样器（Lewis et al.，1985）

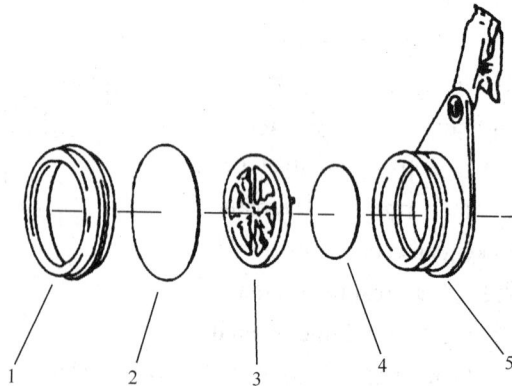

图 5-6　徽章式被动采样器示意图（Zhou et al.，1997）

1. 前顶盖；2. 扩散膜；3. 隔板；4. 采集滤膜；5. 徽章主壳体

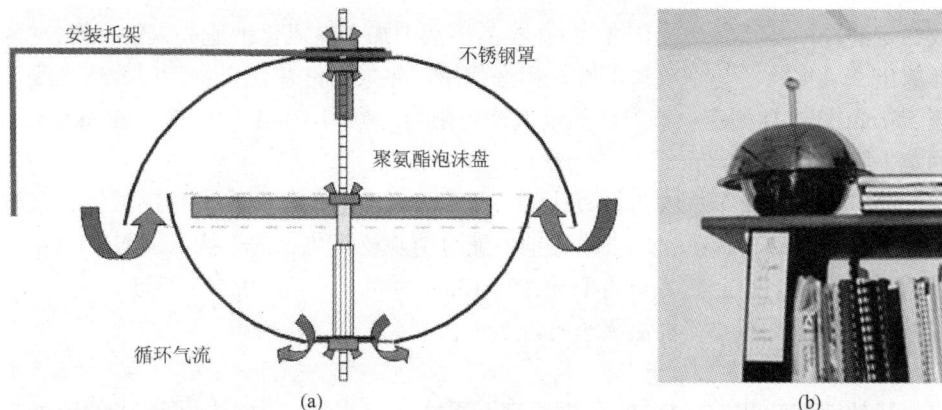

图 5-7　基于聚氨酯泡沫的被动式采样器结构示意图（a）及采样现场（b）（Harner et al.，2006）

　　与主动式采样器相比，被动式采样器不需要电源和抽气动力，又称为无泵采样器。它具有价格低、体积小、质量轻、操作简便、易于维护和可靠性高等特点。可用于动态观察，佩戴于人体，作为评价个体接触量时气态污染物浓度的检测手段；也可置于待测的固定场所实施连续采样，作为评价环境空气质量时气态污染物浓度的检测手段。但被动式采样器的采样效率受一些环境因素的影响，主要包括风速、温度和湿度。其中，风速是影响被动式采样器最重要的因素，风速过低导致气态污染物被低估，而风速太高引起的扩散腔内气流紊动会破坏分子静态扩散，导致气态污染物被高估。分子扩散速度随着温度的升高而增加，因此温度波动会改变样品的采样速率和解吸效率。此外，由于气态污染物分子和水分子在吸附层存在竞争吸收，加之某些气态污染物能够与水结合形成水合物，不易被吸附层吸收，所以湿度也会影响被动式采样器的采样容量。

5.1.3　室内气态污染物监测方法

5.1.3.1　二氧化硫的测定

　　室外环境空气中测定 SO_2 常用的方法有四氯汞钾溶液吸收-盐酸副玫瑰苯胺分光光度法、钍试剂分光光度法、紫外荧光法、电导法、库仑滴定法、火焰光度法等（奚旦立，1999）。室内环境空气中测定 SO_2 常用的方法则是甲醛吸收-副玫瑰苯胺分光光度法和紫外荧光法（HJ/T 167—2004）。

　　1）甲醛溶液吸收-盐酸副玫瑰苯胺分光光度法（GB/T 18883—2002）

　　用甲醛缓冲溶液吸收-盐酸副玫瑰苯胺分光光度法测定 SO_2 的采样步骤及分析原理是：采用内装 10mL 吸收液的多孔玻板吸收管，以 0.5L/min 的流量采样。采样时吸收液温度的最佳范围为 23～29℃。二氧化硫被甲醛缓冲溶液吸收后，生成稳定的羟甲基磺酸加成化合物。在样品溶液中加入氢氧化钠使加成化合物分解，释放出二氧化硫，与副玫瑰苯胺、甲醛作用，生成紫红色化合物，用分光光度计在 577nm 处进行测定。该方法的最低检出限为：当用 10mL 吸收液采样 30L 时，测定下限为 $0.007mg/m^3$。

该方法的主要干扰物为氮氧化物、臭氧及某些重金属元素。样品放置一段时间可使臭氧自动分解；加入氨磺酸钠溶液可消除氮氧化物的干扰；加入 CDTA 可以消除或减少某些金属离子的干扰。在 10mL 样品中存在 50μg 钙、镁、铁、镍、镉、铜等离子及 5μg 二价锰离子时，不干扰测定。

2）紫外荧光法

紫外荧光法测定 SO_2 的分析原理及采样步骤包括：由光源发射出的紫外光（190～230nm）通过 214nm 的光源滤光片进入反应室。空气中的 SO_2 分子被吸入仪器的反应室，吸收紫外光生成激发态 SO_2^*；当激发态返回基态时，放射出荧光紫外线（240～420nm），通过第二个滤光片，用光电倍增管接受荧光紫外线，将荧光强度转化为电信号输出。当 SO_2 浓度相对较低、激发光的光程较短、样品气是空气时，光电倍增管测得的荧光强度与 SO_2 浓度成正比，即可测量 SO_2 浓度。以美国 API 公司 M100E 型紫外荧光法 SO_2 空气质量自动监测仪为例，上述反应如式（5-3）和式（5-4）所示。该方法的最低检出浓度为 $0.006mg/m^3$。紫外荧光法选择性好、不消耗化学试剂，适于连续自动监测。

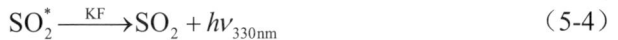

$$SO_2 + h\nu_{214nm} \xrightarrow{I_a} SO_2^* \tag{5-3}$$

$$SO_2^* \xrightarrow{KF} SO_2 + h\nu_{330nm} \tag{5-4}$$

用于荧光分析的仪器有目视荧光计、光电荧光计和荧光分光光度计等。它们由光源、滤光片或单色器、样品池及检测系统等部分组成。光电荧光计以高压汞灯为激发光源，滤光片为色散元件，光电池为检测器，将荧光强度转换成光电流，用微电流表测定。光电荧光计结构比较简单，用于测定微量荧光物质。如果对荧光物质进行定性研究或选择定量分析的适宜波长，则需要使用荧光分光光度计。它以氙灯作为光源（250～600nm 连续发射，峰值约 470nm），棱镜或光栅为色散元件，光电倍增管为检测器。如果荧光分析仪的紫外光源以脉冲方式工作，则称为紫外脉冲荧光法 SO_2 分析仪。

《室内环境空气质量监测技术规范》（HJ/T 167—2004）中规定紫外荧光法 SO_2 分析仪的主要技术指标为：测量范围：0～$1.5mg/m^3$；响应时间：≤5min；零点漂移：≤24h 漂移量±$0.015mg/m^3$；80%跨度漂移：24h 漂移量≤±$0.03mg/m^3$；80%跨度精密度：≤±$0.03mg/m^3$；噪声：≤$0.003mg/m^3$。

采用紫外荧光法测定 SO_2 时，空气中存在的 O_3、H_2S、CO、CO_2、NO_2、CH_4 等不干扰测定。NO 等效干扰比为 0.5%。空气中存在 1%H_2O（体积分数）时，使

SO_2 浓度信号降低 20%，所以仪器应配备除湿装置，通常渗透式干燥器可以排除水分的影响。除烃器则排除某些烃类化合物对测定的干扰。

3）四氯汞盐吸收-副玫瑰苯胺分光光度法（GB/3095—2012；HJ 483—2009）

四氯汞盐吸收-副玫瑰苯胺分光光度法是国内外广泛采用的测定环境空气中 SO_2 的方法，具有灵敏度高、选择性好等优点，但吸收液毒性较大。该方法的采样步骤及分析原理是：气样中的 SO_2 被四氯汞钾溶液吸收，生成稳定的二氯亚硫酸盐络合物，该络合物再与甲醛和盐酸副玫瑰苯胺作用，生成紫色络合物，其颜色深浅与 SO_2 含量成正比，用分光光度法在 575nm 处测定吸光度。

该方法的最低检出限为：当使用 5mL 吸收液，采样体积为 30L 时，检出限为 $0.005mg/m^3$，测定下限为 $0.020mg/m^3$，测定上限为 $0.18mg/m^3$。当使用 50mL 吸收液，采样体积为 288L 时，检出限为 $0.005mg/m^3$，测定下限为 $0.020mg/m^3$，测定上限为 $0.19mg/m^3$。

四氯汞盐吸收-副玫瑰苯胺分光光度法的主要干扰物为 NO_x、O_3、Mn、Fe、Cr 等。加入氨基磺酸铵可消除氮氧化物的干扰；采样品后放置一段时间可使 O_3 自行分解；加入磷酸及乙二胺四乙酸二钠盐可以消除或减少重金属离子的干扰。

5.1.3.2 二氧化氮的测定

氮的氧化物有 NO、NO_2、N_2O_3、N_3O_4 和 N_2O_5 等多种形式，大气中的氮氧化物主要以 NO 和 NO_2 形式存在。NO 为无色、无臭、微溶于水的气体，在大气中易被氧化为 NO_2。NO_2 为棕红色气体，具有强刺激性臭味，是引起支气管炎等呼吸道疾病的有害物质。大气中的 NO 和 NO_2 可以分别测定，也可以测定二者的总量。室内环境空气中二氧化氮的测定方法主要包括 Saltzman 法（GB/T-15435）、改进的 Saltzman 法和化学发光法等。

1）改进的 Saltzman 法

该方法的主要原理：用对氨基苯磺酰胺、酒石酸和盐酸萘乙二胺配成吸收液采样，大气中的 NO_2 在采样过程中被吸收转变成亚硝酸和硝酸，在冰乙酸存在条件下，亚硝酸与对氨基苯磺酰胺进行重氮化反应，再与 N-(1-萘基)乙二胺盐酸盐作用，生成紫红色的偶氮染料，其颜色深浅与气体样品中的 NO_2 浓度成正比，因此，可采用分光光度法进行比色定量。该方法的采样和显色同时进行，操作简便，灵敏度高，是国内外普遍采用的方法。

方法的测定范围为：10mL 样品溶液中含 $0.15\sim7.5\mu g$ NO_2^-；采样 5L，可测浓度范围为 $0.03\sim1.7mg/m^3$。方法的准确度要求：流量误差不超过 5%，吸收管采样效率不得低于 98%，$NO_2\rightarrow NO_2^-$ 的经验转换系数在测定范围内 95% 置信区间为 0.89 ± 0.01。灵敏度要求：1mL 中含 $1\mu g$ NO_2^- 应有 1.004 ± 0.012 的吸光度。

室内空气中的氧化亚氮、二氧化硫、硫化氢和氟化物对该方法均无干扰，臭氧浓度大于 $0.25mg/m^3$ 时有正干扰。过氧乙酰硝酸酯（PAN）可增加 15%～35% 的读数，但一般室内空气中的 PAN 浓度较低，不致产生明显的误差。

2）化学发光法

该方法的主要原理是，某些化合物分子吸收化学能后，被激发到激发态，再由激发态返回至基态时，以光量子的形式释放出能量，这种化学反应称为化学发光反应，利用测量化学发光强度对物质进行分析测定的方法称为化学发光分析法（奚旦立，1999）。

化学发光现象通常出现在放热化学反应中，包括激发和发光两个过程，即

$$A + B \xrightarrow{M} C + D^* \tag{5-5}$$

$$D^* \longrightarrow D + h\nu \tag{5-6}$$

式中，A 和 B 为反应物；D^* 为激发态分子；C 为其余产物；M 为参与反应的第三种物质；h 为普朗克常量；ν 为发射光子的频率。

化学发光反应可在液相、气相、固相中进行。液相化学发光多用于天然水、工业废水中有害物质的测定。例如，鲁米诺（3-氨基邻苯二甲酰环肼）与过氧化氢在 C_o^{2+}、Fe^{2+}、Cu^{2+}、Mn^{2+} 等金属离子催化下发生化学发光反应，当鲁米诺与过氧化氢过量时，发光强度与金属离子的浓度成正比，可用于测定痕量金属离子。气相化学发光反应主要用于大气中 NO_x、SO_2、H_2S、O_3 等气态有害物质的测定。例如，NO_x 可利用下列几种化学发光反应测定。

$$NO + O_3 \longrightarrow NO_2^* + O_2 \tag{5-7}$$

$$NO_2^* \longrightarrow NO_2 + h\nu \tag{5-8}$$

该反应的发射光谱在 600～3200nm，最大发射波长为 1200nm。

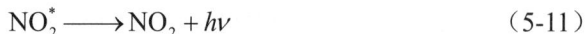

$$NO_2 + O \longrightarrow NO + O_2 \tag{5-9}$$

$$O + NO + M \longrightarrow NO_2^* + M \tag{5-10}$$

$$NO_2^* \longrightarrow NO_2 + h\nu \tag{5-11}$$

该反应发射光谱在 400～1400nm，峰值波长为 600nm。

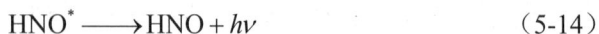

$$NO_2 + H \longrightarrow NO + OH \tag{5-12}$$

$$NO + H + M \longrightarrow HNO^* + M \tag{5-13}$$

$$HNO^* \longrightarrow HNO + h\nu \tag{5-14}$$

该反应发射光谱范围为 600～700nm。

$$NO_2 + h\nu \longrightarrow NO + O \tag{5-15}$$

$$O + NO + M \longrightarrow NO_2^* + M \tag{5-16}$$

$$NO_2^* \longrightarrow NO_2 + h\nu \tag{5-17}$$

该反应发射光谱范围为 400～1400nm。

在第一种发光反应［式（5-7）和式（5-8）］中，以臭氧为反应剂；在第二、三种反应［式（5-9）～式（5-11）和式（5-12）～式（5-14）］中，需要用原子氧或原子氢；第四种反应［式（5-15）～式（5-17）］需要特殊光源照射。鉴于臭氧容易制备，使用方便，故目前广泛利用第一种发光反应测定大气中的 NO_x。反应产物的发光强度可用下式表示：

$$I = K \cdot \frac{[NO] \cdot [O_3]}{[M]} \qquad (5\text{-}18)$$

式中，I 为发光强度；[NO]为 NO 的浓度；$[O_3]$为 O_3 的浓度；[M]为参与反应的第三种物质浓度，该反应中为空气；K 为与化学发光反应温度有关的常数。

当 O_3 过量、而 M 恒定时，发光强度与 NO 的浓度成正比，用红敏光电倍增管接收发射光即可测得 NO 浓度，这即是化学发光法定量分析的依据。对于总氮氧化物（$NO_x=NO+NO_2$）的测定，须先将样品气中的 NO_2 转换成 NO，再与 O_3 反应后进行测定，即测得 NO_x 浓度，两次测定值的差值 NO_x-NO 即为 NO_2 浓度。

化学发光分析仪的特点是：灵敏度高，可达纳米每立方米级，甚至更低；选择性好，对于多种污染物质共存的大气，通过化学发光反应和发光波长的选择，可不经分离有效地进行测定；线性范围宽，通常可达五或六个数量级，响应快，检出限低。但为降低光电倍增管的噪声，要用制冷器使光电倍增管工作在较低的温度下。

测量 NO_2 的化学发光分析仪主要技术指标：测量范围 $0\sim1.0\mu g/m^3$；最低检出限 $4.1ng/m^3$；80%跨度精密度($\pm20.5ng/m^3$)/24h；20%跨度精密度($\pm10.3ng/m^3$)/24h；零点漂移($\pm10.3ng/m^3$)/24h；钼转换器效率＞98%。

5.1.3.3 一氧化碳的测定

一氧化碳（CO）是大气中主要污染物之一，它主要来自石油、煤炭燃烧不充分的产物和汽车排气；一些自然灾害，如火山爆发、森林火灾等，也是来源之一。

CO 是一种无色、无味的有毒气体，燃烧时呈淡蓝色火焰。它易与人体血液的血红蛋白结合，形成碳氧血红蛋白，使血液输送氧的能力降低，造成缺氧症。中毒较轻时，会出现头痛、疲倦、恶心、头晕等感觉；中毒严重时，则会发生心悸亢进、昏睡、窒息而造成死亡。

测定大气中 CO 的方法有非分散红外吸收法、气相色谱法、定电位电解法、间接冷原子吸收法等。其中，非分散红外吸收法（non-dispersed infra-red，NDIR）广泛用于 CO、CO_2、CH_4、SO_2、NH_3 等气态污染物质的监测，具有测定简便、快速、不破坏被测物质和能连续自动监测等优点，《空气质量 一氧化碳的测定 非分散红外法》（GB 9801）和《公共场所空气中一氧化碳测定方法》（GB/T 18204.23）中均纳入了非分散红外吸收法测定 CO。

　　该方法的工作原理是，CO 对部分光红外线具有选择性吸收。在一定范围内，吸收值与 CO 浓度呈线性关系，根据吸收值即可确定样品中 CO 的浓度。即当 CO、CO_2 等气态分子受到红外辐射（1～25μm）照射时，将吸收各自特征波长的红外光，引起分子振动能级和转动能级的跃迁，产生振动-转动吸收光谱，即红外吸收光谱。在一定气态物质浓度范围内，吸收光谱的峰值（吸光度）与气态物质浓度之间的关系符合朗伯-比尔定律，因此，测其吸光度即可确定气态物质的浓度。

　　CO 的红外吸收峰在 4.5μm 附近，CO_2 在 4.3μm 附近，水蒸气在 3μm 和 6μm 附近。因为空气中 CO_2 和水蒸气的浓度远大于 CO 的浓度，故会干扰 CO 的测定。在测定前用制冷或通过干燥剂的方法可除去水蒸气；用窄带光学滤光片或气体滤波室将红外辐射限制在 CO 吸收的窄带光范围内，可消除 CO_2 的干扰。

　　非分散红外吸收法 CO 分析仪的传感器工作原理如图 5-8 所示。从红外光源发射出能量相等的两束平行光，被同步电机带动的切光片交替切断。然后，一路通过滤波室（内充 CO 和水蒸气，用以消除干扰光）、参比室（内充不吸收红外光的气体，如氮气）射入检测室，这束光称为参比光束，其 CO 特征吸收波长光强度不变。另一束光称为测量光束，通过滤波室、测量室射入检测室。由于测量室内有气样通过，则气样中的 CO 吸收了部分特征波长的红外光，使射入检测室的光束强度减弱，且 CO 含量越高，光强减弱越多。检测室用一金属薄膜（厚 5～10μm）分隔为上、下两室，均充等浓度 CO 气体，在金属薄膜一侧还固定一圆形金属片，距薄膜 0.05～0.08mm，二者组成一个电容器。这种检测器称为电容检测器或薄膜微音器。由于射入检测室的参比光束强度大于测量光束强度，使两室中气体的温度产生差异，导致下室中的气体膨胀压力大于上室，使金属薄膜偏向固定金属片一方，从而改变了电容器两极间的距离，也就改变了电容量，由其变化值即可得出气样中 CO 的浓度。采用电子技术将电容量变化转变成电流变化，经放大及信号处理后，由指示表和记录仪显示和记录测量结果。

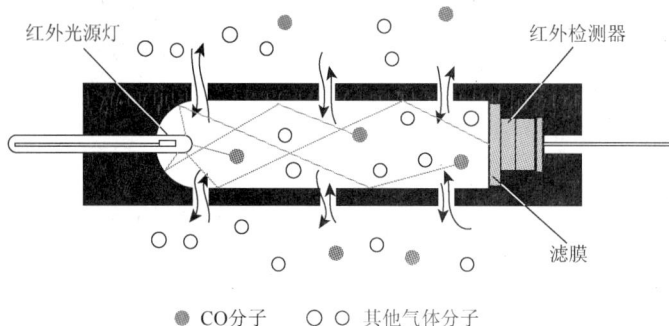

●CO分子　　○ ○ 其他气体分子

图 5-8　非分散红外吸收法 CO 分析仪的传感器工作原理示意图

（资料来源：www.intl-lighttech.com）

采样测试时，可使用聚乙烯薄膜采气袋，抽取现场空气冲洗三四次，采气 0.5L 或 1.0L，密封进气口，带回实验室后使用监测仪分析。也可以将仪器带到现场间歇进样，或连续测定空气中 CO 浓度。

室内空气中非待测组分，如 CH_4、CO_2、水蒸气等影响测定结果。采用串联式红外线检测器，可以大部分消除以上非待测组分的干扰。

5.1.3.4　氨气的测定

测定空气中氨气的化学方法有次氯酸钠-水杨酸分光光度法、纳氏试剂分光光度法、靛酚蓝试剂比色法；仪器法有离子选择电极法和光离子化气相色谱法等。

1）次氯酸钠-水杨酸分光光度法

次氯酸钠-水杨酸分光光度法已纳入《空气质量　氨的测定　次氯酸钠-水杨酸分光光度法》（GB/T 14679）。该方法的原理是，氨被稀硫酸吸收液吸收后，生成硫酸铵。在亚硝基铁氰化钠存在时，铵离子、水杨酸和次氯酸钠反应生成蓝色化合物，根据颜色深浅，用分光光度计在 697nm 波长处进行测定。

在吸收液为 10mL，采样体积为 10～20L 时，测定范围为 0.008～110mg/m³，对高浓度样品测定前必须进行稀释。方法检出限为 0.1μg/mL，当样品吸收液总体积为 10mL，采样体积为 10L 时，最低检出浓度为 0.008mg/m³。该方法当有机胺大于 1mg/m³ 时存在干扰而不适用，但一般情况下室内空气中有机胺不会达到该浓度。

2）离子选择电极法

离子选择电极法已纳入《空气质量　氨的测定　离子选择电极法》（GB/T 14669）。该方法中采用的氨气敏电极为复合电极，其工作原理是，以 pH 玻璃电极为指示电极，银-氯化银电极为参比电极。这对电极对置于盛有 0.1mol/L 氯化铵内充液的塑料套管中，管底用一张微孔疏水薄膜与试液隔开，并使透气膜与 pH 玻璃电极间有一层很薄的液膜。当测定由 0.05mol/L 的硫酸吸收液所吸收的大气中的氨时，通过加入强碱，使铵盐转化为氨，由扩散作用通过透气膜（水和其他离子均不能通过透气膜），使氯化铵电解液膜层内 $NH_4^+ \rightarrow NH_3+H^+$ 的反应向左移动，引起氢离子浓度改变，由 pH 玻璃电极测得其变化。在恒定的离子强度下，测得的电极电位与氨浓度的对数呈线性关系。由此，可从测得的电位确定样品中氨的含量。

该方法的检测限为 10mL 吸收溶液中 0.7μg 氨。当样品溶液总体积为 10mL，采样体积 60L 时，最低检测浓度为 0.014mg/m³。

3）纳氏试剂分光光度法

纳氏试剂分光光度法已纳入《空气质量　氨的测定　纳氏试剂比色法》（GB/T 14668）。该方法的原理是，氨被吸收于稀硫酸溶液中，与纳氏试剂作用生成黄棕

色化合物，根据颜色深浅，用分光光度计测定。反应式为

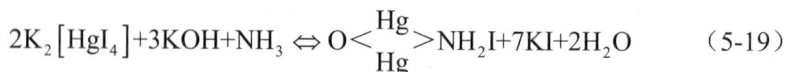

$$2K_2[HgI_4]+3KOH+NH_3 \Leftrightarrow O{<}^{Hg}_{Hg}{>}NH_2I+7KI+2H_2O \quad (5\text{-}19)$$

该方法的最低检出浓度为 $0.6\mu g/10mL$（按与吸光度 0.01 相对应的氨含量计），当采样体积为 20L 时，最低检出浓度为 $0.03mg/m^3$。

纳氏试剂分光光度法测定的是室内空气中氨气和颗粒物中铵盐的总量，不能分别测定两者的浓度。为降低试剂空白值，所有试剂均用无氨水配制。在氯化铵标准储备液中加 1～2 滴氯仿，可以抑制微生物的生长。硫化氢、三价铁等金属离子干扰氨的测定。加入酒石酸钾钠，可以消除三价铁离子的干扰。

4）靛酚蓝分光光度法

靛酚蓝分光光度法已纳入《公共场所空气中氨测定方法》（GB/T 18204.25）。该方法的原理是，空气中的氨吸收在稀硫酸中，在亚硝基铁氰化钠及次氯酸钠存在时，与水杨酸生成蓝绿色靛酚蓝染料，通过比色定量。

该方法的检出限为 $0.2\mu g/10mL$。采样体积为 20L 时，可测定的浓度范围为 $0.01～0.5mg/m^3$。该方法的灵敏度：10mL 吸收液中含有 $1.0\mu g$ 氨应有 0.081 的吸光度；线性范围：10mL 样品溶液中含有 $0～10.0\mu g$ 氨；精密度：10mL 吸收液中氨含量为 $1.0～10.0\mu g$，重复测定的相对标准偏差为 2.5%；准确度：样品溶液中加入 $1.0～7.0\mu g/10mL$ 的氨，其回收率为 95%～109%。

样品中含有三价铁等金属离子、硫化物和有机物时，干扰靛酚蓝分光光度法的测定。处理方法包括：加入柠檬酸钠溶液可消除常见金属离子的干扰；若样品因产生异色而引起干扰（如硫化物存在时为绿色）时，可在样品溶液中加入稀盐酸而去除硫化物干扰；有些有机物（如甲醛），生成沉淀干扰测定，可在比色前用 0.1mol/L 的盐酸溶液将吸收液酸化到 pH≤2 后，煮沸即可除去。

5.1.3.5　臭氧的测定

臭氧（O_3）是最强的氧化剂之一，它是大气中的氧在太阳紫外线的照射下或受雷击形成的。臭氧具有强烈的刺激性，在紫外线的作用下，参与烃类和 NO_x 的光化学反应。同时，臭氧又是高空大气的正常组分，能强烈吸收紫外光，保护人和生物免受太阳紫外光的辐射。

空气中臭氧的测定方法主要有靛蓝二磺酸钠分光光度法、紫外光度法和化学发光法等。

1）靛蓝二磺酸钠分光光度法

靛蓝二磺酸钠分光光度法已纳入《环境质量 臭氧的测定 靛蓝二磺酸的分光光度法》（GB/T 15437）。该方法的基本原理是，空气中的臭氧，在磷酸盐缓冲溶液存在时，与吸收液中蓝色的靛蓝二磺酸钠（IDS）发生等摩尔反应，褪色生成靛红

二磺酸钠。在 610nm 处测定吸光度，根据蓝色减褪的程度定量空气中臭氧的浓度。

该方法的测定范围为：当采样体积为 30L 时，最低检出浓度为 0.01mg/m³。当采样体积为 5～30L 时，测定空气中臭氧的浓度范围为 0.030～1.200mg/m³。

采用靛蓝二磺酸钠分光光度法测定空气中的臭氧时，二氧化氮使臭氧的测定结果偏高，约为二氧化氮质量浓度的 6%。空气中二氧化硫、硫化氢、过氧乙酰硝酸酯（PAN）和氟化氢的浓度分别高于 750μg/m³、110μg/m³、1800μg/m³ 和 2.5μg/m³ 时，干扰臭氧的测定。空气中氯气、二氧化氯的存在使臭氧的测定结果偏高，但一般情况下这些气体的浓度很低，不会造成显著误差。

2）紫外光度法

紫外光度法已纳入《环境质量 臭氧的测定 紫外光度法》（GB/T 15438）。该方法的工作原理基于臭氧分子内部电子的共振对 254nm 波长的紫外光有特征吸收，直接测定紫外光通过臭氧时减弱的程度就可计算出臭氧的浓度。

该方法的基本流程为，空气样品以恒定的流速进入紫外光度仪的气路系统，紫外光照射于一个交替充满样品气和充满零空气的玻璃管吸收池，零空气样品通过吸收池时被光检测器检测的光强度为 I_0，臭氧样品通过吸收池时被光检测器检测的光强度为 I，则其比值 I/I_0 为透光率。每经过一个循环周期，仪器的微处理系统根据朗伯-比耳定律求出臭氧浓度。

$$\rho = -\frac{1}{\alpha \times l} \times \ln \frac{I}{I_0} \qquad (5-20)$$

式中，I 为光通过样品池后的光强；I_0 为光通过零气池后的光强；α 为臭氧在 254nm 处的吸收系数 $1.44 \times 10^{-5} \text{m}^2/\mu\text{g}$；$l$ 为吸收池长度；ρ 为臭氧的质量浓度，$\mu\text{g/m}^3$。

该方法的测定范围：臭氧的浓度范围为 2.14μg/m³（0.001mL/m³）至 2mg/m³（1mL/m³）。

紫外光度法测定空气中的臭氧线性良好，响应很快；该方法不受常见气体的干扰，主要干扰是颗粒物和湿气，少数有机物如苯及苯胺等（表 5-4），在 254nm 处吸收紫外光，对臭氧的测定产生正干扰。除此之外，当被测室内空气中颗粒物浓度超过 100μg/m³ 时，也对臭氧的测定产生影响。

表 5-4　对紫外臭氧测定仪产生干扰的某些化学物质

干扰物质（以 1mL/m³ 计）	响应（以%浓度计）
苯乙烯	20
反式-甲基苯乙烯	>100
苯甲醛	5
o-甲氧甲酚	12
硝基甲酚	100

下列物质在浓度低于 1mL/m³ 时不产生反应：甲苯、过氧硝酸乙酰酯、2,3-丁二酮、过氧硝酸苯酰酯、硝酸甲酯、硝酸正丙酯、硝酸正丁酯。

3）化学发光法

测定臭氧的化学发光法有三种，即乙烯法、罗丹明 B 法和氧化亚氮法。

乙烯法是较通用的方法，1971 年被 EPA 确定为测定大气中 O_3 浓度的标准方法，并已纳入 *Ambient Air-Determination of the Mass Concentration of Ozone—Chemiluminescence Method*（ISO 10313）。该方法的原理是，O_3 能与乙烯发生均相化学发光反应，即气样中 O_3 与过量乙烯反应，生成激发态甲醛，而激发态甲醛瞬间回至基态，放出光子，波长范围为 300～600nm，峰值波长 435nm。发光强度与 O_3 浓度成正比，其反应方程式如下：

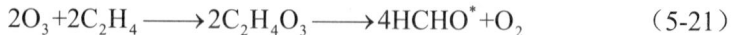

$$2O_3 + 2C_2H_4 \longrightarrow 2C_2H_4O_3 \longrightarrow 4HCHO^* + O_2 \tag{5-21}$$

$$HCHO^* \longrightarrow HCHO + h\nu \tag{5-22}$$

上述反应对 O_3 是特效的，SO_2、NO_2 和 Cl_2 等共存不干扰测定；该方法测定 O_3 浓度的线性范围为 0.02～428μg/m³。基于化学发光法的 O_3 分析仪一般会设有多档量程范围，如 0～0.25mg/m³、0～0.5mg/m³、0～1.0mg/m³ 和 0～2.0mg/m³ 等。最低检出浓度为 0.005mg/m³，响应时间小于 1min。主要缺点是使用易燃、易爆的乙烯（爆炸极限 2.7%～36%），因此，须特别注意乙烯高压容器的漏气。

罗丹明 B（$C_{28}H_{31}ClN_2O_3$）是一种比较好的化学发光试剂。将大气样品通入焦性没食子酸-罗丹明 B 的乙醇溶液，则焦性没食子酸被 O_3 氧化，产生受激中间体，并迅速与罗丹明 B 作用，使罗丹明 B 被激发而发光。发光峰值波长为 584nm。发光强度与 O_3 的浓度成正比；测定 O_3 浓度范围为 6.4～299.6μg/m³。共存的 NO_x 和 SO_2 等组分不干扰测定。

一氧化氮法是利用 NO 与 O_3 接触发生化学发光反应的原理建立的。发光峰值波长为 1200nm，测定 O_3 的浓度范围为 0.002～107μg/m³。

5.1.4　室内空气质量标准

室内空气质量标准是环境标准的一个重要组成部分。由于气态污染物是室内空气质量标准中涉及条目最多的内容，故将环境标准归于本章论述。

5.1.4.1　环境标准的定义

环境标准是为了保护人群健康、防治环境污染、促使生态良性循环、合理利用资源和促进经济发展，依据环境保护法和有关政策，对环境中有害成分的含量及其排放源规定的限量阈值和技术规范（奚旦立，1999）。

5.1.4.2 环境标准的意义

（1）环境标准是制定国家环境政策和制定环境保护规划的重要依据。

（2）环境标准是衡量环境质量和评判环保工作优劣的主要尺度。

（3）环境标准是执行环保法规和行使监督管理的基本保证。

（4）环境标准是实现科学管理环境、组织现代化生产的重要手段和条件。

5.1.4.3 环境标准的分类和分级

我国环境标准主要分为六类：环境质量标准，污染物排放标准（或污染控制标准），环境基础标准，环境方法标准，环境标准物质标准和环保仪器、设备标准等。根据适用范围的不同，环境标准分为国家标准和地方标准两级，其中环境基础标准、环境方法标准和标准物质标准等只有国家标准，并尽可能与国际标准接轨。

1）环境质量标准

环境质量标准是指为了保护人群健康、维持生态平衡和保障社会物质财富，并考虑技术经济条件，对环境中有害物质和环境因素所做出的限制性规定。它是对污染物质的最高允许含量的要求，也是制定污染物控制标准的基础。

2）污染物控制标准

污染物控制标准是为实现环境质量目标，结合技术经济条件和环境特点，对排入环境的有害物质或有害因素所做出的控制规定。地方亦可制定污染物排放标准，但应该符合以下两点：一是国家标准中所没有规定的项目；二是地方标准应严于国家标准，以起到补充、完善的作用。

3）环境基础标准

环境基础标准是在环境标准化工作范围内，对有指导意义的符号、代号、指南、程序、规范等所做出的统一规定，是制定其他环境标准的基础。

4）环境方法标准

环境方法标准是在环境保护工作范围内，以普遍适用的试验、检查、分析、抽样和统计计算为对象制定的标准。

5）环境标准样品标准

环境标准样品是在环境保护工作中，用来标定仪器、验证测量方法、进行量值传递或质量控制的材料或物质。对这类材料或物质必须达到的要求所做出的规定称为环境标准样品标准。它是检验环境方法标准是否准确的主要手段。

6）环保仪器、设备标准

环保仪器、设备标准是指为了保证污染治理设备的效率和环境监测数据的可靠性和可比性，对环境保护仪器、设备的技术要求所做出的统一规定。

5.1.4.4　制定环境标准的原则

环境标准体现国家技术经济政策，是政策和法规的具体体现，因此它的制定要充分体现科学性和现实性相统一，才能既保护环境质量的良好状况，又促进国家经济技术的发展（奚旦立，1999）。

1）要有充分的科学依据

环境标准中各个指标的确定，要以科学研究的结果为依据，如环境质量标准要以环境质量基准为基础。所谓环境质量基准，是指经科学试验确定污染物（或因素）对人或生物不产生不良或有害影响的最大剂量或浓度。制定监测方法标准要对方法的准确度、精密度、干扰因素及各种方法的比较等进行试验。制定控制标准的技术措施和指标，要考虑它们的成熟程度、可行性及预期效果等。

2）既要技术先进，又要经济合理

基准和标准是两个不同的概念。环境质量基准是由污染物（或因素）与人或生物之间的剂量-反应关系确定的，不考虑社会、经济、技术等人为因素，也不随时间而变化。而环境质量标准以环境质量基准为依据，考虑社会、经济、技术等因素而制定，并具有法律强制性，它可以根据情况不断修改、补充。

3）与有关标准、规范、制度协调配套

质量标准与排放标准、排放标准与收费标准、国内标准与国际标准之间应该相互协调才能贯彻执行。

4）积极采用或等效采用国际标准

国家标准反映该国的技术、经济和管理水平。积极采用或等效采用国际标准，能了解当前国际先进技术水平和发展趋势，是我国技术引进政策的重要部分。

5.1.4.5　国内外的室内环境标准

发达国家对室内空气污染的研究始于 20 世纪 70 年代，日本、英国、德国、加拿大、澳大利亚、挪威等国都成立了专门机构负责此项工作（表 5-5），相继开展了多项监测和控制研究。各国分别制定了本国的室内环境质量标准，针对室内空气质量提出了一系列规范和管理措施，所发布的部分法规和标准的名称列于表 5-6 中。

表 5-5 各国家和地区制定室内空气质量准则的组织名称

缩写	组织名称	中文全称
ACGIH	American Conference of Governmental Industrial Hygienists	美国政府工业卫生学家会议
ASHRAE	American Society of Heating Refrigerating and Air-Condition Engineers	美国加热冷冻及空调工程师学会
	Association of Environmentally Friendly Carpets（Germany）	环保地毯协会（德国）
	Building Information Foundation（Finland）	建筑信息基金会（芬兰）
CRI	Carpet and Rug Institute	地毯协会
CSA	Canadian Standard Association	加拿大标准协会
DFG	Deutsche Forschungs Gemeinschaft（Germany）	德国科研协会
DSIC	Danish Society of Indoor Climate（Denmark）	丹麦室内气候学会
EPA	U.S. Environmental Protection Agency	美国环境保护署
GEI	GreenGuard Environmental Institute	绿色卫士环境研究所
	Green Seal	美国绿色认证
MHLW	Ministry of Health，Labour and Welfare（Japan）	日本厚生劳动省
	Nordic Council of Ministries	北欧政府委员会（芬兰、瑞典、挪威、冰岛、丹麦）
NFICL	Norwegian Forum of Indoor Climate Labeling（Norway）	挪威室内气候认证论坛
NIOSH	National Institute for Occupational Safety and Health	美国职业安全与卫生研究所
OEHHA	Office of Environmental Health Hazard Assessment（California EPA）	美国加州环境健康危害评估委员会
OSHA	Occupational Health and Safety Administration	美国职业安全与健康管理局
SCS	Scientific Certification Systems	科学认证体系
	TerraChoice Environmental Services	加拿大环境选择服务公司
	The Government of the Hong Kong Special Administrative Region（Hong Kong）	香港特别行政区政府
WHO	World Health Organization	世界卫生组织

表 5-6 不同国家和地区的室内空气质量准则和环境标准

国家	标准及法规	法规涉及 IAQ[a]	自我监管
澳大利亚	IAQ Goal	√	√
加拿大	Air Quality in Office：A Technical Guide		√
德国	GVⅠ，GVⅡ	√	√
日本	Building Sanitation Management Standard	公共卫生法令强制执行	
韩国	Underground Living Space Air Act Public Sanitary Law	√	

续表

国家	标准及法规	法规涉及 IAQ[a]	自我监管
挪威	Recommended Guidelines for IAQ	√	√
新加坡	Guidelines for IAQ in office	√	√
瑞典	Code of Practice in Ventilation Air Duct Cleaning	√	√
英国	BS（5），HSE（2），CIBSE（6）	√	√
美国	EPA（2），OSHA（2），State（S10）	√	√
香港	Building Ordinance，OSH Ordinance	√	

注：a 表示绝大多数国家和地区采用美国加热冷冻及空调工程师学会（American Society of Heating Refrigerating and Air-Condition Engineers，ASHREA）的通风准则。

美国环保局（Environmental Protection Agency，EPA）、美国测试和材料协会（American Society for Testing and Materials，ASTM）对涉及室内空气质量的建筑装饰材料和室内用品都有明确的规定。1990 年 ASTM 提出了测试室内源释放有机物的指导程序，推荐使用小型人工环境实验舱测定室内材料和室内用品中挥发性有机化合物的测试条件；随后 EPA 提出了室内污染物的源释放模型和室内空气质量模型，根据室内源的释放特性、影响室内材料释放污染物的环境因素和暴露量评价，提供了预测室内材料释放污染物的评价方法；同年，欧盟也提出了类似的指导程序。各国家和地区的室内空气质量暴露评估准则及标准见表 5-7 所示。

目前我国建筑、环保、卫生等部门都在开展室内空气质量监测，各部门均制定了国家标准或行业文件（标准）和规范，包括《民用建筑工程室内环境污染控制规范》（GB 50325—2001）、《室内空气质量标准》（GB/T 18883—2002）、《室内装饰装修材料有害物质限量》（GB 1858x—2001，GB 6566—2001）、《室内环境空气质量监测技术规范》（HJ/T 167—2004）等。这些文件通过引用相应的环境空气或室内空气质量的国家与行业标准，形成了一系列气态污染物的采样和监测的条款。其中，《室内空气质量标准》的适用范围定义为："适用于住宅和办公建筑物，其他室内环境可参照本标准执行"；而《室内环境空气质量监测技术规范》则将适用范围确定为："适用于室内环境空气质量监测，即住宅、办公室、学校教室、医院、候车（机）室、交通工具及体育、娱乐等室内活动场所的室内环境空气质量的监测"。

表5-7 不同国家和地区的室内空气质量暴露评估准则及标准

暴露评估准则及标准	美国	加拿大	英国	芬兰	中国	日本	韩国	中国台湾	新加坡	澳大利亚	中国香港[q]
温度/℃		20~24(冬季);23~26(夏季)[d]		21(冬季);23(夏季)[h]	16~24(冬季)22~28(夏季)[j]			15~28[m]	22.5~25.5[n] 24~26[n]		优异级:20~25.5 良好级:<25.5
湿度/%	<60(理想值30~50)[a]	25~60[d]			30~60(冬季)40~80(夏季)[j]				70[n] 65(新建筑)[o] 70(老建筑)[o]		优异级:40~70 良好级:<70
空气运动(通风)/(m/s)	0.15(冬季)0.25(夏季)[a]			0.2(冬季)0.3(夏季)[h]	0.2(冬季)0.3(夏季)[j]				0.25[n] 0.1~0.3[o]		优异级:<0.2 良好级:<0.3
二氧化碳CO_2/(mg/m³)	1440未提及时间段[b]	1530(8h均值)[d]		2160(8h均值)[h]	1000(24h均值)[j]		I:1800(8h值)[k] II:1800(1h均值)[l]	I:1080(8h均值)II:1800(1h均值)[m]	1800(8h均值)[n] 高于室外1260(8h均值)[o]		优异级:<1440 良好级:<1800
一氧化碳CO/(μg/m³)		10000(8h均值)[d]	11000(8h均值)[g]	10000(8h均值)[h]	10000(1h均值)[j]		I:11000(8h均值)[k] II:29000(1h均值)[l]	I:2000(8h均值)II:10000(8h均值)[m]	10000(8h均值)[n·o]	10000(8h均值)[p]	优异级:<2000 良好级:<10000
臭氧O_3/(μg/m³)					160(1h均值)[j]			I:60(8h均值)II:100(8h均值)[m]	100(8h均值)[n]	200(1h均值)160(4h均值)[p]	优异级:<50 良好级:<120
甲醛HCHO/(μg/m³)		120(1h均值)[d]	120(30min均值)[d]	50(8h均值)[h]	100(1h均值)[j]	160(30min)[j]	200(8h均值)[k·l]	200(1h均值)[m]	200(8h均值)[n·o]	200(8h均值)[p]	优异级:<30 良好级:<100
颗粒物(PM_{10})/(μg/m³)		150(24h均值)[d]		50(24h均值)[h]	150(24h均值)[j]		150(8h均值)[k·l]	I:60(24h均值)II:150(24h均值)[m]	150(max)[n] 50(8h均值)[o]		优异级:<20 良好级:<180
颗粒物($PM_{2.5}$)/(μg/m³)								100(24h均值)[m]			
总挥发性有机物TVOC/(μg/m³)		5000(24h均值)[d]			600(8h均值)[j]	400(30min)[j]		6900(1h均值)[m]	6900(最高)[n]	500(1h均值)[p]	优异级:<200 良好级:<600
氡Radon/(Bq/m³)		150(1年均值)[f]	200(1年均值)[e]	200(1年均值)[h]	400(1年均值)[j]			200(1h均值)[m]		200(1年均值)[p]	优异级:<150 良好级:<200

续表

暴露评估准则及标准	美国	加拿大	英国	芬兰	中国	日本	韩国	中国台湾	新加坡	澳大利亚	中国香港 q
二氧化氮 NO_2 /(μg/m³)		560(24h 均值)f	280(1h 均值)h	200(1h 均值)h	450(1h 均值)i						优异级: <40 良好级: <150
空气细菌 /(cfu/m³)					2500(依仪器定)j			I: 500(最高) II: 1000(最高)m	500(最高)n o		优异级: <500 良好级: <1000
空气真菌 /(cfu/m³)	200c	150cfu/m³(某三种代表室外的多种菌落); 50cfu/m³(某一种除枝孢属或链格孢属之外的真菌); ≤500cfu/m³(夏季菌属或其他主要为枝孢属或其他真菌时)f						1000(最高)m	500(最高)n ≤500cfu/m³(菌种主要为枝孢腐时)o		

标准来源: a USEPA (2002), "A Brief Guide to Mold, Moisture, and Your Home";

b USEPA (1996), Facilities Manual: Architecture, Engineering, and Planning Guidelines. Maximum Indoor Air Concentrations;

c US Public Health Services recommend this value for fungal bio-aerosols;

d Health Canada 1993, revised in 1995;

e Health Canada, 2006;

f Alberta IAQ Guideline;

g Department of Health's Committee on Medical Effects of Air Pollutants (COMEAP) 2004;

h Indoor Climate and Ventilation of Buildings Regulations and Guidelines 2003, Ministry of the Environment, Finland;

i General Administration of Quality supervision, Inspection and Quarantine, Ministry of Health, State Environmental Protection Administration of China 2002;

j Ministry of Health, Labour and Welfare, Japan;

k Ministry of Labour, Korea I: Offices;

l Ministry of Environment, Korea II: Public Using Facilities;

m Recommended IAQ Values, Environmental Protection Administration, 2005;

  Group I: Schools, educational premises, recreational premises for children, medical premises, care centers for the elderly and disabled;

  Group II: public places, office buildings, shopping malls, exchange market, exhibition halls, underground streets and public transport;

n Guidelines for Good IAQ in Office Premises. Ministry of the Environment, 1996;

o Singapore Standard SS 554: 2009 "Code of Practice for Indoor Air Quality in Air-conditioned Buildings";

p Environmental Australia, 2001;

q Guidance Notes for the Management of IAQ Management, EPD 2003 (Note: the numerical values are 8-hr averages)。

此外，这些标准的不同侧重点还主要表现在以下几个方面：

1）控制时段和对象不同

《室内空气质量标准》控制的是人们在正常活动情况下的室内环境质量，它从保护人体健康的最低要求出发，将影响健康的物理参数和主要污染物全部纳入监测范围；《民用建筑工程室内环境污染控制规范》控制的是新建、扩建和改建的民用建筑装饰工程室内环境质量，主要是从工程验收的角度出发，规定了在工程建设方面最易引起污染的五个参数，便于明确开发方、装饰装修方的责任；国家质量监督检验检疫局制定的十种《室内装饰装修材料有害物质限量》标准控制的是造成室内环境污染的室内装饰装修材料中释放的有害物质。

2）控制污染的项目和限量值不同

《室内空气质量标准》不划分建筑类别，采用统一的标准，对室内空气中的物理性、化学性、生物性和放射性指标进行全面控制（表 5-8，表 5-9）；《民用建筑工程室内环境污染控制规范》则将限量值划分为以住宅为主的 I 类建筑和以办公楼为主的 II 类建筑，分别予以规定，主要包含对氡、游离甲醛、苯、氨和总挥发性有机物等五项污染物指标的浓度限制；《室内装饰装修材料有害物质限量》控制的则是十种室内装饰、装修材料中的有害物质限量。

表 5-8　我国的室内空气质量标准（GB/T 18883—2002）

序号	参数类别	参数	标准值	备注
1		温度/℃	22～28	夏季空调
			16～24	冬季采暖
2	物理性	相对湿度/%	40～80	夏季空调
			30～60	冬季采暖
3		空气流速/(m/s)	0.3	夏季空调
			0.2	冬季采暖
4		新风量/[m³/(h·人)]	30[a]	
5		SO_2 浓度/(mg/m³)	0.50	1h 均值
6		NO_2 浓度/(mg/m³)	0.24	1h 均值
7		CO 浓度/(mg/m³)	10	1h 均值
8	化学性	CO_2 浓度/%	0.10	日平均值
9		NH_3 浓度/(mg/m³)	0.20	1h 均值
10		O_3 浓度/(mg/m³)	0.16	1h 均值
11		HCHO 浓度/(mg/m³)	0.10	1h 均值
12		C_6H_6 浓度/(mg/m³)	0.11	1h 均值

续表

序号	参数类别	参数	标准值	备注
13		C_7H_8浓度/(mg/m^3)	0.20	1h 均值
14		C_8H_{10}浓度/(mg/m^3)	0.20	1h 均值
15	化学性	苯并[a]芘浓度/(ng/m^3)	1.0	日平均值
16		PM$_{10}$浓度/(mg/m^3)	0.15	日平均值
17		TVOC 浓度/(mg/m^3)	0.60	8h 均值
18	生物性	菌落总数/(cfu/m^3)	2500	依据仪器定
19	放射性	氡 ^{222}Rn/(Bq/m^3)	400	年平均值（行动水平[b]）

注：a 表示新风量要求≥标准值，除温度、相对湿度外的其他参数要求≤标准值；b 表示行动水平即达到此水平建议采取干预行动以降低室内氡浓度。

表 5-9　《室内空气质量标准》（GB/T 18883—2002）中引用的检测方法标准

检测方法标准名称	标准号
居住区大气中甲醛卫生检验标准方法 分光光度法	GB/T 16129
空气质量 甲醛的测定 乙酰丙酮分光光度法	GB/T 15516
公共场所空气中甲醛测定方法	GB/T 18204.26
公共场所空气中氨测定方法	GB/T 18204.25
空气质量 氨的测定 纳氏试剂比色法	GB/T 14668
空气质量 氨的测定 离子选择电极法	GB/T 14669
居住区大气中苯、甲苯和二甲苯卫生检验标准方法 气相色谱法	GB 11737
空气中氡浓度的闪烁瓶测量方法	GB/T 16147
环境空气中氡的标准测量方法	GB/T 14582
公共场所空气中臭氧测定方法	GB/T 18204.27
环境空气 臭氧的测定 紫外光度法	GB/T 15438
居住区大气中硫化氢卫生检验标准方法 亚甲蓝分光光度法	GB 11742
环境空气 苯并（a）芘测定 高效液相色谱法	GB/T 15439
公共场所空气中二氧化碳测定方法	GB/T 18204.24
公共场所空气中一氧化碳测定方法	GB/T 18204.23
居住区大气中二氧化硫卫生检验标准方法 甲醛溶液吸收——盐酸副玫瑰苯胺分光光度法	GB/T 16128
居住区大气中二氧化氮检验标准方法 改进的 saltzman 法	GB 12372
室内空气中可吸入颗粒物卫生标准	GB/T 17095
居住区大气中铅卫生检验标准方法 原子吸收分光光度法	GB 11739
公共场所室内新风量测定方法	GB/T 18204.18
空气质量 一氧化碳的测定 非分散红外法	GB/T 9801

检测方法标准名称	标准号
空气质量 甲苯、二甲苯、苯乙烯的测定 气相色谱法	GB 14677
空气质量 氨的测定 次氯酸钠-水杨酸分光光度法	GB/T 14679
环境空气 二氧化硫的测定 甲醛吸收-副玫瑰苯胺分光光度法	GB/T 15262
环境空气 二氧化氮的测定 Saltzman 法	GB/T 15435
环境空气 臭氧的测定 靛蓝二磺酸钠分光光度法	GB/T 15437
公共场所空气温度测定方法	GB/T 18204.13
公共场所空气湿度测定方法	GB/T 18204.14
公共场所风速测定方法	GB/T 18204.15

单从限量值来看，表面上《室内空气质量标准》中的限量规定较《民用建筑工程室内环境污染控制规范》中的限量规定更宽，但综合考虑采样条件因素后，两者都有科学依据。因此，作为标准在进行室内空气检测时，应明确自己的目的，并在进行检测前先要与检测机构加强沟通、约定检测执行标准。如果检测结果是用于建筑竣工或装饰装修工程的验收，应以《民用建筑工程室内环境污染控制规范》为准，因为它简单明了、易于操作；如果是为了评价生活、工作环境的空气质量，以便采取必要的污染物控制措施，可以依据《室内空气质量标准》选择性地检测某些参数，因为它比较全面，且更强调污染物浓度的持续存在。

3）检测条件和取样条件不同

按照《室内空气质量标准》的要求，当评价在人们正常活动情况下室内空气质量对人体健康影响时，要求日平均，至少监测一日，每日早晨和傍晚采样，早晨不开窗通风，封闭 12h 后取样。《民用建筑工程室内环境污染控制规范》中规定，对采用自然通风的民用建筑工程，取样、检测应在通风后门窗关闭 1h 后进行。

4）标准的强制力不同

上述标准都具有法规的性质，但《民用建筑工程室内环境污染控制规范》和《室内装饰装修材料有害物质限量》是国家的强制性标准，必须强制执行；而《室内空气质量标准》是国家的推荐性标准，相当于非强制性的法律法规，即只有在被国家的法律法规引用后才具有强制力，或合同双方当事人在合同中协议约定要求达到标准要求时才具有强制性作用。

5.1.5 室内气态污染物监测方案

5.1.5.1 环境污染的特点

环境污染不但是各种污染因素本身及其相互作用的结果，还受社会评价的影响而具有社会性。因此，它具有以下特点（奚旦立，1999）。

1）时间分布性

污染物的排放量和污染因素的强度随时间而变化。例如，工厂排放污染物的种类和浓度往往随时间而变化；随着气象条件的改变会造成同一污染物在同一地点的污染浓度相差高达数十倍等。

2）空间分布性

污染物和污染因素进入环境后，污染物的稳定性和扩散速度与其性质有关，导致不同空间位置上污染物的浓度和强度是不同的。因此，欲准确表述区域环境质量，仅用某一点的监测结果是无法说明的，必须根据污染物的时间、空间分布特点，科学地制订监测计划（包括网点设置、监测项目、采样频率等），然后对监测数据进行统计分析，才能得到较全面而客观的评述。

3）环境污染与污染物含量（或污染因素强度）的关系

有害物质引起毒害的量与其无害的自然本底值之间，存在一个界限，即污染因素对环境的危害存在阈值。对阈值的研究，是判断环境污染及污染程度的重要依据，也是制定环境标准的科学依据。

4）污染因素的协同效应

环境是一个复杂的体系，评价环境污染的健康效应和环境污染改变生态系统的结构和功能时，必须考虑各种因素的协同效应。例如，从毒理学的观点看，多种污染物同时存在时的健康效应有以下几种情况：单独作用，即只有混合物中的某一组分危害机体内的某个器官，没有因污染物的共同存在而加深危害；相加作用，即混合污染物中各组分对机体内同一器官的毒害作用，等于各污染物单独作用的总和；相乘作用，即混合污染物各组分对机体的毒害作用超过各污染物单独作用的总和；拮抗作用，即两种或两种以上污染物对机体的毒害作用彼此抵消。

5）环境污染的社会评价

环境污染的社会评价与社会制度、文明程度、技术经济发展水平、民族的风俗习惯、哲学、法律等问题有关。有些具有潜在危险的污染因素，因其表现为慢性危害，往往不引起人们注意，而某些现实的、直接感受到的因素容易受到社会重视。

5.1.5.2　环境监测的特点

1）环境监测的综合性

环境监测的综合性表现在以下几个方面：监测手段囊括一切可以表征环境质量的化学、物理、生物、物理化学、生物化学及生物物理等方法；监测对象包括空气、水体、土壤、固体废物、生物等客体，只有对这些客体进行综合分析，才能确切描述环境质量状况；对监测数据进行统计处理和综合分析时，必须综合考虑区域的自然和社会各个方面情况，才能正确阐明监测数据的内涵。

2）环境监测的连续性

由于环境污染具有时空分布性，因此，只有通过长期测定、获得大量的数据，才能揭示其变化规律和预测其变化趋势，数据越多，预测的准确度就相对越高。因此，监测网络、监测点位的选择一定要有科学性，而且一旦监测点位的代表性得到确认，就必须坚持长期监测。

3）环境监测的可追踪性

环境监测的工作流程包括：确定监测目的、制订监测计划、采样、样品运送和保存、实验室测定、数据整理等，任何一步的差错都将影响最终数据的质量。特别是区域性的大规模监测，由于参加人员众多、实验室和仪器不同，必然会由于技术和管理水平的差异影响数据质量。为使监测结果具有一定的准确性，并使数据具有可比性、代表性和完整性，需要建立环境监测的质量保证体系（奚旦立，1999）。

5.1.5.3　室内空气污染监测方案

与监测室外环境大气类似，制定并完成一项室内空气污染的监测方案，首先要明确监测目的和对象需求（requirement），随即收集必要的基础资料（background information），并根据监测目的进行现场检视调查（walkthrough inspection），确定监测项目和进度计划（包括设计布点网络，选定采样频率、采样方法和监测技术等）后，完成采样和分析仪器的调试及实验室准备工作（laboratory preparation），建立质量保证程序和措施，实施现场监测和采样分析（detailed IAQ measurements），然后经过数据分析与挖掘（problem identification），提交监测结果和评价综合报告（peporting）等。

1）监测的目的

室内空气污染监测的目的通常有三类：一是通过对室内大气中主要污染物的定期或连续监测，判断其浓度是否符合国家标准的要求，为评价室内空气质量提供数据；二是掌握空气质量的变化规律和发展趋势，为有效改善室内空气质量、保障人体健康和提高工作、生活的舒适程度提供依据；三是为环境保护法规的执行和空气质量标准的编修等提供基础资料和依据。

2）基础资料的收集

根据监测目的和对象需求的实际内容，收集建筑物的平面图、室内各功能区的设置和相应的机械通风、空调系统规划图等，查阅系统运行的时间表和维护记录等与建筑物相关的基础资料；并通过问卷调查等形式，获取建筑物室内的人员分布、室内活动的类型和时空分布规律等，记录室内人员对空气质量的主观感受和疾病的类型等与人员相关的信息；对于室内监测区域以往的空气质量监测资料等也应尽量收集。

室外周边区域内的地形、土地利用、社会经济发展状况、人口分布和流行性疾病等情况，有助于判断室外来源污染物对室内污染物强度和变化规律的影响，对制定室内监测方案、分析判断室内监测结果都是有益的。

3）现场检视

根据监测目的，有针对性地设计现场检视调查表，内容包括：建筑物环境和机械通风、空调系统的设置，尤其要关注系统建成运行后的任何变更和改动；检查室内是否存在空调冷热令人不适的地点；记录室内人员活动，尤其是临近周边是否存在装修、改建等工地，以及室内的清洁和事务管理状况等；现场检视过程中应留意室内各处是否存在霉菌生长、化学品使用或存放、漏水或冷凝水、特殊气味，以及易成为细菌病毒滋生地的中央空调系统送风口格栅等组件的潮湿积尘现象等。

4）实验室准备

根据优先监测的原则初步确定采样计划，选择那些危害大、涉及范围广、已建立成熟的测定方法，并有标准可比的项目进行监测；其次，确定监测区域室内采样布点的数量和位置、采样方法、采样时间和采样频率，以及在线监测仪器的类型和实验室分析技术等；调试采样器和在线监测仪器，准备主动采样所需的滤膜、吸附剂和被动式采样所需的吸附介质；规划实验室后勤保障，确保实验室技术支持和耗材供应等。

采样网点的布设方法有经验法、统计法和模式法等。在一般监测工作中，常用经验法。我国《室内空气质量标准》（GB/T 18883—2002）和《室内环境空气质量监测技术规范》（HJ/T 167—2004）中规定，采样点位的数量根据室内面积大小和现场情况而确定，要能正确反映室内空气污染物的污染程度。原则上小于50m² 的房间应设 1~3 个点；50~100m² 设 3~5 个点；100m² 以上至少设 5 个点。多点采样时应按对角线或梅花式均匀布点，应避开通风口，离墙壁距离应大于 0.5m，离门窗距离应大于 1m。采样点的高度原则上与人的呼吸带高度一致，一般相对高度 0.5~1.5m。也可根据房间的使用功能，人群的高低以及在房间立、坐或卧时间的长短，来选择采样高度。有特殊要求的可根据具体情况而定。

采样时间系指每次采样从开始到结束所经历的时间，也称采样时段。采样频率是指在一定时间范围内的采样次数。这两个参数要根据监测目的、污染物分布特征及人力物力等因素决定。采样时间短，试样缺乏代表性，监测结果不能反映污染物浓度随时间的变化，仅适用于事故性污染、初步调查等情况的应急监测。为增加采样时间，目前采用两种办法，一是增加采样频率，即每隔一定时间采样测定一次，取多个试样测定结果的平均值为代表；二是使用自动采样仪器进行连续自动采样，若再配用污染组分连续或间歇自动监测仪器，其监测结果能很好地反映污染物浓度的变化，得到任何一段时间（如小时、天、月、季度或年）的代表值（平均值），这是最佳采样和测定方式。我国《室内空气质量标准》（GB/T 18883—2002）和《室内环境空气质量监测技术规范》（HJ/T 167—2004）中规定，年平均浓度至少采样 3 个月，日平均浓度至少采样 18h，8h 平均浓度至少采样 6h，1h 平均浓度至少采样 45min。

5）监测的实施

根据待测气态污染物的存在状态、浓度、物理化学性质及监测方法不同，选用不同的采样方法和仪器。实施环境监测时的任务通常包括三个部分，在室内多点监测的同时，还应在室外设置一个监测点测量除室内、外空气流速之外的所有环境参数。此外，不定期巡检内容应包括：机械通风和空调系统的运行状况、室内清洁和维护活动等。

计算机科学界存在一个传统的说法"garbage in garbage out（GIGO）"，意思是：即使给再好的计算机程序输入垃圾数据，也只能运算出垃圾结果。这一规则同样适用于环境数据的质量控制。因此，有必要建立合理有效的数据质量保证和控制（quality assurance & quality control，QA/QC）措施。我国《室内空气质量标准》（GB/T 18883—2002）和《室内环境空气质量监测技术规范》（HJ/T 167—2004）中规定的采样质量保证体系包括建立采样仪器的标准操作流程（standard operating procedure，SOP）、采样仪器的计量检定和校准、采样人员的培训和考核、主动式采样器采样前的气密性检查、采样前后系统采样流量的校准、现场空白检验、平行样检验、采样体积校正、样品的运输与保存、采样记录的格式规范和审核等。

要保证监测结果的准确、可靠和可比，不但需要使监测仪器处于良好的运行环境，保持良好的技术性能指标，使其保持良好的精密度；还要通过仪器校准确保监测仪器良好的准确度，监测仪器的校准分为单点校准和多点线性校准。

定期进行单点校准不仅能够及时修正运行监测仪器的漂移，使运行的监测仪器的测量响应与实际污染物浓度尽可能保持一致；还在于经常地检验和监视仪器的主要技术指标，及时地发现其在日常运行过程中某些并不明显的缺陷，且有助于判断可能出现故障的原因，以确保监测仪器处于良好的工作状态。通常的校准程序是向监测仪器通入零气和标气，由监测仪器的响应确认不需对零点和标点进行校准，称为对监测仪器的零点和标点进行检查。校准结果借助如下的统计分析进行评价。

零点百分漂移：

$$ZD = \frac{ZD'}{URL} = \frac{Z' - Z}{URL} \tag{5-23}$$

式中，ZD 为零点百分漂移，%；ZD′为零点漂移；Z' 为监测仪器不经调节对零气的响应值；Z 为校准用零气的浓度；URL 为监测仪器的监测上限。

如果校准用零气浓度为 0，则

$$ZD = \frac{Z'}{URL} \tag{5-24}$$

标点百分漂移为

$$SD = \frac{S' - ZD' - S}{S} \times 100 \tag{5-25}$$

式中，SD 为标点百分漂移，%；S' 为监测仪器不经调节对标气浓度的响应值；S 为校准用标气浓度。

如果监测仪器零点经调节后为 0，则

$$SD = \frac{S' - S}{S} \times 100 \tag{5-26}$$

对监测仪器进行多点线性校准是使用标准物通过直接方法或通过间接方法对监测仪器进行传递标定，即与国家一级标准进行比较，确认其响应的可追溯性。由于各个测试点误差是不相同的，而多点校准注意了各个测试点的误差和多点的平均影响，它的准确性比单点校准更好。校准点一般取七个，除一个点为零点、一个点取在仪器测量量程 90% 处作为标点外，其余五个点在零点和标点之间等距离分布。仪器分析多个已知浓度的污染物，观察仪器的响应，并调节仪器使仪器的响应和实际浓度达到最佳拟合程度。

因此，对监测仪器进行多点线性校准的目的在于确认仪器的线性状况，在实际污染物浓度和仪器响应之间建立一个良好的定量关系，在实际监测时利用此定量关系将仪器响应准确地转化为实际的污染浓度，使仪器的响应能准确地反映环境空气中污染物的实际浓度。多点校准结果的统计分析一般根据最小二乘法原则，绘制基于线性回归分析的校准曲线：

$$y = bx + a \tag{5-27}$$

式中，y 为标准浓度；x 为监测仪器响应值；b 为校准曲线的斜率；a 为校准曲线的截距。

基于线性回归分析的校准曲线的截距反映了监测仪器的零点漂移情况，斜率反映了监测仪器的线性指标，相关系数反映了所得到的直线与各校准数据点吻合的程度。

6）数据分析

获取室内空气中主要污染物的定期或连续监测数据的主要目的是对数据进行分析处理与评价，当参照国家标准评价室内空气的质量时，监测数据的统计需要进行平均值、超标率及超标倍数三项统计计算。

分析处理与评价所获得监测数据的主要内容包括：批处理全部环境参数的监测数据，针对每一个环境参数的连续监测分布数据，计算其年平均、日平均和 8h

平均值，以便借助国家或行业标准进行评价；筛选出监测数据中的极端值，着重关注极端值出现的采样点和采样时段；当某一环境参数的监测数据中出现极端值时，须对此环境参数的全部分布数据进行详细的数据分析；观察所监测环境参数的全部数据，发现分布图中数据的波动极端值；将上述数据分析结果与标准或规范中的标准值和推荐值进行比较。

参照采样地域的基础数据，依托监测数据的详细分析结果，可以对室内空气质量进行有针对性的评价，主要包括以下几个方面：识别污染物的类型和主要来源；判断污染物的传输途径；建立主要污染物与室内环境现有问题的关联；确认影响室内空气质量的关键因素，是室外污染物的渗入、室内活动或室内源的排放等。

7）提交报告

最终提交的室内空气质量监测与分析综合报告中应包含的内容有：室内系统的工作环境和状态；室内污染物的潜在来源；所监测建筑物的室内空气质量水平；提出缓解或改善室内空气质量的措施等。

5.2　遗址博物馆室内气态污染物

5.2.1　博物馆室内关键气态污染物

世界上已知的化学物质有 700 万种，进入环境的已达 10 万种，新的化学物质还在不断地从实验室合成出来。因此，不论考虑监测所耗费的人力、物力、财力，还是化学品的危害程度和出现频率，都不可能对每一种化学品进行监测和控制，只能有重点、有针对性地对众多污染物进行分级和排序，筛选出潜在危害性大、在特定环境中出现频率高的污染物作为监测和控制的对象。经过优先选择的污染物称为环境优先污染物，简称优先污染物（priority pollutants），对优先污染物进行的监测称为优先监测。

博物馆室内环境空气质量与室外环境空气、污染源所排放气体、建筑和装修材料、建筑物通风与结构等都关系紧密，这些因素直接影响室内气态污染物的种类、浓度水平和发展趋势。与居住区、车间和办公室等其他室内环境空气相比，博物馆室内环境中的气态污染物既在污染物的室外来源、扩散模式和污染物的化学转化机理等方面有相似之处，又在污染物的室内来源、浓度水平和污染物损害效应等方面存在显著差异。

由于遗址博物馆内遗址的性状各不相同、藏品涉及的材质亦多种多样，所以，遗址博物馆内大气环境中可能给藏品带来不利影响的关键气态污染物种类众多。按其化学类型可划分为八类，包括硫氧化物（SO_x）、还原性含硫气体（S^-）、氮氧化物（NO_x）、臭氧（O_3）和过氧化物（ROOR）、醛（RCOH）和羧酸（RCOOH）、水汽（H_2O）和胺类（RNR）等。这些气态污染物既可能源于博物馆室外，也可能来自于建筑物的室内。在室内，气态污染物可能源于建筑或装修材料、室内清洁活动、游客排放，甚至是藏品材料本身等。在室外，气态污染物主要与人类活动密切相关，如工业与机动车排放等。而遗址博物馆室内微气候参数的差异、文物藏品的材料特性和气态污染物的种类、存在状态和二次化学转化，都决定了文物的大气腐蚀模式与速度。

遗址博物馆内关键气态污染物的来源及其浓度水平参见表 5-10。

表 5-10　博物馆内各种污染物的来源及浓度水平（Tétreault，2003）

大气污染物/来源	描述	浓度/($\mu g/m^3$)	文献来源
醋酸			
对流层	对流层上层	0.3～0.9	Reiner et al., 1999
热带森林	雨季和旱季，昼间，1999	0.9～9	Kuhn et al., 2001
	巴西亚马逊	1.7～1.5	Souza et al., 1999
城市采样点		0.5～2.5	Graedel, 1987a
	美国加州 Claremont 市，1985 年 9 月	9～18，峰值 24	Grosjean, 1988
	墨西哥 Chihuahua 省 Cuidad Juarez 市，冬夏季	14, 35	Popp et al., 1999
	巴西 Sao Paulo，1996 年 7 月	1.2～20	Souza et al., 1999
室内采样点	库房和展厅	38～96	Grzywacz et al., 1994
	比利时布鲁塞尔乐器博物馆陈列厅和安特卫普 Plantin-Moretus 博物馆	82～106	Kontozova et al., 2002
黏合剂	不同丙烯酸树脂和醋酸乙烯树脂	X	Down et al., 1996
	含有醋酸乙烯树脂的纸板存储盒	2600～4700	Dupont et al., 2000
	地板材料	X	Wilke et al., 2002
醋酸纤维素胶片	密封罐中存放 24h，银盐鱼胶板底片	150 000	Hollinshead et al., 1987
	空气交换速率为 $10d^{-1}$，银盐鱼胶板底片	920	Ryhl-Svendsen, 2000
涂层	油基颜料，干燥 5 周，稳态采样	20E3～65E3	Tétreault et al., 1997
	乳胶、保湿聚氨酯或双组分环氧树脂，干燥 5 周，稳态采样	3000～22000	Tétreault et al., 1997
油布	新样品	X	Jensen et al., 1993
中密度纤维板（MDF）	商品名：Sylvapan（丹麦）	220	Ryhl-Svendsen, 2000
橡木	橡木、紧密材，至少 15 年期	310	Ryhl-Svendsen, 2000

续表

大气污染物/来源	描述	浓度/($\mu g/m^3$)	文献来源
硅树脂密封剂	Bostik 玻璃 2680 硅树脂，酸性，凝固 3 天	14000	Ryhl-Svendsen, 2000
	Bostik 玻璃 2680 硅树脂，酸性，凝固 7 天	880	Ryhl-Svendsen, 2000
	Bostik 玻璃 2680 硅树脂，酸性，凝固 29 天	94	Ryhl-Svendsen, 2000
	Bostik 工业 2695 硅树脂，中性，凝固 27h	<20	Ryhl-Svendsen, 2000
	红橡木、紧密材，至少 10 年期，稳态采样	6700	Tétreault et al., 1997
木箱	各种木制或有木板的储藏和展示橱	80~1800	Grzywacz et al., 1994
	各种木制或有木板的储藏和展示橱	350~1800	Gibson et al., 1997
	各种木制或有木板的储藏和展示橱	110~3200	Kontozova et al., 2002

胺，参见氨

二乙胺基乙醇（DEAE）	供热通风空调（HVAC）系统，用作腐蚀抑制剂	X	Volent et al., 1985
十八烷基胺（ODA）	供热通风空调（HVAC）系统，用作腐蚀抑制剂	蒸汽中含量约为 1	Organ, 1967

氨

洁净对流层		0.7	Seinfeld, 1986
城市采样点		7~18	Seinfeld, 1986
	奥斯陆，维京船舶博物馆室外	2	Dahlin et al., 1997
室内采样点	教堂内的图书馆、画廊；纸浆和造纸厂的货物贮藏区和室内	0.6~15	Johansson et al., 1997
	Japanese 博物馆内的展示和储藏室	16~40	Sano, 2000
	新竣工建筑	20~60	Jamstrom et al., 2002
人体	未配备 HVAC 系统的博物馆，馆内 200 人	15	Dahlin et al., 1997
	未配备 HVAC 系统的博物馆，馆内 400 人	22	Dahlin et al., 1997
	未配备 HVAC 系统的博物馆，馆内 1000 人	30	Dahlin et al., 1997
水泥	选点建筑：排放速度：30~70($\mu g/m^2$)/h	X	Jamstrom et al., 2002
硅树脂密封剂	低气味型（如 GEⅡ硅树脂）或中性密封剂	X	Tétreault, 1992

硫酸铵

室外	由铵和含硫化合物反应生成；室内亦可发生	X	Seinfeld et al., 1998

二硫化碳

洁净对流层		0.05	Brimblecornbe et al., 1992
城市采样点		0.5	Brimblecornbe et al., 1992

续表

大气污染物/来源	描述	浓度/(μg/m³)	文献来源
羊毛	室内暴露于阳光下的窗帘	0.35	Brimblecornbe et al., 1992
	地毯，一个房间 900g 羊毛	0.03（模拟）	Brimblecornbe et al., 1992
	干衣物，20 个人（500g 羊毛）	0.009（模拟）	Brimblecornbe et al., 1992
	湿衣物，20 个人（500g 羊毛）	0.035（模拟）	Brimblecornbe et al., 1992
羰基硫化物			
洁净对流层		0.7	Brimblecornbe et al., 1992
		1.0～1.1	Graedel et al., 1981
城市采样点		0.7	Brimblecornbe et al., 1992
羊毛	室内暴露于阳光下的窗帘	1.4	Brimblecornbe et al., 1992
	地毯，一个房间 900g 羊毛	0.12（模拟）	Brimblecornbe et al., 1992
	干衣物，20 个人（500g 羊毛）	0.035（模拟）	Brimblecornbe et al., 1992
	湿衣物，20 个人（500g 羊毛）	0.14（模拟）	Brimblecornbe et al., 1992
甲醛			
洁净对流层		0.5	Seinfeld, 1986
城市采样点	美国加州 Claremont 市，1985 年 9 月	2.0～14	Grosjean, 1988
	美国加州 6 座城市，1 年平均值	6.3～7.1	Grosjean, 1999
		5～19	Graedel, 1987a
	办公楼和学校的室外	14～26	Cavallo et al., 1993
室内	展示和储藏室	11～46	Grzywacz et al., 1994
	办公楼和学校的室内	13～70	Cavallo et al., 1993
	澳大利亚，新入住的建筑，配有窗帘、地毯和家具，配备供热通风空调（HVAC）系统，入住后第一年的平均值	12～32	Dingle et al., 1993
	新竣工建筑（主要来源于地板覆盖物）	13～37	Jamstrom et al., 2002
尿素甲醛基木制品	七十或八十年代的研究	500～6000	Meyer et al., 1986
木箱	各种木制或有木板的储藏和展示橱	50～470	Grzywacz et al., 1994
甲酸			
对流层	对流层上层	0.1～0.4	Reiner et al., 1999
热带森林	雨季和旱季，昼间，1999	0.73～8.0	Kuhn et al., 2001

大气污染物/来源	描述	浓度/(μg/m³)	文献来源
城市采样点	美国加州 Claremont 市，1985 年 9 月 14～18 日	6.1～15，峰值 20	Grosjean, 1988
	美国加州 Upland 市，1 年期间 55 个 24 小时样品的平均值（1988 年 10 月～1989 年 9 月）	3.5	Grosjean, 1999
	巴西 Sao Paulo 市，1996 年 7 月	1.1～18	Souza et al., 1999
	墨西哥 Chihuahua 省 Cuidad Juarez 市，冬季	3.2	Popp et al., 1999
室内	库房和展厅	<0.6～28	Grzywacz et al., 1994
	比利时布鲁塞尔乐器博物馆陈列厅和安特卫普 Plantin-Moretus 博物馆	21～25	Kontozova et al., 2002
木箱	各种木制或有木板的储藏和展示橱	2～120	Grzywacz et al., 1994
	收集硬币的抽屉	500	Ryhl-Svendsen et al., 2002
	各种木制或有木板的储藏和展示橱	<40～1600	Gibson et al., 1997
	各种木制或有木板的储藏和展示橱	16～440	Kontozova et al., 2002
黏合剂	含有醋酸乙烯树脂的纸板存储盒	1300～2900	Dupont et al., 2000
氯化氢			
城市采样点		0.76～3.0	Graedel, 1987a
过氧化氢			
沙漠和草原		0.14～4.2	Graedel, 1984
城市采样点		14～42	Graedel, 1987a
硫化氢			
洁净对流层		0.014～14	Graedel, 1984
		0.01～0.02	Watts, 2000
		0.007～0.07	Graedel et al., 1981
		0.05～1.0	Brimblccombe et al., 1992
	海岸和农业地区，四家荷兰博物馆室外	0.068～0.19	Ankersmit et al., 2000
城市采样点		0.14～0.7	Graedel, 1987a
		0.02～7	Graedel et al., 1981
	城市和工业地区，四家荷兰博物馆室外	0.12～0.59	Ankersmit et al., 2000
	英国 Sainsbury Centre for Visual Art 室外	0.13	Camuffo et al., 2001
	2 个工业采样点（石化和纸浆造纸）	0.3～1.3	Ministere de l'Environnement et de la Faune, 1997
	加拿大魁北克，1990 至 1994 年平均值		
室内	四家荷兰博物馆，海岸、农业、城市和工业地区	0.03～1.4	Ankersmit et al., 2000
	英国 Sainsbury Centre for Visual Art	0.15	Camuffo et al., 2001

续表

大气污染物/来源	描述	浓度/(μg/m³)	文献来源
人体	基于 1 个房间内每人每天排放 2.8 mg	16（模拟）	Brimblecombe et al., 1992
硫基颜料成分	无精确数据报道	X	Miles, 1986
硫污染的文物	无精确数据报道	X	Green, 1992
硝酸			
洁净对流层		0.04～0.6	Seinfeld, 1986
城市采样点	美国加州	1～8	Salmon et al., 1990
		3～30	Graedel, 1987a
		8～130	Seinfeld, 1986
	美国加州 8 座公共机构室外	7～26	Hisham et al., 1991a
室内	美国加州 8 座公共机构室内	2～16	Hisham et al., 1991a
一氧化氮			
城市采样点	美国加州 Claremont 市，1985 年 9 月	2～40	Grosjean, 1988
二氧化氮			
洁净对流层		0.2～1	Seinfeld, 1986; Craedel, 1984
	20 世纪 90 年代美国农业区的年均值浓度水平	15～19	EPA, 2001
	中东欧国家农业区，1997	2～23	Fiala et al., 2002
城市采样点	20 世纪 90 年代美国城市采样点的年均值浓度水平，部分地区较高	42～48, 100	EPA, 2001
		100～500	Seinfeld, 1986
	20 世纪 90 年代加拿大城市的年均值浓度范围	32～42	EC & HC, 1999
	中东欧国家城市采样点，1997	3～66	Fiala et al., 2002
	美国加州 Claremont 市，1985 年 9 月，包括全部 NO_x 减去 NO	28～120, 峰值 250	Grosjean, 1988
	美国加州 8 座公共机构室外	40～130	Hisham et al., 1991a
室内	美国加州 8 座公共机构室内	20～90	Hisham et al., 1991a
硝酸纤维素胶片藏品	房间内，数值包括全部 NO_x	20	Erickson, 1990
	塑料袋内的纤维素底片	3800	Hollinshead et al., 1987
氧气			
大气中		2.8E8（20.95%）	
臭氧			
洁净对流层		40～160	Seinfeld, 1986
		2～200	Graedel, 1984
	20 世纪 90 年代美国农业区的年均值浓度范围	200～220	EPA, 2001
	中东欧国家农业区，1997	130～230	Fiala et al., 2002

续表

大气污染物/来源	描述	浓度/(μg/m³)	文献来源
城市采样点	美国加州夏季 12 天（每天 24 小时均值）的平均值	18～62	Hisham et al., 1991a
	美国加州 1984 年 7 月 12 日的日内浓度范围	10～350	Cass et al., 1989
	20 世纪 90 年代加拿大城市的年均值浓度范围	34～42	EC & HC, 1999
	中东欧国家城市采样点，1997	130～290	Fiala et al., 2002
	20 世纪 90 年代美国城市和市郊采样点的年均值浓度范围	200～240，峰值 400	EPA, 2001
		200～1000	Seinfeld, 1986
静电除尘器	系统 13kV 下运行，出口测量减去背景浓度水平	50	Thomson, 1965
影印机	封闭房间内一台机器运行数小时	4～300	Claridge, 1983
臭氧发生器	室内安装在高底座上运行，房门开或关	200～600	EPA, 2001
	数据来自一台 HVAC 压缩机	40～80	Druzik, 1990
	室内（无详细信息）	<100	Bower et al., 1991
	使环境大气浓度水平增加 18μg/m³	环境大气浓度水平+18	Bowser et al., 2002

过氧乙酰硝酸酯　（PAN）光化学烟雾成分

城市采样点	美国加州 Claremont 市，1985 年 9 月 14～18 日	1～59	Grosjean, 1988
	意大利米兰，1993 年 2 月 10～21 日	0.5～16	De Santis et al., 1996
典型值		0.25～25	Allegrini et al., 1989

丙酸

油布	40 天的陈旧油布	150	Jensen et al., 1993

二氧化硫

洁净对流层		3～30	Seinfeld, 1986
		0.13～0.32	Graedel et al., 1981
	中东欧国家农业区，1997	2～37	Fiala et al., 2002
	20 世纪 90 年代美国农业区的年均值浓度水平	16～26	EPA, 2001
城市采样点	20 世纪 90 年代美国城市采样点的年均值浓度水平	11～17，某些峰值达 400	EPA, 2001
	20 世纪 90 年代加拿大城市的年均值浓度范围	11～16	EC & HC, 1999
	中东欧国家城市采样点，1997	6～94	Fiala et al., 2002

注：表中由产品或物品所释放污染物的浓度水平通常借助实验舱测定。部分参考值虽非来源于文献值报道，但亦标示了室外或室内环境中污染物的来源和生成过程。

表中符号：X=数据未经报道、测定和发布；E3=指数 10³。

　　基于对遗址博物馆室内环境不良影响的观测和实验室模拟环境下的暴露实验，室内气态污染物导致各类文物材料发生损害的条件列于表 5-11 和表 5-12。

表 5-11 室内环境中大气污染物导致的材料损害（Tétreault，2003）

大气污染物/文物材质	检测方法	暴露条件	NOAEL-LOAEL /(μg/m³)	LOAED /(μg/m³)	文献来源
醋酸（CH₃COOH）					
碳酸钙基材料					
骨质	VO	54%RH，PO 1 年	$2 \times 10^6 \sim X$	X	Brokerhof et al.，1996
蛋壳（鸡蛋）	VO	54%RH，PO 1 年	$50 \times 10^3 \sim 87 \times 10^3$	30000	Brokerhof et al.，1996
象牙	VO	54%RH，PO 1 年	$2 \times 10^6 \sim X$	X	Brokerhof et al.，1996
贝壳	VO	54%RH，PO 1 年，Cypraea anmdus 螺贝	$12 \times 10^3 \sim 50 \times 10^3$	6000	Brokerhof et al.，1996
	VO	54%RH，PO 1 年，Loripes lacteus 扇贝	$87 \times 10^3 \sim 310 \times 10^3$	20000	Brokerhof et al.，1996
	VO	54%RH，PO 1 年，Chamelea striatula 蛤贝	$X \sim 12 \times 10^3$	12000	Brokerhof et al.，1996
纤维素					
棉	DP	45%~50%RH，786 天，含醋酸盒子中的 Whatman 试纸（其他酸共存）	$4000 \sim X$	X	Dupont et al.，2000
	DP	54%RH，PO 80 天，施于 Whatman 试纸上	3000~20000	3000	Dupont et al.，2000
	pH	54% RII，80 天，施于 Whatman 试纸上	$X \sim 3000$	5000	Dupont et al.，2000
染料					
碱性品红	CM	54%RH，PO 52 天，施于 WC 试纸上	$7 \times 10^3 \sim 25 \times 10^3$	3E6	Tétreault et al.，2003
金属					
黄铜	WL	100%RH，30℃，3 周	$X \sim 13000$	70	Clarke et al.，1961
镉	WL	100%RH，30℃，3 周	130~1300	20	Clarke et al.，1961
	WL	100%RH，30℃，3 周	$X \sim 1300$	10	Donovan et al.，1972
	VO	各种释放酸的制品	$X \sim X$	X	Seabright et al.，1948
	VO	纤维板和橡木制展柜中受腐蚀的镉板	$X \sim X$	X	Brown，1998
铜	WG	54%RH，PO 5 个月	$37000 \sim X$	X	Tétreault，1992
	VO	50%RH，PO 120 天	1300~13000	1100	Thickett，1997
	VO	100%RH，PO 120 天	$X \sim 1300$	90	Thickett，1997
	WL	100%RH，30℃，3 周	130~1300	10	Clarke et al.，1961
	WL	100%RH，30℃，3 周	$X \sim 1300$	10	Donovan et al.，1972
	VO，EA	100%RH，30℃，PO 3 周	$X \sim 25000$	70	Lopez-Delgado et al.，1998
铁	WL	100%RH，30℃，3 周	$X \sim 1300$	0.4	Donovan et al.，1972

续表

大气污染物/文物材质	检测方法	暴露条件	NOAEL-LOAEL /(μg/m³)	LOAED /(μg/m³)	文献来源
铅	WG	34%RH，PO 6 个月	860～2600	X	Tétreault et al.，1998
	WG	23%～44%RH，76 天	X～1000	10	Eremin et al.，1998
	VO	50%RH，PO 4 个月，铅罐中的橡木样品	X～6700	300	Tétreault et al.，1997；Miles，1986
	VO	50%RH，PO 120 天	X～1300	60	Thickett，1997
	WG	54%RH，PO 1 年	430～600	X	Tétreault et al.，1998
	VO	PO3.5 年，博物馆室内（甲醛：500μg/m³）	320～X	X	Thicket et al.，1998
	WG	75%RH，PO 6 个月	520～860	80	Tétreault et al.，1998
	WL	100%RH，30c C，3 周	X～1300	4	Donovan et al.，1972
	WG	54%RH，PO 6 个月，失去光泽的铅	2600～12 000	3000	Tétreault et al.，1998
	WG	75%RH，PO 6 个月，失去光泽的铅	860～2600	700	Tétreault et al.，1998
镍	WL	100%RH，30℃，3 周	$13 \times 10^3 \sim 130 \times 10^3$	100	Donovan et al.，1972
银	WL	100%RH，30℃，3 周	$170 \times 10^3 \sim X$	X	Donovan et al.，1972
钢	WL	100%RH，30℃，3 周	130～1300	0.8	Clarke et al.，1961
锌	WG	54%RH，PO 11 个月	$22 \times 10^3 \sim 27 \times 10^3$	X	Tétreault，1992
	WL	100%RH，30℃，3 周	13～130	3	Clarke et al.，1961
	WL	100%RH，30℃，3 周	X～1300	0.6	Donovan et al.，1972

胺，参见氨和硫酸铵

二乙氨基乙醇，DEAE，$[(CH_3CH_2)_2N(CHCH_2OH)]$

亚麻籽油	CM	室内	X～14	10	Oshio，1992
上光油画	VO	2 个月，室内	X～50（LD）	8	Biddle，1983

十八胺，ODA，$[CH_3(CH_2)_{16}CH_2NH_2]$

银和铜	VO	博物馆	X～X	X	Organ，1967

氨

硝酸纤维素	VO	开放展示存储盒内的藏品，FTIR 测定	X～X	X	Tétreault et al.，2002

硫酸铵，$(NH_4)_2SO_4$，参见二氧化硫和颗粒物

金属					
铝	XRD	79%RH，21 天，细颗粒物	540μg/cm²～X	X	Lobnig et al.，1996a
铜	XRD	93%RH，PO 10h，细颗粒物	X～2μg/cm²	X	Unger et al.，1998
	XRD	65%RH，100℃，PO 5 天，细颗粒物	X～X	X	Lobnig et al.，1993
	XRD	75%RH，100℃，PO 5 天，细颗粒物	X～X	X	Lobnig et al.，1993

续表

大气污染物/文物材质	检测方法	暴露条件	NOAEL-LOAEL /(μg/m³)	LOAED /(μg/m³)	文献来源
锌	XRD	60%RH，21 天，细颗粒物	320μg/cm²～X	X	Lobnig et al.，1996b
	XRD	65%RH，21 天，细颗粒物	X～320μg/cm²	X	Lobnig et al.，1996b
天然树脂清漆	VO	室内，EL	X～55	X	Thomson，1986；Persson et al.，1995
缺氧环境					
颜料		暴露于缺氧环境中强光下的铅红变暗（光致还原*）	X～低氧含量	X	Maekawa，1998
羰基硫（COS）					
金属					
铜	EDXA	52%RH，PO 18 天	X～8700	30	Graedel et al.，1985
	EDXA	80%RH，PO 5 天	X～27000	3	Graedel et al.，1981
	EDXA	95%RH，PO 3 天	X～8700	1	Graedel et al.，1985
银	EDXA	4%RH，PO 54 天	X～8700	1000	Graedel et al.，1985
	EDXA	70%RH，PO 54 天	X～8700	400	Graedel et al.，1985
	EDXA	92%RH，PO 2 个月	X～650	200	Franey et al.，1985
	EDXA	95%RH，PO 14 天	X～8700	80	Graedel et al.，1985
氯（Cl₂）					
铜	WG	0%RH，30℃，PO 30h	X～59	0.008	Schubert，1988
	EA	0%RH，PO 10 天	X～290	0.6	Fiaud et al.，1986
	EA	75%RH，PO 10 天	X～290	0.6	Fiaud et al.，1986
脂肪酸					
玻璃框架的有机物品	VO	室内盒内的环境导致开花或鬼影	X～X	X	Williams，1989；Ordonez，1998
甲醛（CH₂O）					
颜料	CM	44%～52%RH，12 周，水彩画研究：深红色茜素，紫红，曙黄，碱性品红，褐色洋西，镉黄，洋红，铬黄，铜酞青，胭脂红，姜黄，分散蓝3，群青，雌黄，浅虎克绿，靛青，靛洋红，紫红，新桃黄，副品红基，派泥灰，经久洋红，经久玫瑰红，普鲁士蓝，普鲁士绿，深西洋红，玫瑰深红，金黄红，硫靛青紫红，温莎黄	150～X	X	Williams et al.，1992
玻璃	VO	室内，也有可能由于醋酸或甲酸导致	X～X	X	Riederer，1997；Oakley，1990；Ryan et al.，1993

续表

大气污染物/ 文物材质	检测方法	暴露条件	NOAEL-LOAEL /(μg/m³)	LOAED /(μg/m³)	文献来源
金属					
铝	WG	60%±10%RH，17~30℃，6 个月	6300~63000	30 000	Duncan et al.，1986
	FT/SEM	100%RH，35℃，PO 30 天	5E6~X	X	Cermakova et al.，1966
黄铜	WG	60%±10%RH，17~30℃，6 个月	X~6300	3000	Duncan et al.，1986
	VO	50%RH，PO 120 天	630~6300	800	Thickett，1997
铜	WG	60%±10%RH，17~30℃，6 个月	63000~X	X	Duncan et al.，1986
	VO	100% RI I，PO 120 天	X~630	50	Thickett，1997
	FT/SEM	100%RH，35CC，PO 30 天	5E6~X	X	Cermakova et al.，1966
铁	FT/SEM	100%RH，35℃，PO 30 天	X~30000	100	Cermakova et al.，1966
铅	VO	50%RH，PO 120 天	6300~X	X	Thickett，1997
	VO	100%RH，PO 120 天	X~630	30	Thickett，1997
银	WG	60%±10%RH，17~30℃，6 个月	X~630	2000	Duncan et al.，1986
锌	WG	60%±10%RH，17~30℃，6 个月	6300~63000	10 000	Duncan et al.，1986
	FT/SEM	100%RH，35℃，21 天	5000~10000	200	Cermakova et al.，1966
	FT/SEM	100%RH，35℃，PO 30 天	X~30000	1	Cermakova et al.，1966
甲酸（HCOOH）					
玻璃	VO	室内，也有可能由甲醛或醋酸导致	X~X	X	Riederer，1997； Oakley，1990； Ryan et al.，1993
金属					
镉	WL	100%RH，30℃，3 周	X~1100	8	Donovan et al.，1972
	VVL	100%RH，30℃，3 周	X~3800	100	Donovan et al.，1965
铜	VO	50%RH，PO 120 天	960~9600	1000	Thickett，1997
	WG	54%RH，PO 135 天	8000~11000	X	Tétreault et al.，2003
	WG	75%RH，PO 135 天	4000~11000	X	Tétreault et al.，2003
	VO	100%RH，PO 120 天	X~960	40	Thickett，1997
	VO，EA	100%RH，30℃，PO 21 天	X~19000	200	Bastidas et al.，2000
	FT/SEM	100%RH，35℃，PO 30 天	X~30000	40	Cermakova et al.，1966
铁	VVL	100%±RH，30℃，3 周	X~1100	0.2	Donovan et al.，1972
	FT/SEM	100% KH，35℃，PO 30 天	X~30000	3	Cermakova et al.，1966
铅	VO	50%RH，PO 120 天	X~960	100	Thickett，1997
	WG	54%RH，PO 135 天	170~760	X	Tétreault et al.，2003

续表

大气污染物/ 文物材质	检测方法	暴露条件	NOAEL-LOAEL /(μg/m³)	LOAED /(μg/m³)	文献来源
铅	WG	75%RH，PO 135 天	760～2000	X	Tétreault et al.，2003
	VO	100% RI I，PO 120 天	X～960	40	Thickett，1997
	WL	100%RH，30℃，3 周	X～1100	30	Donovan et al.，1972
铅褪色 5～ 7 年	WG	54%RH，33 天，来源：降尘盘	330～X	X	Tétreault et al.，2003
	WG	75%RH，33 天，来源：降尘盘	X～330	20	Tétreault et al.，2003
	WG	100%RH，33 天，来源：降尘盘	X～330	3	Tétreault et al.，2003
镍	WL	100%RH，30℃，3 周	1100～11000	30	Donovan et al.，1972
银	WL	100%RH，30℃，3 周	130×10³～X	X	Donovan et al.，1972
钢	WL	100%RH，30℃，3 周	3800～13 000	200	Donovan et al.，1965
	WL	100%RH，30℃，3 周	13×10³～48× 10³	1000	Donovan et al.，1965
锌	WL	100%RH，30℃，3 周	X～1100	3	Donovan et al.，1972
	WL	100%RH，30℃，3 周	X～3800	100	Donovan et al.，1965
	FT/SEM	100%RH，35℃，PO 30 天	X～30000	1	Cermakova et al.，1966

过氧化氢（HOOH）

	检测方法	暴露条件	NOAEL-LOAEL /(μg/m³)	LOAED /(μg/m³)	文献来源
银照片	VO	50%RH，7 天，室内的醇酸颜料	X～2	0.8	Feldman，1981
	CM	30%RH，18h，聚酯微缩胶片	X～1.4×10⁶	1000	Adelstein et al.，1991
	CM	50%RH，18h，聚酯微缩胶片	X～1.4×10⁶	100	Adelstein et al.，1991
	CM	82%RH，18h，聚酯微缩胶片	X～1.4×10⁶	40	Adelstein et al.，1991
	CM	82%RH，18h，1950 年代的无碘化物 胶片	X～1.4×10⁶	300	Adelstein et al.，1991
	CM	82%RH，18h，聚酯微缩胶片	X～1.4×10⁶	400	Adelstein et al.，1991
	CM	82%RH，18h，金处理聚酯微缩胶片	1.4×10⁶～X	X	Adelstein et al.，1991

硫化氢（H₂S）

金属

	检测方法	暴露条件	NOAEL-LOAEL /(μg/m³)	LOAED /(μg/m³)	文献来源
铜	EDXA	30%RH，PO 7 天	X～5000	3	Graedel et al.，1985
	EDXA	39%，RH，PO 7h	X～8400	3	Franey et al.，1980
	EA	75%RH，PO 10 天	X～28	0.9	Fiaud et al.，1986
	EA	75%RH，PO 10 天，且暴露于 191μg/m³ NO₂	X～28	0.5	Fiaud et al.，1986
	EA	75%RH，PO 10 天	X～140	0.9	Fiaud et al.，1986
	EA	75%RH，PO 10 天，仅暴露于 290μg/m³ Cl₂	X～140	0.6	Fiaud et al.，1986

续表

大气污染物/ 文物材质	检测方法	暴露条件	NOAEL-LOAEL /(μg/m³)	LOAED /(μg/m³)	文献来源
铜	EA	75%RH，PO 10 天，且暴露于 290μg/m³ Cl₂	X～140	1	Fiaud et al.，1986
	EDXA	85%RH，PO 7 天	X～21	2	Franey et al.，1980
	EDXA	95%RH，PO 13 天	X～5000	0.1	Graedel et al.，1985
	EDXA	93%RH，PO 2 天，仅暴露于 H₂S	X～3300	2	Franey，1988
	EDXA	93%RH，PO 2 天，400μg/m³ O₃ 共存	X～3300	1	Franey，1988
	EDXA	93%RH，PO 2 天，且暴露于 400μg/m³ O₃ 和日光	X～3300	1	Franey，1988
	EDXA	93%RH，PO 2 天，仅暴露于 H₂S	X～3300	2	Graedel et al.，1984
	EDXA	93%RH，PO 2 天，暴露于 340μg/m³ O₃	X～3300	1	Graedel et al.，1984
	EDXA	93%RH，PO 2 天，光照（1 个太阳常数）	X～3300	1	Graedel et al.，1984
	EDXA	93%RH，PO 2 天，且暴露于 400μg/m³ O₃ 和日光	X～3000	1	Graedel et al.，1984
	VVG	0%～52%RH，70 天（较快的褪色速度）	X～57×10⁶	70	Backlund et al.，1966
	WG	52%RH，70 天	X～57×10⁶	70	Backlund et al.，1966
	WG	75%RH，70 天	X～57×10⁶	7	Backlund et al.，1966
	WG	100%RH，70 天	X～57×10⁶	2	Backlund et al.，1966
银	ET	干燥室内，60 天	X～0.28	4	Bennett et al.，1969
	VVG	干燥和 75%RH 条件下，PO 21 天，于 5300μg/m³ SO₂ 暴露或无 SO₂	X～28	0.01	Pope et al.，1968
	EDXA	5%RH，PO 8 天	X～5000	600	Graedel et al.，1985
	EDXA	31%RH，PO 60 天	X～5000	600	Graedel et al.，1985
	ET	室内，PO 8 天	X～0.28	0.1	Bennett et al.，1969
	VO	室内，PO 6 个月	X～0.57	0.3	Watts，1999
	CM，RM	50%RH，PO 21 天	X～400	1	Ankersmit et al.，2000
	EDXA	92%RH，PO 130 天	X～4500	200	Franey et al.，1985
	EDXA	95%RH，PO 15 天	X～5000	70	Graedel et al.，1985
	CR	30%RH，30℃，PO 12 天，且暴露于 2900μg/m³ Cl₂ 和 2700μg/m³ SO₂	X～1400	8	Lorenzen，1971
	CR	50%RH，30℃，PO 12 天，2900μg/m³ Cl₂ & 2700μg/m³ SO₂	X～1400	0.4	Lorenzen，1971
	EA	75%RH，PO 10 天	X～28	1	Fiaud et al.，1986

续表

大气污染物/ 文物材质	检测方法	暴露条件	NOAEL-LOAEL /($\mu g/m^3$)	LOAED /($\mu g/m^3$)	文献来源
银	EA	75%RH，PO 10 天	X～710	1	Fiaud et al.，1986
	EA	75%RH，PO 10 天	X～140	2	Fiaud et al.，1986
	EA	75%RH，PO 10 天，且暴露于 3800 $\mu g/m^3$ NO_2	X～140	2	Fiaud et al.，1986
	EA	75%RH，PO 10 天，且暴露于 290$\mu g/m^3$ Cl_2	X～140	1	Fiaud et al.，1986
	CR	85%RH，30℃，PO 2.5 天	X～170	0.7	Lorenzen，1971
	CR	85%RH，30℃，PO 2.5 天	X～1400	0.7	Lorenzen，1971
	CR	85%RH，30℃，PO 2.5 天，且暴露于 2700$\mu g/m^3$ SO_2	X～1400	0.5	Lorenzen，1971
	CR	90%RH，40℃，PO 2.5 天，且暴露于 150$\mu g/m^3$ Cl_2 和 1300$\mu g/m^3$ SO_2	X～500	0.2	Lorenzen，1971
	CR	85%RH，30℃，PO 2.5 天，且暴露于 2900$\mu g/m^3$ Cl_2	X～1400	0.07	Lorenzen，1971
	EA	干燥空气中，50℃，PO 16h（90%银 -10%铜）	X～1400	0.4	Simon et al.，1980
银铜合金	EA	35%RH，50℃，PO 16h	X～1400	0.4	Simon et al.，1980

缩微胶片染料

洋红	PD	50%RH，50℃，PO 5 周，Ilfochrome（商标）彩色缩微胶片 CMM 上的染料	7100～X	X	Zinn et al.，1994
黄	PD	50%RH，50℃，PO 5 周，Eastman（商标）5272 上的染料，彩色电影负片胶片	7100～X	X	Zinn et al.，1994
	PD	50%RH，50℃，PO 5 周，Eastman（商标）52384 上的染料，彩色电影正片胶片	7100～X	X	Zinn et al.，1994
铅白颜料	VO	31%～84%，PO 7 天，棉纸上	X～X	X	Hoevel，1985
银照片	PD	50%RH，50℃，PO 5 周，黑白胶片	7100～X	X	Zinn et al.，1994

硝酸（HNO_3）

着色剂：前 5 种最敏感

石蕊	CM	50%RH，PO 12 周，水彩画纸上	X～31	0.09	
副品红基	CM	50%RH，PO 12 周，水彩画纸上	X～31	0.09	Salmon et al.，1993
Aigami（丙二酰阿伏巴甙）	CM	50%RH，PO 12 周，水彩画纸上	X～31	0.3	
紫红	CM	50%RH，PO 12 周，水彩画纸上	X～31	0.3	

大气污染物/ 文物材质	检测方法	暴露条件	NOAEL-LOAEL /($\mu g/m^3$)	LOAED /($\mu g/m^3$)	文献来源
姜黄	CM	50%RH，PO 12 周，水彩画纸上	X～31	0.3	Salmon et al.，1993
着色剂：传统天然有机物					
Aigami（丙二 酰阿伏巴甙）	CM	50%RH，PO 12 周，水彩画纸上	X～31	0.3	
沥青	CM	50%RH，PO 12 周，水彩画纸上	31～X	X	
胭脂红	CM	50%RH，PO 12 周，水彩画纸上	X～31	7	
姜黄	CM	50%RH，PO 12 周，水彩画纸上	X～31	0.3	
分散蓝 3	CM	50%RH，PO 12 周，醋酸纤维素纸上	X～31	2	
龙血竭	CM	50%RH，PO 12 周，水彩画纸上	X～31	2	
雌黄	CM	50%RH，PO 12 周，水彩画纸上	X～31	4	
印度黄	CM	50%RH，PO 12 周，水彩画纸上	X～31	3	
靛青，人工 合成	CM	50%RH，PO 12 周，水彩画纸上	31～X	X	
靛青，天然 蓝 1	CM	50%RH，PO 12 周，水彩画纸上	X～100	0.6	Salmon et al.，1993
紫胶色淀	CM	50%RH，PO 12 周，水彩画纸上	X～31	2	
石蕊	CM	50%RH，PO 12 周，水彩画纸上	X～31	0.09	
深茜红色淀	CM	50%RH，PO 12 周，水彩画纸上	31～X	X	
波斯浆果黄	CM	50%RH，PO 12 周，水彩画纸上	X～31	1	
美洲黑栎黄 色淀	CM	50%RH，PO 12 周，水彩画纸上	X～31	2	
藏红花色	CM	50%RH，PO 12 周，水彩画纸上	31～X	X	
乌贼墨色	CM	50%RH，PO 12 周，水彩画纸上	31～X	X	
范戴克棕	CM	50%RH，PO 12 周，水彩画纸上	31～X	X	
黄色淀	CM	50%RH，PO 12 周，水彩画纸上	X～31	5	
着色剂：合成有机物					
吖啶酮	CM	50%RH，2 周，水彩画纸上	31～X	X	
芳基黄 10G	CM	50%RH，PO 12 周，水彩画纸上	X～31	0.6	
紫红	CM	50%RH，PO 12 周，Whatman 纸上	X～31	4	
紫红	CM	50%RH，PO 12 周，水彩画纸上	X～31	0.3	Salmon et al.，1993
苯胺黑	CM	50%RH，12 周，水彩画纸上	31～X	X	
碱性品红	CM	50%RH，PO 12 周，水彩画纸上	X～31	2	
大红	CM	50%RH，PO 12 周，水彩画纸上	31～X	X	

大气污染物/文物材质	检测方法	暴露条件	NOAEL-LOAEL /(μg/m³)	LOAED /(μg/m³)	文献来源
二氧化紫	CM	50%RH，PO 12 周，水彩画纸上	31～X	X	
合成靛青	CM	50%RH，PO 12 周（靛青，还原蓝1）	31～X	X	
合成靛青	CM	50%RH，PO 12 周（靛青，还原蓝1）	X～100	0.6	
Paliogen 蓝	CM	50%RH，PO 12 周，水彩画纸上	31～X	X	
Paliogen 黄	CM	50%RH，PO 12 周，水彩画纸上	31～X	X	
副品红基	CM	50%RH，PO 12 周，水彩画纸上	X～31	0.09	
经久洋红	CM	50%RH，PO 12 周，水彩画纸上	31～X	X	
酞化青蓝	CM	50%RH，PO 12 周，水彩画纸上	31～X	X	
酞化青绿	CM	50%RH，PO 12 周，水彩画纸上	31～X	X	Salmon et al.，1993
普鲁士蓝	CM	50%RH，PO 12 周，水彩画纸上	X～31	10	
紫红	CM	50%RH，PO 12 周，水彩画纸上	X～31	3	
萘酚	CM	50%RH，PO 12 周，水彩画纸上	31～X	X	
喹吖（二）酮红	CM	50%RH，PO 12 周，水彩画纸上	31～X	X	
玫瑰深红	CM	50%RH，PO 12 周，水彩画纸上	31～X	X	
深红色淀	CM	50%RH，PO 12 周，水彩画纸上	31～X	X	
硫靛青紫红	CM	50%RH，PO 12 周，水彩画纸上	31～X	X	
甲苯胺红	CM	50%RH，PO 12 周，水彩画纸上	31～X	X	

着色剂：无机着色剂

大气污染物/文物材质	检测方法	暴露条件	NOAEL-LOAEL /(μg/m³)	LOAED /(μg/m³)	文献来源
铬黄	CM	50%RH，PO 12 周，Whatman 纸上	31～X	X	
钴黄，镉黄，锰紫，朱红	CM	50%RH，PO 12 周，Whatman 纸上	31～X	X	Salmon et al.，1993
雌黄	CM	50%RH，PO 12 周，Whatman 纸上	X～31	5	
雌黄，褪色	CM	50%RH，PO12 周，先暴露于 7μg/m³/a	X～100	40	
雄黄	CM	50%RH，PO 12 周，Whatman 纸上	X～31	10	

着色剂：无机着色剂：墨

大气污染物/文物材质	检测方法	暴露条件	NOAEL-LOAEL /(μg/m³)	LOAED /(μg/m³)	文献来源
铁基墨水（梧丹宁酸盐）	CM	50%RH，PO 12 周，水彩画纸上	X～31	3	Salmon et al.，1993
铁基墨水（单宁酸盐）	CM	50%RH，PO 12 周	X～31	2	

着色剂：丝织物上的日本传统色系（有或无媒染剂）

大气污染物/文物材质	检测方法	暴露条件	NOAEL-LOAEL /(μg/m³)	LOAED /(μg/m³)	文献来源
Beni（橙色和红色），蓟安，Ai 色系+槐花，茜草红色系，郁金色，Ai 色系+蓟安	CM	50%RH，PO 12 周，水彩画纸上	X～31	2	Salmon et al.，1993

大气污染物/ 文物材质	检测方法	暴露条件	NOAEL-LOAEL /($\mu g/m^3$)	LOAED /($\mu g/m^3$)	文献来源
Beni（橙色）， 已褪色	CM	50%RH，PO12 周，已暴露于 7$\mu g/m^3$	X～100	1	
杨梅红	CM	50%RH，PO 12 周	X～31	7	
槐花（芸 香苷）	CM	50%RH，PO 12 周	X～31	0.5	
黄蘗，深支 子，Woren， Yamahaji， Zumi, Shio, Seiyo 茜草红 色系，槐花， Shiko, Suo, Ai 色系，紫 绀，Ai 色系+ 黄蘗	CM	50%RH，12 周	31～X	X	Salmon et al., 1993
一氧化氮（NO）					
银相片	SD	50%RH，30h，三乙酸基载体	420E3～X	X	Carroll et al., 1955
二氧化氮（NO₂）					
碳酸钙基 材料					
石灰石，大 理石，钙华	YVG	90%RH，PO 6 周	4300～X	X	Johansson et al.，1988
着色剂：上端 4 种最敏感					
姜黄色素	CM	90%RH，PO 10 天，在丝和棉上	X～1900	1	Saito et al.，1993
槐花（芸香苷）	CM	65%RH，PO 10 天，媒染剂 Al，在棉上	X～1900	1	Saito et al.，1993
苏木精	CM	90%RH，PO 10 天，在棉上	X～1900	1	Saito et al.，1993
美洲黑栎	CM	室内，PO 10 天，在丝和棉上	X～70	1	Saito et al.，1993
着色剂：在丝和棉上的织物染料					
巴西木素， 五倍子单 宁，紫茜素， 杨梅酮	CM	PO 12 个月，室内，在丝和棉上	X～1.6（最高 110）	2	Kadokura et al.，1988
着色剂：在丝和棉上的植物织物染料					
茜草红色系 （假红紫素）	CM	65%RH，PO 10 天，媒染剂 Al，在棉上	19000～X	X	Saito et al.，1994
	CM	90%RH，PO 10 天，媒染剂 Al，在棉上	X～1900	30	Saito et al.，1994
	CM	90%RH，PO 10 天，媒染剂 Al，在丝上	X～1900	10	Saito et al.，1994

续表

大气污染物/文物材质	检测方法	暴露条件	NOAEL-LOAEL /(μg/m³)	LOAED /(μg/m³)	文献来源
红花色素	CM	65%RH，PO 10 天，媒染剂 Al，在丝上	1900～X	X	Saito et al.，1994
	CM	90%RH，PO 10 天，媒染剂 Al，在丝上	X～1900	5	Saito et al.，1994
胭脂红酸	CM	室内，PO 10 天，在棉上	X～70	4	Saito et al.，1993
	CM	室内，PO 10 天，在丝上	X～70	50	Saito et al.，1993
	CM	65%RH，PO 10 天，在棉上	X～1900	40	Saito et al.，1993
	CM	65%RH，PO 10 天，在丝上	19000～X	X	Saito et al.，1993
	CM	90%RH，PO 10 天，在丝上	X～1900	10	Saito et al.，1993
	CM	90%RH，PO 10 天，在棉上	X～1900	2	Saito et al.，1993
洋红	CM	65%RH，PO 10 天，媒染剂 Al，在棉上	X～1900	4	Saito et al.，1994
	CM	65%RH，PO 10 天，媒染剂 Al，在丝上	X～1900	10	Saito et al.，1994
	CM	90%RH，PO 10 天，媒染剂 Al，在丝上	X～1900	5	Saito et al.，1994
	CM	90%RH，PO 10 天，媒染剂 Al，在棉上	X～1900	2	Saito et al.，1994
姜黄色素	CM	室内，PO 10 天，在棉上	X～70	2	Saito et al.，1993
	CM	室内，PO 10 天，在丝上	X～70	4	Saito et al.，1993
	CM	65%RH，PO 10 天，在棉上	X～1900	40	Saito et al.，1993
	CM	65%RH，PO 10 天，在丝上	X～1900	40	Saito et al.，1993
	CM	90%RH，PO 10 天，在丝上	X～1900	1	Saito et al.，1993
	CM	90%RH，PO 10 天，在棉上	X～1900	1	Saito et al.，1993
分散蓝 3（CI 61505）	CM	室内，PO 10 天，在丝和棉上	X～70	4	Saito et al.，1993
槐花（芸香苷）	CM	65%RH，PO 10 天，媒染剂 Al，在棉上	X～1900	1	Saito et al.，1994
	CM	65%RH，PO 10 天，媒染剂 Al，在丝上	X～1900	10	Saito et al.，1994
	CM	90%RH，PO 10 天，媒染剂 Al，在棉上	X～1900	1	Saito et al.，1994
	CM	90%RH，PO 10 天，媒染剂 Al，在丝上	X～1900	4	Saito et al.，1994
苏木精	CM	室内，PO 10 天，在棉上	X～70	1	Saito et al.，1993
	CM	室内，PO 10 天，在丝上	X～70	50	Saito et al.，1993
	CM	65%RH，PO 10 天，在棉上	X～1900	3	Saito et al.，1993
	CM	65%RH，PO 10 天，在丝上	19000～X	X	Saito et al.，1993

大气污染物/ 文物材质	检测方法	暴露条件	NOAEL-LOAEL /($\mu g/m^3$)	LOAED /($\mu g/m^3$)	文献来源
苏木精	CM	90%RH，PO 10 天，在棉上	X～1900	1	Saito et al.，1993
	CM	90%RH，PO 10 天，在丝上	X～1900	10	Saito et al.，1993
靛青	CM	室内，PO 10 天，在丝和棉上	X～70	50	Saito et al.，1993
	CM	65%RH，PO 10 天，在丝和棉上	19000～X	X	Saito et al.，1993
洋苏木（苏木精）	CM	65%RH，PO 10 天，媒染剂 Al，在丝上	X～1900	10	Saito et al.，1994
	CM	65%RH，PO 10 天，媒染剂 Al，在棉上	X～1900	5	Saito et al.，1994
	CM	90%RH，PO 10 天，媒染剂 Al，在棉上	X～1900	1	Saito et al.，1994
	CM	90%RH，PO 10 天，媒染剂 Al，在丝上	X～1900	5	Saito et al.，1994
美洲黑栎	CM	室内，PO 10 天，在丝和棉上	X～70	1	Saito et al.，1993
	CM	65%RH，PO 10 天，在丝和棉上	X～1900	1	Saito et al.，1993
Suou，suo（巴西木素）	CM	65%RH，PO 10 天，媒染剂 Al，在丝上	1900～X	X	Saito et al.，1994
	CM	65%RH，PO 10 天，媒染剂 Al，在棉上	X～1900	40	Saito et al.，1994
	CM	90%RH，PO 10 天，媒染剂 Al，在棉上	X～1900	10	Saito et al.，1994
	CM	90%RH，PO 10 天，媒染剂 Al，在丝上	X～1900	6	Saito et al.，1994
郁金色（姜黄色素）	CM	65%RH，PO 10 天，媒染剂 Al，在棉上	X～1900	10	Saito et al.，1994
	CM	65%RH，PO 10 天，媒染剂 Al，在丝上	X～1900	30	Saito et al.，1994
	CM	90%RH，PO 10 天，媒染剂 Al，在丝上	X～1900	3	Saito et al.，1994
	CM	90%RH，PO 10 天，媒染剂 Al，在棉上	X～1900	1	Saito et al.，1994
杨梅红（杨梅苷）	CM	65%RH，PO 10 天，媒染剂 Al，在棉上	X～1900	3	Saito et al.，1994
	CM	65%RH，PO 10 天，媒染剂 Al，在丝上	X～1900	9	Saito et al.，1994
	CM	90%RH，PO 10 天，媒染剂 Al，在棉上	X～1900	3	Saito et al.，1994
	CM	90%RH，PO 10 天，媒染剂 Al，在丝上	X～1900	9	Saito et al.，1994

续表

大气污染物/ 文物材质	检测方法	暴露条件	NOAEL-LOAEL /(μg/m³)	LOAED /(μg/m³)	文献来源
着色剂：天然有机着色剂					
蓝（丙二酰基 阿伏巴苷）	CM	50%RH，12 周，在水彩画纸上	X～960	40	
沥青	CM	50%RH，12 周，在水彩画纸上	960～X	X	
洋红色淀	CM	50%RH，12 周，在水彩画纸上	X～960	60	
姜黄色素	CM	50%RH，12 周，在水彩画纸上	X～960	20	
龙血竭树脂	CM	50%RH，12 周，在水彩画纸上	X～960	30	
雌黄	CM	50%RH，12 周，在水彩画纸上	X～960	50	
印度黄	CM	50%RH，12 周，在水彩画纸上	960～X	X	
靛青	CM	50%RH，12 周，在水彩画纸上	X～960	80	
紫胶色淀	CM	50%RH，12 周，在水彩画纸上	X～960	40	Whitmore et al.，1989
石蕊	CM	50%RH，12 周，在水彩画纸上	960～X	X	
黄色淀	CM	50%RH，12 周，在水彩画纸上	960～X	X	
深茜红色淀	CM	50%RH，12 周，在水彩画纸上	960～X	X	
波斯果色淀	CM	50%RH，12 周，在水彩画纸上	X～960	60	
美洲黑栎色淀	CM	50%RH，12 周，在水彩画纸上	X～960	70	
藏红花	CM	50%RH，12 周，在水彩画纸上	X～960	80	
乌贼墨色	CM	50%RH，12 周，在水彩画纸上	X～960	100	
范戴克棕	CM	50%RH，12 周，在水彩画纸上	960～X	X	
着色剂：现代人工合成用于纸上的有机着色剂，主要是水彩色					
紫红	CM	50%RH，12 周，在水彩画纸上	X～960	80	
苯胺黑	CM	50%RH，12 周，在水彩画纸上	960～X	X	
芳基黄 G	CM	50%RH，12 周，在水彩画纸上	960～X	X	
芳基黄 10G	CM	50%RH，12 周，在水彩画纸上	960～X	X	
大红	CM	50%RH，12 周，在水彩画纸上	960～X	X	
耐久紫	CM	50%RH，12 周，在水彩画纸上	X～960	100	
紫红	CM	50%RH，12 周，在水彩画纸上	X～960	50	
萘酚	CM	50%RH，12 周，在水彩画纸上	960～X	X	Whitmore et al.，1989
Paliogen（商 标）蓝	CM	50%RH，12 周，在水彩画纸上	X～960	80	
Paliogen（商 标）黄	CM	50%RH，12 周，在水彩画纸上	960～X	X	
耐久洋红	CM	50%RH，12 周，在水彩画纸上	960～X	X	
酞菁蓝	CM	50%RH，12 周，在水彩画纸上	960～X	X	
酞菁绿	CM	50%RH，12 周，在水彩画纸上	960～X	X	

续表

大气污染物/ 文物材质	检测方法	暴露条件	NOAEL-LOAEL /(μg/m³)	LOAED /(μg/m³)	文献来源
普鲁士蓝	CM	50%RH，12 周，在水彩画纸上	960～X	X	
玫瑰深红	CM	50%RH，12 周，在水彩画纸上	960～X	X	
鲜红色淀	CM	50%RH，12 周，在水彩画纸上	960～X	X	Whitmore et al.，1989
硫靛青紫红	CM	50%RH，12 周，在水彩画纸上	960～X	X	
甲苯胺红	CM	50%RH，12 周，在水彩画纸上	960～X	X	
着色剂：无机颜料					
钴黄	CM	50%RH，12 周，在水彩画纸上	960～X	X	
镉黄展色剂	CM	50%RH，12 周，在水彩画纸上	960～X	X	
铬黄	CM	50%RH，12 周，在水彩画纸上	960～X	X	
铁基墨水 I	CM	50%RH，12 周，在水彩画纸上	X～960	40	
铁基墨水 II	CM	50%RH，12 周，在水彩画纸上	X～960	30	Whitmore et al.，1989
锰紫	CM	50%RH，12 周，在水彩画纸上	960～X	X	
雌黄	CM	50%RH，12 周，在水彩画纸上	X～960	40	
雄黄	CM	50%RH，12 周，在水彩画纸上	X～960	20	
朱砂	CM	50%RH，12 周，在水彩画纸上	960～X	X	
着色剂：日本印染色丝织物					
多种着色剂	CM	50%RH，12 周，在水彩画纸上	960～X	X	Whitmore et al.，1989
着色剂：微缩胶片染料					
黄	PD	80%RH，70℃，PO 5 周，在 Eastman（商标）5272 彩色负片电影胶片上染色	X～10000	20	Zinn et al.，1994
	PD	80%RH，70℃，PO 5 周，在 Eastman（商标）52384 彩色正片电影胶片上染色	X～10000	90	Zinn et al.，1994
金属					
铜	WG	70%RH，PO 4 周	X～940	30	Eriksson et al.，1993
	WG	90%RH，PO 4 周	X～940	40	Eriksson et al.，1993
纸张					
化学加工（酸性胶料）	IS	50%RH，1 天	X～5×10⁶	600	Iversen et al.，1991
	FE	50%RH，1 天	X～5×10⁶	600	Iversen et al.，1991
化学加工与磨木浆	FE	50%RH，25℃，PO 4 个月，20%漂白软木牛皮纸浆和 80%软木石磨木浆	X～1900	40	Reilly et al.，2001
	CM	50%RH，25℃，3 个月，20%漂白软木牛皮纸浆和 80%软木石磨木浆，色度仅测量 b 值	X～1900	5	Reilly et al.，2001

续表

大气污染物/文物材质	检测方法	暴露条件	NOAEL-LOAEL /(μg/m³)	LOAED /(μg/m³)	文献来源
化学加工与磨木浆和5%碳酸钙	CM	50%RH，25℃，3 个月，20%漂白软木牛皮纸浆和80%软木石磨木浆，色度仅测量 b 值	X～1900	70	Reilly et al.，2001
化学加工或棉（中性胶料）	TS	50%RH，1 天	5×10⁶～X	X	Iversen et al.，1991
	FE	50%RH，1 天	5×10⁶～X	X	Iversen et al.，1991
棉屑	CM	50%RH，25℃，60 天，色度仅测量 b 值	38000～X	X	Reilly et al.，2001
棉屑	FE	50%RH，25℃，PO 60 天	X～1900	30	Reilly et al.，2001
棉屑和 5%碳酸钙	CM	50%RH，25℃，60 天，色度仅测量 b 值	X～38000	7000	Reilly et al.，2001
含木浆纸（酸性胶料）	TS	50%RH，1 天	5×10⁶～X	X	Iversen et al.，1991
	FE	50%RH，1 天	5×10⁶～X	X	Iversen et al.，1991
银相片	SD	50%RH，PO 20h，三醋酸基胶片上	X～1.9×10⁶	2000	Carroll et al.，1955

一氧化二氮（N₂O）

银相片	SD	100%RH，PO 7 天，三醋酸基载体上	48F.6～X	X	Carroll et al.，1955

氧气（O₂）

着色剂	RM	光氧化样品暴露于 10000 lx 荧光管发出的光下，无 UV 滤镜	X～2.8×10⁸	X	Arney et al.，1979
	CM	光氧化样品暴露于 10000 lx 荧光管发出的光下，无 UV 滤镜，PO12000h	X～2.8×10⁸	X	Saunders et al.，1994

臭氧（O₃）

着色剂：上端 4 种最敏感

姜黄色素	CM	50%RH，12 周，在水彩画纸上	X～150	0.1	Whitmore et al.，1987
姜黄	CM	50%RH，PO 22 周，在水彩画纸上	X～800	1	Lynn et al.，2000
蓝 324	CM	65%±2%RH，PO 12 天，在尼龙 66 上	X～400	1	Ladisch et al.，1997
紫草	CM	50%RH，PO 22 周，在水彩画纸上	X～800	2	Lynn et al.，2000
紫红	CM	52%RH，12 周，丙烯酸基黏结剂	X～80	2	Cass et al.，1988
分散蓝 3	CM	90%RH，40℃，PO 3 天，尼龙 6 上的 CIDB～3	X～400	0.07	Moore et al.，1984

着色剂

茜素	CM	49.5%RH，95 天，在水彩画纸上	X～710	20	Grosjean et al.，1987
茜素胭脂红	RM	46%±6%RH，90 天，在水彩画纸上	X～620	100	Drisko et al.，1985/86
紫红	RM	47%±8%RH，90 天，在水彩画纸上	X～620	200	Shaver et al.，1983
紫红	CM	49.5%RH，95 天，水彩画纸上的干粉	X～710	8	Grosjean et al.，1987
紫红	CM	49.5%RH，95 天，水彩画纸上的管装水彩	X～710	30	Grosjean et al.，1987

大气污染物/ 文物材质	检测方法	暴露条件	NOAEL-LOAEL /(μg/m³)	LOAED /(μg/m³)	文献来源
沥青	CM	50%RH，PO 12 周，在水彩画纸上	X～150	2	Whitmore et al.，1987
棕色洋茜草	RM	46%±6%RH，90 天，在水彩画纸上	X～620	100	Drisko et al.，1985/86
洋红	RM	46%±6%RH，90 天，在水彩画纸上	X～620	100	Drisko et al.，1985/86
洋红色淀	CM	50%RH，PO 12 周，在水彩画纸上	X～150	1	Whitmore et al.，1987
绯红色淀	RM	46%±6%RH，90 天，在水彩画纸上	X～620	60	Drisko et al.，1985/86
绯红色淀	RM	47%±8%RH，90 天，在水彩画纸上	X～620	100	Shaver et al.，1983
姜黄色素	CM	50%RH，PO 12 周，在水彩画纸上	X～150	0.1	Whitmore et al.，1987
龙血竭	CM	50%RH，PO 12 周，在水彩画纸上	X～150	0.4	Whitmore et al.，1987
雌黄	CM	50%RH，PO 12 周，在水彩画纸上	X～150	1	Whitmore et al.，1987
紫红色	RM	46%±6%RH，90 天，在水彩画纸上	X～620	100	Drisko et al.，1985/86
紫红色	RM	47%±8%RH，90 天，在水彩画纸上	X～620	100	Shaver et al.，1983
印度黄	CM	50%RH，PO 12 周，在水彩画纸上	X～790	30	Whitmore et al.，1987
靛青	RM	46%±6%RH，90 天，在水彩画纸上	X～620	100	Drisko et al.，1985/86
靛青	CM	50%RH，PO 12 周，在水彩画纸上	X～150	0.6	Whitmore et al.，1987
紫胶色淀	CM	50%RH，PO 12 周，在水彩画纸上	X～150	1	Whitmore et al.，1987
石蕊	CM	50%RH，PO 12 周，在水彩画纸上	X～150	2	Whitmore et al.，1987
深茜红	CM	50%RH，PO 12 周，在水彩画纸上	X～150	1	Whitmore et al.，1987
派尼灰	RM	46%±6%RH，90 天，在水彩画纸上	X～620	100	Drisko et al.，1985/86
耐久玫瑰红	RM	46%±6%RH，90 天，在水彩画纸上	620～X	X	Drisko et al.，1985/86
波斯果色淀	CM	50%RH，PO 12 周，在水彩画纸上	X～150	1	Whitmore et al.，1987
紫色色淀	RM	46%±6%RH，90 天，在水彩画纸上	X～620	100	Drisko et al.，1985/86
紫色色淀	RM	47%±8%RH，90 天，在水彩画纸上	X～620	200	Shaver et al.，1983
美洲黑栎色淀	CM	50%RH，PO 12 周，在水彩画纸上	X～150	4	Whitmore et al.，1987
藏红花	CM	50%RH，PO 12 周，在水彩画纸上	X～150	2	Whitmore et al.，1987
乌贼墨色	CM	50%RH，PO 12 周，在水彩画纸上	150～X	X	Whitmore et al.，1987
范戴克棕	CM	50%RH，PO 12 周，在水彩画纸上	150～X	X	Whitmore et al.，1987
黄色色淀	CM	50% R11，PO 12 周，在水彩画纸上	X～150	2	Whitmore et al.，1987
温莎绿	RM	46%±6%RH，90 天，在水彩画纸上	620～X	X	Drisko et al.，1985/86
温莎黄	RM	46%±6%RH，90 天，在水彩画纸上	X～620	200	Drisko et al.，1985/86
着色剂：中国植物染料					
板蓝根（靛黄）	CM	50%RH，PO 22 周，在丝织物上	X～800	80	Lynn et al.，2000
板蓝根	CM	50%RH，PO 22 周，在水彩画纸上	X～800	50	Lynn et al.，2000
大青叶（靛 青叶）	CM	50%RH，PO 22 周，在丝织物上	X～800	200	Lynn et al.，2000

大气污染物/ 文物材质	检测方法	暴露条件	NOAEL-LOAEL /(μg/m³)	LOAED /(μg/m³)	文献来源
红茶叶(黑茶)	CM	50%RH，PO 22 周，在丝织物上	X～800	200	Lynn et al.，2000
红茶叶	CM	50%RH，PO 22 周，在水彩画纸上	X～800	200	Lynn et al.，2000
黄柏（中国 黄柏树）	CM	50%RH，PO 22 周，在丝织物上	X～800	300	Lynn et al.，2000
黄柏（栀子）	CM	50%RH，PO 22 周，在水彩画纸上	X～800	50	Lynn et al.，2000
黄栀子	CM	50%RH，PO 22 周，在丝织物上	X～800	20	Lynn et al.，2000
姜黄	CM	50%RH，PO 22 周，在丝织物上	X～800	100	Lynn et al.，2000
姜黄	CM	50%RH，PO 22 周，在水彩画纸上	X～800	1	Lynn et al.，2000
降香(黄檀木)	CM	50%RH，PO 22 周，在丝织物上	X～800	80	Lynn et al.，2000
降香	CM	50%RH，PO 22 周，在水彩画纸上	X～800	50	Lynn et al.，2000
橘子皮	CM	50%RH，PO 22 周，在丝织物上	800～X	X	Lynn et al.，2000
橘子皮	CM	50%RH，PO 22 周，在水彩画纸上	X～800	5	Lynn et al.，2000
苏木	CM	50%RH，PO 22 周，在丝织物上	X～800	90	Lynn et al.，2000
苏木	CM	50%RH，PO 22 周，在水彩画纸上	X～800	30	Lynn et al.，2000
五倍子	CM	50%RH，PO 22 周，在丝织物上	X～800	300	Lynn et al.，2000
五倍子	CM	50%RH，PO 22 周，在水彩画纸上	X～800	8	Lynn et al.，2000
紫草	CM	50%RH，PO 22 周，在丝织物上	X～800	8	Lynn et al.，2000
紫草	CM	50%RH，PO 22 周，在水彩画纸上	X～800	2	Lynn et al.，2000
紫丁草（紫 罗兰）	CM	50%RH，PO 22 周，在丝织物上	X～800	20	Lynn et al.，2000
紫丁草	CM	50%RH，PO 22 周，在水彩画纸上	X～800	4	Lynn et al.，2000
着色剂：日本传统染料					
多种染料	CM	50%RH，PO 12 周，在水彩画纸、丝织物和日本木版画上	X～800	多样	Whitmore et al.，1988
着色剂：酸性染料					
蓝 40	CM	65%±2%RH，PO 12 天，在尼龙66 上	X～400	4	Ladisch et al.，1997
蓝 127	CM	65%±2%RH，PO 12 天，在尼龙66 上	X～400	2	Ladisch et al.，1997
蓝 232	CM	65%±2%RH，PO 12 天，在尼龙66 上	X～400	2	Ladisch et al.，1997
蓝 324	CM	65%±2%RH，PO 12 天，在尼龙66 上	X～400	1	Ladisch et al.，1997
黄 17	CM	65%±2%RH，PO 12 天，在尼龙66 上	X～400	4	Ladisch et al.，1997
微缩胶片染料					
洋红	PD		10 000～X	X	Zinn et al.，1994

续表

大气污染物/ 文物材质	检测方法	暴露条件	NOAEL-LOAEL /(μg/m³)	LOAED /(μg/m³)	文献来源
黄	PD	50%RH，30℃，PO 5 周，彩色负片电影胶片 Eastman 5272 上的染料	X～10000	300	Zinn et al.，1994
	PD	50%RH，30℃，PO 5 周，彩色正片电影胶片 Eastman 52384 上的染料	X～10000	400	Zinn et al.，1994
	PD	50%RH，30℃，PO 5 周，Kodak Ektatherm 分散印刷材料上的染料（无胶质）	X～10000	30	Zinn et al.，1994
银相片	PD	50%RH，30℃，PO 5 周，黑白微缩胶片	10000～X	X	Zinn et al.，1994
	VO	50%RH，30℃，PO 5 周，黑白微缩胶片及未知量的 H₂S	X～10000	X	Zinn et al.，1994
	VO	50%RH，室内，PO 1 年，微缩胶片样品	X～50	X	Zinn et al.，1994
紫红	CM	52%RH，12 周，仅有丙烯酸基黏结剂	X～80	2	Cass et al.，1988
	CM	52%RH，12 周，有色丙烯酸黏结剂	X～80	8	Cass et al.，1988
	CM	52%RH，12 周，用于丙烯酸基黏结剂和干粉的丙烯酸基膜	X～80	50	Cass et al.，1988
	CM	52%RH，12 周，用于丙烯酸基黏结剂和有色丙烯酸黏结剂的丙烯酸基膜	X～80	60	Cass et al.，1988

着色剂：尼龙染料

分散蓝 3	CM	90%RH，40℃，PO 3 天，尼龙 6 上面的 C1DB-3	X～400	0.07	Moore et al.，1984
	CM	90%RH，40℃，PO 3 天，尼龙 6，6 上面的 CIDB-3	X～400	0.5	Moore et al.，1984
棉花	TS	X%RH，PO 50 天	80～X	X	Jaffe，1967
	TS	X%RH，PO 50 天，湿棉花	X～80	3	Jaffe，1967

纸张

化学加工与磨木浆	FE	50%RH，23℃，4 个月，20%的漂白软木牛皮纸浆与 80%的软木石磨纸浆	X～2000	100	Reilly et al.，2001
化学加工与磨木浆和碳酸钙	CM	50%RH，25℃，4 个月，20%的漂白软木牛皮纸浆与 80%的软木石磨纸浆，色度仅测量 b 值	2000～X	X	Reilly et al.，2001

聚合物

硫化天然橡胶	VO	X%RH，PO 数小时，应力下暴露（无抗氧化剂）	X～40	0.005	Jaffe，1967
	VO	X%RH，PO 数小时，无应力暴露（无抗氧化剂）	X～X	X	Jaffe，1967
	VO	X%RH，16h，无应力暴露（无抗氧化剂）	3E6～X	X	EC & HC，1999

续表

大气污染物/文物材质	检测方法	暴露条件	NOAEL-LOAEL /($\mu g/m^3$)	LOAED /($\mu g/m^3$)	文献来源
聚异戊二烯	VO	X%RH，2h，应力下暴露	X～36 000	0.8	EC & HC，1999
臭氧、二氧化氮和 PAN，参见臭氧和二氧化氮					
着色剂					
酸红 37	CM	46%RH，8 周，在 Whatman 纸上，NO_2，PAN，O_3	X～100，60，80	10，10，10	Grosjean et al.，1993
碱性 fushin	CM	46%RH，8 周，在 Whatman 纸上，NO_2，PAN，O_3	X～100，60，80	3，2，3	Grosjean et al.，1993
鲜绿色	CM	46%RH，在 Whatman 纸上，NO_2，PAN，O_3，PO 8 周	X～100，60，80	3，2，3	Grosjean et al.，1993
姜黄色素	CM	46%RH，在水彩画纸上，NO_2，PAN，O_3，PO 8 周	X～100，60，80	0.4，0.2，0.3	Grosjean et al.，1993
分散蓝 3	CM	46%RH.8 周，在水彩画纸上，NO_2，PAN，O_3	X～100，60，80	3，2，3	Grosjean et al.，1993
靛青	CM	46%RH，在水彩画纸上，NO_2，PAN，O_3，PO 8 周	X～100，60，80	0.2，0.1，0.1	Grosjean et al.，1993
靛蓝胭脂红	CM	46%RH.8 周，在 Whatman 纸上，NO_2，PAN，O_3	X～100，60，80	20，10，20	Grosjean et al.，1993
副玫瑰红基	CM	46%RH.8 周，在 Whatman 纸上，NO_2，PAN，O_3	X～100，60，80	3，2，3	Grosjean et al.，1993
复古蓝 2	CM	46%RH. 在 Whatman 纸上，NO_2，PAN，O_3，PO 8 周	X～100，60，80	3，2，3	Grosjean et al.，1993
不易褪色的染料,见文献					Grosjean et al.，1993
颗粒物（细粒子；PM$_{2.5}$）					
水平平面	VO，M	室内，地板，基于元素碳沉积	X～（4.1～50）	10	Bellan et al.，2000；Nazaroff et al.，1993
垂直平面	VO，M	室内，墙壁，基于元素碳沉积	X～（4.1～50）	50	Bellan et al.，2000；Nazaroff et al.，1993
过氧乙酰硝酸酯（PAN）					
着色剂					
姜黄色素	CM	45%RH，12 周，水彩画纸	X～140	20	Williams et al.，1993a
碱性 fuchsin	CM	45%RH，12 周，水彩画纸	X～140	10	Williams et al.，1993a
12 种着色剂	CM	45%RH，12 周，水彩画纸	140～X	X	Williams et al.，1993a
二氧化硫（SO$_2$）					
碳酸钙基材料					
石灰石	WG	90%RH，PO 6 周	X～4300	90	Johansson et al.，1988
	CYC	100%RH，PO 20 天	2700～X	X	Moroni et al.，1996
	GYC	100%RH，PO 20 天	X～13000	80	Moroni et al.，1996

续表

大气污染物/ 文物材质	检测方法	暴露条件	NOAEL-LOAEL /(μg/m³)	LOAED /(μg/m³)	文献来源
石灰石	WL	X%RH，室外：海岸采样点，200 天	X～11	20	Cooke et al.，1994
	WL	X%RH，室外：内陆采样点，200 天	X～21	30	Cooke et al.，1994
大理石	FT/SEM，M	100%RH，PO 158 天，LD：20μm	X～27000	70	Lai Gauri et al.，1989
大理石	WG	90%RH，PO 6 周	X～300	200	Johansson et al.，1988
石灰华	WG	90%RH，PO 6 周	X～4300	200	Johansson et al.，1988
着色剂					
姜黄色素	CM	46%RH，12 周，在水彩画纸上	X～140	10	Williams et al.，1993b
靛青	CM	46%RH，12 周，在 Whatman 纸上	X～140	20	Williams et al.，1993b
紫红	CM	46%RH，12 周，在水彩画纸上	X～140	10	Williams et al.，1993b
复古蓝 2	CM	46%RH，12 周，在 Whatman 纸上	X～140	20	Williams et al.，1993b
碱性 fuchsin	CM	46%RH，PO 12 周，在 Whatman 纸上	X～140	10	Williams et al.，1993b
	CM	50%RH，PO 67 天，在水彩画纸上	X～450	10	Tétreault et al.，2003
鲜绿色	CM	46%RH，PO 12 周，在 Whatman 纸上	X～140	10	Williams et al.，1993b
副玫瑰红基	CM	46%RH，PO 12 周，在 Whatman 纸上	X～140	10	Williams et al.，1993b
其他着色剂	CM	46%RH，12 周，在水彩画纸上	140～X	X	Williams et al.，1993b
皮革，植物 鞣制	SC	室内，60 年，乡村，EL	X～0.6	10	Larsen，1997； Brimblecombe，1997； Blades，1997
	VO	室内，60 年，乡村，EL	X～0.6	40	Brimblecombe，1997； Blades，1997
	SC	室内，60 年，与乡村对比，EL	X～17	70	Larsen，1997； Brimblecombe，1997； Blades，1997
	SC	室内，PO 7 年，小牛皮，EL	X～60	40	Chahine，1991
	SC	90%RH，PO 12 周，小牛皮	X～65000	900	Chahine，1991
金属					
铜	AES	室内，PO 10 年（室外浓度：53，I/O=0.88）	X～47	500	Graedel，1987b； Schubert et al.，1990； Hisham et al.，1991b
	WG	70%RH，PO 4 周	X～1300	70	Eriksson et al.，1993
	WG	90%RH，PO 4 周	X～1300	9	Eriksson et al.，1993
微缩胶片染料					
含氮萘酚（蓝绿色）	VO	72h	X～11000	90	Leyshon et al.，1988

续表

大气污染物/ 文物材质	检测方法	暴露条件	NOAEL-LOAEL /(μg/m³)	LOAED /(μg/m³)	文献来源
洋红	PD	50%RH，30℃，PO 5 周，Ilfochrome（商标）彩色缩微胶片 CMM 上的染料	13000～X	X	Zinn et al.，1994
黄	PD	50%RH，30℃，PO 5 周，Eastman（商标）5272 上的染料，彩色电影负片胶片	13000～X	X	Zinn et al.，1994
	PD	50%RH，30℃，PO 5 周，Eastman（商标）52384 上的染料，彩色电影正片胶片	13000～X	X	Zinn et al.，1994
	PD	50%RH，30℃，PO 5 周，Kodak（商标）Ektatherm 分散印刷材料上的染料（无胶质）	13000～X	X	Zinn et al.，1994
纸张					
化学加工	RTT	58%RH，PO 180 天，亦含添加剂	X～27000	800	Edwards et al.，1968
	RTT	58%RH，PO 180 天，纸张中含 80%磨木浆和 20%化学加工木浆	X～27000	200	Edwards et al.，1968
化学加工与磨木浆和碳酸钙	CM	50%RH，25℃，4 个月，20%漂白软木牛皮纸浆和 80%软木石磨木浆，色度仅测量 b 值	1300～X	X	Reilly et al.，2001
棉屑（纯净级）	RTT	58%RH，PO 180 天	X～27000	20 000	Edwards et al.，1968
棉屑	RTT	58%RH，PO 180 天，亦含添加剂	X～27000	800	Edwards et al.，1968
新闻纸	SC	62%RH，PO 29 周（100%化学加工木浆，松香，淀粉，高岭土）	X～140	30	Williams et al.，1990
银相片	PD	50%RH，30℃，PO 5 周，黑白微缩胶片	13000～X	X	Zinn et al.，1994
二氧化硫（SO₂）和二氧化氮（NO₂）					
碳酸钙基材料					
石灰石	CYC	100%RH，PO 20 天	SO₂: 2700～X NO₂: 190～X	X X	Moroni et al.，1996
	WG	90%RH，PO 6 周	SO₂: X～1300 NO₂: X～5900	30 40	Johansson et al.，1988
	GYC	100%RH，PO 20 天	SO₂: X～13000 NO₂: X～380	60 2	Moroni et al.，1996
大理石	WG	90%RH，PO 6 周	SO₂: X～4300 NO₂: X～5900	40 50	Johansson et al.，1988
石灰华	WG	90%RH，PO 6 周	SO₂: X～4300 NO₂: X～5900	30 40	Johansson et al.，1988
摄影明胶	CHR	50%RH，PO 30 天，低硝化明胶	SO₂: X～27×10³ NO₂: X～38×10³	300～500 400～700	Nguyen et al.，1999

续表

大气污染物/ 文物材质	检测方法	暴露条件	NOAEL-LOAEL /(μg/m³)	LOAED /(μg/m³)	文献来源
皮革，植物 鞣制	pH	PO 7 年，室内，小牛皮，EL	SO_2: X~60 NO_2: X~18	30 9	Chahine，1991
	pH	90%RH，PO 12 周，小牛皮	SO_2: X~65×10³ NO_2: X~18×10³	1000 300	Chahine，1991
金属					
铜	WG	70%RH，PO 4 周	SO_2: X~1300 NO_2: X~940	30 20	Eriksson et al.，1993
	WG	90%RH，PO 4 周	SO_2: X~1300 NO_2: X~940	2 2	Eriksson et al.，1993
纸张					
漂白牛皮纸	DP	50%RH，4 天，白杨或云杉	SO_2: X~27×10³ NO_2: X~38×10³	10 20	Begin et al.，1999
	FE	50%RH，4 天，白杨或云杉	SO_2: X~27×10³ NO_2: X~38×10³	20 20	Begin et al.，1999
	DP	50%RH，4 天，软木	SO_2: X~27×10³ NO_2: X~38×10³	40 30	Havermans，1995
	TS	50%RH，4 天，白杨或云杉	SO_2: X~27×10³ NO_2: X~38×10³	60 20	Begin et al.，1999
	pH	50%RH，4 天，白杨或云杉	SO_2: X~27×10³ NO_2: X~38×10³	30 50	Begin et al.，1999
	SC	50%RH，4 天，白杨或云杉	SO_2: X~27×10³ NO_2: X~38×10³	100 100	Begin et al.，1999
	SC	50%RH，4 天，软木	SO_2: X~27×10³ NO_2: X~38×10³	100 200	Havermans，1995
	Cl IS	50%RH，4 天，软木	SO_2: X~27×10³ NO_2: X~38×10³	200 400	Havermans，1995
	pH	50%RH，28℃，PO 9 周（100%化学 加工木浆，松香，淀粉，高岭土）	SO_2: X~67×10³ NO_2: X~19×10³	300 70	Daniel et al.，1988
	FE	50%RH，28℃，PO 9 周（100%化学 加工木浆，松香，淀粉，高岭土）	SO_2: X~67×10³ NO_2: X~19×10³	600 100	Daniel et al.，1988
	FE	50%RH，28℃，PO 9 周（100%化学 加工木浆，松香，淀粉，高岭土）	SO_2: X~67×10³ NO_2: X~19×10³	1000 300	Daniel et al.，1988
	pH	90%RH，28℃，PO 9 周，预酸化（100% 化学加工木浆，松香，淀粉，高岭土）	SO_2: X~67×10³ NO_2: X~19×10³	1000 300	Daniel et al.，1991
	DP	90%RH，28℃，PO 9 周（100%化学 加工木浆，松香，淀粉，高岭土）	SO_2: X~67×10³ NO_2: X~19×10³	3000 600	Daniel et al.，1991
	SC	50%RH，28℃，PO 9 周（100%化学 加工木浆，松香，淀粉，高岭土）	SO_2: X~67×10³ NO_2: X~19×10³	4000 1000	Daniel et al.，1988

大气污染物/ 文物材质	检测方法	暴露条件	NOAEL-LOAEL /(µg/m³)	LOAED /(µg/m³)	文献来源
磨光漂白牛皮纸	SC	50%RH，4 天，白杨或云杉，2% CaCO₃	SO₂：X～27×10³ NO₂：X～38×10³	50 80	Begin et al.，1999
	DP	50%RH，4 天，白杨或云杉，2% CaCO₃	SO₂：X～27×10³ NO₂：X～38×10³	100 100	Begin et al.，1999
	TS	50%RH，4 天，白杨或云杉，2% CaCO₃	SO₂：X～27×10³ NO₂：X～38×10³	100 200	Begin et al.，1999
	pH	50%RH，4 天，白杨或云杉，2% CaCO₃	SO₂：X～27×10³ NO₂：X～38×10³	1000 1000	Begin et al.，1999
	FE	50%RH，4 天，白杨或云杉，2% CaCO₃	SO₂：27×10³～X NO₂：38×10³～X	X X	Begin et al.，1999
化学加工和磨木浆	FE	50%RH，25℃，PO 6 个月，20%漂白软木牛皮纸浆和80%软木石磨木浆	SO₂：X～130 NO₂：X～190	60 90	Reilly et al.，2001
	CM	50%RH，25℃，PO 6 个月，20%漂白软木牛皮纸浆和80%软木石磨木浆，色度仅测量 b 值	SO₂：X～130 NO₂：X～190	10 10	Reilly et al.，2001
棉屑	DP	50%RH，4 天	SO₂：X～27×10³ NO₂：X～38×10³	10 10	Begin et al.，1999
	FE	50%RH，4 天	SO₂：X～27×10³ NO₂：X～38×10³	10 20	Begin et al.，1999
	DP	50%RH，4 天，95%棉和5%软木	SO₂：X～27×10³ NO₂：X～38×10³	20 30	Havermans，1995
	SC	50%RH，4 天，95%棉和5%软木	SO₂：X～27×10³ NO₂：X～38×10³	20 30	Havermans，1995
	TS	50%RH，4 天	SO₂：X～27×10³ NO₂：X～38×10³	70 30	Begin et al.，1999
	SC	50%RH，4 天	SO₂：X～27×10³ NO₂：X～38×10³	30 40	Begin et al.，1999
	pH	50%RH，4 天	SO₂：X～27×10³ NO₂：X～38×10³	30 50	Begin et al.，1999
	DP	90%，RH，28℃，PO 9 周，Whatman 纸，预酸化	SO₂：X～67×10³ NO₂：X～19×10³	100 30	Daniel et al.，1991
	CI/IS	50%RH，4 天，95%棉和5%软木	SO₂：X～27×10³ NO₂：X～38×10³	300 400	Havermans，1997
	pH	90%RH，283C，PO 9 周，Whatman 纸，预酸化	SO₂：X～67×10³ NO₂：X～19×10³	2000 400	Daniel et al.，1991
棉屑含 5%碳酸钙	CM	50%RH，25℃，PO 6 个月，色度仅测量 b 值	SO₂：130～X NO₂：190～X	X X	Reilly et al.，2001

续表

大气污染物/ 文物材质	检测方法	暴露条件	NOAEL-LOAEL /(μg/m³)	LOAED /(μg/m³)	文献来源
新闻纸	FE	50%RH，28℃，PO 9 周，60%机械纸浆和40%漂白化学加工纸浆	SO₂: X~67×10³ NO₂: X~19×10³	100 30	Daniel et al.，1988
	pH	90%RH，28℃，PO 9 周，预酸化，60%机械纸浆和40%漂白化学加工纸浆	SO₂: X~67×10³ NO₂: X~19×10³	100 30	Daniel et al.，1991
	pH	50%RH，28℃，PO 9 周，60%机械纸浆和40%漂白化学加工纸浆	SO₂: X~67×10³ NO₂: X~19×10³	200 40	Daniel et al.，1988
	SC	50%RH，28℃，PO 9 周，60%机械纸浆和40%漂白化学加工纸浆	SO₂: X~67×10³ NO₂: X~19×10³	500 10	Daniel et al.，1988
	SC	90%RH，28℃，PO 9 周，预酸化，60%机械纸浆和40%漂白化学加工纸浆	SO₂: X~67×10³ NO₂: X~19×10³	500 100	Daniel et al.，1991
	CM	50%RH，28℃，PO 9 周，60%机械纸浆和40%漂白化学加工纸浆	SO₂: X~67×10³ NO₂: X~19×10³	600 100	Daniel et al.，1988
水汽（H₂O）			**%RH**		
三乙酸纤维素胶片	pH	加速老化：6 年，终点在 pH 4.0	X~50	300	Adelstein et al.，1995
	应变破裂	加速老化：70 年，终点在保留率66%	X~50	3500	Adelstein et al.，1995
	pH	加速老化，标准：游离酸度水平0.5	X~20	2000	Reilly，1993
彩色幻灯片染料，负片和照片	CM	加速老化，标准：最敏感燃料损失30%	X~20	2000	Reilly，1998
玻璃（富含碳酸钠）	VO	室内	X~X	X	Riederer，1997； Oakley，1990； Ryan et al.，1993
有机材料	VO	室内，10 年后无霉菌生长	60~X	X	Michalski，2000
磁带	VO	室内（胶带综合征）；亦干带综合征	X~50	X	Howarth，1998
	可用	室内，12~14 年	X~50	700	Howarth，1998
聚对苯二甲酸乙二醇酯胶片	可用	加速老化：500 年	X~50	25 000	Smith，1991
	应力	感光乳剂涂布胶片，加速老化：2000年，终点在保留率66%	X~50	100000	Adelstein et al.，1995
录像带（氨基甲酸乙酯）	可用	室内，40 年	X~50	2000	Rodgers，1998
	DH	加速老化：30 年	X~50	1500	Van Bogart，1995
	剥落力	加速老化：20 年	X~50	1000	Smith，1991

缩写表：

AES：Auger electron spectroscopy（V）；俄歇电子能谱

CI/IS：crystallinity index by infrared spectroscopy（%）；红外光谱测定的结晶度

CM：colour measurement（visible；CIE system；ΔE=2）；色度测量

CHR：chromatography technique；色谱技术

CR: contact resistance（%）；瞬变电阻

DH: degree of hydrolysis；水解度

DP: degree of polymerization by viscometric determination（%）；黏度测定聚合度

EA: electrochemical analysis（V）；电化学分析

EDXA: energy-dispersive X-ray analysis（V）；能量色散 X 射线分析

ET: ellipsometric technique（V）；椭圆偏振光谱技术

FE: folding endurance（%）；耐折强度

FT SEM: film thickness measurement with scanning electron microscopy（V）；电子显微镜测量膜厚度

GYC: gypsum content（LD）；石膏含量

pH: by aqueous extraction or on surface，NCD（%）；水相萃取或表面

M: modelled（V or %）；模拟结果

PD: photographic densitometer（%）；照相比重计

RM: reflectance measurement（based usually on wavelength that causes the highest change）；反射系数测量（通常基于导致最大变化的波长）

RTT: radiotracer technique，NCD（LD）；放射性示踪技术

SC: sulphate content measurement，NCD（LD）；硫酸盐含量测量

SD: silver density（%）；银密度

TS: tensile strength（%）；耐拉强度

VO: visual observation（V）；目测法

WG: weight gain measurement（LD）；增重测量

WL: weight loss measurement（LD）；减重测量

XRD: X-ray diffraction spectroscopy. X 射线衍射谱

EL: estimated level from the original papers or from typical levels；从原始文献或典型值估算的浓度水平

LD: limit of detection of the technique；测试技术的检测限

NCD: not necessarily considered as deterioration；不必要定义为材料劣化

PO: periodic observations up to；定期观测直至

V: visible damage or 40 nm film thickness；目视可见损害或膜厚度 40nm

WC: watercolour；水彩

X: data not reported，determined，or found；数据未报道、测定或未发现

%: 5% of difference of the control.数值检验的 5%差异

注：污染物暴露通常默认为处于室温（20～25℃）和无光照条件下。灰色区域表示在室温和 50%的相对湿度条件下，对污染物最敏感的物体。对于实验舱实验，常选择出口处评估污染物的浓度，而不是入口处的浓度，因此数据质量会存在显著差异。众多污染物暴露实验中，污染物的浓度都高于其在博物馆内观测到的浓度水平，或其定量仅供参考或基于经验判断。并非全部数据都重要，数据作为证据的重要性主要考虑现场观测和实验数据的质量和适用性。极端的暴露实验条件（如高温、高湿或高污染物浓度）不作为主要数据。在高浓度水平的污染物中短时间暴露，可能会误导对污染病害的评估，这是由于文物的某些病害在污染物处于低浓度水平时并不会引发。表中列出了这些极端的暴露实验结果，只是为了阐明极端环境对"无可观测损害水平"（no observed adverse effect level，NOAEL）和"最低可观测损害剂量"（lowest observed adverse effect dose，LOAED）的影响。在某些情况下，同时提供 NOAEL 和 LOAEL，此时如果 NOAEL 存在不确定性，还是可以借鉴 LOAED。某些文献尽管没有提供具体的数据，但是由于很好地描述了室内环境中污染物对材料的损害，所以也列在表中（"无可观测损害水平"定义为：在最高大气环境污染物实验浓度和特定实验条件设置（如分析方法、暴露时间、温度、相对湿度）下连续监测，未观测到文物材料物理特征或化学组成的有害变化。为了得到可信的 NOAEL，实验中文物材料需要暴露于不同浓度的大气污染物中，以确定不会发生某一特征参数的变化或历史价值、美学价值的损失。由于 NOAEL 方法受环境热、动力学条件的限制，同时，实验中很难长时间监测环境参数的微小变化，在许多实验中观测值与理论计算结果并不完全一致。当无法获得有说服力的 NOAEL 时，就需引入"最低可观测损害剂量"来确定暴露-腐蚀关系，LOAED 是实验中首次出现腐蚀现象时污染物的累积剂量）。

表 5-12 混合污染物的腐蚀效应（Tétreault，2003）

污染物（μg/m³）	材料	对 LOAED 的影响（μg/m³·a）	方法和条件	文献来源
不同气体共存时影响硫化氢腐蚀铜和银				
28 H₂S+190 NO₂	铜	0.5（H₂S+NO₂）至 0.9（H₂S）	EA，75%RH，RT，10 天	Fiaud et al.，1986
140 H₂S+290 Cl₂	铜	0.9 至 1.0（仅 Cl₂ 时：0.6）	EA，75%RH，RT，10 天	Fiaud et al.，1986
3300 H₂S+400 O₃	铜	2 至 1	EDXA，93%RH，RT，2 天	Franey，1988
3300 H₂S+400 O₃+日光	铜	2 至 1	EDXA，93%RH，RT，2 天	Franey，1988
3300 H₂S+340 O₃	铜	2 至 1	EDXA，93%RH，RT，2 天	Gradel et al.，1984
3300 H₂S+光照	铜	2 至 1	EDXA，93%RH，RT，2 天	Gradel et al.，1984
3300 H₂S+400 O₃+光照	铜	2 至 1	EDXA，93%RH，RT，2 天	Gradel et al.，1984
140 H₂S+3800 NO₂	银	2 至 2	EA，75%RH，RT，10 天	Fiaud et al.，1986
140 H₂S+290 Cl₂	银	2 至 1	EA，75%RH，RT，10 天	Fiaud et al.，1986
28 H₂S+5300 SO₂	银	0.01 至 0.01	WG，干燥和 75%RH，21 天	Pope et al.，1968
1400 H₂S+2700 SO₂	银	0.7 至 0.5	CR，85%RH，30℃，2.5 天	Lorenzen，1971
1400 H₂S+2900 Cl₂	银	0.7 至 0.07：重要转型	CR，85%RH，30℃，2.5 天	Lorenzen，1971
臭氧共存时影响硫化氢腐蚀黑白胶片				
X H₂S+50 O₃	银相片	从高到低：重要转型	VO，50%RH，RT，1 年，证据有限	Zinn et al.，1994
二氧化硫共存时影响二氧化氮腐蚀纸张				
1900 NO₂+1300 SO₂	酸性纸	5 至 20（或+）：改善	CM，50%RH，25℃，4 个月	Reilly et al.，2001
1900 NO₂+1300 SO₂	酸性纸	40 至 90：改善	FE，50%RH，25℃，4 个月	Reilly et al.，2001
900 NO₂+1300 SO₂	棉屑纸	30 至 300：改善	FE，50%RH，25℃，4 个月	Reilly et al.，2001
二氧化氮共存时影响二氧化硫腐蚀铜和石灰石				
1300 SO₂+940 NO₂	铜	70 至 30	WG，70%RH，RT，4 周	Eriksson et al.，1993
13000 SO₂+380 NO₂	石灰石	80 至 60	GYC，100% RFI，25℃，20 天	Moroni et al.，1996
海盐共存时影响二氧化硫腐蚀石灰石				
SO₂+大气中的海盐	石灰石	30 至 20	WL，X%RH，同时在海岸地区室外和内陆地区室内，200 天	Cooke et al.，1994
二氧化氮和 PAN 共存时影响臭氧腐蚀姜黄色素和靛青				
76 O₃+100 NO₂+60 PAN（仅 O₃：150μg/m³）	姜黄色素	0.1 至 0.3	CM，45%～50%RH，RT，8 周，LOAED 差异可能更低	Grosjean et al.，1993
76 O₃+100 NO₂+60 PAN（仅 O₃：150μg/m³）	靛青	0.6 至 0.1	CM，45%～50%RH，RT，8 周，LOAED 差异可能更低	Grosjean et al.，1993

续表

污染物（μg/m³）	材料	对 LOAED 的影响（μg/m³·a）	方法和条件	文献来源
甲酸（FA）和甲醛（F）共存时影响乙酸（AA）腐蚀铅				
500 AA+380 FA	铅	改善因子为 5	WG，75%RH，RT，140 天	Tétreault et al.，2003
27000 AA+15000 FA	铅	改善因子为 5	WG，75%RH，RT，140 天	Tétreault et al.，2003
27000 AA+15000 FA+3800 F	铅	改善因子为 5	WG，75%RH，RT，140 天	Tétreault et al.，2003
乙酸（AA）和甲醛（F）共存时影响甲酸（FA）腐蚀铜				
15000 FA+27000 AA	铜	无变化	WG，75%RH，RT，140 天	Tétreault et al.，2003
15000 FA+27000 AA+3800 F	铜	无变化	WG，75%RH，RT，140 天	Tétreault et al.，2003

注：LOAED 和 NOAEL 数据、实验条件和缩写均与表 5-11 相同；第一个数字为主要污染物的 LOAED，第二个数字为加入其他腐蚀污染物后的新 LOAED；RT：室温（20～25℃）。

国外某些环境组织制定的标准和规范中，列出了博物馆内与文物材质相关的环境参数和关键大气污染物的可接受水平或推荐值（表 1-7 和表 1-8）。对于那些未列入标准，但已被现场观测和实验室模拟实验证明对文物材质有害，且在区域范围内或特定的展陈条件下排放浓度较高的污染物，其最高允许浓度通常按下列途径来估算。

（1）参考国外相关标准或研究：选取相关参照标准时，还须了解该标准限定值或规范推荐值的制定背景，尤其是区域的背景污染物浓度水平、建筑物结构和通风系统状况、展陈条件和文物材质等。

（2）借助公式估算：根据现场监测数据判别的关键污染物的物理常数和化学特性等，借助手册和公开的研究资料，利用公式计算其可能导致的物理应力和化学反应性。应该指出，各公式均有限制条件，同一物质用各种公式计算的结果可能相差很大，且计算的结果受到科学性、现实性等诸多因素的制约，因此，公式计算的结果仅能作为参考。

（3）实验舱模拟实验：当某种污染物对特定文物材质的有害作用无资料可借鉴，或博物馆内多种污染物共存时，难以通过对污染物浓度的现场监测和侵蚀产物的分析获得污染物的定量危害。此时，可借助环境实验舱简化模拟博物馆现场的污染物状况，获得单一或复杂组成的污染物浓度变化对文物材质的侵蚀规律。

5.2.2　博物馆室内气态污染物的监测方案

在博物馆内，任何一种气态污染物的室内浓度都是室外污染水平、空气交换速率、室内化学反应产生或消耗污染物的速率，以及污染物从室内表面去除速率的复合函数。这些气态污染物既可能来源于室外，也可能在建筑物室内产生。

文物在室内环境中易受不同的大气污染物侵害，并受环境条件的影响，侵蚀速率也不相同。文物材料的特性和腐蚀性污染物的种类，决定了文物材料的大气腐蚀模式。在多数情况下，文物材料会受到不止一种大气污染物和环境因素的联合作用。

博物馆室内气态污染物的潜在危害通常需要从两个角度进行综合评价：一是文物材料对气态污染物侵害的应激反应；二是室内微环境中影响气态污染物浓度水平的一些关键物理因素的影响，包括污染物的来源、室内外空气交换速率、污染物的去除机理、建筑内部体积和室内环境空气混合效率等。

因此，在博物馆内实施污染物监测的目的是获得环境数据，用于评估气态污染物对遗址本体或文物材料的潜在危害，查明文物的最佳保存环境。博物馆室内气态污染物的损害影响评价的主要内容与流程如图5-9所示。

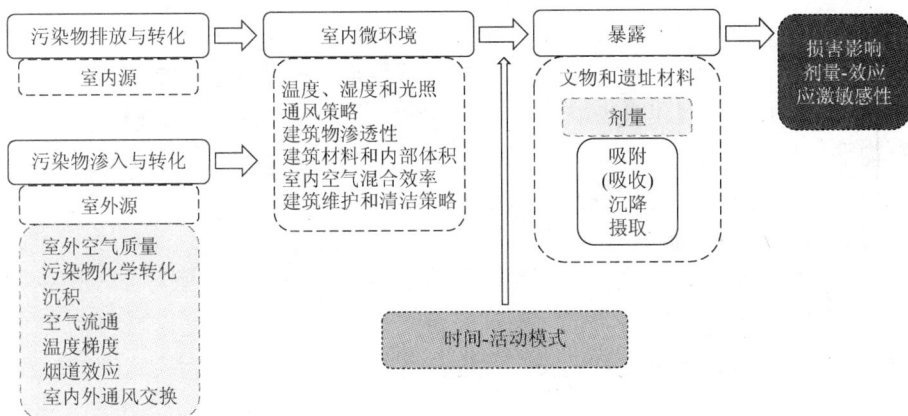

图5-9　博物馆室内气态污染物损害影响评价的内容与流程

博物馆内的环境监测是实现环境控制的关键，一方面，环境监测应提供短期的气态污染物的数据，指导污染物控制方法的应用；另一方面，它还应对长期的空气品质趋势做出可靠的评价，以研究污染气体和可能造成损害之间的因果关系。因此，筛选气态污染物监测方法时应遵循"具有环境代表性、文物无损性、具有可行性"这三个原则，严格核查方法的敏感性、人员和物资消耗成本及其技术复杂性、兼容性和便携性等，选定测试项目时应主要依据以下几点。

（1）为满足考古发掘和文物保存环境研究的需要，目标测试项目的选择应由考古工作者、文物保护工作者和大气化学研究者共同讨论制定。

（2）受测气态污染物和环境因素应具有环境代表性，包括微气候条件、局地主要大气污染物、室内潜在的污染气体排放等。

（3）采集样品的过程应对文物无损、不会向博物馆室内环境引入有害物质。

（4）采样方法和分析技术具有现实可行性，包括分析测试最低检测限、准确度和精密度等。

筛选监测方法和污染物损害影响评价方法时，首先应选用国家标准中指定的分析方法；无指定方法时，应选择国外的标准分析方法、行业标准方法或行业推荐方法；在某些项目的监测中，可采用国外相应博物馆室内空气质量监测体系研究中的其他等效分析方法，或由权威的研究机构制定的方法，但应辨析研究地点的环境差异，谨慎验证其检出限、准确度和精密度，确保其能够满足数据质量控制的要求。

辨析研究地点的环境差异时，应首先获得博物馆所处区域的自然、社会经济调查和文物材质分析数据，这也是后续筛选环境监测项目和环境模拟实验条件设定的基础，包括以下几点。

1）自然环境条件调查与分析

了解博物馆所处环境内的地理地貌和地层关系，分析遗址区土壤的化学组成和地下水特征；详细分析区域内的历史气候条件记录；记录建筑和装修材料，判断其污染物排放；检视建筑物墙体和门窗等的结构、通风装置的配置和运行策略、建筑物维护和清洁习惯，评价室内微气候参数的变化特征和大气化学反应的关键影响因素，以及建筑墙体的隔热保温性能。

2）社会经济条件调查与分析

对博物馆所处环境内的人口分布、土地利用类型、工矿企业分布、道路分布和交通流量、经济总量和分类的详细调查及量化分析，获得周边区域内主要污染物点源、线源和面源的分布和污染源强度，可有助于判定室内污染物的来源和化学转化机理。

3）文物材质和文物修复材料的表征

如果可以获得不具修复价值的实体文物残片，则可针对文物的来源和特点，检测单一文物材质或混合材质文物各结构组成部分的化学特征，例如：利用 X 射线荧光光谱仪（XRF）测定文物材质的元素组成；利用傅里叶红外光谱仪（FTIR）测定文物材质的化学官能团，进而结合化学分析判定其化学组成；利用 X 射线衍射仪（XRD）测定文物材质的矿物组成；利用配有能谱的扫描电子显微镜（SEM-EDX）观察文物的表面微观形貌并测定微区的表面元素组成；此外，还可借助各型仪器测定文物材质的物理性质，如线膨胀系数、抗压强度、抗弯强度、体积密度、表面孔隙率、吸湿率、显微硬度等。

对于不能破坏的珍贵文物样品，如彩绘、金属材质的文物等，借助无损检测技术，如拉曼（Raman）光谱、近红外光谱（NIR）、紫外-可见光光谱（ultra-violet-visible）、便携式 X 射线荧光光谱（XRF）等，表征其化学组成。

此外，还应整理并分析文物制作工艺的历史考证资料或考古研究的鉴定测试记录，如陶俑的烧制温度、青铜器的合金组成、彩绘颜料的矿物组成、生漆层的化学组成等，并建立考古发掘资料、文物修复材料和工艺记录的数据库，为文物保存环境监测和环境模拟实验提供依据。

5.3 帝陵外藏坑保护展示厅遗址区气态污染物的采集与分析

5.3.1 样品采集

5.3.1.1 采样点

在博物馆外藏坑保护展示厅遗址区内 15 号坑和 16 号坑之间的夯土隔梁上设立室内大气环境观测点，在地下博物馆的建筑顶部设立室外大气环境观测点，距地面约 4m，周围开阔无建筑物阻挡。选取夏季和冬季，在室内、外同步测量空气中的气态污染物、气溶胶颗粒物和微气候参数。

5.3.1.2 采样时间

采样共分 2 个阶段。

2007~2008 年度：2007 年 7 月 10 日~25 日为夏季采样期，共 16 天；2007 年 12 月 20 日~2008 年 1 月 17 日，共 29 天，为冬季采样期。

2013~2014 年度：夏季（2013 年 9 月 13 日~28 日）共 16 天和冬季（2013 年 12 月 25 日~2014 年 1 月 7 日）共 14 天。

5.3.1.3 采样仪器

2007~2008 年度气态污染物 SO_2 和 NO_x 使用 TH-3000BIV 型主动式大气恒温采样仪（武汉天虹科学仪器厂，武汉，中国）采集，返回实验室分析。2013~2014 年度 SO_2 和 NO_2 使用 Interscan 4000 系列电化学气体分析仪提供实时监测数据。

NH_3 使用 Ogawa 被动式气体采样器（Ogawa USA，Inc.，Pompano Beach，FL，USA）采集 24h 至柠檬酸溶液浸泡过的直径为 14.5mm 的 31ET 纤维素滤纸上，以备返回实验室分析。

5.3.2 样品分析

5.3.2.1 SO_2 的分析

SO_2 的分析参照甲醛缓冲溶液吸收-盐酸副玫瑰苯胺分光光度法。SO_2 被甲醛溶液吸收后，生成稳定的羟基甲磺酸加成化合物，分析时加入 NaOH 使之分解，释放出的 SO_2 与盐酸副玫瑰苯胺、甲醛作用生成紫红色化合物，根据光学吸收原理，分光光度计（上海光谱仪器厂，上海，中国）577nm 处测定，该方法浓度测定范围为 0.003～1.07mg/m³，检测限 3μg/m³。

1）试剂

分析时均使用符合国家标准的分析纯试剂和蒸馏水或同等纯度的水。采样和测试中配制和使用的试剂包括以下几种。

氢氧化钠溶液，$C(NaOH)$=1.5mol/L。

环己二胺四乙酸二钠溶液，$C(CDTA\text{-}2Na)$=0.05mol/L，称取 1.82g 反式 1,2-环己二胺四乙酸[（*trans*-1,2-cyclohexylen edinitrilo）tetra-acetic acid，CDTA]，加入氢氧化钠溶液 6.5mL，用水稀释至 100mL。

甲醛缓冲吸收液储备液，吸取 36%～38%的甲醛溶液 5.5mL，CDTA-2Na 溶液 20.00mL；称取 2.04g 邻苯二甲酸氢钾，溶于少量水中；将三种溶液合并，再用水稀释至 100mL，储于冰箱可保存 1 年。

甲醛缓冲吸收液，用水将甲醛缓冲吸收液储备液稀释 100 倍而成。临用现配。

氨磺酸钠溶液，0.60g/100mL，称取 0.60g 氨磺酸（H_2NSO_3H）置于 100mL 容量瓶中，加入 4.0mL 氢氧化钠溶液，用水稀释至标线，摇匀。此溶液密封保存可用 10 天。

硫代硫酸钠标准溶液，$C(Na_2S_2O_3)$=0.0500mol/L。可购买标准试剂配制。

乙二胺四乙酸二钠盐（EDTA）溶液，0.05g/100mL，称取 0.25g EDTA[—CH₂N(CH₂COONa)CH₂COOH]₂·H₂O 溶于 500mL 新煮沸但已冷却的水中。临用现配。

二氧化硫标准溶液，称取 0.200g 亚硫酸钠（Na_2SO_3），溶于 200mL EDTA 溶液中，缓缓摇匀以防充氧，使其溶解。放置 2～3h 后标定。此溶液每毫升相当于 320～400μg 二氧化硫。

标定方法：吸取三份 20.00mL 二氧化硫标准溶液，分别置于 250mL 碘量瓶中，加入 50mL 新煮沸但已冷却的水，20.00mL 碘溶液及 1mL 冰乙酸，盖塞，摇匀。于暗处放置 5min 后，用硫代硫酸钠标准溶液滴定溶液至浅黄色，加入 2mL 淀粉溶液，继续滴定至溶液蓝色刚好褪去。记录滴定硫代硫酸钠标准溶液的体积 V（mL）。

另吸取三份 EDTA 溶液 20mL，用同法进行空白实验。记录滴定硫代硫酸钠标准溶液的体积 V_0（mL）。

平行样滴定所耗硫代硫酸钠标准溶液体积之差应不大于 0.04mL。取其平均值。二氧化硫标准溶液浓度按下式计算：

$$C = \frac{(V_0 - V) \times C(Na_2S_2O_3) \times 32.02}{20.00} \times 1000 \qquad (5\text{-}28)$$

式中，C 为二氧化硫标准溶液的浓度，$\mu g/mL$；V_0 为空白滴定所耗硫代硫酸钠标准溶液的体积，mL；V 为二氧化硫标准溶液滴定所耗硫代硫酸钠标准溶液的体积，mL；$C(Na_2S_2O_3)$ 为硫代硫酸钠标准溶液的浓度，mol/L；32.02 为二氧化硫（1/2 SO_2）的摩尔质量。

标定出准确浓度后，立即用吸收液稀释为 $10.00\mu g/mL$ 二氧化硫的标准溶液储备液，临用时再用吸收液稀释为 $1.00\mu g/mL$ 二氧化硫的标准溶液。在冰箱中 5℃ 保存。$10.00\mu g/mL$ 的二氧化硫标准溶液储备液可稳定保存六个月；$1.00\mu g/mL$ 的二氧化硫标准溶液可稳定保存一个月。

副玫瑰苯胺（pararosaniline，PRA，副品红，对品红）储备液，0.20g/100mL。

PRA 溶液，0.05g/100mL，吸取 25.00mL PRA 储备液于 100mL 容量瓶中，加 30mL 85%的浓磷酸，12mL 浓盐酸，用水稀释至标线，摇匀，放置过夜后使用。避光密封保存。

2）仪器、设备

分光光度计。

多孔玻板吸收管 10mL。

恒温水浴器：广口冷藏瓶内放置圆形比色管架，0～40℃酒精温度计，误差不大于 0.5℃。

具塞比色管：10mL。

空气采样器：流量范围 0～1L/min。

3）采样及样品保存

采用内装 10ml 吸收液的多孔玻板吸收管，以 0.5L/min 的流量采样。采样时吸收液温度的最佳范围在 23～29℃。

样品运输和储存过程中，应避光保存。

4）分析步骤

（1）校准曲线的绘制。

取 14 支 10mL 具塞比色管，分 A、B 两组，每组七支，分别对应编号。A 组按表 5-13 配制校准溶液系列。

表 5-13 甲醛吸收-副玫瑰苯胺分光光度法测定二氧化硫的校准溶液色列

管号	0	1	2	3	4	5	6
二氧化硫标准溶液/mL	0	0.50	1.00	2.00	5.00	8.00	10.00
甲醛缓冲吸收液/mL	10.00	9.50	9.00	8.00	5.00	2.00	0
二氧化硫含量/μg	0	0.50	1.00	2.00	5.00	8.00	10.00

B 组各管加入 1.00mL PRA 溶液，A 组各管分别加入 0.5mL 氨磺酸钠溶液和

0.5mL 氢氧化钠溶液，混匀。再逐管迅速将溶液全部倒入对应编号并盛有 PRA 溶液的 B 组各管中，立即具塞混匀后放入恒温水浴中显色。显色温度与室温之差应不超过 3℃，根据不同季节和环境条件按表 5-14 选择显色温度与显色时间。

表 5-14　甲醛吸收−副玫瑰苯胺分光光度法测定二氧化硫的显色反应参数

显色温度/℃	10	15	20	25	30
显色时间/min	40	25	20	15	5
稳定时间/min	35	25	20	15	10
试剂空白吸光度 A_0	0.03	0.035	0.04	0.05	0.06

在波长 577nm 处，用 1cm 比色皿，以水为参比溶液测量吸光度。用最小二乘法计算校准曲线的回归方程：

$$Y = bX + a \qquad (5-29)$$

式中，Y 为（A–A_0）校准溶液吸光度 A 与试剂空白吸光度 A_0 之差；X 为二氧化硫含量，μg；b 为回归方程的斜率；a 为回归方程的截距（一般要求小于 0.005）。

本方法的校准曲线斜率为 0.044±0.002，试剂空白吸光度 A_0。在显色规定条件下波动范围不超过 ±15%。正确掌握本方法的显色温度、显色时间，特别在 25～30℃条件下，严格控制反应条件是实验成败的关键。

（2）样品测定。

样品溶液中有混浊物，应离心分离除去。

样品放置 20min，以使臭氧分解。

将吸收管中样品溶液移入 10mL 比色管中，用吸收液稀释至标线，加 0.5mL 氨磺酸钠溶液，混匀，放置 10min 以除去氮氧化物的干扰，以下步骤同校准曲线的绘制。如样品吸光度超过校准曲线上限，则可用试剂空白溶液稀释，在数分钟内再测量其吸光度，但稀释倍数不要大于 6。

（3）结果表示。

空气中二氧化硫的浓度按下式计算：

$$C\left(\mathrm{SO_2,mg/m^3}\right) = \frac{(A - A_0 - a)}{bV_s} \times \frac{V_t}{V_a} \qquad (5-30)$$

式中，A 为样品溶液的吸光度；A_0 为试剂空白溶液的吸光度；b 为校准曲线斜率；a 为校准曲线截距；V_t 为样品溶液总体积，mL；V_a 为测定时所取样品溶液体积，mL；V_s 为换算成标准状况下（0℃，101.32kPa）的采样体积，L。

二氧化硫浓度计算结果应精确到小数点后第三位。

5.3.2.2　NO_x 的分析

NO_x 的分析采用 Saltzman 法检测。该方法的原理是：NO_x 被盐酸萘乙二胺和对氨基苯磺酸配成的显色液吸收，在酸性（冰乙酸）条件下反应生成稳定的粉红色偶氮化合物，使用分光光度计于 540nm 处测量其吸光度，该方法检测限为 $5\mu g/m^3$。

1）试剂和材料

所用试剂均为分析纯，亚硝酸钠为优级纯。所用水为无 NO_2^- 的二次蒸馏水。

N-(1-萘基)乙二胺盐酸盐储备液：称取 0.50g N-(1-萘基)乙二胺盐酸盐 $[C_{10}H_7NH(CH_2)_2NH_2 \cdot 2HCl]$ 于 500mL 容量瓶中，用水溶解稀释至刻度。此溶液储于密闭的棕色瓶中，在冰箱中冷藏可保存稳定三个月。

显色液：称取 5.0g 对氨基苯磺酸 $[NH_2C_6H_4SO_3H]$ 溶解于约 200mL 热水中，将溶液冷却至室温，全部移入 1000mL 容量瓶中，加入 50.0mL N-(1-萘基)乙二胺盐酸盐储备溶液和 50mL 冰乙酸，用水稀释至刻度。此溶液储于密闭的棕色瓶中，在 25℃ 以下暗处存放可稳定三个月。若溶液出现淡红色，应弃之重配。

吸收液：使用时将显色液和水按 4：1（体积比）比例混合，即为吸收液。

亚硝酸盐标准储备液：250mg NO_2^-/L，准确称取 375.0mg 亚硝酸钠（$NaNO_2$，优级纯，预先在干燥器内放置 24h）溶于水，移入 1000mL 容量瓶中，用水稀释至刻度。此溶液储于密闭的棕色瓶中，在冰箱中冷藏可稳定三个月。

亚硝酸盐标准工作液：2.50mg NO_2^-/L，吸取亚硝酸盐标准储备液 1.00mL 于 100mL 容量瓶中，用水稀释到刻度。临用前配制。

硫酸溶液：$C(1/2H_2SO_4)=1mol/L$。取 15mL 浓硫酸，徐徐加入 500mL 水中。

酸性高锰酸钾溶液：称取 25g 高锰酸钾，稍微加热使其全部溶解于 500mL 水中，然后加入 1mol/L 硫酸溶液 500mL，混匀，储于棕色试剂瓶中。

盐酸羟胺溶液：$\rho=0.2\sim0.5g/L$。

2）仪器与设备

50ml 多孔玻板吸收管；

氧化瓶，内装 50mL 酸性高锰酸钾溶液的洗气瓶，液柱不低于 80mm；

空气采样器；

分光光度计。

3）采样

用两只多孔玻板吸收管，内装 50mL 吸收液，液柱不低于 80mm，标记液面位置。再取一支内装 50mL 酸性高锰酸钾的氧化瓶，接入采样系统，将吸收液恒温在 20℃±4℃，以 0.2L/min 的流量采样 24h。采样期间、样品运输和储存过程中，应避免阳光照射。

4）标准曲线绘制

取六只 10mL 具塞比色管，按表 5-15 制备标准系列。

表 5-15　Saltzman 法测定二氧化氮的校准溶液色列

管号	0	1	2	3	4	5
标准工作溶液/mL	0	0.40	0.80	1.20	1.60	2.00
水/mL	2.00	1.60	1.20	0.80	0.40	0
显色液/mL	8.00	8.00	8.00	8.00	8.00	8.00
二氧化氮浓度/（μg/mL）	0	0.10	0.20	0.30	0.40	0.50

各管混匀，于暗处放置 20min（室温低于 20℃时放置 40min 以上），用 10mm 比色皿，在波长 540～545nm 处，以水为参比测量吸光度，扣除空白试验的吸光度后，对应 NO_2^- 的浓度（μg/mL），用最小二乘法计算标准曲线的回归方程。

5）样品测定

采样后放置 20min，室温低于 20℃时放置 40min 以上，用水将采样瓶中吸收液的体积补充至标线，混匀。测量样品盒空白试验样品的吸光度。

若样品的吸光度超过标准曲线的上限，应用空白试验溶液稀释，再测定其吸光度。

采样后应尽快测定样品的吸光度。若不能及时测定，应将样品于低温暗处存放。样品于 30℃暗处存放，可稳定 8h；20℃暗处存放，可稳定 24h；与冰箱中冷藏，至少可稳定三天。

6）结果表示

空气中二氧化氮、一氧化氮（以 NO₂ 计）和氮氧化物的浓度的计算如下：

$$C_{NO_2} = \frac{(A_1 - A_0 - a) \times V \times D}{b \times f \times V_0} \tag{5-31}$$

$$C_{NO} = \frac{(A_2 - A_0 - a) \times V \times D}{b \times f \times k \times V_0} \tag{5-32}$$

$$C_{NO_x} = C_{NO_2} + C_{NO} \tag{5-33}$$

式中，C_{NO_2} 为空气中二氧化氮的浓度，mg/m³；C_{NO} 为空气中一氧化氮（以 NO₂ 计）的浓度，mg/m³；C_{NO_x} 为空气中氮氧化物（以 NO₂ 计）的浓度，mg/m³；A_1、A_2 分别为串联的第一支和第二支吸收瓶中样品的吸光度；A_0 为空白试验样品的吸光度；b、a 为标准曲线的斜率和截距；V 为采样用吸收液体积，mL；V_0 为换算为标准状态（0℃，101.32kPa）下的采样体积，L；K 为 NO→NO₂ 氧化系数，0.68；D 为样品的稀释倍数；f 为 Saltzman 实验系数，0.88（当空气中二氧化氮浓度高于

$0.720mg/m^3$ 时，f 为 0.77）。

5.3.2.3　NH_3 的分析

采集有 NH_3 的纤维素滤纸置于样品瓶中，加入 3mL 去离子水（$R>18.2M\Omega$）溶解，超声萃取 $4\times15min$，脱色摇床振荡 1h，然后用 $0.45\mu m$ 的水系过滤器过滤，置于进样瓶中待测。用离子色谱仪测定 NH_4^+ 浓度，据此计算出 NH_3 的质量浓度，扩散系数采用 $0.249cm^2/s$（Roadman，2003）。

氨气的定量分析选用离子色谱方法进行，分析仪器为 Dionex-600 型离子色谱仪（配备 Ion Pac-AS11-HC 型分析柱、Ion Pac-AG11-HC 型保护柱、ASRS 自身再生抑制器、Ion Pac-CS12A 型分析柱、Ion Pac-CG12A 型保护柱、CSRS 自身再生抑制器、ED50 电导检测器和 GP 40 梯度泵）进行检测，用 Chromeleon 软件进行谱图分析，得到铵根离子 NH_4^+ 的质量浓度，NH_3 的质量浓度根据 NH_4^+ 的质量浓度计算得出。

5.3.3　质量控制

采集 NH_3 所使用的滤纸在未浸泡溶液前加去离子水，超声波萃取并振荡六次以上清洗滤纸，处理好的滤纸用离子色谱检测，每张滤纸上 NH_4^+ 的浓度必须小于 $0.1\mu g$ 才可以使用。采样前对 Ogawa 被动式采样方法和主动式采样方法分别在不同天气状况下采样进行对比，实测浓度的相对误差在 $\pm10\%$ 以内；对同一时间采样的重现性实验，相对误差也小于 $\pm10\%$，部分结果见表 5-16。另外，对采样所使用的滤纸还与基于化学发光原理的 NH_3 分析仪（Model 201E，Teledyne，USA）进行了对比，相关系数达到 0.73。

表 5-16　Ogawa 被动式采样方法与主动方法的 NH_3 测定对比试验（单位：ng/m^3）

采样位置	Ogawa 被动式采样器	主动式分析器
室内	36.3 ± 1.7（$n=2$）	36.3 ± 3.7（$n=2$）
室外	32.2 ± 3.7（$n=7$）	28.1 ± 7.7（$n=2$）

离子色谱测试中，实验标准物质使用国家标准物质中心的标准溶液配制；样品测定结果均进行空白校正和方法校正。每 10 个样品中任意挑选 1 个样品进行重复检测，当样品溶液浓度在 $0.03\sim0.1\mu g/mL$ 时，相对标准偏差 $<\pm30\%$；当样品浓度在 $0.1\sim0.15\mu g/mL$ 时，相对标准偏差 $<\pm20\%$；当样品溶液浓度在 $0.15\mu g/mL$ 以上时，相对标准偏差在 $\pm10\%$ 以内。

5.4　帝陵外藏坑保护展示厅遗址区内的气态污染物特征

5.4.1　遗址区室内外气态污染物的质量浓度

帝陵外藏坑保护展示厅全封闭的遗址区能够使保存文物的环境避免温度和湿度的剧烈变化，也能很大程度上降低虫害、降尘及紫外线等不利因素对文物的影响。帝陵外藏坑保护展示厅遗址区的玻璃围护内外具有约 $0.04h^{-1}$ 的平均空气交换速率，遗址区室内环境不可避免地会受到室外环境的影响，尤其是室内不存在大气污染物的排放源，均来自室外大气污染物的渗入，即室内气体污染物的浓度变化同时受到室外浓度的影响。夏、冬两季采样期间，帝陵外藏坑保护展示厅全封闭的遗址区室内和室外的 SO_2、NO_x 及 NH_3 质量浓度平均值见表 5-17。

表 5-17　夏、冬季采样期间室内、外 SO_2、NO_x 及 NH_3 的平均质量浓度水平

采样期	气态污染物	室内浓度/($\mu g/m^3$)	室外浓度/($\mu g/m^3$)	I/O
夏季（$n=10$）	SO_2	3.56±0.29	30.94±17.67	0.115
	NO_x	1.41±0.28	25.12±7.52	0.056
	NH_3	59.81±15.33	36.15±18.47	1.654
冬季（$n=29$）·	SO_2	4.51±5.74	147.03±71.16	0.031
	NO_x	0.23±0.47	46.81±13.60	0.005
	NH_3	16.25±10.77	11.36±7.66	1.430

5.4.1.1　SO_2

在夏季，室外大气中 SO_2 的平均浓度为 $30.9\mu g/m^3$，而室内遗址区中 SO_2 的平均浓度为 $3.6\mu g/m^3$，室外浓度为室内浓度的约 8.7 倍。在冬季，室外大气中 SO_2 的平均浓度达到 $147.0\mu g/m^3$，室内遗址区中 SO_2 约为 $4.5\mu g/m^3$，室外浓度为室内浓度的约 32 倍。对比冬、夏两季测量数据，室内遗址区中 SO_2 的平均浓度季节性差异较小，均处于 $3\sim5\mu g/m^3$ 的较低浓度水平范围内，而室外 SO_2 的平均浓度季节性差异较大，冬季平均浓度是夏季平均浓度的四倍，这主要与冬季采暖导致的 SO_2 燃煤排放量大量增加有关，位于汉阳陵博物馆西南方向直线距离约 1km 的大唐渭河热电厂应是其主要来源。

5.4.1.2　NO_x

在夏季，室外大气中 NO_x 的平均浓度为 $25.1\mu g/m^3$，而室内遗址区中 NO_x 的

平均浓度为 1.4μg/m³，室外浓度为室内浓度的约 18.5 倍。在冬季，室内外的差别更为明显，室外大气中 NO_x 的平均浓度达到 46.8μg/m³，室内遗址区中的 NO_x 平均浓度仅约为 0.2μg/m³（经查阅，原始数据多为 0），室外浓度与室内浓度的比值达到约 234。对比冬、夏两季测量数据，夏季室内遗址区中的 NO_x 浓度显著高于冬季，但均处于 <2μg/m³ 的较低浓度水平。而室外 NO_x 浓度也存在一定的季节性差异，冬季平均浓度比夏季平均浓度高 21.7μg/m³，这也与冬季取暖燃煤导致 NO_x 排放量的增加有关。

5.4.1.3　NH₃

在夏季，室外大气中 NH_3 的平均浓度为 36.2μg/m³，而室内遗址区中 NH_3 的平均浓度为 59.8μg/m³，室内浓度是室外浓度的约 1.7 倍。在冬季，室外大气中 NH_3 的平均浓度达到 11.4μg/m³，而室内遗址区中 NH_3 约为 16.3μg/m³，室内浓度约为室外浓度的 1.4 倍。无论冬季，还是夏季，NH_3 在帝陵外藏坑保护展示厅遗址区的室内、外浓度比值 I/O 均大于 1，显示存在明显的室内源。

大气中氨气主要来源是人为活动，如农田释放、施肥排放和生物质燃烧等，室外大气中的 NH_3 应主要来自博物馆周边的农田释放和合成化肥的分解，室内遗址区中的 NH_3 除了来自室外大气 NH_3 的渗入，游客排放的 NH_3 应该是导致室内浓度高于室外浓度的主要原因。一方面，冬季由于气温较低，农田中的氨气释放并不活跃，这是冬季室外大气中 NH_3 的平均浓度低于夏季的主要原因；另一方面，夏季室外 NH_3 的平均浓度是冬季室外的 3.2 倍，而夏季室内 NH_3 平均浓度是冬季室内平均浓度的 3.7 倍，即室内 NH_3 平均浓度的季节差异略大于室外，这主要是因为夏季博物馆内有较大的游客流量，且夏季较高的气温导致游客更多的汗液排放，从而产生了更多的 NH_3。

5.4.2　遗址区内气态污染物浓度的变化机制

室内气态污染物的浓度是多种环境因素共同作用的结果，包括空气交换速率、室内气态污染物的排放源、室内环境的几何特征、室外污染物浓度水平及其在室内的清除机制。事实上，通过室内外空气的交换与渗透，由室外进入室内的气态污染物会一直保持在一定浓度范围内波动，这主要取决于室内外空气交换的水平和污染物的生成与消除过程。在自然、稳定的空气交换速率下（不存在机械通风装置，如空调、换气扇等），对于某些相对惰性的气态污染物，如 CO，它们在室内不会发生化学反应，其室内浓度的变化会滞后于室外浓度的变化，但在一段时间之后，室内外的平均浓度趋于相等。对于具有化学反应活性的气态污染物，不但其在室内的浓度波动滞后于室外的变化，而且由于该种气体污染物能够在室内发生沉降,其在室内空气中的平均浓度还会一直保持低于室外的水平(Repace,1982)。

对于室内气态污染物浓度的研究目前有下列两种方法。

1)数值法(numerical method)

数值法借助室内空气质量模型(multichamber indoor air oulity model,MIAO),计算室内气溶胶及在室内发生化学反应的气体的浓度水平,能够解释多种环境因素的影响,包括通风系统、过滤系统、排放源、污染物在室内表面的直接沉降和气粒转化过程,以及复杂的迁移、光解和热反应等。

借助MIAO模型法的一系列研究获得了关于室内、外空气交换速率(ACH)和室内气态污染物沉降速率(deposition velocity)的变化范围,如室内气态污染物的沉积速率一般介于$2\times10^{-4}\sim2\times10^{-2}$cm/s(Cano-Ruiz et al.,1993),而室内、外空气交换速率一般介于$0.01\sim40$ACH(Said,1997)。

2)解析法(analytical approach)

室内气态污染物质量平衡分析法(Shair et al.,1974)假设室内是一个充分混合的独立箱体,如图5-10所示。

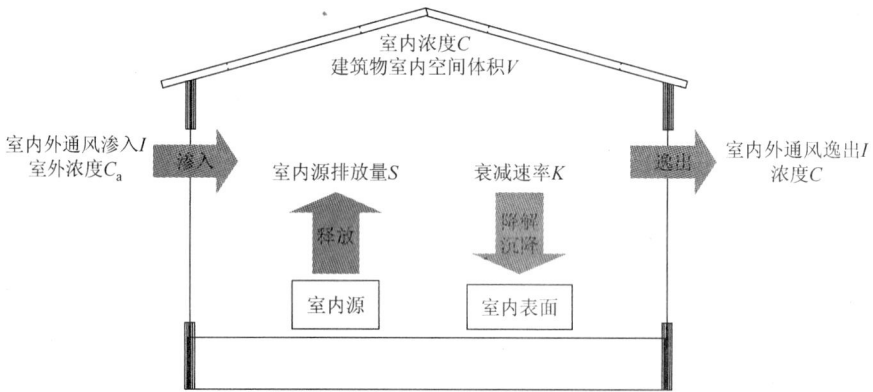

图 5-10　室内气体质量平衡模型图

根据质量平衡原理,室内某种气态污染物的增加速率,等于室内污染源的强度加上污染物进入室内空气的速率减去污染物渗出室内的速率,再减去污染物在室内的消减速率。用公式表示为

$$V\frac{\mathrm{d}C}{\mathrm{d}t}=S+C_{\mathrm{a}}AV-CAV-KCV \tag{5-34}$$

式中,V为室内空间体积,m^3;A为空气交换速率(ACH),h^{-1};S为室内污染源强度,$\mathrm{mg/h}$;C_{a}、C分别为室外和室内的污染物浓度,$\mathrm{mg/m}^3$;K为污染物的衰减速率,h^{-1}。

根据式（5-34），可以分三种情况讨论室内污染物的浓度。

（1）一般情况下，可用下式计算求得室内污染物在某个时间浓度 $C(t)$ 的普通解：

$$C(t) = \frac{S/V + C_a A}{A + K} \left[1 - \mathrm{e}^{-(A+K)t} \right] + C(0)\, \mathrm{e}^{-(A+K)t} \tag{5-35}$$

（2）假设室内存在惰性气态污染物的排放源，其在室内的衰减速率为 0，即 $K=0$，$C_a=C(0)=0$，则室内污染气体的浓度变为

$$C(t) = \frac{S}{AV} \left[1 - \mathrm{e}^{-At} \right] \tag{5-36}$$

（3）假设室内气态污染物处于稳态，即污染物的浓度不随时间变化，$dC/dt=0$，代入式（5-34），则污染物在任意时间的浓度可用下式表示：

$$C(t) = \frac{S/V + C_a A}{A + K} \tag{5-37}$$

5.4.3 遗址区内气态污染物的衰减速率

夏、冬两季采样期间，室内外 SO_2、NO_x 及 NH_3 的浓度变化如图 5-11 所示。可观察到室内 SO_2 和 NO_x 的浓度波动较小。如将 SO_2 和 NO_x 的平均浓度视为稳定浓度，则维持室内这两种气体浓度的因素仅为室内、外空气交换和气体在室内的反应消耗及沉降。

SO_2 和 NO_x 均为酸性气体，遗址区室内不存在这两种气态污染物的排放源，故式（5-37）中的 $S=0$。已测得遗址厅的平均 ACH 为 0.04h^{-1}（李莹莹，2010），假设室内污染物的浓度不变，依照稳态处理，可由下式计算获得 SO_2 和 NO_x 的衰减速率 K：

$$K = \left(C_a - C \right) \frac{A}{C} \tag{5-38}$$

气态污染物在室内的衰减速率与室内外空气交换速率正相关。酸性气体 SO_2 和 NO_x 通常来自化石燃料的燃烧排放，因此在遗址厅内无明显排放源，室内的 SO_2 和 NO_x 主要来自遗址区与玻璃罩外大气环境的空气交换。遗址区室内外空气交换速率测定结果显示，每 25h 室内全部空气可与室外交换一遍。然而，室内的 SO_2 和 NO_x 浓度即使在室外排放源出现季节性剧烈波动时，也始终维持在极低的、较恒定的浓度水平，显示室外的 SO_2 和 NO_x 渗入遗址厅后，迅速发生了吸收、吸附和化学反应等消耗。而引起气态污染物在室内沉降或消耗的物理和化学过程则包括：均相和非均相化学反应（homogeneous and heterogeneous reaction）、室内表面对气态污染物的吸附（adsorbtion）、气溶胶表面对气态污染物的吸收（absorption）。

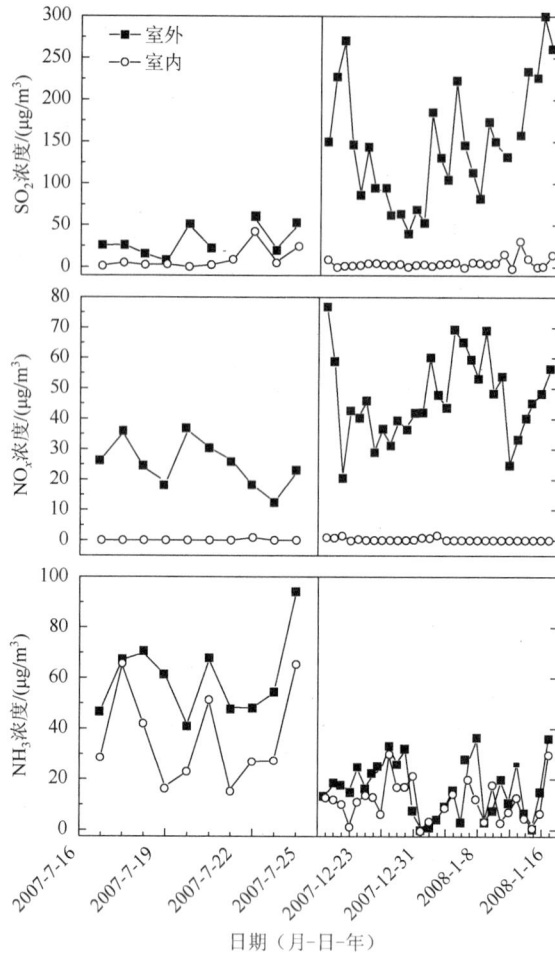

图 5-11　2007～2008 年度夏、冬两季采样期间室内、外 SO_2、NO_x 及 NH_3 的
质量浓度时间变化序列

夏季室外 SO_2 的平均浓度为 30.9μg/m³±17.7μg/m³，室内浓度平均为 3.6μg/m³±0.3μg/m³，代入式（5-37），计算获得夏季 SO_2 的衰减速率 K 在 0.004～0.627h⁻¹，平均衰减速率为 0.308h⁻¹。冬季 SO_2 的平均浓度为 147.0μg/m³±71.2μg/m³，室内平均浓度为 4.5μg/m³±5.7μg/m³，计算获得冬季 SO_2 衰减速率 K 的变化在 0.486～3.118h⁻¹，平均衰减速率为 1.507h⁻¹。不论在夏季还是冬季，SO_2 在遗址展示厅内空气中的浓度水平相当，但是衰减速率相差较大。冬季 SO_2 在室内的衰减速率是夏季的五倍，主要是由于冬季 SO_2 的排放量增加，渗入室内的 SO_2 气体浓度升高，而室内 SO_2 的消耗和沉降并未达到饱和。对展示厅遗址区内文物表面的返碱风化物质的化学组成分析显示其可溶盐成分主要为硫酸钙（$CaSO_4$），应与 SO_2 在室内的迅速消耗和沉降有关。

SO_2 在室内的衰减主要由于均相和非均相化学反应的发生。一方面，SO_2 气体与氧原子或其他自由基（如·HO_2）的氧化反应，使 SO_2 氧化成 SO_3，而 SO_3 作为硫酸的酸根，易与碱性气体 NH_3 发生反应生成二次气溶胶，并沉降于室内地表。另一方面，SO_2 气体易溶于水，溶于水后电离并可能被氧化为 H_2SO_4。这种非均相的变化可能发生在室内大气颗粒物的表面，即颗粒物吸收了空气中的 SO_2 然后在室内沉降，也可能直接在文物或土壤的表面发生上述反应。

夏季室外 NO_x 气体的浓度平均为 $25.1\mu g/m^3 \pm 7.5\mu g/m^3$，室内 NO_x 的平均浓度为 $1.4\mu g/m^3 \pm 0.3\mu g/m^3$，用稳态法求得展示厅内 NO_x 在夏季的衰减速率 K 介于 $0.244 \sim 0.953h^{-1}$，平均衰减速率为 $0.672h^{-1}$。冬季室外 NO_x 气体的浓度平均为 $46.8\mu g/m^3 \pm 13.6\mu g/m^3$，室内 NO_x 的平均浓度为 $0.2\mu g/m^3 \pm 0.5\mu g/m^3$，用稳态法求得展示厅内 NO_x 在冬季的衰减速率 K 介于 $3.960 \sim 14.960h^{-1}$，平均值为 $9.320h^{-1}$。NO_x 在展示厅内的衰减速率仍然是冬季大于夏季，冬季约为夏季的 14 倍。NO_x 的衰减速率虽然比 SO_2 的衰减速率高，但是室外渗入的 SO_2 浓度远比 NO_x 的浓度高，导致 SO_2 的衰减量远高于 NO_x。另外，室内反应的产物硫酸盐比硝酸盐稳定，氮氧化合物在大气中的反应均为可逆反应，包括 NO_x 之间的转化、与碱性气体的反应、与自由基的反应等。例如，与碱性气体 NH_3 的反应生成物（如 NH_4NO_3），在大气中极不稳定、易挥发，这应是因为文物表面返碱结晶物中硝酸盐的含量很少，以硫酸盐为主。

5.4.4 遗址区内气态污染物的历史变化

2013～2014 年度的夏季（2013 年 9 月 13 日至 28 日）和冬季（2013 年 12 月 25 日至 2014 年 1 月 7 日），再次对汉阳陵博物馆外藏坑保护展示厅遗址区内的 SO_2 和 NO_2 进行实时监测，以获得玻璃围护内酸性气态污染物的历史变化特征。同时加测氧化性气体 O_3 的浓度变化，并在遗址区玻璃围护外的游客通道内设置室外监测点，以评价气态污染物的衰减速率。夏季采样监测共 16 天，冬季采样监测共 14 天，采样期间博物馆室外经历了多种天气状况。

图 5-12 为 SO_2、NO_2 和 O_3 在 2013～2014 年度夏季采样期间的浓度变化时间序列，采样周期与温湿度的记录同步，监测期间每 10s 记录一个数据，换算成单位为 $\mu g/m^3$ 的浓度。遗址区内夏季的 SO_2 平均浓度为 $6.3\mu g/m^3 \pm 0.0\mu g/m^3$，$NO_2$ 平均浓度为 $0.8\mu g/m^3 \pm 0.6\mu g/m^3$，$O_3$ 平均浓度为 $4.3\mu g/m^3 \pm 1.4\mu g/m^3$；玻璃围护外 SO_2 平均浓度为 $25.5\mu g/m^3 \pm 22.4\mu g/m^3$，$NO_2$ 平均浓度为 $9.0\mu g/m^3 \pm 7.7\mu g/m^3$，$O_3$ 平均浓度为 $13.6\mu g/m^3 \pm 8.0\mu g/m^3$。冬季，遗址区内 SO_2 平均浓度为 $7.1\mu g/m^3 \pm 16.9\mu g/m^3$，$NO_2$ 平均浓度为 $13.3\mu g/m^3 \pm 12.2\mu g/m^3$，$O_3$ 平均浓度为 $6.3\mu g/m^3 \pm 3.2\mu g/m^3$；玻璃围护外 SO_2 平均浓度为 $39.5\mu g/m^3 \pm 2.2\mu g/m^3$，$NO_2$ 平均浓度为 $18.0\mu g/m^3 \pm 12.2\mu g/m^3$，$O_3$ 平均浓度为 $12.3\mu g/m^3 \pm 5.0\mu g/m^3$。

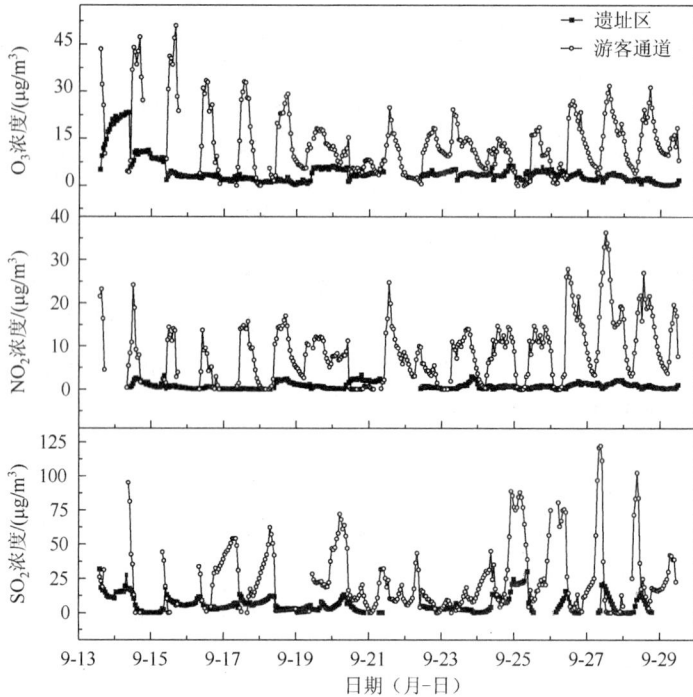

图 5-12　2013～2014 年度夏季采样期间汉阳陵地下博物馆 O_3、NO_2 和 SO_2 浓度变化

在 2007～2008 年度和 2013～2014 年度，遗址区内气态污染物浓度均表现为遗址区外高于遗址区内，冬季高于夏季，表明室内气态污染物源于室外，且季节性浓度水平变化与汉阳陵博物馆临近西安北郊的火力发电厂（大唐热电厂）相关。对比两个采样年度的监测数据（表 5-18），游客通道内则显著低于博物馆室外，而 2013～2014 年度冬、夏季室内的 SO_2 和 NO_2 气体浓度均较 2007～2008 年度有所增高。

表 5-18　汉阳陵帝陵外藏坑遗址区内、外 SO_2 和 NO_x 质量浓度的历史变化

采样期	气态污染物	室内浓度/（μg/m³）	室外浓度/（μg/m³）	I/O
2007～2008 年度				
夏季（n=10）	SO_2	3.56±0.29	30.94±17.67	0.115
	NO_x	1.41±0.28	25.12±7.52	0.056
冬季（n=29）	SO_2	4.51±5.74	147.03±71.16	0.031
	NO_x	0.23±0.47	46.81±13.60	0.005
2013～2014 年度			游客通道浓度/（μg/m³）	
夏季（n=343）	SO_2	6.3±6.1	25.5±26.8	0.247
	NO_2	0.8±0.7	9.0±7.1	0.089
冬季（n=253）	SO_2	39.5±17.0	52.1±38.1	0.758
	NO_2	13.4±12.3	18.3±12.1	0.678

6 帝陵外藏坑保护展示厅的土壤环境与文物病害

6.1 遗址博物馆的土壤环境

6.1.1 土遗址及其病害

遗址是指人类活动的遗迹，属于考古学的概念。从遗址的物质构成看，有土、石、木、竹、金属等不同质地的文物，但是土质是构成所有遗址的基本体（孙满利等，2010）。在国务院公布的国家级重点古遗址保护单位中，属于土遗址或包含土遗址属性的就占据了 80% 以上。遗址博物馆内的文物保护不能脱离其赋存的遗址环境，而土遗址本身就是一类以土为建筑材料的不可移动文物。在遗址博物馆内，文物可以按照历史原状和原貌直接摆置于土遗址现场，也可以一部分埋在土壤中，一部分暴露在空气中，供游客体验考古发掘的科学性与历史神秘感。因此，表征文物赋存的遗址环境，就必然涉及遗址环境的地质特征、土壤化学、水文特征、大气物理环境与化学转化等。

引发土遗址病害的风化机理分为三大类：物理风化（温度波动、风力侵蚀、水力侵蚀、降尘磨损、震动和冻融等）；化学风化（酸蚀作用、溶解作用、水合作用、水解作用、氧化作用和盐蚀作用等）；生物风化（霉菌滋生、植物生长和动物活动等）。

土遗址分为露天土遗址和室内土遗址，两类土遗址所处的环境不同，所受自然侵蚀和人为破坏的主要因素亦存在显著差异。目前，对露天土遗址环境的研究较为深入，内容涉及遗址区域的地质构造、工程地质隐患、水文地质条件、气象环境和地震等自然环境，以及遗址保护的人为因素，如管理机制、环境污染、监测体系与标准等（杨善龙等，2008；李雪峰等，2007；孙满利等，2007；王继伟等，2007；张跃辉等，2005；潘别桐等，1992）。露天土遗址大多无建筑遮蔽，常年暴露于日晒雨淋的环境中。其中，由于遗址规模和地理特点的影响，尤其我国西北地区大部分土遗址遗存均为露天土遗址，如交河故城、汉长城、阳关、玉门关、西夏王陵遗址等。风蚀、雨蚀、冻融、崩塌、滑坡、水土流失、泥石流和地震等，是室外土遗址保护面临的主要工程地质问题。

室内土遗址的保存环境相对密闭、稳定，但两方面的因素依然会导致土遗址的风化破坏，一是发掘前后土遗址本体和环境的变化，二是发掘后遗址保存环境的不稳定性。遗址土体埋藏在地下时含水量较高，出土后表面水分的不断蒸发散失导致裂隙的形成。发掘后土遗址的风化主要是由于土体表面在环境因素的作用下，土壤颗粒之间的结合力减弱，颗粒间距加大、脱落，表面形貌改变造成承载文化和历史信息的表层破坏。除了遗址土本身的物理性质、化学组分和矿物组成等内因，导致室内土遗址风化的主要外在环境因素包括温度、湿度、地下水、可溶盐、气态污染物、降尘、微生物和动植物等。

温度的周期波动会导致遗址土体的热胀冷缩，且由于土体本身不同矿物组成的热胀系数的差异，温度的急剧或频繁波动产生差异性膨胀，张缩应力导致遗址土体表面出现疏松、开裂、起皮、剥离等病害。此外，环境湿度增高还促进微生物的滋生繁殖，进而造成生物风化。

地下水能够造成土壤黏土矿物的膨胀收缩，并溶解土壤颗粒之间的胶结物，从而导致土壤崩解破坏；当遗址内部的水分不断蒸发散失时，土体表面会产生大量裂隙，严重影响土遗址的外观及稳定性。当遗址土体的可溶盐含量较高、地下水位距地表也较近时，随着环境湿度的降低，表层土的水分蒸发，使遗址土体内部溶解了可溶盐的水分沿土壤毛细管空隙向表面迁移，并在表土层聚积，可溶盐反复溶解和重结晶导致遗址表面的酥碱、空鼓、表面泛白等盐蚀病害。

二氧化硫、氮氧化物、二氧化碳等气态污染物易吸附在大气颗粒物表面的湿润水膜中，这些酸性微粒和污染气体由干、湿沉降进入土体表层，会破坏土体矿物及胶结物，导致土体的风化。此外，大气降尘也会改变遗址表面的外观。

目前国际上土遗址保护研究的主要机构是联合国教科文组织国际古迹遗址理事会（International Council on Monuments and Sites，ICOMOS）下设的土遗址保护专业委员会。此外，设在意大利的国际文化遗产保护与修复研究中心（International Centre for the Study of the Preservation and Restoration of Cultural Property，ICCROM）和美国的盖蒂保护研究所（Getty Conservation Institute）等科研机构也从事对土遗址的研究和保护工作。国内的一些高校和研究院所，如敦煌研究院、西安文物保护修复中心、陕西省文物保护研究中心等，也长期涉足土遗址的加固技术、加固材料研究、土遗址病害机理、土遗址赋存环境和展示方式等各方面的土遗址研究领域。

6.1.2　文物赋存的土壤环境

土壤是连续覆被于地球陆地表面、由多种矿物质组成的疏松多孔介质，是随着气候、生物、母质、地形和时间因素变化而变化的历史自然体（李天杰等，2004）。土壤物质由固相、液相和气相三部分组成。固相物质包括矿物质、有机质和土壤生物。在固相物质之间，是形状和大小不同的孔隙，孔隙中存在土壤水、溶液和土壤空气。土壤系统各相中的物质交换和反应（离子交换、缔合、水解、吸附、析出和结晶等）达到平衡所需的时间尺度差异很大，离子的络合过程和多价离子的水解发生于均一的液相中，矿物结晶过程发生于均一固相中或固-液界面，其他过程则发生在两相界面处。反应速率最大的是溶液中的离子缔合过程和离子交换，其时间尺度在微秒至分钟之间；较慢的是矿物与溶液间的溶解沉淀反应，时间尺度在天至年之间；需时最长的是矿物结晶过程，需时以年至兆年计（李韵珠等，1998）。与室内遗址所陈列文物相关的土壤环境因素主要是土壤的物理性状与化学转化、土壤水盐运移和生物活动等。

　　土壤盐分一般以三种方式存在于土壤中：以溶解态存在于土壤溶液中；以吸附态吸附在胶体颗粒上；以固态形式存在于土壤中。作为孔隙介质，土质文物材料即使初始含盐量较高，但如果没有发生盐分的溶解和重结晶，较高的含盐量只能对文物材料起到化学胶结作用，反而有利于提高强度。盐分只有溶解并随水的迁移而移动，才能在重结晶的过程中破坏孔隙结构，水分迁移，确切地说是水分迁移引起的盐分迁移，才是导致盐蚀病害发生的根本原因。文物材料中含有的盐分也具有吸湿能力，当环境湿度超过易溶盐的临界湿度时，盐分可从空气中吸收水分，发生潮解。

　　水环境包括地球表面上的各种水体，如海洋、河流、湖泊、水库及地下水。地下水有广义与狭义之分。广义的地下水是指赋存于地面以下岩土空隙中的水，即包气带及饱水带中所有含于岩石空隙中的液态水和气态水。狭义的地下水仅指赋存于饱水带岩土空隙中的液态水或重力水。根据水分在土壤中的存在形式，将水分划分为气态水、固态水和液态水。其中，最为活跃、与土壤水盐运移关系最为密切的水分形态是液态水，根据液态水在土壤内存在的形式，将其分为吸湿水、薄膜水、毛管水和重力水。其中，毛管水是指在土壤毛管力作用下保持和移动的液态水，毛管水具有较强的自由移动能力，同时具有溶解土壤所含化学物质的能力，因此成为土壤中化学物质的溶剂和载体。当地下水埋深较浅时，地下水可以通过毛管水的作用沿毛管上升到一定高度，称为毛管上升水，是地下水对土壤水分补充的一种主要形式（王全九等，2007）。

　　在土壤水的运动过程中，盐分随水发生运移，其运移方式可概括为如下几个方面：土粒与土壤溶液界面处的离子交换吸附；土壤溶液中离子的扩散作用；随薄膜水的运动；随土壤中自由水流的对流运动。其中随土壤自由水的对流运动，在盐分运移中起主要作用。液态水侵入孔隙介质的途径之一是毛细水入渗，这需要具备三个条件：水分、亲水性毛细孔隙和水-气界面产生的表面张力。土质文物材料具有亲水特性，其中包含毛细孔隙在内的各种尺度的孔隙空间，彼此之间连通性好，为毛细水迁移提供了物质基础。大多数情况下，毛细水上升来自于地下水或文物附近的地表局部积水。

　　土壤盐渍化是指土壤中可溶性盐分随水向表土层（0～20cm）运移而累积含量超过 0.1%（或富含石膏的土壤为 0.2%）的盐化过程，以及有时相伴发生的土壤溶液中钠离子进入土壤表层或亚表层土壤胶体中，使交换性钠离子饱和度大于等于 5% 的碱化过程，二者又称为土壤盐碱化（李天杰等，2004）。对于干旱、半干旱和半湿润地区的非灌溉土壤，当地下水埋深较浅时，因强烈的土壤蒸发，地下水便在毛管力的作用下上升到达地表，同时将土体中的盐分和地下水中的盐分积聚于土壤表层，引起土壤盐碱化。对于灌溉区土壤，当地下水埋藏较深，且灌溉水源不足或排水不畅时，灌溉下渗水流只能到达积盐层，并溶解其中的盐分，而后又沿土壤毛管空隙上升蒸发，结果使盐分向表土层聚积，导致土壤盐渍化。

　　如果能够获得文物埋藏时或保存时所处的土壤环境样本，则借助化学组分分析可提供这些土壤环境中氯盐、硝酸盐和硫酸盐等可溶盐的定量信息。尽管从土壤环境中可溶盐的含量数据并不能准确推算出文物本体中的可溶盐含量（由于各种文物材质吸收可溶盐的能力存在差异），但土壤环境中高浓度的可溶盐水平必然对文物形成潜在威胁。并且，如果文物保存于不稳定或不适宜的环境中，即便文物本体中仅存在极低水平的可溶盐含量（$\mu g/m^3$ 级别），依然会导致文物受到可溶盐的侵蚀损害。

　　更直接的可溶盐病害定量方法是，在文物本体上采集小片的腐蚀产物或表面结晶盐样品，置于试管内，注入少量蒸馏水或去离子水（例如，小于等于 15mL）后密封一段时间，以析取可溶盐成分，并借助化学分析方法或仪器分析方法定量测定。采用这种方法时，最理想的状况是能够发现已经从文物本体脱落的腐蚀产物，这样就避免了采样过程中对文物的进一步侵害。同时，应绝对避免将文物整体浸入蒸馏水中，这样的采样和处理方式只会带来更多的损坏。

6.1.3　帝陵外藏坑保护展示厅内的盐蚀病害

　　陶质文物成分为黏土及硅酸盐类，在一般情况下比较稳定，有良好的耐候性能。由于黏土中各成分的耐热缩变性能不同，烧成后器物的孔隙度较高、吸水率较大，文物长期埋藏于地下，可溶性盐类等杂质易渗入文物内部积聚。陶质文物中所含可溶性盐类与器物所出土地域的地质情况密切相关，一般主要为 NaCl、Na_2CO_3、$MgSO_4$ 及这些阳离子的氢氧化物等。可溶性盐类在一定的温度和湿度条件下有一定的溶解度，文物出土后随着保存环境的改变，温度和湿度发生变化，文物中盐分出现溶解和析出重结晶。在一般的博物馆保存条件下，含盐分较高的陶质文物上，即使短时间不会出现较大变化，陈列时间达到 2～3 年后也会出现盐析现象，表现为器物表面泛白，并长出无数小花点，使器物表面粗糙。可溶性盐类是陶质文物最主要的病害，在彩陶上会导致彩绘颜料脱落，在釉陶上会导致釉面剥落，同时使器物内部松脆、崩裂（马清林等，2001）。

汉阳陵博物馆帝陵外藏坑遗址保护厅内主要展示遗址现场的陶质文物，建筑主体为地下一层，遗址区外藏坑底距地面最大距离为 13m，建筑外顶面上覆盖有土深约 0.6m 的草坪。遗址区与游客参观区的环境调控分别设置，参观区采用水源热泵空调设备，空调开放时间一般为 9：00～16：00；而玻璃围护封闭的遗址区内无空调设备。2006 年，帝陵外藏坑保护展示厅开馆后，工作人员发现，即使在遗址区玻璃围护内保持温度为 25℃、相对湿度接近 100% 的隔离环境下，遗址土体和展陈文物表面仍然出现明显的结晶盐泛白现象（图 2-17），部分猪、牛等雕塑出现起皮脱落现象，木质遗迹也出现风化的迹象，这些极其珍贵文物的保护效果并未达到玻璃展厅设计时的理想效果。

6.2　样品的采集

6.2.1　表层土壤样品的采集

选择遗址区出现可辨识结晶盐析出泛白的六座外藏坑（编号分别为 Pit8、Pit13、Pit14、Pit17、Pit18 和 Pit19）采集表层土壤样品，其中 Pit8 位于地下博物馆建筑物之外的南侧，为西安文物保护修复中心与斯洛文尼亚政府合作进行局部封闭式保护的试验区。表层土壤样品包括遗址原土和从葬坑回填土，遗址原土样品取自夯土隔梁上，回填土样品取自从葬坑底。采集时用塑料铲小心铲取表土置于塑料自封袋中，冰箱中 4℃ 下密封保存。共采集 11 个表土样品，包括原土和回填土。

6.2.2　结晶盐样品的采集

选择遗址区可辨识的结晶盐泛白区域，用手术刀小心铲取表层白色结晶盐，置于塑料自封袋中。共采集五个样品，包括 13、14、17 号坑和库房内修复俑表面的漆层。为便于电镜观察结晶盐的微观形貌原状，避免结晶盐与土壤颗粒发生碰撞和研磨，或由于密封不严导致盐潮解，另铲取土层表面和修复俑表面的结晶盐，撒落到黏附在铜箔表面的碳导电双面胶带上，铜箔固定于聚苯乙烯片夹中（图 6-1），片夹盖子用蜡密封后置于自封袋中，冰箱中 4℃ 下密封保存。

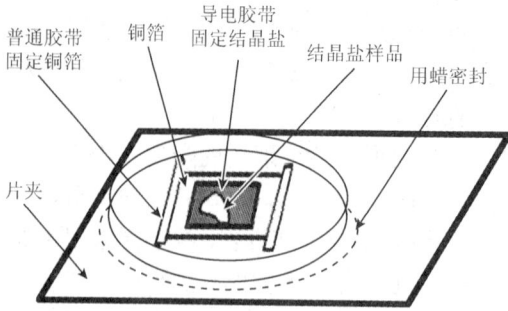

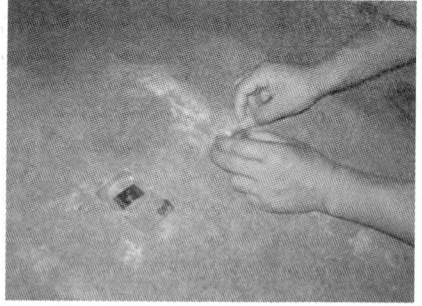

图 6-1　采集结晶盐样品的片夹

6.2.3　土壤剖面样品的采集

2009 年，在帝陵外藏坑遗址保护展示厅遗址区室内和室外借助人力土钻共采集七组土壤剖面样品，其中遗址区内共钻取三组剖面的土壤样品，分别是：15 号坑坑底一组，14 与 15 号从葬坑之间的夯土隔梁上两组。室外采样则分别选择展示厅外四个方向距离约 50m 内的人工草坪、炉边自然草地和油菜地内，各钻取一组室外土壤剖面，共四组。2014 年，在遗址区内与 2009 年相同采样位置再次钻取两组样品，其中 15 号坑坑底和 14 与 15 号从葬坑之间的夯土隔梁上各一组。各剖面的钻孔深度均为 600cm，取样间隔 10cm，室内外共收集样品 420 个。每个土壤样品分为两部分：一部分现场装满土样铝盒（ϕ55mm×h35mm）并用胶带密封，另一部分装入塑料自封袋密封。铝盒土样返回实验室后立即称重以测定土壤含水量，自封袋内土样返回实验室后自然风干以备化学组成分析。

6.2.4　地下水样品的采集

地下水样品取自博物馆的自备井，共采集两次（2007 年 7 月和 2008 年 4 月），每次各三个平行样本。采样前，盛放水样的 500mL 聚四氟乙烯水瓶以去离子水（$R > 18.2$MΩ）清洗六遍，采样时，先用地下水样冲洗三遍。采集的水样密封后置于冰箱内−18℃冷冻备测。

6.3　样品的分析

6.3.1　土壤含水量

土壤剖面中各土层的含水量及其变化，是土壤水量平衡和土壤水文过程共同作用的结果，称为土壤水分状况（soil moisture regimes）。土壤水分状况不仅影响土壤中物质与能量的迁移转化过程，同时还影响土壤组成的发育方向（李天杰等，2004）。

土壤水分含量（θ）的表示方法一般可分为质量含水量、容积含水量及土壤储水量等。质量含水量（θ_m）是指土壤中水分质量与干土质量的比值，又称重量含水量，可由下式计算：

$$\theta_m = \frac{W_1 - W_2}{W_2} \qquad (6\text{-}1)$$

式中，θ_m 为土壤质量含水量；W_1 为湿土质量；W_2 为烘干（105℃）土的质量，$W_1 - W_2$ 为土壤水的质量。

土壤水分的测定可分为质量分析法、核技术法和电磁技术法三大类。其中质量分析法也称烘干法，是可以直接测量土壤水分的唯一方法，并可用于其他方法的标定，包括经典烘干法、红外线烘干法、微波炉烘干法及酒精燃烧法等，其优点是操作简便、价格低廉，缺点是难以现场观测。核技术法包括中子散射法和 γ 射线衰减法，其优点是携带方便、可现场无扰动测量、测量精度较高，缺点是设备昂贵、有潜在的放射性污染。电磁技术法则根据土壤电磁特性来测量土壤水分含量，实现直接快速的监测，测定结果与土壤类型、密度和温度等无关。

烘干法的测定步骤为：使用精度为 0.0001g 的电子天平称量铝盒及湿土的质量 m_1，置于烘箱中升温至 105℃恒温保持 24h，取出称量铝盒及干土的质量 m_2。采样前称取铝盒的质量为 m_0。土壤的含水量用以下公式计算：

$$含水量(\%) = (m_1 - m_2) / (m_2 - m_0) \times 100\% \qquad (6\text{-}2)$$

6.3.2 化学组成分析

6.3.2.1 土壤和结晶盐的化学元素组成

选取四个表层土壤样品（分别为两个原土和两个回填土）及一个结晶盐样品，借助波长色散型 X 荧光光谱仪（WD-XRF，PANalytical，Ea Almelo，Netherlands）测定其元素含量。准确称取干燥后的样品 0.600g 和 $Li_2B_4O_7$ 粉末熔剂 6.000g，混合，制备直径 32mm 的圆形玻璃态熔融片供仪器测定，获取样品中 37 种主要元素和微量元素的组成特征，包括 Na、Mg、Al、Si、P、S、K、Ca、Sc、Ti、V、Cr、Mn、Fe、Co、Ni、Cu、Zn、Ga、As、Rb、Sr、Y、Zr、Nb、Mo、Ba、La、Ce、Nd、Sm、Hf、Ta、W、Pb、Th 和 U。

6.3.2.2 土壤和地下水的水溶性无机离子组分

将全部 11 个表层土壤样品、五个结晶盐样品和 420 个剖面土壤样品自然风干后过 50 目孔筛，分别称取约 30.0mg 置于溶样瓶中，加 10mL 去离子水（$R >$ 18.2MΩ），超声波萃取共四次，每次 15min，间隔 10min，溶液经 0.45μm 的水系过滤器过滤至进样瓶。地下水样品直接通过 0.45μm 水系过滤器至进样瓶。使用 Dionex-600 型离子色谱仪（AS11-HC 阴离子分析柱，ASRS 自身再生抑制器，CS12A 阳离子分析柱，CSRS 自身再生抑制器，ED50 电导检测器）检测，借助 Chromeleon 软件进行谱图分析，获得 11 种水溶性离子组分（Na^+、NH_4^+、K^+、Mg^{2+}、Ca^{2+}、F^-、Cl^-、Br^-、NO_2^-、NO_3^- 和 SO_4^{2-}）的质量浓度。淋洗液分别为 20mmol/L 的 MSA 溶液和 25mmol/L 的 KOH 溶液。阴离子 Cl^-、Br^-、NO_2^- 的检出限为 0.5μg/L，NO_2^-、SO_4^{2-} 的检出限为 15μg/L，阳离子 Na^+、NH_4^+、K^+、Mg^{2+}、Ca^{2+} 的检出限分别为 0.9μg/L、0.26μg/L、0.65μg/L、0.42μg/L 和 0.65μg/L。

6.3.2.3　土壤矿物组成与碳酸盐含量

使用 X 射线衍射仪（X'Pert Pro MPD，PANalytical，Ea Almelo，Netherlands）分析 11 个表层土壤样品和五个结晶盐样品的矿物组成，测试扫描范围为 10.0030°～39.9997°。

土壤中 $CaCO_3$ 含量有多种测定方法，常用的主要有快速中和法和气量法。快速中和法是将一定量的标准酸液加入土壤样品，使它与 $CaCO_3$ 作用，过量的酸再用标准碱溶液回滴。剖面土壤样品自然风干后，于玛瑙研钵中研磨至 200 目以下，用化学平衡方程式定量计算样品中的 $CaCO_3$ 含量。测定土壤所含碳酸盐的质量后，以碳酸钙质量百分数表示。

6.3.3　微观形貌与元素组成

小心取出黏附有结晶盐样品的采样铜箔，用双面碳导电胶带固定在铝制样品台上，喷金后借助 JEOL JSM-6460 LV 型扫描电子显微镜观察结晶盐形貌，25kV 加速电压下摄取二次电子像（SEI）。结晶盐颗粒表面元素分布组成分析借助 NORAN SYSTEM SIX EDX 检测器（Thermo）的单点测定（Point & Shoot）和 X 射线面分布扫描（X-ray Mapping）模块完成，各元素的能谱峰采用 EDX 的软件转换为元素的质量百分比，未采用 ZAF 校正。

6.3.4　元素化学态

用 X 射线光电子能谱（XPS，PHI Quantum 2000，Eden Prairie，MN，USA）测定结晶盐样品的表面各组成元素的相对含量和化学态，XPS 谱图均以碳污染物 C1s 结合能 284.80eV 进行荷电校正，仪器检测灵敏度约为 0.1%。首先，利用宽扫描程序，获取 XPS 扫描全谱，根据谱峰的结合能和相对峰面积，对照标准手册和标准谱图，判断表面元素组成及其相对含量，提供定性和半定量信息。其次，利用 XPS 的高分辨扫描，获得 N、O、S 等元素的高分辨谱。在进行化学价态分析前，先用 Origin 7.0 软件对谱峰曲线进行拟合平滑处理，再借助 XPSPEAK 4.1 软件，基于高斯-洛伦兹函数的分峰运算，对谱峰的结合能进行校准和分峰处理，获得化学位移和化学价态的准确信息。XPS 提供表面 3～10nm 厚度的表面信息，其组成不反映体相成分。

6.4　帝陵外藏坑保护展示厅的土壤环境

6.4.1　表土和剖面土壤的含水量

6.4.1.1　表层土壤的含水量

本节讨论的土壤含水量是指在 105℃下从土壤中驱出的水分，即存在于土粒表面和土粒间隙中的水，不包括化合水和结晶水。我国黄土含水量的变化范围一般在 3.3%～38.6%，西安地区黄土的平均含水量约为 10.0%。由从葬坑原土、回填土的含水量测量结果（表 6-1）可知，帝陵外藏坑保护展示厅内保存文物的表土偏干燥。其中，南侧从葬坑的表层土壤含水量均较低，13、14 和 17 号坑内原土的含水量分别为 3.2%、2.9% 和 3.2%，回填土的含水量则分别为 2.6%、3.3% 和 3.4%。位于展示厅北侧的 18 和 19 号坑的原土含水量略高，分别为 8.6% 和 6.7%。

表 6-1　帝陵外藏坑保护展示厅内表层土壤的含水量

样品类型	采样点位置	含水量/%
原土	Pit13	3.2
原土	Pit14	2.9
原土	Pit17	3.2
原土	Pit18	8.6
原土	Pit19	6.7
原土	Pit8	14.2
回填土	Pit13	2.6
回填土	Pit14	3.3
回填土	Pit17	3.4
回填土	Pit18	3.8

6.4.1.2　剖面土壤的含水量

帝陵外藏坑保护展示厅遗址区内三个垂直钻孔上剖面土壤的含水量变化如图 6-2 所示。剖面（a）位于 Pit14 从葬坑底，其含水量变化介于 7.2%～15.6%，平均含水量为 13.2%。地面至 200cm 深度的土壤含水量随深度增加由 7.2%逐渐升高至 14.0%；而深度超过 200cm 以下的剖面土壤含水量增速减缓，基本稳定在 14.0%左右。剖面（b）和（c）位于紧邻 Pit14 从葬坑的夯土隔梁上，两个剖面的含水量变化趋势较为一致，即从地面向下土壤含水量缓慢升高，含水量变化分别在 3.5%～15.1%和 6.1%～15.5%，平均含量分别为 11.2%和 11.3%。尽管从葬坑的深度约 3m，但三个剖面近地表 200cm 以内部分的土壤均偏干燥。并且，夯土隔梁剖面的平均含水量仅略低于坑底剖面的平均含水量，表明室内各剖面土壤含水量受地下水的影响较小。室内无降水影响，且土壤无植被覆盖，应只受土壤表面水分蒸发的控制。

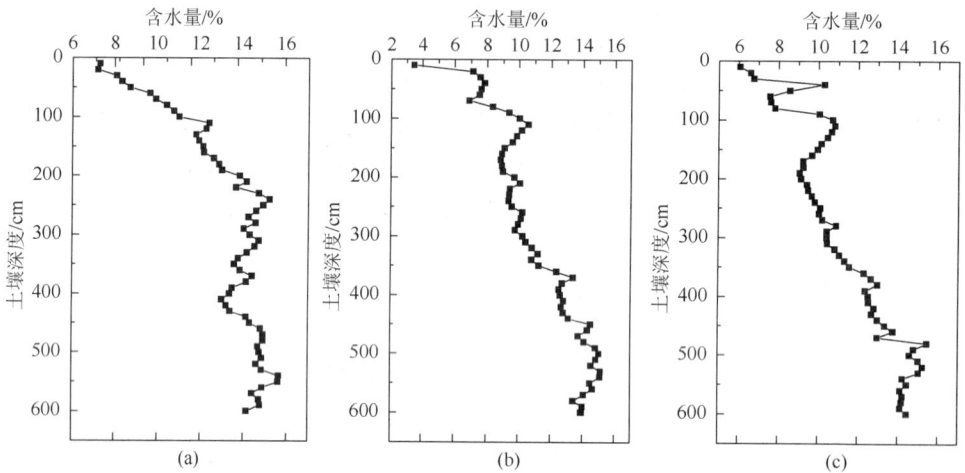

图 6-2　帝陵外藏坑保护展示厅内剖面土壤的含水量

（a）为从葬坑底剖面，（b）剖面和（c）剖面位于夯土隔梁

与展示厅室内土壤剖面不同，室外土壤剖面的含水量的波动范围更小，且变化趋势不尽一致（图 6-3）。四个剖面的波动范围分别为 6.8%～14.7%、7.6%～15.9%、9.8%～14.2%和 8.6%～15.0%，平均含水量分别为 10.0%、12.3%、12.0%和 10.7%。由含水量在剖面深度上的差异，（a）剖面可分为三层，0～60cm 深度的含水量平均为 13.4%，70～200cm 深度的平均含水量降至 11.6%，210～600cm 深度的含水量最小，平均为 8.9%。剖面（b）、（c）和（d）则没有明显一致的增减变化，其原因应受土地利用类型、植被覆盖、灌溉活动和降水的综合影响。

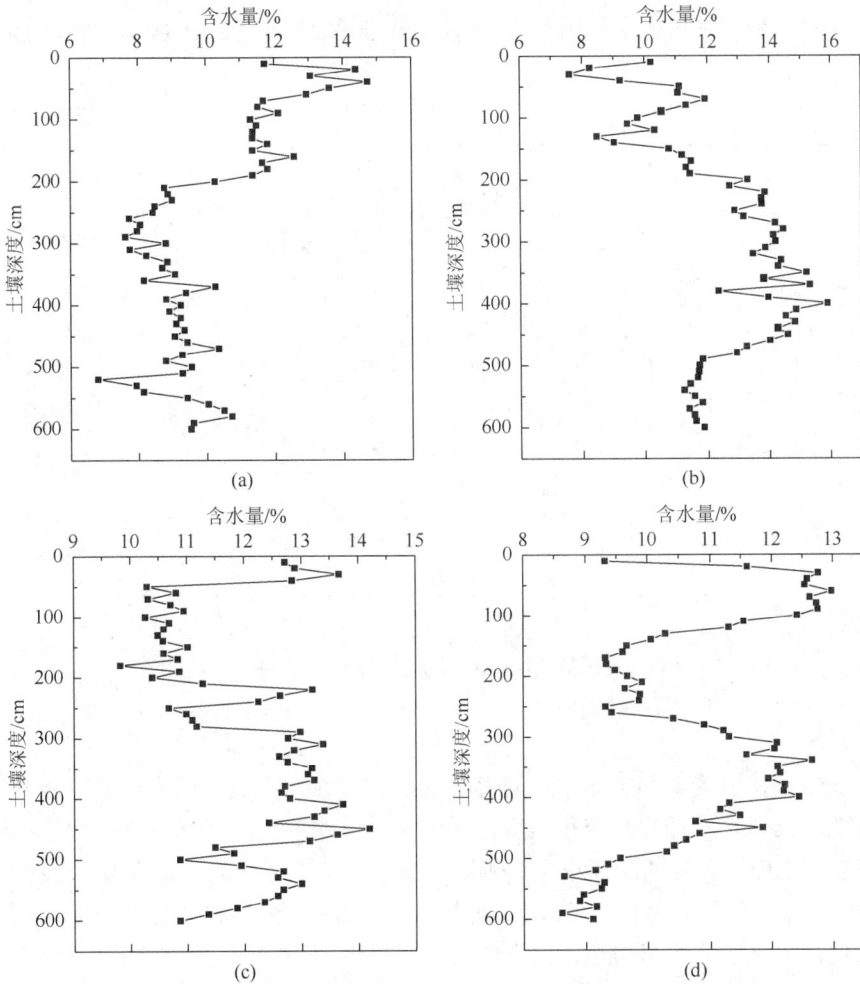

图 6-3 帝陵外藏坑保护展示厅室外剖面土壤的含水量

（a）剖面位于油菜地内，（b）剖面、（c）剖面位于人工草坪内，（d）剖面位于路边自然草地内

6.4.2 剖面土壤的碳酸钙含量

CaCO$_3$ 在展厅内三个土壤剖面中的含量如图 6-4 所示。由图可见，最高值都超过 20%，平均含量分别为 18.2%、16.4% 和 16.8%。地表 10cm 以内表层土壤的 CaCO$_3$ 含量分别为 17.7%、16.1% 和 13.7%。剖面（a）的 CaCO$_3$ 含量介于 14.0%～20.9%，且无剧烈波动；剖面（b）与（c）的 CaCO$_3$ 含量有相似的变化趋势，变化范围分别在 4.3%～22.1% 和 5.5%～20.8%，在深度为 70cm 处达到含量低谷，约为 5%。室外剖面油菜地、人工草坪两处和路边自然草地内的土壤 CaCO$_3$ 含量无

明显的变化趋势（图中未列出），平均含量分别为 23.0%、22.4%、15.3% 和 16.9%。

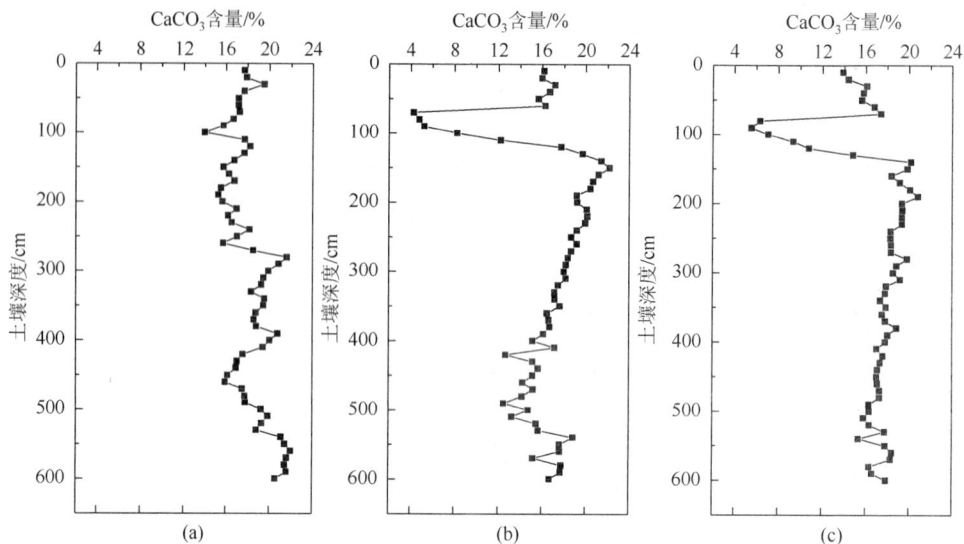

图 6-4　帝陵外藏坑保护展示厅室内土壤剖面的 $CaCO_3$ 含量

（a）为从葬坑底剖面，（b）剖面和（c）剖面位于夯土隔梁

$CaCO_3$ 作为黄土和土壤中普遍存在的矿物，在北方黄土研究中具有极其重要的意义。$CaCO_3$ 的迁移和淀积深度定量地反映降水条件，降水量少，雨水入渗的深度小，$CaCO_3$ 迁移的距离小，淀积深度也小。黄土层中的 $CaCO_3$ 淀积没有受到较强的淋溶和淀积，故富含 $CaCO_3$ 是中国黄土的显著特征之一，$CaCO_3$ 的存在使黄土具有特殊的结构和物理、化学性质（文启忠，1989）。黄土剖面上 $CaCO_3$ 含量的纵向波动，即黄土中的淋失程度，可明确地指示当地降水的变化。黄土的透水性与黄土的胶结物及胶结程度有很大关系。粗粒矿物是黄土结构的骨架，较细颗粒往往填充在粗颗粒之间，黏土及盐类又填充在粗细颗粒之间起胶结作用，而黄土团粒的胶结物主要是 $CaCO_3$（郭玉文等，2004），因此 $CaCO_3$ 影响土壤的透水性。此外，$CaCO_3$ 还影响 pH 及离子吸附能力等土壤的理化性质。

6.4.3　表土和结晶盐的元素组成

表 6-2 中列出了四个表层土壤样品（回填土与原土样品各两个）和四个结晶盐样品的主要元素和微量元素含量。表层土壤中的主要元素 Si、Al、Fe、Mg、Ca、Na 和 K 的含量和 30 种微量元素（表中未全部列出）的含量均无显著差别，显示表层土壤中原土与回填土的化学成分相似，且土壤组成均匀。

表 6-2 帝陵外藏坑保护展示厅内表层土壤和结晶盐的元素组成

元素	单位	Pit14 回填土	Pit17 回填土	Pit19 原土	Pit8 原土	Pit13 结晶盐	Pit14 结晶盐	Pit17 结晶盐	陶俑 漆层
P	mg/kg	658.7	740.5	706.7	829.5	1422.4	785.2	710.9	1041.2
S	mg/kg	183.2	188.2	174.0	192.8	6.9×10^4	10.1×10^4	14.1×10^4	0.7×10^4
Ti	mg/kg	3977.7	4026.2	3945.9	4032.6	2834.0	2464.0	1825.9	3822.8
V	mg/kg	89.9	87.6	84.5	90.4	61.4	60.7	52.1	106.3
Cr	mg/kg	80.9	81.5	77.1	83.0	57.9	56.6	46.5	88.8
Mn	mg/kg	718.9	733.2	707.0	776.7	528.7	553.6	485.4	891.3
Ni	mg/kg	26.1	29.2	27.1	31.2	18.9	21.1	13.5	26.7
Cu	mg/kg	27.2	25.8	25.0	29.0	90.3	51.2	24.4	50.3
Zn	mg/kg	71.8	74.3	70.2	80.6	107.3	85.9	54.8	107.0
Rb	mg/kg	100.7	101.9	100.5	108.6	78.0	64.7	38.7	96.7
Sr	mg/kg	235.8	225.1	234.3	232.0	383.6	565.3	388.0	294.8
Y	mg/kg	26.4	26.6	26.3	26.3	19.5	13.9	9.3	21.8
Zr	mg/kg	217.8	223.8	218.8	215.1	171.4	118.8	71.0	181.2
Ba	mg/kg	14.1	14.2	14.0	14.7	723.2	662.0	425.9	703.1
Nd	mg/kg	507.6	499.8	500.4	515.7	26.7	21.2	13.9	14.1
Pb	mg/kg	20.7	20.9	20.2	22.0	37.6	9.7	7.9	49.7
SiO_2	%	55.6	56.1	55.6	55.8	42.8	35.3	28.8	45.2
Al_2O_3	%	12.3	12.5	12.2	12.6	6.7	7.6	5.0	11.5
Fe_2O_3	%	4.8	4.8	4.7	4.9	3.1	2.9	2.3	5.4
MgO	%	2.4	2.4	2.4	2.4	1.7	1.7	1.4	1.9
CaO	%	8.3	7.5	8.3	6.7	13.8	16.2	19.8	9.5
Na_2O	%	1.5	1.5	1.5	1.4	1.6	1.2	1.1	1.2
K_2O	%	2.3	2.4	2.3	2.5	1.5	1.5	1.1	2.3

表层土壤与结晶盐的化学元素组成存在明显差异，CaO 和 S，尤其是 S 元素在结晶盐样品中高度富集。以 Pit14 为例，结晶盐的 CaO 含量为 16.2%，是回填土样品 CaO 含量 8.3%的近 2 倍，而 S 含量为 10.1×10^4mg/kg，是回填土中 S 含量 183.2mg/kg 的约 500 倍。同样，对比 Pit17 的回填土和结晶盐样品，结晶盐的 CaO 含量是回填土的 2.4 倍，S 的含量超过回填土约 750 倍。

此外，漆层样品中元素 P、Co、Cu 和 Pb 的含量约为原土样品中含量的两倍，这应与漆层制作过程使用了无机矿物颜料有关。漆层中的元素 S 含量达到 0.7%，为原土 S 含量（170~190mg/kg）的约 35 倍。陶俑的陶质材料在烧制过程中一般不添加含 S 矿物，S 元素含量应与原土接近。剥落的漆层样品可视为风化产物，S 元素含量的显著升高应与文物风化过程相关。

6.4.4　水溶性无机离子

6.4.4.1　表土和结晶盐的水溶性无机离子

表层土壤和风化壳样品中的水溶性无机离子质量百分含量见表 6-3。岩土工程界划分盐渍土的方法有两种，一种是按照盐的性质分类，另一种按照含盐量分类，以含盐量来表征土体盐渍化程度高低的标准见表 6-4。此处的含盐量指一定土体内所含盐分的质量与干土质量之比，以百分数表示。帝陵外藏坑保护展示厅内的表层土壤含盐量数据显示，无论从葬坑底的回填土，还是夯土隔梁上的遗址原土，均远低于 0.5%的界限标准，不是传统意义上的盐渍土。

表 6-3　帝陵外藏坑保护展示厅内表层土壤和结晶盐的水溶性无机离子含量　（单位：%）

样品类型	采样位置	Na^+	NH_4^+	K^+	Mg^{2+}	Ca^{2+}	F^-	Cl^-	SO_4^{2-}	NO_3^-	总含盐量
原土	Pit-13	0.017	0.000	0.033	0.019	0.219	0.003	0.011	0.018	n.d.	0.321
原土	Pit-14	0.014	0.001	0.008	0.018	0.175	0.003	0.009	0.042	0.016	0.284
原土	Pit-17	0.019	0.003	0.011	0.017	0.294	0.003	0.012	0.039	n.d.	0.398
原土	Pit-18	0.012	0.002	0.009	0.015	0.218	0.003	0.008	0.019	0.008	0.293
原土	Pit-19	0.006	n.d.	0.015	0.015	0.182	0.003	0.004	0.019	0.011	0.255
原土	Pit-8	0.022	0.001	0.014	0.034	0.206	0.004	0.017	0.033	0.012	0.341
原土	Pit-8	0.022	0.003	0.014	0.031	0.153	0.004	0.022	0.027	0.009	0.283
回填土	Pit-13	0.012	n.d.	0.009	0.020	0.230	0.003	0.008	0.052	0.013	0.347
回填土	Pit-14	0.031	0.001	0.008	0.018	0.274	0.003	0.030	0.101	0.021	0.487
回填土	Pit-17	0.020	0.001	0.015	0.022	0.168	0.003	0.012	0.064	0.028	0.333
回填土	Pit-18	0.021	0.003	0.012	0.020	0.376	0.003	0.014	0.068	0.018	0.533
结晶盐	Pit-13	0.042	0.005	0.014	0.067	2.227	0.003	0.048	6.306	0.076	8.791
结晶盐	Pit-13	0.027	0.003	0.014	0.057	1.013	0.002	0.019	3.486	0.058	4.679
结晶盐	Pit-14	0.034	0.016	0.013	0.082	2.854	0.003	0.057	7.905	0.162	11.129
结晶盐	Pit-17	0.040	0.005	0.015	0.078	4.079	0.003	0.032	11.379	0.076	15.707
漆层	修复俑	0.114	0.003	0.028	0.107	0.751	0.004	0.193	3.169	0.532	4.902

n.d.表示未检出。

表 6-4　盐渍土以平均含盐量为依据的分类标准　（单位：%）

盐渍土名称	氯盐及亚氯酸盐	硫酸盐及亚硫酸盐
弱盐渍土	0.3～1.0	0.3～0.5
中盐渍土	1～5	0.5～2
强盐渍土	5～8	2～5
超强盐渍土	>8	>5

　　结晶盐样品中含量最高的离子是 SO_4^{2-} 和 Ca^{2+}，对其物质的量（摩尔）进行相关性分析（图 6-5）。五个结晶盐样品中 SO_4^{2-} 和 Ca^{2+} 的相关性很好，$R=0.997$，斜率为 1.03，虽然结晶盐样品采集数量较少，仍可初步判断结晶盐样品中主要含 $CaSO_4$ 晶体。四个结晶盐样品的 SO_4^{2-}/NO_3^- 含量比值平均达 100.0 ± 100.0，远高于表层土壤样品的 2.8 ± 9.1，也表明结晶盐中的成盐矿物主要是硫酸盐，而非硝酸盐。

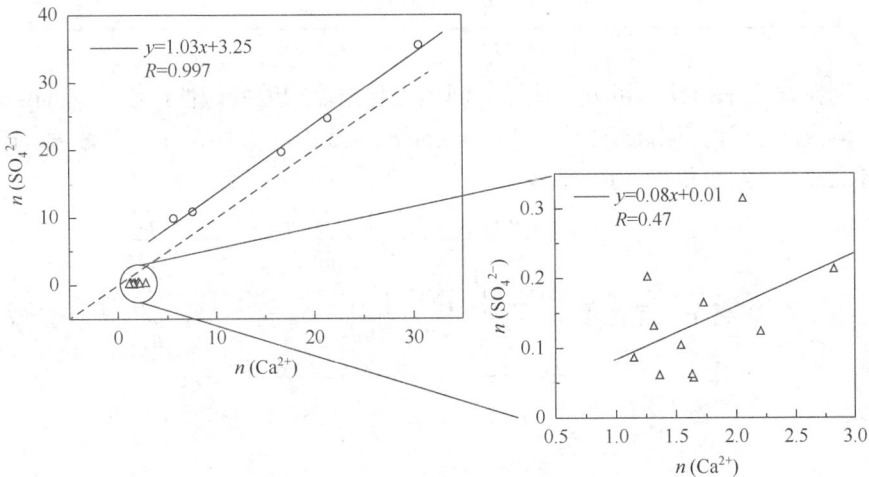

图 6-5　帝陵外藏坑保护展示厅表土和结晶盐中 SO_4^{2-} 和 Ca^{2+} 物质的量的相关性

11 个三角为原土以及回填土样品，五个圆圈为结晶盐样品；单位：$10^{-6}mol/30mg$

　　借助离子间的相关性分析可进一步判断离子的来源和离子间的结合方式。表 6-5 列出了五个结晶盐样品中水溶性离子的相关性，相关系数在 0.85 以上的多种离子间相关性都很好，应表明形成了稳定的化合物。结合表 6-3 中各离子的质量百分含量判断，帝陵外藏坑保护展示厅内遗址和文物表面的结晶盐中含有的可溶盐主要以 $CaSO_4$ 及少量 $NaCl$、KCl、$MgCl_2$ 和 $NaNO_3$ 等化合物的形式存在。

表 6-5　结晶盐样品中水溶性离子的相关性

	Na^+	NH_4^+	K^+	Mg^{2+}	Ca^{2+}	F^-	Cl^-	SO_4^{2-}	NO_3^-
Na^+	1								
NH_4^+	−0.36	1							
K^+	0.99	−0.43	1						
Mg^{2+}	0.89	0.04	0.85	1					
Ca^{2+}	−0.49	0.45	−0.57	−0.15	1				
F^-	0.96	−0.27	0.92	0.88	−0.33	1			

	Na$^+$	NH$_4^+$	K$^+$	Mg^{2+}	Ca^{2+}	F$^-$	Cl$^-$	SO$_4^{2-}$	NO$_3^-$
Cl$^-$	0.98	−0.2	0.97	0.91	−0.51	0.94	1		
NO$_2^-$	−0.35	0.73	−0.44	−0.18	0.24	−0.15	−0.22		
SO$_4^{2-}$	−0.44	0.41	−0.52	−0.1	0.99	−0.3	−0.48	1	
NO$_3^-$	0.97	−0.17	0.96	0.92	−0.53	0.90	0.99	−0.49	1

阴阳离子平衡计算可分析原土、回填土和结晶盐的酸碱性，借助式（6-3）和式（6-4）分别计算阴离子当量浓度（anion equivalent）和阳离子当量浓度（cation equivalent），结果如图 6-6 所示。

$$阴离子当量浓度 = \frac{[SO_4^{2-}]}{48} + \frac{[NO_3^-]}{62} + \frac{[Cl^-]}{35.5} + \frac{[NO^{2-}]}{46} + \frac{[F^-]}{19} \qquad (6-3)$$

$$阳离子当量浓度 = \frac{[Na^+]}{23} + \frac{[NH_4^+]}{18} + \frac{[K^+]}{39} + \frac{[Mg^{2+}]}{12} + \frac{[Ca^{2+}]}{20} \qquad (6-4)$$

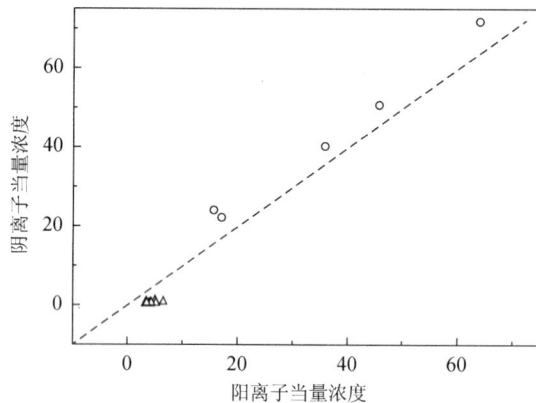

图 6-6　帝陵外藏坑保护展示厅表层土壤及结晶盐样品的阴阳离子平衡

三角为 11 个原土以及回填土样品，圆圈为五个结晶盐样品；单位：10^{-6}mol/30mg

图 6-6 中 11 个原土以及回填土样品点均位于 1∶1 线以下，表明从葬坑的表层土壤偏碱性，与天然黄土的酸碱性一致，易与酸性物质发生反应。而图中五个结晶盐样品点均位于 1∶1 线以上，显示文物表面的结晶盐偏酸性，且阴、阳离子间的相关性较高，相关系数达 0.996，拟合曲线斜率达 1.01。

6.4.4.2　剖面土壤的水溶性无机离子

土壤中的水溶性无机离子是土壤溶质的一种，是溶解于土壤水溶液中的化学物质。溶质在土壤中的运移过程受到物理、化学以及生物等多种因素的影响，溶质可随土壤水分的运动而运移；在布朗运动的作用下，它还会在有效浓度（或活度）梯度的作用下由高浓度向低浓度运移。此外，溶质运动还受到吸附-解吸、吸收、沉淀-溶解、离子交换等过程的影响（李法虎，2008）。测量剖面土壤的水溶性无机离子，可了解主要离子的浓度水平及其在垂直剖面上的变化，判断其在土壤中发生运移的趋势。

1）SO_4^{2-}

SO_4^{2-}带负电荷，土壤黏粒和有机质对其吸附很少，主要存留在土壤溶液中随水流动，易淋失。天然土壤中SO_4^{2-}的主要来源包括岩石矿物风化溶解、动植物分解、大气干沉降、大气降水补充及人为影响。帝陵外藏坑保护展示厅内SO_4^{2-}在土壤剖面上的变化如图6-7所示。由图可见，从葬坑底的剖面土壤中，SO_4^{2-}的含量介于 33.3～126.0mg/kg，平均含量为 85.7mg/kg；SO_4^{2-}在夯土隔梁的两个剖面上变化特征相似，即在距地面 20cm 以下土壤中含量在 50mg/kg 左右波动，而在近地面含量剧增，达到 403.7mg/kg 和 236.7mg/kg。

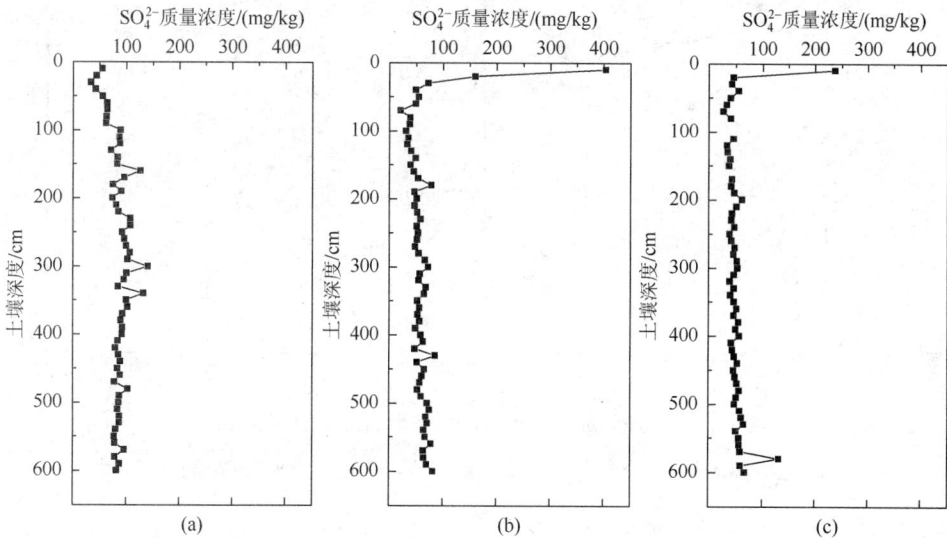

图6-7 帝陵外藏坑保护展示厅内剖面土壤的SO_4^{2-}含量

（a）为从葬坑底剖面，（b）剖面和（c）剖面位于夯土隔梁

帝陵外藏坑保护展示厅室外SO_4^{2-}含量在土壤垂直剖面上的变化如图 6-8 所示。室外四个剖面中SO_4^{2-}的平均含量分别为 160.4mg/kg、198.3mg/kg、155.8mg/kg和 138.0mg/kg，均高于室内剖面。并且，室外的SO_4^{2-}在剖面上均形成明显的累积峰，集中在距地表深度 200cm 附近。由于SO_4^{2-}在土壤中易受大气降水和灌溉水的淋溶，并受土壤物理性状的影响，从土壤表面向土壤下层迁移累积。

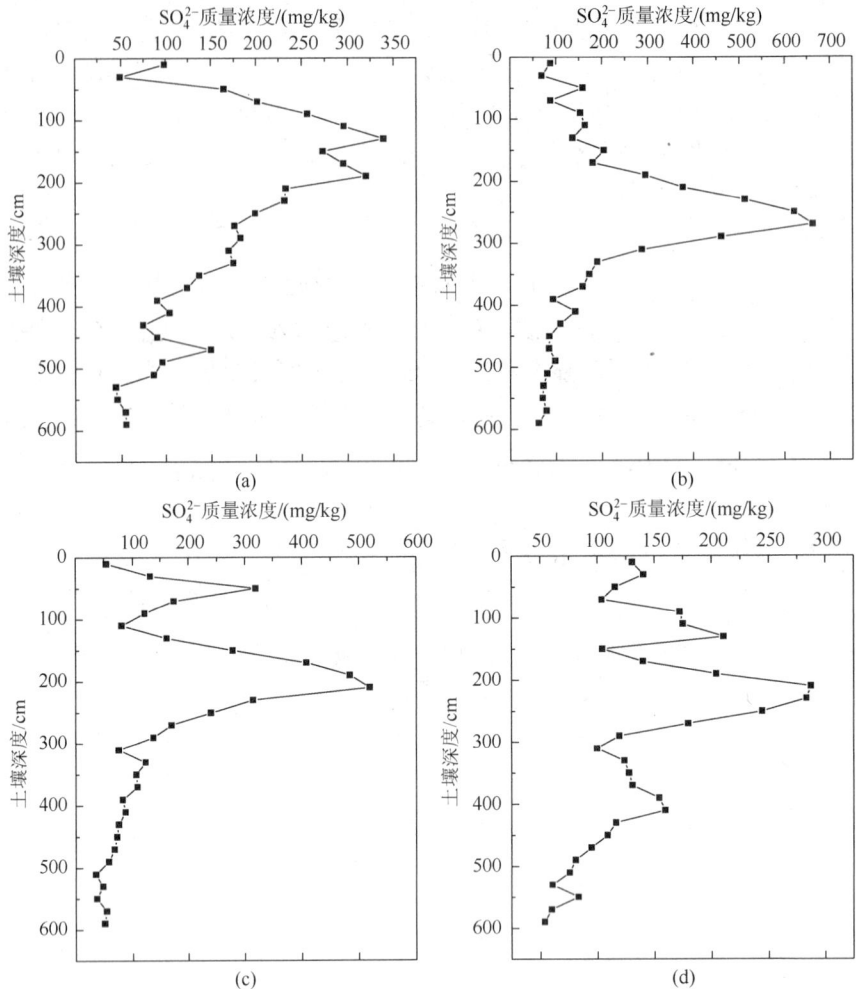

图 6-8　帝陵外藏坑保护展示厅外剖面土壤的 SO_4^{2-} 含量

（a）剖面位于油菜地内，（b）、（c）剖面位于人工草坪内，（d）剖面位于路边自然草地内

2）Ca^{2+}

Ca^{2+}含量在展示厅室内（图 6-9）、外土壤剖面上均没有明显的变化规律，室内剖面的平均含量分别为 1544.3mg/kg、1839.7mg/kg 和 2055.7mg/kg。土壤中的 Ca^{2+}主要来自多种成土母质的风化释放，因此，与其他水溶性离子成分比较，土壤剖面中的 Ca^{2+}含量最高。

3）Mg^{2+}

土壤中 Mg^{2+}的移动性较大，易随水分的移动而迁移。展示厅内三个剖面的土壤 Mg^{2+}平均含量分别为 255mg/kg、236.4mg/kg 和 244.7mg/kg。三个剖面都呈现

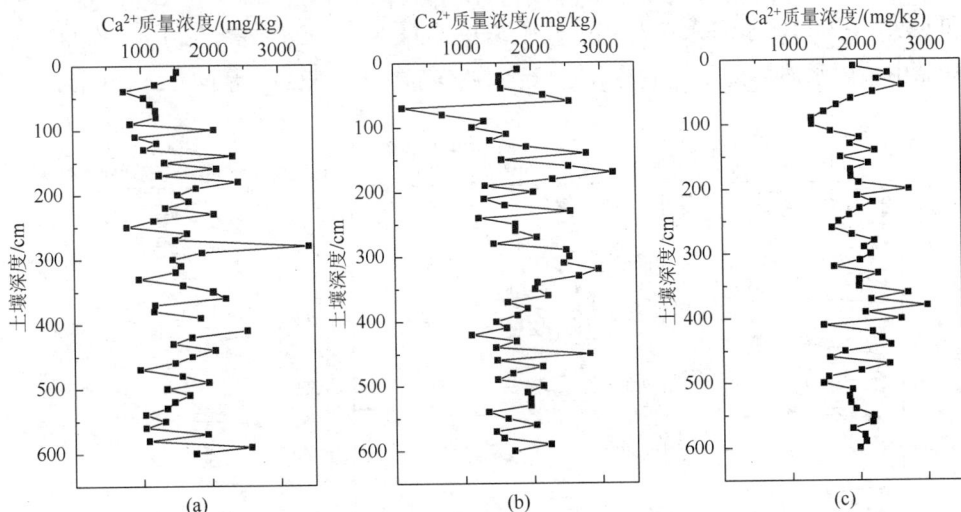

图 6-9　帝陵外藏坑保护展示厅内剖面土壤的 Ca^{2+} 含量

（a）为从葬坑底剖面，（b）剖面和（c）剖面位于夯土隔梁

由浅及深 Mg^{2+} 含量逐渐升高的趋势，并且 Mg^{2+} 含量与相应深度的土壤含水量也有很好的相关性。室外剖面的 Mg^{2+} 则均有明显的淋溶累积现象，淋溶深度都在 200cm 左右。

4）Cl^-

土壤中 Cl^- 的扩散和运移主要由土壤水分控制，以溶液的形式迁移，土壤水分是其迁移的主要介质和驱动力，其扩散系数随土壤含水量的增加而增大。因此，根据 Cl^- 的迁移也可推测土壤的含水量及水分的运移方向。观察 Cl^- 在展示厅室内三个剖面的含量（图 6-10）。帝陵外藏坑保护展示厅内剖面土壤中 Cl^- 的平均含量分别为 54.9μg/kg、53.3μg/kg 和 84.1μg/kg。随剖面深度的增加，Cl^- 含量的变化既无明显的趋势，也无明显的累积区，显示并无淋溶或毛细提升等明确的土壤水盐单向迁移。

室内三个土壤剖面上的 Cl^- 和 Na^+ 具有良好的相关性，相关系数分别为 $R=0.76$ [剖面（a），$n=60$]、$R=0.75$（剖面（b），$n=57$]、$R=0.89$ [剖面（c），$n=60$]，表明帝陵外藏坑保护展示厅内剖面土壤中的氯盐和钠盐主要以 NaCl 的形式存在。

6.4.4.3　地下水的水溶性无机离子

汉阳陵博物馆自备井所采集地下水中的 pH 和水溶性无机离子含量列于表 6-6，地下水中水溶性无机离子总含量低于 1g/L。2007 年样品的阳离子中 Na^+ 含量最高，其次为 Mg^{2+}、Ca^{2+} 和 K^+，未检出 NH_4^+，阴离子中含量最高的为 SO_4^{2-}，其次为 Cl^-

和 NO_3^-，F^-、Br^- 和 NO_2^- 未检出。其中 SO_4^{2-} 含量约为 NO_3^- 含量的 20 倍。2007 年样品中主要水溶性离子组成与分布一致，SO_4^{2-} 含量为 NO_3^- 含量的 22～25 倍。

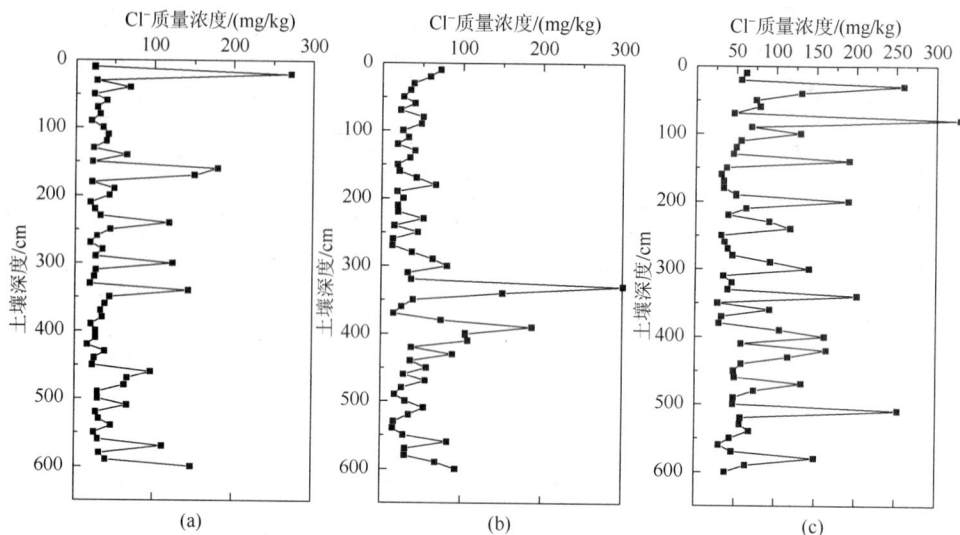

图 6-10　帝陵外藏坑保护展示厅内剖面土壤的 Cl^- 含量

（a）为从葬坑底剖面，（b）剖面和（c）剖面位于夯土隔梁

表 6-6　　汉阳陵博物馆地下水中主要水溶性无机粒子的质量浓度

样品编号	采样时间	pH	Na^+	K^+	Mg^{2+}	Ca^{2+}	Cl^-	NO_3^-	SO_4^{2-}	总盐量
HYL-1		8.06	254.2	3.5	61.1	23.6	101.2	15.2	288.4	747.2
HYL-2	2007.7	8.07	246.9	3.3	55.0	18.1	94.9	15.2	277.4	710.7
HYL-3		8.06	292.7	3.0	64.6	19.8	113.9	15.1	327.9	836.9
平均值		8.06	264.6	3.3	60.2	20.5	103.3	15.2	297.9	764.9
HYZLW1		8.09	310.6	4.2	65.0	34.9	152.4	12.6	319.5	899.2
HYZLW2	2008.4	8.11	308.2	3.7	64.5	34.5	152.4	13.4	319.7	896.4
HYZLW3		8.11	309.2	3.2	64.7	33.1	152.3	13.9	319.5	895.9
平均值		8.10	309.3	3.7	64.7	34.2	152.4	13.3	319.5	897.1

注：NH_4^+、F^-、Br^- 未检出，单位：mg/L。

由于未测定地下水中的典型阴离子 HCO_3^-，且地下水均偏弱碱性，pH 均在 8.0 以上。汉阳陵博物馆地下水应为 HCO_3-SO_4-Na-Mg 型，判断地下博物馆内结晶盐析出是否来自土壤水盐运移时，需要关注地下水中富集的这几种离子。

6.4.5　表土和结晶盐的矿物组成

11 个原土及回填土样品的 X 射线衍射分析（XRD）结果显示，表层土壤均含

有伊蒙混层矿物、绿泥石、石膏、石英、钾长石、斜长石及方解石矿物，图 6-11
为 18 号坑内原土的 X 射线衍射图谱。

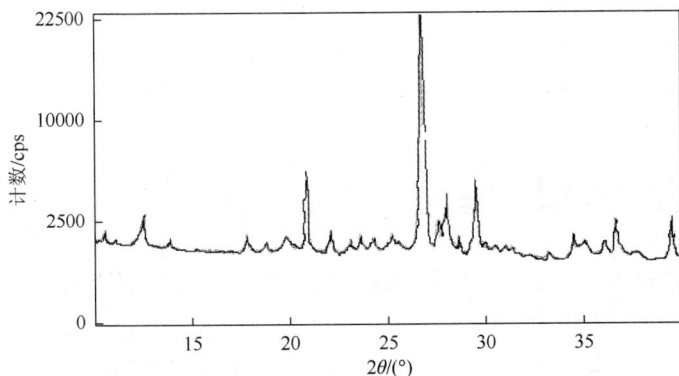

图 6-11　帝陵外藏坑保护展示厅内 Pit 18 原土的 X 射线衍射图谱

　　五个结晶盐样品的 X 射线衍射分析（XRD）显示，结晶盐的主要矿物组成为
石膏、石英、长石、方解石，此外还有少量的硝石和石盐（NaCl）等盐类，仅见
少量的绿泥石。五个结晶盐样品矿物组成相似，图 6-12 为 13 号坑结晶盐样品的
X 射线衍射图谱。

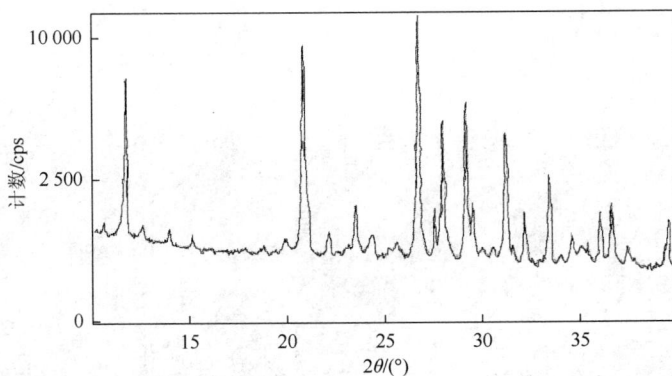

图 6-12　帝陵外藏坑保护展示厅内 Pit 13 结晶盐的 X 射线衍射图谱

　　由 XRD 方法半定量测定采集于文物表面的结晶盐的矿物组分所占比例，列
于表 6-7。由表可见，结晶盐中的主要矿物组分为石膏（$CaSO_4 \cdot 2H_2O$）、长石
（$NaAlSi_3O_8$）、石英（SiO_2）和方解石（$CaCO_3$）。文物表层的结晶盐中都富集了
$CaSO_4$ 矿物，三个样品中，石膏所占比率最低为 45%，最高达 79%，平均为 66%，
其含量在 XRD 测定的矿物组分中均为主要成分。

表 6-7　汉阳陵博物馆结晶盐样品的矿物质量分数　　（单位：%）

采样位置	石膏	方解石	石英	钠长石	水钠锰矿
Pit 13	45	4	6	44	1
Pit 14	73	6	6	16	—
Pit 17	79	6	6	9	—

6.4.6　结晶盐微观形貌与元素组成

扫描电子显微镜和能谱分析（SEM-EDX）观测到结晶盐样品中存在众多的 $CaSO_4$ 晶体，这些次生晶体或附着、聚集在石英、硅铝酸盐等矿物质颗粒上（图 6-13），或互相黏附形成石膏矿物聚集体（图 6-14，图 6-15）。

6.4.7　结晶盐元素化学态

利用 X 射线光电子能谱（XPS）分析结晶盐样品，XPS 高分辨 S2p 谱如图 6-16（a）所示，结合能为 168.4eV 和 166.9eV 的峰分别表明颗粒物中的 S 可能以硫酸盐（sulfate）或亚硫酸盐（sulfite）的形式存在；而 XPS 高分辨 O1s 谱如图 6-15（b）所示，结合能为 531.5eV 的峰表明颗粒物中的 O 更倾向于以硫酸盐的形式存在。

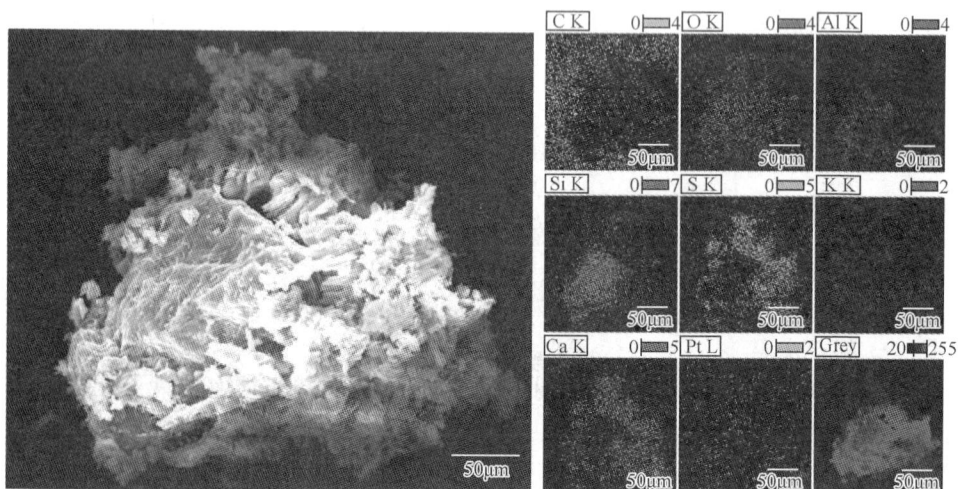

图 6-13　石膏结晶聚集在石英颗粒周围的微观形貌和面扫描元素分布

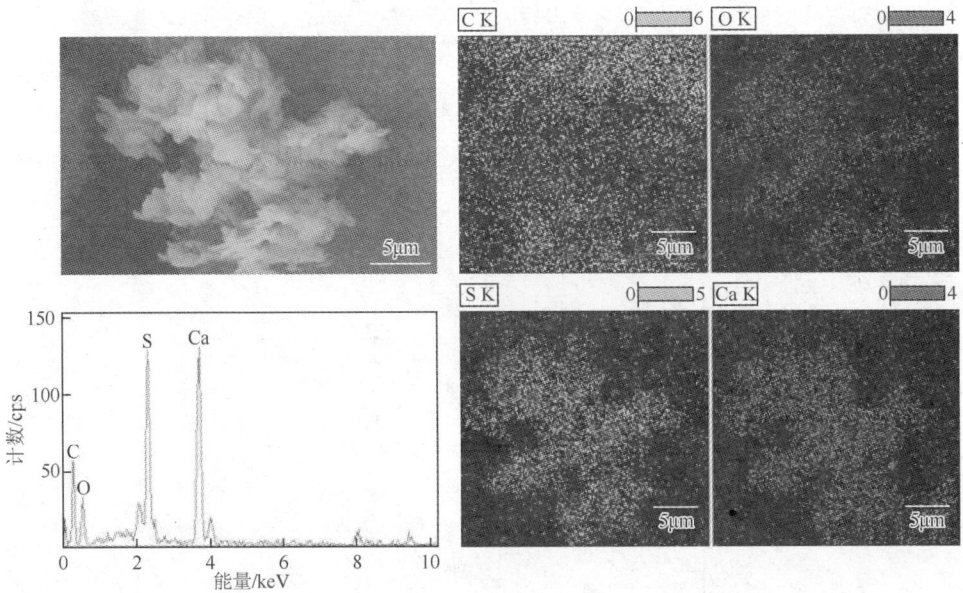

图 6-14　石膏结晶聚集体的微观形貌和面扫描能谱图（一）

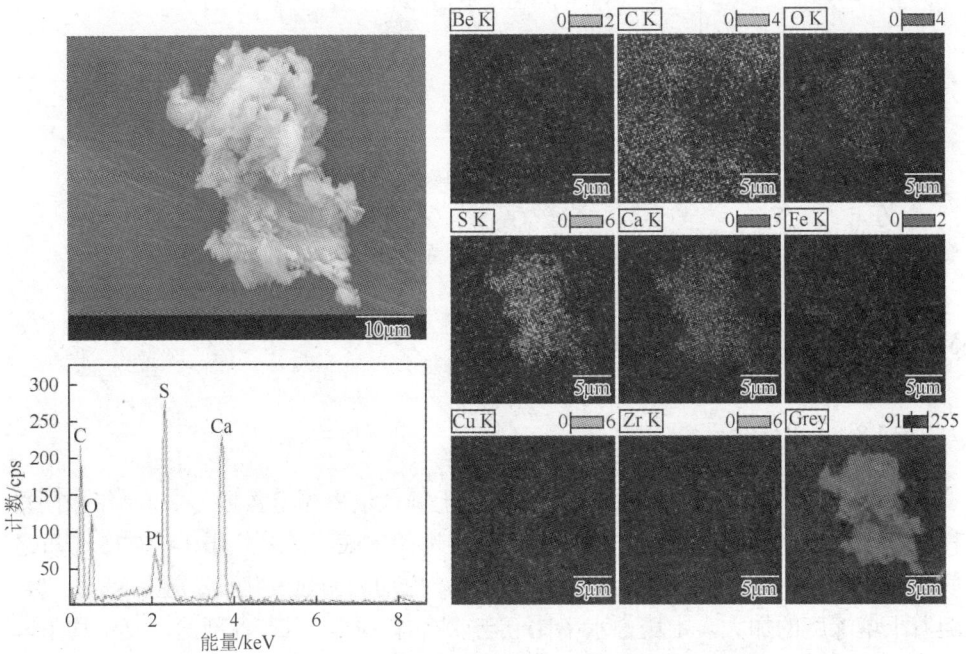

图 6-15　石膏结晶聚集体的微观形貌和面扫描能谱图（二）

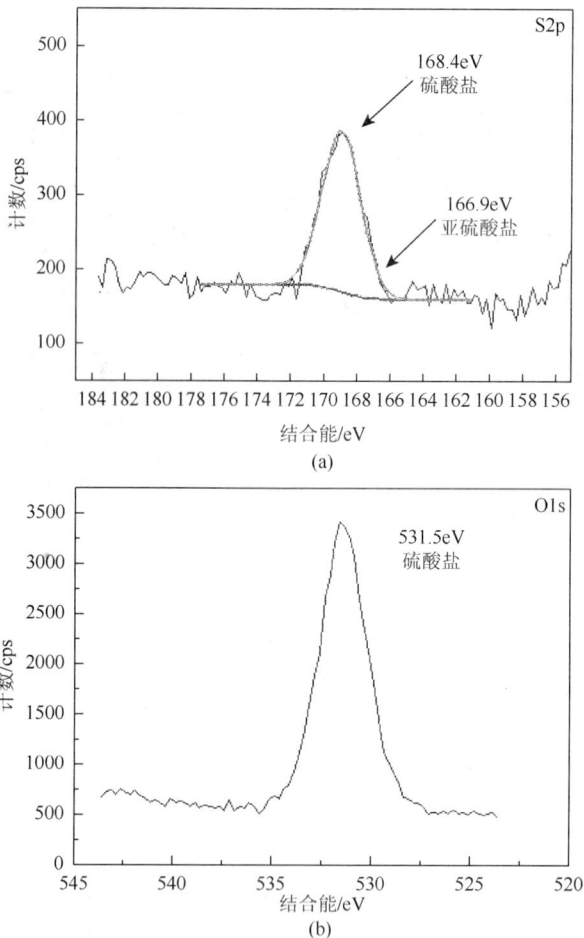

图 6-16　结晶盐样品中的 XPS 高分辨 S2p 和 O1s 谱图

6.4.8　遗址区土壤环境的历史变化

6.4.8.1　土壤含水率

对比 2014 年汉阳陵博物馆室内的剖面土壤含水率测定数据与 2009 年相同采样位置的测定值（图 6-17），无论位于 15 号坑的坑底，还是位于 14 与 15 号坑之间的夯土隔梁，其近地表的土壤含水率在五年内均无明显变化，分别为 3% 和 7%。随着土壤深度的加大，土壤含水率比五年前略有降低，但在各剖面深度上均下降了平均约 2%，显示尽管玻璃围护内的大气相对湿度维持在 70%~90% 的年内变化范围，但深层土壤的水分存在缓慢散失的趋势。

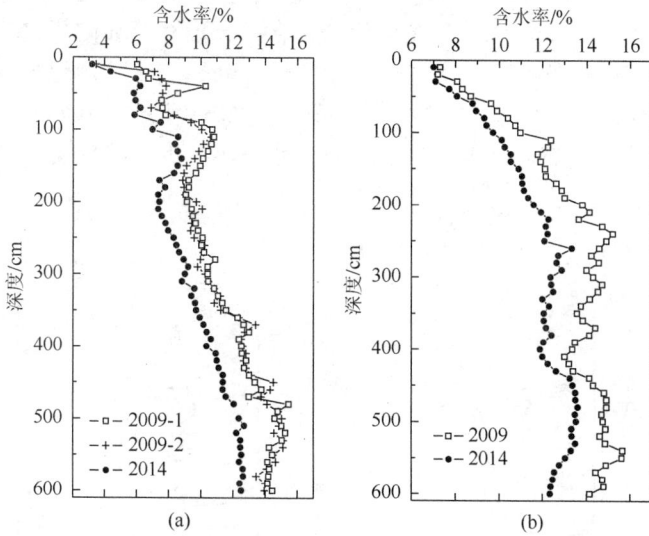

图 6-17 汉阳陵地下博物馆遗址区 2009 与 2014 年土壤剖面的含水率对比

（a）14 和 15 号坑之间夯土隔梁剖面；（b）15 号坑底剖面

6.4.8.2 土壤中水溶性离子组成

对汉阳陵博物馆室内的剖面土壤测试水溶性离子组分，并与 2009 年相同采样位置的测定值比较（图 6-18）。以含量最高的硫酸根为例，2014 年采样的剖面样品表层硫酸根含量显著增加，其中夯土隔梁表层 10cm 土壤的硫酸根含量是 2009年样品硫酸根含量的约 3.6 倍，而坑底 100cm 内土壤的硫酸根含量是 2009 年样品

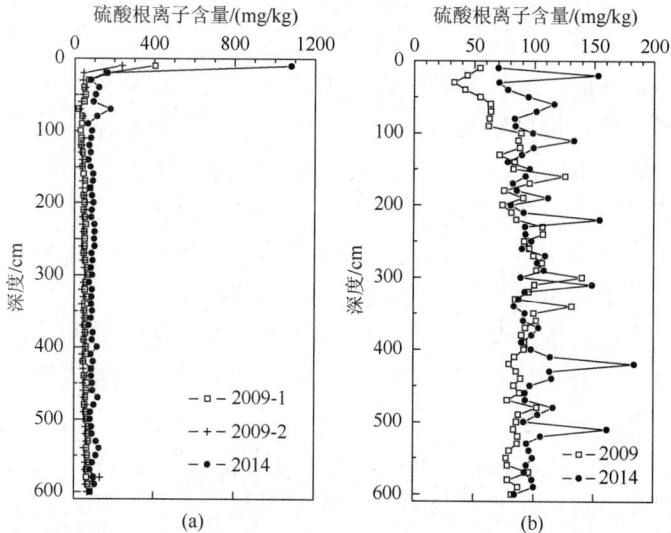

图 6-18 汉阳陵地下博物馆遗址区 2009 年与 2014 年土壤剖面硫酸根离子含量对比

（a）14 和 15 号坑之间夯土隔梁剖面；（b）15 号坑底剖面

硫酸根含量的约 2.2 倍，深层土壤的硫酸根含量却没有明显的变化趋势。硫酸根在土壤近地面表层依然持续富集，汉阳陵帝陵外藏坑遗址区剖面土壤上的硫酸盐在表面富集。而对比 2014 年和 2009 年采集的剖面土壤中的氯离子含量（图 6-19）发现，氯盐在整个剖面深度内变化既无明显的趋势，也无明显的累积区。

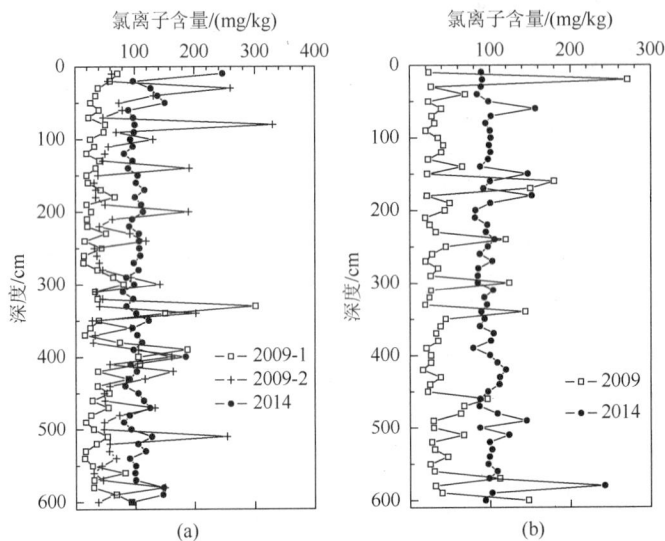

图 6-19　汉阳陵地下博物馆遗址区 2009 年与 2014 年土壤剖面氯离子含量

（a）14 和 15 号坑之间夯土隔梁剖面；（b）15 号坑底剖面

6.5　盐害机理

对帝陵外藏坑遗址保护展示厅玻璃围护内外大气污染物、土壤和微环境的综合连续监测，可以提供结晶盐析出原因的信息；而对结晶盐的多种分析，包括元素组成、矿物组成、微观形貌和表面元素分布，以及利用 X 射线光电子能谱、离子色谱分别测定结晶盐的化学态和水溶性无机离子含量，则能够提供结晶盐析出结果的信息。在此基础上综合考虑博物馆的周边污染源分布、建筑结构和密闭性、土壤环境特征等信息，建立原因和结果之间的联系，可判断汉阳陵博物馆帝陵外藏坑遗址保护展示厅室内污染物的传输、转化机制和腐蚀机理。王永进等（2011）借助 XRF、FTIR、XRD 和 IC 技术，推断汉阳陵土遗址表面泛白物质的主要成分为石膏，其来源包括：①地下可溶盐析出；②外界大气中的石膏渗入沉降在遗址表面；③SO_2 在室内的硫酸盐化反应。本质上②和③均是大气含硫物质在室内的干沉降过程，可合并讨论，则表土和文物表面返碱结晶盐的主要成分为硫酸钙，潜在来源为土壤水盐运移和室内含硫物质的干沉降，下面分别详述。

6.5.1 土壤盐分迁移

6.5.1.1 地下水埋深

作为孔隙介质，遗址类土质文物材料即使初始含盐量较高，如果没有发生盐分的溶解和重结晶，较高的固有含盐量只能对文物材料起到化学胶结作用，反而有利于提高强度。盐分只有溶于水，随水的迁移而移动，在重结晶的过程中导致孔隙结构破坏，才能发生各种盐类病害。水分迁移，确切说是水分迁移引起的盐分迁移，是盐害发生的根本原因。

地下水位以上的土壤包气带中，存在土壤颗粒间的毛细管孔隙，以虹吸原理将地下水（土壤水）吸附上升。土壤颗粒越小，孔隙越细，毛细管水的上升高度就越大，但速度越慢。在蒸发量大于降水量的干旱与半干旱地区，强烈的蒸发促使毛细管水频繁上升，将土壤底层或地下水的盐分源源不断地带至地表，水分蒸发后，盐分积累使表层土壤盐渍化。一般来说，地下水埋深（depth to water table）和土壤含水量（soil water content，SWC）是影响土壤盐渍化（soil salinization）和陆地沙漠化（land desertification）的关键因素，而表层土壤的含水量，又取决于地下水埋深、土壤类型（soil type）和相应的毛细水上升高度（capillary height）等因素（Cui et al.，2005）。地下水主要依赖蒸发消耗、土壤盐分富集和高度矿化水的广泛分布，是土壤盐渍化的水文地质原因（丁光伟等，1991）。

地下水埋深较浅是地下水和土体中的盐分不断向表层累积的决定因素。地下水位埋深小于1.0m时，强烈的蒸发积盐导致严重的土壤盐渍化；地下水位埋深为2.0m时，毛细水上升高度达不到包气带浅部，土壤蒸发强度显著减小，表层积盐显著降低；地下水位埋深为3.0m时，地下水不参与表层积盐（杨会峰，2011）。数值模拟也证实，土壤含盐量（soil salt content，SSC）直接影响土壤水的盐度（Ali et al.，2000）。裸露地表的水汽蒸发速度也受地下水深度的制约（Mounira，2001），地下水深度在1.5~3.0m时，地表的土壤水分蒸发总量最小（Salama et al.，1999）。

适宜的地下水位范围，是避免土壤盐渍化的重要因素（Cui et al.，2005；Zhang et al.，2003）。针对不同植被条件下土壤类型与水盐运移关系的实验和观测（Horton，2001；Cochard et al.，1992），获得了土壤含水量、地下水埋深和土壤含盐量的阈值范围。在地下水盐度较高的区域，土壤盐渍化可能破坏植被生态的地下水临界深度范围介于1~2m（Nulsen，1981）。非灌溉旱地条件下土壤发生盐渍化的地下水临界深度略高于灌溉土壤，其范围通常介于1~6m（Peck，1978）。灌溉条件下，如地下水临界深度小于1.5m，则排灌系统也不能有效阻止水盐向上运移导致的土壤盐渍化（Benyamini et al.，2005）。

　　在我国西北部，维持生态系统平衡的地下水埋深阈值（地下水埋深的最低值和最高值）应介于地表下 2～4m，地下水位过浅或过深，分别导致土壤盐渍化和沙漠化（Cui et al.，2003）。其中，砂质土壤的理想地下水位约为 3m，而黏质土壤的理想地下水位约为 5m。由于土壤固有的多异质性特点，很难获得某区域土壤含盐量的准确定量数据，但当地下水位与地表的距离小于 2m 时，地表水分的蒸发增强使地下水向上运移、地表土壤盐度增加和盐渍化的发生；当地下水位与地表距离大于 5m 时，土壤含水量过低使植物枯萎，则导致陆地沙漠化的出现（Cui et al.，2005）。

　　黄土高原是世界最大的黄土堆积区，黄土厚度 50～80m，最厚处达 150～180m。黄土高原区从东南至西北，气候依次为暖温带半湿润气候、半干旱气候和干旱气候，年均降水量 200～700mm。高原浅层地下水贫乏，大部分地区地下水的埋藏很深，多在 60～70m 及以下。在紧邻汉阳陵的周陵地区，观测井数据显示地下水位埋深为 33.7m（贾政强，2010）。据汉阳陵勘探发掘报告，帝陵外藏坑遗址区域的地下水位埋深为 23m，且遗址区位于建筑物室内，无降水补充，显然玻璃围护内的遗址土壤不具备促进毛细水盐运移的上述基本条件。

　　在汉阳陵博物馆内采集的土壤全样和各剖面深度土壤样的粒度分析在英国 Malvern 公司生产的 Mastersizer S 型激光粒度仪上完成，仪器测量范围为 0.05～880μm，测量精度为 0.15Φ，相对误差小于 4%。粒度含量频率曲线可指示各粒级颗粒在样品中的体积分数，与土壤动力条件密切相关。从图 6-20 中两个剖面的土壤全样的粒度分布曲线可以看出，其粒度分布范围为 0～100μm，总体呈正偏-似正态分布，两个样品在 1～3μm 间有明显的下凹，指示了双峰粒度分布模式。

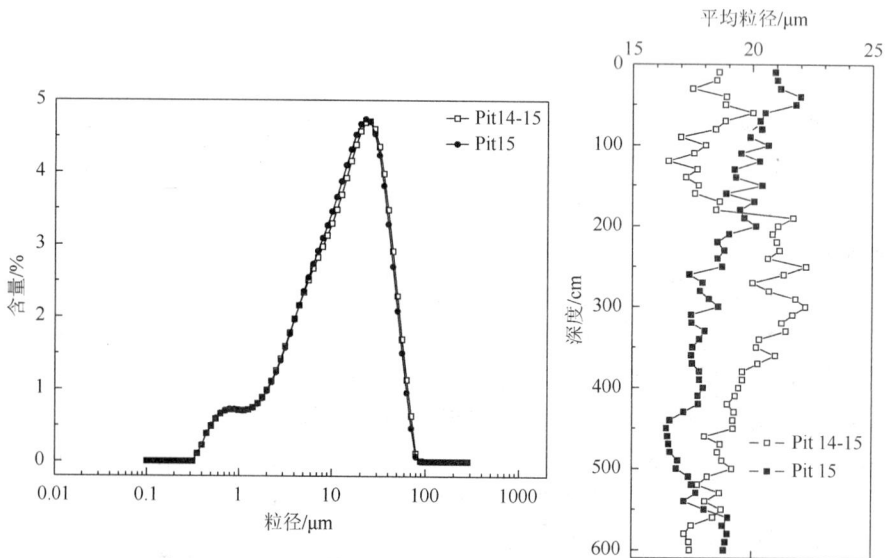

图 6-20　汉阳陵地下博物馆遗址区土壤剖面粒度的分布和体积加权平均粒径

从图 6-21 和图 6-22 粒度分布看，两个剖面的土壤均以黏粒为主，以该粒径范围为主的土壤中，理论毛细上升高度应为 2.69m。

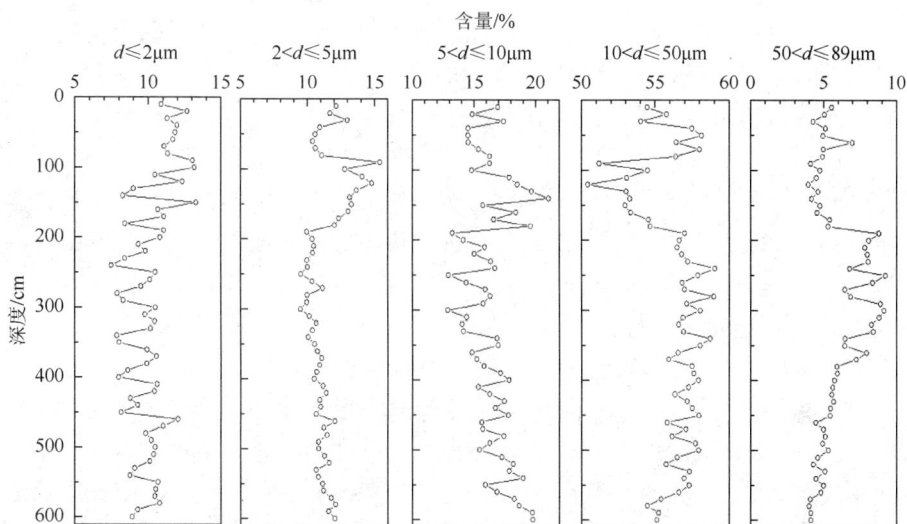

图 6-21 汉阳陵地下博物馆遗址区 14 和 15 坑夯土隔梁土壤剖面各粒径段颗粒的含量（体积分数）

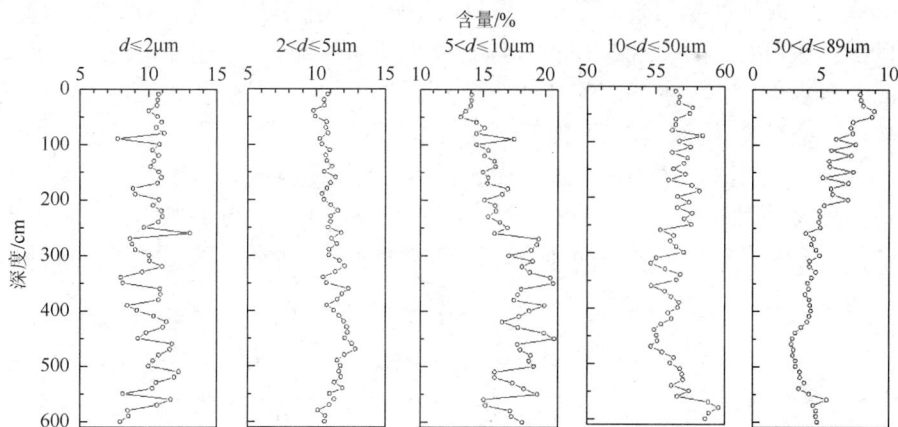

图 6-22 汉阳陵地下博物馆遗址区 15 号坑坑底土壤剖面各粒径段颗粒的含量（体积分数）

6.5.1.2 水盐运移速度

在历史遗迹的建筑和文物材料上硫酸钙是一种普遍可见的腐蚀产物，多源自含硫的大气污染物的干、湿沉降和化学转化等。由于三种硫酸钙（石膏、烧石膏和硬石膏）的溶解度都很低，所以它们本质上都是非吸湿性的，且它们的潮解湿度都接近 100%RH，石膏的潮解湿度在 25℃时大于 99.9%RH（Charola et al.，2007）。

石膏在材料孔隙内的可迁移性（以迁移率表征）也很差，某种盐类的迁移率可简化定义为当材料孔隙内充满水时能够溶解的盐类总量。通常，遗迹和文物材料表面积聚的硫酸钙含量比其迁移率高几个数量级，因此，即便材料孔隙内被水浸润达到饱和，也仅有一小部分的硫酸钙能溶解于材料的孔隙内，即硫酸钙趋于不断积聚在材料表面（Steiger，2003）。其他的典型大气污染物，如氮氧化物，则能生成溶解度较高的硝酸盐，硝酸盐在常温下表现出较高的吸湿性，使材料表面和孔隙内保持潮湿，故硝酸盐的存在增加了石膏的溶解性和可迁移性（Leitner，2005）。针对壁画和陈列文物表面白色石膏覆盖物的研究也发现，钠盐、钾盐、硝酸盐和铵盐等其他吸湿性盐类的存在提升了石膏迁移至文物表面的速度（Zehnder et al.，2009）。

Zehnder（1993）研究了壁画酥碱病害的分布模式与潮湿地面引起的水盐迁移之间存在明显的对应关系。从地面向上，可以依次划分为 A、B、C 共三个带。其中 A 带是难溶盐富集区，破坏较弱，盐分以碳酸钙、碳酸镁为主；B 带是中溶盐富集区，发生严重的颗粒解体和盐霜现象，盐分以硫酸钠、硫酸镁、硫酸钙、硝酸钾和碳酸钠为主；C 带是易溶盐富集区，主要表现为颜色加深和少量物理损坏，盐分以氯化物为主。

对遗址表面水盐运移的监测也发现，各种盐类被毛细作用抽提至砖墙表面，其形成盐析结晶区域的高低分布与各自的溶解度大小保持一致，易溶盐被提升至更高的区域，由低至高依次为硫酸钙、硫酸钠、硫酸钾、硫酸镁和氯化钠（Matsukura et al.，2004）。实验室内的盐分毛细迁移试验也表明，试样的毛细上升带，自下而上依次为硫酸盐和卤化物（严耿升，2011）。

由图 6-7 和图 6-10、图 6-18 和图 6-19 可知，汉阳陵帝陵外藏坑遗址区剖面土壤上的硫酸盐在表面富集，而氯盐在整个剖面深度内变化既无明显的趋势，也无明显的累积区，显示并无淋溶或毛细提升等明确的土壤水盐单向迁移，进一步证明室内表面硫酸钙结晶盐的析出并非主要来自土壤的水盐运移。

6.5.2　硫的干沉降

文物保存环境研究中曾观察到众多大气污染物干沉降导致腐蚀的证据，图 6-23（a）、（b）展示了盐蚀导致一只公元前 650 年的塞浦路斯双色彩饰陶瓶表面出现劈裂，该陶瓶曾保存于比利时 Mariemont 皇家博物馆的文物展示柜内。X 射线衍射分析显示结晶盐中的主要成分为醋酸氯钙石（五水合醋酸氯化钙）及少量碳酸钙、氯化钙和硫酸钙等，侵蚀是由于展柜材料释放的有机羧基化合物蒸气与文物陶质材料中的碳酸盐成分（一次或二次碳酸钙）发生了结晶盐生成反应，而其余盐类的存在促进了上述有机-无机混合盐的形成。图 6-23（c）展示了放置于汉阳陵博物馆帝陵外藏坑遗址保护展示厅临时库房内的陶羊表面出现的大量硫酸钙结晶盐析出，文物置于库房内已远离土壤接触，结晶盐的来源只能是大气腐蚀过程。

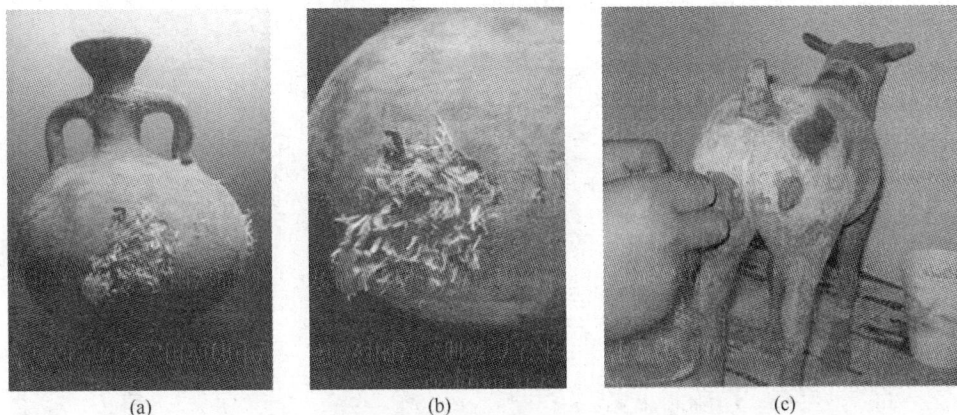

图6-23　陶罐文物表面大气腐蚀导致的盐蚀风化与汉阳陵陶器的盐蚀风化

以黑壳形式呈现在古迹和遗址上的石膏大多源自含硫的大气污染物，石膏导致的材料损害主要来自于石膏晶体的结晶循环过程。而与含钙材料的损害密切相关的则是含硫大气污染物的溶解、反应，以及石膏盐类的生成（Charola et al.，2002）。硫酸盐化反应存在两种不同的机理：一是二氧化硫先转化为硫酸［式（6-5）和式（6-6）］，接着发生腐蚀过程［式（6-7）和式（6-8）］，室内的潮湿表面促进二氧化硫的吸收，而含 Fe 等过渡金属的颗粒物则可成为二氧化硫氧化反应的催化剂；二是二氧化硫趋向于与土遗址或文物表面富含的的碳酸盐反应，通过生成亚硫酸盐中间产物［式（6-9）］，最终生成硫酸钙等腐蚀产物。亚硫酸盐的生成和氧化过程都较为缓慢，通常以数月为时间尺度（Eatough，1978）。

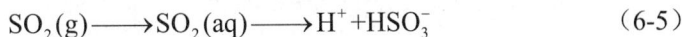

$$SO_2(g) \longrightarrow SO_2(aq) \longrightarrow H^+ + HSO_3^- \tag{6-5}$$

$$HSO_3^- + O_3 \longrightarrow HSO_4^- + O_2 \tag{6-6}$$

$$HSO_4^- \longrightarrow H^+ + SO_4^{2-} \tag{6-7}$$

$$CaCO_3(s) + SO_4^{2-} + 2H_2O \longrightarrow CaSO_4 \times 2H_2O + CO_3^{2-} \tag{6-8}$$

$$CaCO_3(s) + SO_2 + \frac{1}{2}H_2O \longrightarrow CaSO_3 \cdot \frac{1}{2}H_2O + CO_2(g) \tag{6-9}$$

基于模拟实验舱内不同含钙石质材料干、湿表面与 SO_2、NO_2 和 NO 反应速率的模拟实验（图6-24，图6-25）表明，单一污染气体与石材表面的反应在相对湿度为84%时达到平衡。O_3 的存在能够促进单一污染气体的氧化及其与含钙表面的进一步反应，但促进作用存在差异，其中，O_3 使 SO_2 在潮湿表面水相中的氧化

SO_2 (g) $\xrightarrow[O_3\,(g)(慢)]{O_2\,(g)(十分慢)}$ SO_3 (g)

溶解（快）　　　　　　　　　　　　溶解（快）

SO_2 (aq)　　　　　　　　　　　　H_2SO_4 (aq)

O_2，催化剂（快）　$\begin{matrix}O_2\,(慢)\\O_3\,(慢)\end{matrix}$

SO_3 (aq)

H_2SO_4 (aq)　　　　　　　(g) 气相　(aq) 水相

$CaCO_3$

$CaSO_4$ (aq)

随淋出液流出；　　　　　渗入石材微孔
常见于密实石材　　　　　并以 $CaSO_4\cdot 2H_2O$ 结晶析出；
　　　　　　　　　　　　常见于多孔石材

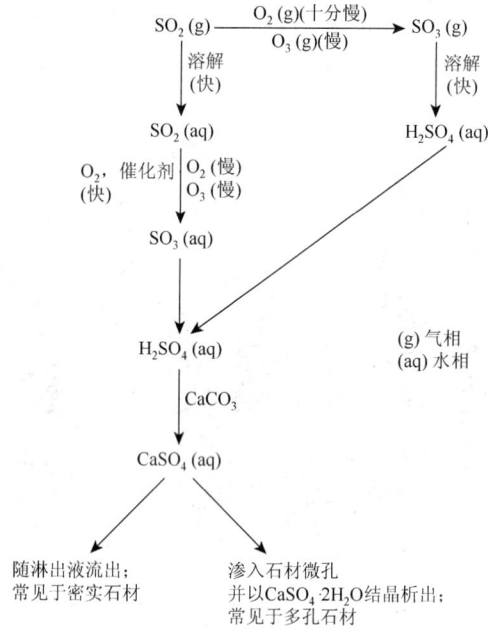

图 6-24　污染气体 SO_2 转化为硫酸，并与含碳酸钙的石材发生化学反应的转化示意图

试样为潮湿石材表面，可收集淋出液（Haneef et al., 1992）

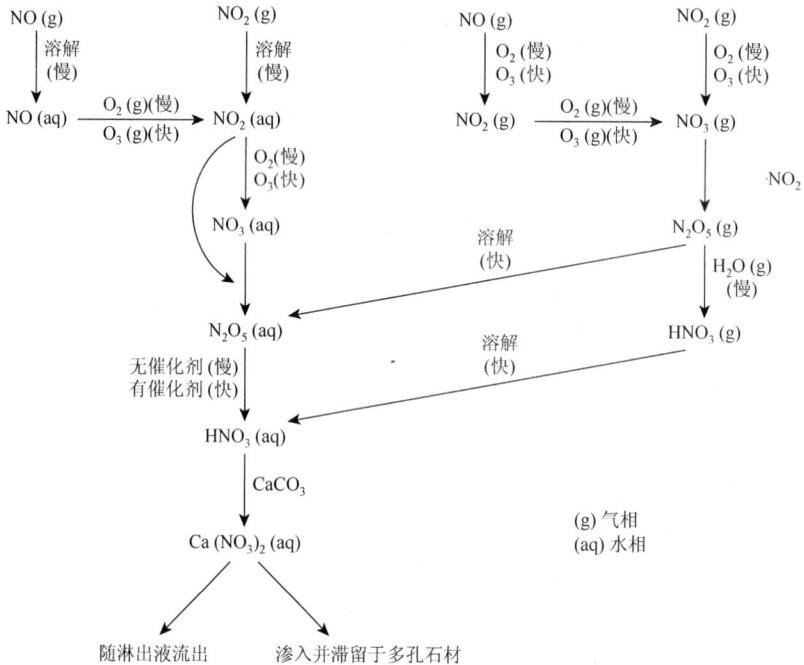

NO (g)　　　　　　NO_2 (g)　　　　　　NO (g)　　　　　　NO_2 (g)

溶解（慢）　　　　溶解（慢）　　　　$\begin{matrix}O_2\,(慢)\\O_3\,(快)\end{matrix}$　　　$\begin{matrix}O_2\,(慢)\\O_3\,(快)\end{matrix}$

NO (aq) $\xrightarrow[O_3\,(g)(快)]{O_2\,(g)(慢)}$ NO_2 (aq)　　　NO_2 (g) $\xrightarrow[O_3\,(g)(快)]{O_2\,(g)(慢)}$ NO_3 (g)

$\begin{matrix}O_2\,(慢)\\O_3\,(快)\end{matrix}$　　　　　　　　　　　·NO_2

NO_3 (aq)　　　　溶解（快）　　　N_2O_5 (g)

　　　　　　　　　　　　　　　　H_2O (g)（慢）

N_2O_5 (aq)　　　　　　　　　　HNO_3 (g)

无催化剂 (慢)　　　溶解（快）
有催化剂 (快)

HNO_3 (aq)

$CaCO_3$　　　　　　　　　　(g) 气相　(aq) 水相

$Ca(NO_3)_2$ (aq)

随淋出液流出　　　渗入并滞留于多孔石材

图 6-25　污染气体 NO_x 转化为硝酸，并与含碳酸钙的石材发生化学反应的转化示意图

试样为潮湿石材表面，可收集淋出液（Haneef et al., 1992）

过程强于其在气相中的氧化，使 NO_2 和 NO 在水相和气相中的氧化均有增强，并且在水相中 O_3 对 SO_2 的氧化作用显著强于 NO 或 NO_2。没有 O_3 存在时，各污染气体与潮湿表面的反应程度与其在水膜中的的溶解性相关，即 $SO_2 > NO_2 > NO$，SO_2 的反应程度更高还由于其能够被石材表面含有过渡金属的组分催化氧化，且氧化产物硫酸的酸性更强（Haneef et al.，1992）。这即是在帝陵外藏坑保护展示厅内气溶胶中、土壤表面和结晶盐样品中，硫酸盐的浓度均高于硝酸盐的原因。

遗址区内气态污染物的衰减速率计算（5.4.3 节）显示，室外的 SO_2 和 NO_x 渗入遗址厅后，迅速发生了吸收、吸附或化学反应等消耗。而引起气态污染物在室内沉降或消耗的物理和化学过程则包括均相和非均相化学反应、室内表面对气态污染物的吸附和吸收。图 6-26 为陶羊表面结晶盐颗粒的 SEM 图像和 EDX 元素分布，能谱图清晰地显示了这一部分发生硫酸盐化反应的 $CaCO_3$ 颗粒。

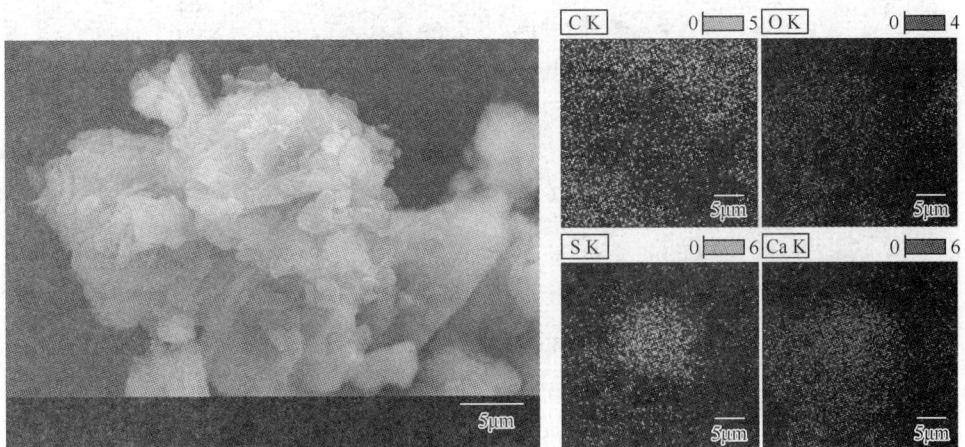

图 6-26 汉阳陵陶器结晶盐的微观形貌和元素的面分布能谱图

6.5.3 盐蚀过程

室外大气中的二氧化硫或含硫颗粒渗入遗址厅内，在高湿环境中迅速沉降于室内表面，与土壤、文物材质或室内大气气溶胶中的含钙矿物发生化学反应，或污染气体之间发生大气化学反应生成二次粒子沉降和富集后，形成了对陶质文物具有盐蚀威胁的石膏晶体。尽管理论上硫酸钙的二水化合物（石膏）能够脱水至其半水化合物（烧石膏），或至其无水化合物（硬石膏），但自然界中这种矿物的脱水过程涉及地质时间尺度（即以年至兆年计），因此，在建筑物材料表面和内部的石膏不太可能发生脱水，由石膏导致的材料损害不是由于晶体的水合作用应力，而是由于材料多孔性基质内的结晶作用应力（Charola et al.，2007）。石膏从吸湿

性盐类溶液中析出并生成白色覆盖物的过程分为三个阶段，一是材料表面粒径为
$1\sim10\mu m$ 的微小石膏晶体松散地聚集为沙漠玫瑰状，形成肉眼可见的粉状覆盖物；
二是石膏晶体从材料微小破损处聚集生长为束状，形成肉眼可见的直径为 $1\sim$
$2mm$ 的白色小点；三是成长为柱状晶体，聚集呈纤维状交错，形成肉眼可见的薄
壳（Zehnder，1993）。空气相对湿度受空气温度的影响，造成文物本体颗粒间空
隙内发生盐分的循环结晶与溶解，产生应力，导致土遗址和文物发生破坏。在汉
阳陵陶俑表面采集的彩绘漆层的显微图像中，也观察到大量 $CaSO_4$ 颗粒（图 6-27）
分布在坑的内部和四周，$CaSO_4$ 颗粒应与漆层的破坏有关。

图 6-27　汉阳陵陶器漆层坑附近的 $CaSO_4$ 颗粒及其微观形貌和元素的面分布能谱图（见彩图）

结　语

随着我国文物考古工作的持续深入，越来越多有重要历史和社会价值的遗址和文物被发现。文物保存环境的优劣不仅是公众关注的社会热点，也成为国内外科学研究的焦点问题。进而，对遗址博物馆的展陈环境进行科学化的监测和评价，更是调控环境、实现文物长久保存的前提。

自 2007 年开始，我们开始在汉阳陵从事遗址文物环境研究，在国内首次建立了用于评价遗址文物保存环境的观测体系，积累了大量的环境演化基础数据，并取得了如下主要科学认识。

（1）展示厅的地下建筑和玻璃护围的封闭结构对大气颗粒物有阻挡作用。以汉阳陵帝陵外藏坑保护展示厅为例，其创新式的全封闭保护展示方式不但成为减缓遗址区内文物接触室外高浓度污染物的屏障，也为调控遗址环境创造了前提条件。观测数据显示，2013～2014 年度和 2007～2008 年度的冬、夏季节内，遗址区内的温度和相对湿度波动均小于玻璃围护外，即展示厅开馆六年后，玻璃围护的存在依然使遗址区微环境相对室外保持在稳定的状态。遗址区内大气颗粒物质量浓度和各化学组分的 I/O 平均值均小于 1，表明展示厅的地下建筑和玻璃护围的封闭结构对大气颗粒物也具有一定的阻挡作用。然而，由于玻璃围护并未配备机械通风和空调过滤系统，遗址区内的温度依然存在明显的季节性波动，且六年间玻璃围护内的相对湿度下降十分显著，表明较长时间尺度下存在不利于文物长久保存的微环境波动。

（2）大气污染物可渗透到室内，对文物有不利影响。目前的玻璃围护结构并未完全阻隔室外污染物的渗入，以呈化学惰性的黑碳作为定量示踪物，显示约 1/3 的室外颗粒态污染物能够渗透至玻璃围护内。尤其室外出现重度灰霾污染事件时，遗址区内也会出现高浓度的颗粒污染物，且渗入玻璃围护内的颗粒物多为小于 1μm 的细粒子，在未配备通风过滤系统的遗址区内，这些细粒子能够长时间悬浮于大气中，扩散、沉降并污损遗址文物的各个表面。更需引起重视的是，遗址区内硫酸盐等二次污染物的质量浓度及其占 $PM_{2.5}$ 的比例长期较高，这些携带酸性物质和可溶盐的气溶胶颗粒沉降后，对文物保存，尤其是易受酸蚀和盐蚀侵害的陶质彩绘文物将十分不利。

（3）硫酸盐是文物表层返碱的主要原因。分析了陶质文物和土遗址表面结晶盐病害的元素组成、矿物组成、微观形貌和表面元素分布、化学态和水溶性无机离子含量等，结果显示：泛白结晶盐的成分为硫酸钙。对玻璃围护内外空气交换速率的测定及对酸性气态污染物沉降速率的长期观测表明，这些硫酸钙晶体是酸性大气污染物与含钙陶质文物和遗址表面土壤物质经过化学反应生成的，对结晶盐的微观形貌和元素分布分析也提供了硫酸盐化反应的直接证据。这些结果均得到现有含硫大气污染物干沉降理论及模拟实验结果的支持，即 SO_2 与含钙物质干、湿表面的反应程度高于 NO_2 和 NO，这也是遗址区内气溶胶中、土壤表面和结晶盐样品中，硫酸盐的浓度均高于硝酸盐的原因。

（4）返碱盐类析出是大气成因而非地下水成因。通常认识中，在分布于干旱半干旱地区的室外土遗址表面，强烈的蒸发促使毛细水分携带盐分迁出，导致遗址表面的结晶盐析出。而汉阳陵帝陵外藏坑位于室内，对博物馆地下水含盐组分及外藏坑土壤剖面含水量、水溶性无机离子含量和粒度等的长期演化分析均显示，玻璃围护内的遗址土壤既不具备促进毛细水盐运移的基本条件，对剖面硫酸盐和氯盐的观测结果也不符合可溶盐迁移速度的分布规律，即汉阳陵帝陵外藏坑保护展示厅内文物和遗址表面的结晶盐并非源于土壤的水盐运移，应主要来自大气污染物渗入室内后的大气腐蚀过程。

基于本书对文物保存环境现状的科学评价，汉阳陵博物馆未来文物保护的工作重点，将集中于揭示环境污染对文物材料的侵蚀速率，并探索有效、可行的环境调控手段和治理对策，最终从目前的抢救性保护转变成预防性保护，实现中华民族共有精神家园的长久保存。

参 考 文 献

陈妙芳. 2002. 建筑设备. 上海：同济大学出版社.

党小娟. 2006. 秦始皇陵与汉阳陵陶俑的比较研究. 文博，132（3）：93-96.

丁光伟，赵存兴. 1991. 黄土高原地区土地盐渍化的防治. 干旱区资源与环境，5（4）：49-60.

董俊刚. 2008. 兵马俑博物馆室内气溶胶理化特征与来源解析. 西安：中国科学院地球环境研究
　　所博士论文.

郭宏. 2001. 文物保存环境概论. 北京：科学出版社.

郭青林，王旭东，李最雄，等. 2007. 敦煌阳关烽燧现状调查与保护研究. 敦煌研究，（5）：63-67.

郭玉文，加藤诚，宋菲，等. 2004. 黄土高原黄土团粒组成及其与碳酸钙关系的研究. 土壤学报，
　　41（3）：362-368.

国家环境保护总局，空气和废气监测分析方法编委会. 2003. 空气和废气监测分析方法. 4 版增
　　补版. 北京：中国环境科学出版社.

黄继忠，张俊芳. 2004. 粉尘对云冈石窟石雕影响的研究. 文物保护与考古科学，16（1）：1-8.

贾政强. 2010. 渭北黄土台原灌区地下水数值模拟研究. 杨凌：西北农林科技大学硕士学位论文.

雷勇，原思训，郭宝发. 2004. 秦兵马俑表层风化状况的研究. 文物保护与考古科学，16（4）：
　　36-42.

李法虎. 2008. 土壤物理化学. 北京：化学工业出版社.

李岗. 2006. 浅议汉阳陵的营建规划. 考古与文物，（6）：29-33.

李天杰，赵烨，张科利. 2004. 土壤地理学. 3 版. 北京：高等教育出版社.

李尉卿. 2010. 大气气溶胶污染化学基础. 郑州：黄河水利出版社.

李雪峰，韩文峰，王旭东，等. 2007. 西北地区古代建筑遗址保护工程地质环境区划初探. 工程
　　地质学报，15（增刊）：355-361.

李莹莹，曹军骥，李库. 2010. 示踪气体浓度衰减法定量评价汉阳陵地下遗址厅的空气泄漏. 中
　　国粉体技术，16（1）：93-95.

李韵珠，李保国. 1998. 土壤溶质运移. 北京：科学出版社.

刘克成，肖莉. 2006. 汉阳陵帝陵外藏坑保护展示厅. 建筑学报，7：68-70.

刘舜强. 1989. 关于博物馆环境的讨论. 文物保护与考古科学，18（1）：60-63.

刘亚平. 1985. 稳定蒸发条件下土壤水盐运动的研究. 国际盐渍土改良学术讨论会论文集，济
　　南：215-225.

马清林，苏伯民，胡之德，等. 2001. 中国文物分析鉴别与科学保护. 北京：科学出版社.

马涛. 2001. 博物馆最佳环境条件. 文物保护与考古科学，13（1）：61-64.

马涛. 2005. 陕西遗址、陵墓博物馆文物保存环境质量调查. 文博，（4）：18-21.

马文治. 2004. 走向开放的汉阳陵. 丝绸之路，（9）：41-44.

马雨林. 2006. 汉阳陵——中国第一座地下遗址博物馆. 收藏，（06）：56-63.

潘别桐，黄克忠. 1992. 文物保护与环境地质. 武汉：中国地质大学出版社.

齐扬，杨军昌. 2005. X 光探伤技术对汉阳陵陶俑、陶动物成型制作工艺的初步分析. 中国文物
　　保护技术协会第四次学术年会论文集：447-451.

屈建军, 张明泉, 张伟民, 等. 1995. 敦煌莫高窟岩体盐风化过程的初步研究. 地理科学, 15 (2):
　　182-187.

陕西省文物局, 陕西考古所. 2011. 留住文明——陕西"十一五"期间基本建设考古重要发现
　　(2006—2010). 西安: 三秦出版社.

石宁. 2009. 汉阳陵博物馆藏陶俑概述. 文博, (2): 70-75.

石玉成, 张杰. 1997. 敦煌莫高窟主要病害及防治对策. 西北地震学报, 19 (2): 81-87.

孙满利, 李最雄, 王旭东, 等. 2007. 环境对交河故城破坏机理研究. 敦煌研究, (5): 68-74.

孙满利, 王旭东, 李最雄. 2010. 土遗址保护初论. 北京: 科学出版社.

王保平. 2004. 汉阳陵考古陈列馆. 北京: 文物出版社.

王保平. 2010. 汉阳陵北方黄土地区大遗址的保护与展示样本. 中国文化遗产, (6): 62-71.

王惠贞, 宋迪生, 程玉冰, 等. 2009. 汉阳陵出土陶质文物保护研究. 第二届秦俑及彩绘文物保
　　护与研究国际学术研讨会: 337-347.

王继伟, 巨天珍, 林郁, 等. 2007. "丝绸之路"(中国段)遗址环境监测规划. 安徽农业科学,
　　35 (25): 7924-7925.

王丽琴, 郑利平, 党高潮. 2000. 汉阳陵陶俑彩绘的光谱分析. 光谱学与光谱分析, 20 (3):
　　406-408.

王立鑫, 白郁华, 刘兆荣, 等. 2007. CO_2 示踪气体法测定室内新风计算方法研究. 建筑科学,
　　23 (8): 36-82.

王明星. 1999. 大气化学. 北京: 气象出版社.

王全九, 邵明安, 郑纪勇. 2007. 土壤中水分运动与溶质迁移. 北京: 中国水利水电出版社.

王永进, 马涛, 阎敏, 等. 2011. 汉阳陵地下博物馆遗址表面白色物质分析研究. 文物保护与考
　　古科学, 23 (4): 59-63.

王玉华. 2002. 低成本温室环境智能监控系统设计. 太原: 太原理工工业大学硕士论文.

魏珍, 刘成, 李库. 1989. 汉阳陵陶俑"黑斑"的成分分析. 陕西师范大学学报 (自然科学版),
　　36 (6): 138-140.

文启忠. 1989. 中国黄土地球化学. 北京: 科学出版社.

吴晓丛. 2006. 弃宏大而就无形——陕西汉阳陵博物馆遗址保护性展示建筑的创新实践. 时代
　　建筑, (6): 46-51.

吴晓丛, 王保平, 李库. 2006. 全新的地下遗址博物馆——西汉阳陵帝陵外藏坑保护展示厅. 中
　　国文化遗产, (2): 80-83.

吴晓丛, 薛凯, 谭平. 2001. 汉阳陵大遗址保护与利用项目定位研究. 文博, (3): 53-58.

奚旦立. 1999. 环境监测. 2 版. 北京: 高等教育出版社.

夏寅, 周铁, 张志军. 2004. 偏光显微粉末法在秦俑、汉阳陵颜料鉴定中的应用. 文物保护与考
　　古科学, 16 (4): 32-36.

肖莉, 薛凯, 李华, 等. 2005. 地下遗址博物馆建筑消防问题研究——陕西汉阳陵帝陵外藏坑保
　　护展示厅设计. 消防科学与技术, 24 (2): 185-191.

解玉林, 顾旭. 2002. 博物馆, 档案馆, 图书馆被保护环境中气态污染物的监测和分级. 文物保
　　护与考古科学, 14: 218-227.

严耿升. 2011. 干旱区土质文物劣化机理及材料耐久性研究. 兰州: 兰州大学博士学位论文.

杨会峰. 2011. 次生盐渍化地区包气带水盐运移试验及地下水位动态调控研究. 北京: 中国地质

科学院博士学位论文.

杨善龙, 郭青林, 蔺青涛, 等. 2008. 甘肃瓜州锁阳城遗址环境问题分析及整治对策. 敦煌研究, (6): 83-86.

于淼, 朱旭东, 潘皎. 2011. 石质文物微生物检测技术的研究进展. 微生物学报, 51 (11): 1447-1453.

张秉坚, 周环, 贺筱蓉. 2001. 石质文物微生物腐蚀机理研究. 文物保护与考古科学, 13 (2): 15-20.

张国彬, 薛平, 侯文芳, 等. 2005. 游客流量对莫高窟洞窟内小环境的影响研究. 敦煌研究, (4): 83-96.

张跃辉, 杨洋, 鲜文凯. 2005. 三星堆遗址环境地质现状评估及问题防治. 四川文物, (1): 21-28.

张月玲. 2006. 中国国家博物馆环境空气质量监测报告. 文物保护与考古科学, 18 (2): 41-45.

张志军. 1998. 秦始皇兵马俑保护研究. 西安: 陕西人民教育出版社.

郑彩霞, 秦全胜, 汪万福. 敦煌莫高窟窟区林地土壤水分的入渗规律.敦煌研究, (3): 172-188.

郑利平, 王丽琴, 李库, 等. 2000. 汉阳陵彩绘陶俑颜料成分分析及其病因探讨. 考古与文物, (03): 80-84.

朱奋飞, 邵晓亮, 李先庭. 2008. 关于示踪气体法测量房间换气量的探讨. 暖通空调, 38: 61-66.

左健, 赵西晨, 吴若, 等. 2002. 汉阳陵陶俑彩绘颜料的拉曼光谱分析. 光散射学报, 14 (3): 162-165.

Adelstein P Z, Reilly J M, Nishimura D W, et al. 1991. Hydrogen peroxide test to evaluate redox blemish formation on processed microfilm. Journal of Imaging Technology, 17 (3): 91-98.

Adelstein P Z, Reilly J M, Nishimura D W, et al. 1995. Stability of cellulose ester base photographic film: Part IV—Behavior of nitrate base film. SMPTE Motion Imaging Journal, 104 (6): 359-369.

Adema E H, Mejstri K V, Binek B. 1993. The determination of NH_3 concentration gradients in a spruce forest using a passive sampling technique. Water, Air and Soil Pollution, 69 (3/4): 321-335.

Ali R, Elliott R L, Ayars J E, et al. 2000. Soil salinity modeling over shallow water tables: Application of LEACHC. Journal of Irrigation and Drainage Engineering, 126 (4): 234-242.

Allegrini I, De Santis F. 1989. Measurement of atmospheric pollutants relevant to dry acid deposition. Critical Reviews in Analytical Chemistry, 21 (3): 237-255.

Ankersmit H A, Noble G, Ridge L, et al. 2000. The protection of silver collections from tarnishing. Studies in Conservation, 45 (S1): 7-13.

Arney J S, Jacobs A J, Newman R. 1979. The influence of oxygen on the fading of organic colorants. Journal of American Institute for Conservation, 18 (2): 108-117.

ASHRAE. 1985. ASHRAE Handbook—1985 Fundamentals. Atlanta. GA: American Society of Heating and Refrigeration and Air-conditioning Engineers.

ASHRAE. 2001. ASHRAE Handbook—2001 Fundamentals. Atlanta. GA: American Society of Heating and Refrigeration and Air-conditioning Engineers.

ASTM. 2006. ASTM E741-00, Standard Test Method for Determining Air Change in a Single Zone by Means of a Tracer Gas Dilution. West Conshohocken, PA: ASTM International.

Atkins D H F. 1990. A Passive Diffusion Tube Sampler for the Measurement of Atmospheric NO₂. A new approach. Physico-Chemical Behaviour of Atmospheric Pollutants. Heidelberg: Springer Netherlands.

Ayers G P, Keywood M D, Gillett R, et al. 1998. Validation of passive diffusion samplers for SO₂ and NO₂. Atmospheric Environment, 32 (20): 3587-3592.

Backlund P, Fjellström B, Hammerbäch S, et al. 1966. The influence of humidity on the reaction of hydrogen sulphide with copper and silver. Arkiv för Kemi, 26 (23): 267-277.

Baer N, Banks P. 1985. Indoor air pollution: Effects on cultural and historical materials. The International Journal of Museum Management and Curatorship, 4 (1): 9-20.

Ballesta P P, Ferradás E G, Aznar A M. 1992. Simultaneous passive sampling of volatile organic compounds. Chemosphere, 25 (12): 1797-1809.

Baron P A, Heitbrink W A. 2001a. An approach to performing aerosol measurements//Baron P A, Willeke K. Aerosol Measurement: Principles, Techniques, and Applications. 2nd Ed. New York: Wiley-Interscience.

Baron P A, Willeke K. 2001b. Aerosol fundamentals//Baron P A, Willeke K. Aerosol Measurement: Principles, Techniques, and Applications. 2nd Ed. New York: Wiley-Interscience.

Bastidas J M, López-Delgado A, Cano E, et al. 2000. Copper corrosion mechanism in the presence of formic acid vapour for short exposure times. Journal of the Eltrochemical Society, 147: 999-1005.

Begerow J, Jermann E, Keles T, et al. 1995. Passive sampling for volatile organic compounds (VOCs) in air at environmentally relevant concentration levels. Fresenius' Journal of Analytical Chemistry, 351 (6): 549-554.

Begin P, Deschatelets S, Grattan D, et al. 1999. The effect of air pollutants on paper stability. Restaurator, 20 (1): 1-21.

Bellan L M, Salmon L G, Cass G R. 2000. A study on the human ability to detect soot deposition onto works of art. Environmental Science & Technology, 34 (10): 1946-1952.

Benavente D, Martínez-Martíneza J, Cuetoa N. 2007. Salt weathering in dual-porosity building dolostones. Engineering Geology, 94 (3/4): 215-226.

Benkovitz C M. 1994. Trends of air quality and atmospheric deposition in Tokyo. Atmospheric Environment, 28 (10): 1803.

Benkovitz C M, Scholtz M T, Pacyna J, et al. 1996. Global gridded inventories of anthropogenic emissions of sulfur and nitrogen. Journal of Geophysical Research, 101 (D22): 29239-29253.

Bennett D H, Koutrakis P. 2006. Determining the infiltration of outdoor particles in the indoor environment using a dynamic model. Journal of Aerosol Science, 37 (6): 766-785.

Bennett H E, Peck R L, Burge D K, et al. 1969. Formation and growth of tarnish on evaporated silver films. Journal of Applied Physics, 40 (8): 3351-3360.

Benyamini Y, Mirlas V, Marish S, et al. 2005. A survey of soil salinity and groundwater level control systems in irrigated fields in the Jezre'el Valley, Israel. Agricultural Water Management, 76 (3): 181-194.

Bernardi A, Todorov V, Hiristova J. 2000. Microclimatic analysis in St. Stephan's church, Nessebar,

Bulgaria after interventions for the conservation of frescoes. Journal of Cultural Heritage, 1（3）: 281-286.

Bertoni G, Canepari S, Rotatori M, et al. 1990. Evaluation tests and applications of a double-layer tube-type passive sampler. Journal of Chromatography, 522: 285-294.

Beveridge J L, Duncan H J. 1981. Quantitative sampling of trace organic vapours by gas syringe and porous polymer adsorbent methods. A comparative study using naphthalene as a reference substance. Analytical Letters, 14（A9）: 689-705.

Biddle W. 1983. Art in cornell museum coated by chemical used in steam lines. The New York Times （July 29）: B-l & B-2.

Bishop E C, Hossain M A. 1984. Field comparison between two nitrous oxide（N_2O）passive monitors and conventional sampling methods. American Industrial Hygiene Association Journal, 45（12）: 812-816.

Blades N. 1997. Nitrogen dioxide and sulfur dioxide measurement at the British Library and National Library of Wales, 1995-1996//Deterioration and Conservation of Vegetable Tanned Leather, Environment Leather. Project EV5V-CT94-0514, Protection and Conservation of European Cultural Heritage Research Report Number 6. Copenhagen: L.P. Nielsen Offset Desktop Bogtryk.

Bockhorn H. 1994. Soot formation in combustion: Mechanisms and models. Springer Series in Chemical Physics, 59. Berlin: Springer-Verlag.

Bohren C F, Singham S B. 1991. Backscattering by nonspherical particles: A review of methods and suggested new approaches. Journal of Geophysical Research, 96（D3）: 5269-5277.

Böke H, Akkurt S, İpekoğlu B, et al. 2006. Characteristics of brick used as aggregate in historic brick-lime mortars and plasters. Cement and Concrete Research, 36（6）: 1115-1122.

Bouwman A F, Booij H. 1998. Global use and trade of feedstuffs and consequences for the nitrogen cycle. Nutrient Cycling in Agroecosystems, 52（2）: 261-267.

Bouwman A F, Lee D S, Asman W A H, et al. 1997. A global high-resolution emission inventory for ammonia. Global Biogeochem Cycles, 11（4）: 561-587.

Bower J S, Broughton G F J, Dando M T, et al. 1991. Urban NO_2 concentrations in the UK in 1987. Atmospheric Environment. Part B. Urban Atmosphere, 25（2）: 267-283.

Bowser D, Fugler D. 2002. Indoor ozone and electronic air cleaners.// Proceedings of the 9th International Conference on Indoor Air Quality and Climate-Indoor Air 2002. Santa Cruz, US.

Brandt C, van Eldik R. 1995. Transition metal-catalyzed oxidation of sulfur（IV）oxides. Atmospheric-relevant processes and mechanisms. Chemical Review. 95（1）: 119-190.

Brauer M, Brook J R. 1995. Personal and fixed-site ozone measurements with a passive sampler. Journal of Air & Waste Management Association, 45（7）: 529-537.

Brimblecombe P. 1990. The composition of museum atmospheres. Atmospheric Environment Part B-Urban Atmosphere, 24（1）: 1-8.

Brimblecombe P. 1997. Pollution studies//Deterioration and Conservation of Vegetable Tanned Leather; Environment Leather. Project EV5V-CT94-0514, Protection and Conservation of European Cultural Heritage Research Report Number 6. Copenhagen: L. P. Nielsen Offset

Desktop Bogtryk.

Brimblecombe P. 2003. The Effects of Air Pollution on the Built Environment. London: Imperial College Press.

Brimblecombe P, Blades N, Camuffo D. 1999. The indoor environment of a modern museum building, the Sainsbury Centre for Visual Arts, Norwich, UK. Indoor Air, 9（3）: 146-164.

Brimblecombe P, Shooter D, Kaur A. 1992. Wool and reduced sulphur gases in museum air. Studies in Conservation, 37（1）: 53-60.

Brokerhof A W, van Bommel M. 1996. Deterioration of calcareous materials by acetic acid vapour: A model study// Bridgland J Preprints of ICOM-CC Conference, Volume 2. London: James & James Science Publishers Ltd.

Brown T. 1998. Show-case induced cadmium corrosion. Abstracts from the UK Conservation Science Group Meeting.

Buseck P, Jacob D, Pósfai M. 2000. Minerals in the air: An environmental perspective. International Geology Review, 42（7）: 577-593.

Cado B C, Hodgeson J. 1983. Passive sampler for ambient levels of nitrogen dioxide. Analytical Chemistry, 55（13）: 2083-2085.

Cambra-López M, Aarnink A J A, Zhao Y, et al. 2010. Airborne particulate matter from livestock production systems: A review of an air pollution problem. Environmental Pollution, 158（1）: 1-17.

Campbell G W, Stedman J R, Stevenson K. 1994. A survey of nitrogen dioxide concentrations in the United Kingdom using diffusion tubes, July-December 1991. Atmospheric Environment, 28（3）: 477-486.

Camuffo D. 1998. Microclimate for Cultural Heritage. Amsterdam: Elsevier.

Camuffo D, Brimblecombe P, Van Grieken R, et al. 1999. Indoor air quality at the Correr Museum, Venice, Italy. Science of the Total Environment, 236（1/2/3）: 135-152.

Camuffo D, Pagan E, Bernardi A, et al. 2004. The impact of heating, lighting and people in re-using historical buildings: A case study. Journal of Cultural Heritage, 5（4）: 409-416.

Camuffo D, van Grieken R, Busse H J, et al. 2001. Environmental monitoring in four European museums. Atmospheric Environment, 35（S1）: 127-140.

Cano-Ruiz J A, Kong D, Balas R B, et al. 1993. Removal of reactive gasses at indoor surfaces: Combining mass transport and surface kinetics. Atmospheric Environment, 27（13）: 2039-2050.

Cao J J, Li H, Chow J C, et al. 2011. Chemical composition of indoor and outdoor atmospheric particles at Emperor Qin's Terra-cotta museum, Xi'an, China. Aerosol and Air Quality Research, 11: 70-79.

Cao J J, Rong B, Lee S C, et al. 2005. Composition of indoor aerosols at emperor qin's terra-cotta museum, Xi'an, China, during summer, 2004. China Particuology, 3（3）: 170-175.

Cao X L, Hewitt C N. 1993. Evaluation of Tenax-GR adsorbent for the passive sampling of volatile organic compounds at low concentrations. Atmospheric Environment. Part A. General Topics, 27（12）: 1865-1872.

Cao X L, Hewitt C N. 1994a. Build-up of artifacts on adsorbents during storage and its effect on passive sampling and gas chromatography-flame ionization detection of low concentrations of volatile organic compounds in air. Journal of Chromatography A, 688 (1/2): 368-374.

Cao X L, Hewitt C N. 1994b. Study of the degradation by ozone of adsorbents and of hydrocarbons adsorbed during the passive sampling of air. Environmental Science & Technology, 28 (5): 757-762.

Cardell C, Delalieux F, Roumpopoulos F. 2003. Salt-induced decay in calcareous stone monuments and building in a marine environment in SW France. Construction and Building Materials, 17 (3): 165-179.

Carroll J F, Calhoun J M. 1955. Effect of nitrogen oxide gases on processed acetate film. Journal of the Society of Motion Picture and Television Engineers, 64 (9): 501-507.

Cass G R, Druzik J R, Grosjean D, et al. 1988. Protection of Works of Art from Photochemical Smog. Final report. Pasadena, CA: Getty Conservation Institute.

Cass G R, Druzik J R, Grosjean D, et al. 1989. Protection of Works of Art from Atmospheric Ozone. Research in Conservation. Marina del Rey, CA: Getty Conservation Institute.

Cass G R, Nazaroff W W, Tiller C, et al. 1991. Protection of works of art from damage due to atmospheric ozone. Atmospheric Environment. Part A. General Topics, 25 (2): 441-451.

Cavallini T, Massa S, Russo A. 1991. Optimal environmental conditions in museums//Science, Technology, and European Cultural Heritage: Proceedings of the European Symposium, Bologna, Italy, 13-16 June 1989. Guildford: Butterworth-Heinemann Publishers.

Cavallo D, Alcini D, De Bortoli M, et al. 1993. Chemical contamination of indoor air in schools and office buildings in Milan, Italy//Kalliokoski P, Jantunen J, Seppanen O. Proceedings of the 6th International Conference on Indoor Air Quality and Climate, Indoor Air '93, Volume 2. Helsinki: International Conference on Indoor Air Quality and Climate.

Cermakova D, Vlchkova Y. 1966. Metallic corrosion in an atmosphere polluted with formaldehyde. Proceedings of the Third International Congress on Metallic Corrosion. Moscow.

Chahine C. 1991. Acidic deterioration of vegetable tanned leather// Calnan C, Haines B. Leather: Its Composition md Changes with Time. Northampton: The Leather Conservation Center.

Chan A T. 2002. Indoor-outdoor relationships of particulate matter and nitrogen oxides under different outdoor meteorological conditions. Atmospheric Environment, 36 (9): 1543-1551.

Charlesworth P S. 1988. Measure techniques for ventilation and air leakage//Ventilation Technology-Research and Application. Berkshire, UK: Air Infiltration and Ventilation Centre.

Charola A E, Pühringer J, Steiger M. 2007. Gypsum: A review of its role in the deterioration of building materials. Environmental Geology, 52 (2): 339-352.

Charola A E, Ware R. 2002. Acid deposition and the deterioration of stone: A brief review of a broad topic//Siegesmund S, Weiss R, Vollbrecht A. Natural Stone, Weathering Phenomena, Conservation Strategies and Case Studies. The Geological Society of London: Special Publication, 205: 393-406.

Christoforou C S, Salmon L G, Cass G R. 1999. Passive filtration of airborne particles from buildings ventilated by natural convection: Design procedures and a case study at the Buddhist Cave Temples at Yungang, China. Aerosol Science & Technology, 30 (6): 530-544.

Christoforou C S, Salmon L G, Cass G R. 1996a. Fate of atmospheric particles within the Buddhist

Cave Temples at Yungang，China. Environmental Science & Technology，30（12）：3425-3434.

Christoforou C S，Salmon L G，Cass G R. 1996b. Air exchange within the Buddhist cave temples at Yungang，China. Atmospheric Environment，30（23）：3995-4006.

Claridge M. 1983. Photocopiers：An office hazard. Environmental Health，38（1）：246-247.

Clarke S G，Longhurst E E. 1961. The corrosion of metals by acid vapours from wood. Journal f Applied Chemistry，11（11）：435-443.

Cochard H，Cruiziat P，Tyree M T. 1992. Use of positive pressures to establish vulnerability curve：Further support for the air-seeding hypothesis and implications for pressure-volume analysis. Plant Physiology，100（9）：205-209.

Cohen M A，Ryan P B，Yanagisawa Y. 1990. The validation of a passive sampler for indoor and outdoor concentrations of volatile organic compounds. Journal of Air & Waste Management Association，40（7）：993-997.

Cooke R U，Gibbs G B. 1994. Crumbling heritage：Studies of stone weathering in polluted atmospheres. Atmospheric environment. Part A，General topics，28（7）：1355-1356.

Coutant R W. 1985. Evaluation of Passive Sampling Devices（PSDs）. US EPA，Environmental Monitoring Systems Laboratory，Research Triangle Park，NC.

Crawshaw G. 1978. The role of wool carpets in controlling indoor air pollution. Textile Institute and Industry，16：12-15.

Cronyn J M，Robinson W S. 1990. The Elements of Archaeological Conservation. London，New York：Routledge.

Cui Y L，Shao J L. 2003. Pattern of sustainable utilization and developing of water resource in Northwest of China. MWR Project of China Report. Beijing：China University of Geosciences.

Cui Y L，Shao J L. 2005. The role of ground water in arid/semiarid ecosystems，Northwest China. Groundwater，43（4）：471-477.

Cultrone G，De La Torre M J，Sebastian E M，et al. 2000. Behavior of brick samples in aggressive environments. Water，Air，and Soil Pollution，119：191-207.

Cultrone G，Rodriguez-Navarro C，Sebastian E. 2004. Limestone and brick decay in simulated polluted atmosphere：The role of particulate matter//Saiz-Jimenez C. Air Pollution and Cultural Heritage. Leiden，London，New York，Philadelphia，Singapore：A.A. Balkema Publishers.

Cultrone G，Sidraba I，Sebastián E. 2005. Mineralogical and physical characterization of the bricks used in the construction of the "Triangul Bastion"，Riga（Latvia）. Applied Clay Science，28（1/2/3/4）：297-308.

Dahlin E，Henriksen J F，Anda O. 1997. Assessment of environmental risk factors in museums and archives. European Cultural Heritage Newsletter on Research，10：94-97.

Daniel F，Flieder F，Leclerc F. 1988. Etude de l'effet de la pollution sur des papiers deacidifies//Les documents graphiques et photographiques：Analyse et conservation. Travaux du CRCDG. Paris：Archives nationales，La Documentation franchise.

Daniel F，Flieder F，Leclerc F. 1991. Etude de l'effet de la pollution sur des papiers deacidifies//Les documents graphiques et photographiques. Analyse et conservation. Travaux du CRCDG. Paris：Archives nationales，La Documentation francaise.

Davies T D, Ramer B, Kaspyzok G, et al. 1984. Indoor/outdoor ozone concentrations at a contemporary art gallery. Journal of the Air Pollution Control Assocoation, 34 (2): 135-137.

De Bock L A, van Grieken R E, Camuffo D, et al. 1996. Microanalysis of museum aerosols to elucidate the soiling of paintings: Case of the Correr Museum, Venice, Italy. Environmental Science & Technology, 30 (11): 3341-3350.

De Santis F, Allegrini I, Di Filippo P, et al. 1996. Simultaneous determination of nitrogen dioxide and peroxyacetyl nitrate in ambient atmosphere by carbon-coated annular diffusion denuder. Atmospheric Environment, 30 (14): 2637-2646.

De Santis F, Di Palo V, Allegrini I. 1992. Determination of some atmospheric pollutants inside a museum: Relationship with the concentration outside. Science of the Total Environment, 127 (3): 211-223.

Del Monte M, Ausset P, Lefèvre R A, et al. 2001. Evidence of pre-industrial air pollution from the Heads of the Kings of Juda statues from Notre Dame Cathedral in Paris. Science of the Total Environment, 273 (1/2/3): 101-109.

Dentener F J, Crutzen P J. 1994. A three-dimensional model of the global ammonia cycle. Journal of Atmospheric Chemistry, 19 (4): 331-369.

Derwent R G. 1983. Ozone measurements in an art gallery. Report WSL-LR-428 (AP). Stevenage, UK: Warren Spring Laboratory.

Dingle P, Murray F. 1993. Control and regulation of indoor air: An Australian perspective. Indoor and Built Environment, 2 (4): 217-220.

Dockery D W, Spengler J D. 1981. Indoor-outdoor relationships of respirable sulfates and particles. Atmospheric Environment, 15 (3): 335-343.

Donovan P D, Moynehan T M. 1965. The corrosion of metal by vapours from air-drying paints. Corrosion Science, 5 (12): 803-814.

Donovan P D, Stringer J. 1972. The corrosion of metals by organic acid vapours// Hammer N E Proceedings of the 4th International Congress on Metallic Corrosion. Houston, TX: National Association of Corrosion Engineers.

Down J L, MacDonald M A, Tétreault J, et al. 1996. Adhesive testing at the Canadian Conservation Institute-An evaluation of selected polyvinyl acetate and acrylic adhesives. Studies in Conservation, 41: 19-44.

Drisko K, Cass G R, Whitmore P M, et al. 1985/86. Fading of artists' pigments due to atmospheric ozone// Vendl A, Pichler B, Weber J, et al. Wiener Berichite über Naturwissenschaft in der Kunst. Vienna: Verlag ORAC.

Druzik J, Adams M S, Tiller C, et al. 1990. The measurement and model predictions of indoor ozone concentrations in museums. Atmospheric Environment, 24a (7): 1813-1823.

Duncan S J, Daniels V D. 1986. Studies on the deterioration of museum objects by the release of formaldehyde from storage and display materials. Internal report. London: British Museum Department of Conservation.

Dupont A L, Tétreault J. 2000. Study of cellulose degradation in acetic acid environments. Studies in Conservation, 45 (3): 201-210.

Eatough D J, Major T, Ryder J, et al. 1978. The formation and stability of sulfite species in aerosols. Atmospheric Environment, 12 (1/2/3): 263-271.

EC (Environment Canada) & HC (Health Canada). 1999. National Ambient Air Quality Objectives for Ground-level Ozone: Science Assessment Document. Hull: Environment Canada, 7-1-7-32.

Edwards C J, Hudson F L, Hockey J A. 1968. Sorption of sulphur dioxide by paper. Journal of Applied Chemistry, 18 (5): 146-148.

Elert K, Cultrone G, Navarro C R, et al. 2003. Durability of bricks used in the conservation of historic buildings—influence of composition and microstructure. Journal of Cultural Heritage, 4 (2): 91-99.

EPA. 2001. National air quality and emissions trends report, 1999. Washington DC: United States Environmental Protection Agency. EPA-454/R-01-004.

EPA. 2004. Air Quality Criteria for Particulate Matter, vol. II of II. Washington DC: United States Environmental Protection Agency.

Eremin K, Wilthew P. 1998. Monitoring concentrations of organic gases within the tional Museums of Scotland. SSCR Journal, 9 (1): 15-19.

Erickson H. 1990. Report on NO_x at the HRHRC. www.ph.utexas.edu/~erickson/nox@hrc.html

Eriksson P, Johansson L G, Strandberg H. 1993. Initial stages of copper corrosion in humid vapour containing SO_2 and NO_2. Journal of the Electrochemical Society, 140: 53-59.

Feenstra J F. 1984. Cultural Property and Air Pollution. Hague, Netherlands: Ministry of Housing, Physical Planning and Environment.

Feldman L H. 1981. Discoloration of black and white potographic prints. Journal of Applied Photographic Engineering, 7 (1): 1-9.

Ferm M, Sjödin A Ê. 1992. Proposal of an impregnated filter technique for monitoring of NO_2 at EMEP stations//Proceedings of an EMEP Workshop on Measurements of Nitrogen-Containing Compounds at Les Diablerets, Switzerland.

Ferm M, Svanberg P A. 1998. Cost-effcient techniques for urbanand background measurements of SO_2 and NO_2. Atmospheric Environment, 32 (8): 1377-1381.

Fiala J, Cernikovsky L, Kozakovic L, et al. 2002. Air Quality the Phare Countries 1997. Copenhagen: European Environment Agency.

Fiaud C, Guinement J. 1986. The effect of nitrogen dioxide and chlorine on the tarnishing of copper and silver in the presence of hydrogen sulfide. Proceedings of the Electrochemical Society, 86 (6): 280-304.

Franey J P. 1988. Degradation of copper and copper alloys by atmospheric sulfur// Dean S W, Lee T S. Degradation of Metals in the Atmosphere, ASTM STP 965. Philadelphia: American Society for Testing and Materials.

Franey J P, Graedel T E, Kammlott G W. 1980. The sulfiding of copper by trace amounts of hydrogen sulfide//Ailor W H. Proceedings of International Symposium on Atmospheric Corrosion. New York: Wiley-Interscience Publication.

Franey J P, Kammlott G W, Graedel T E. 1985. The corrosion of silver by atmosphere sulfurous gases. Corrosion Science, 25 (2): 133-143.

Gair A J, Penkett S A, Oyola P. 1991. Development of a simple passive technique for the determination of nitrogen dioxide in remote continental locations. Atmospheric Environment. Part A. General Topics, 25 (9): 1927-1939.

Ghedini N, Gobbi G, Sabbioni C, et al. 2000. Determination of elemental and organic carbon on damaged stone monuments. Atmospheric Environment, 34 (25): 4383-4391.

Giavarini C, Santarelli M L, Natalini R, Freddi F. 2008. A non-linear model of sulphation of porous stones: Numerical simulations and preliminary laboratory assessments. Journal of Cultural Heritage, 9 (1): 14-22.

Gibson L T, Cooksey B C, Littlejohn D, et al. 1997. A diffusion tube sampler for the determination of acetic acid and formic acid vapours in museum cabinets. Analytical Chimical Acta, 341 (1): 11-19.

Goturk H, Volkan M, Kahveci S. 1993. Sulfation mechanism of travertines: effect of SO_2 concentration, relative humidity and temperature//Conservation of Stone and Other Materials: Proceedings of the International RILEM/UNESCO Congress Held at the UNESCO Headquarters, Paris, June 29-July 1, 1993. London: E. & F.N. Spon Ltd.

Graedel T E. 1984. Concentrations and metal interactions of atmospheric trace gases involved in corrosion//Proceedings of the Ninth International Congress on Metallic Corrosion. Salt Lake City: International Congress on Metallic Corrosion (9th).

Graedel T E. 1987a. Copper patinas formed in the atmosphere: II. A qualitative assessment of mechanisms. Corrosion Science, 27: 721-740.

Graedel T E. 1987b. Copper patinas formed in the atmosphere: III. A semi-quantitative assessment of rates and constraints in the greater New York metropolitan area. Corrosion Science, 27 (7): 741-769.

Graedel T E, Kammlott G W, Franey J P. 1981. Carbonyl sulfide: Potential agent of atmospheric sulfur corrosion. Science, 212 (4495): 663-665.

Graedel T E, Franey J P, Gualtieri G J, et al. 1985. On the mechanism of silver and copper sulfidation by atmospheric hydrogen sulfide and carbonyl sulfide. Corrosion Science, 25 (12): 1163-1180.

Graedel T E, Franey J P, Kammlott G W. 1984. Ozone-and photon-enhanced atmospheric sulfidation of copper. Science, 224 (4649): 599-601.

Green L R. 1992. Investigation of sulphide corrosion of bronze: Stage II: Source of hydrogen sulphide. Report. 1992/14. London: The British Museum.

Grosjean D. 1988. Aldehydes, carboxylic acids and inorganic nitrate during NSMC. Atmospheric Environment, 22 (8): 1637-1648.

Grosjean D. 1999. Ambient levels of formaldehyde, acetaldehyde, and formic acid in Southern California: Results of a one-year base-line study. Environmental Science & Technology, 25 (4): 710-715.

Grosjean D, Grosjean E, Williams E L. 1993. Fading of artists' colorants by a mixture of photochemical oxidants. Atmospheric Environment. Part A. General Topics, 27 (5): 765-772.

Grosjean D, Hisham M W M. 1992a. A passive sampler for atmospheric ozone. Journal of Air & Waste Management Association, 42 (2): 169-173.

Grosjean D, Salmon L, Cass G. 1992b. Fading of organic artists' colorants by atmospheric nitric acid: Reaction products and mechanisms. Environmental Science & Technology, 26 (5): 952-959.

Grosjean D, Sensharma D K, Cass G R. 1994. Fading of colorants by atmospheric pollutants: Mass spectrometry studies. Science of The Total Environment, 152 (2): 125-134.

Grosjean D, Whitmore P M, Pamela De Moor C, et al. 1987. Fading of alizarin and related artists' pigments by atmospheric ozone: Reaction products and mechanisms. Environment Science & Technology, 21 (7): 635-643.

Grosjean D, Williams II E L. 1992a. A passive sampler for airborne formaldehyde. Atmospheric Environment. Part A. General Topics, 26 (16): 2923-2928.

Grosjean D, Williams II E L. 1992b. Field tests of a passive sampler for atmospheric ozone at California Mountain Forest locations. Atmospheric Environment . Part A. General Topics, 26 (8): 1407-1411.

Grosjean D, Williams II E L, Grosjean E. 1995. Monitoring ambient ozone with a network of passive samplers: A feasibility study. Environmental Pollution, 88 (3): 267-273.

Grossi C, Brimblecombe P. 2002. The effect of atmospheric pollution on building materials. Journal de Physique IV France, 12 (10): 198-210.

Grzywacz C M, Tennent N H. 1994. Pollution monitoring in storage and display cabinets: Carbonyl pollutant levels in relation to artifact deterioration// Roy A, Smith P. Preventive Conservation: Practice, Theory and Research. London: International Institute for Conservation of Historic and Artistic Works.

Guo H, Morawska L, He C. 2008. Impact of ventilation scenario on air exchange rates and on indoor particle number concentrations in an air-conditioned classroom. Atmospheric Environment, 42 (4): 757-768.

Gysels K, Delalieux F, Deutsch F, et al. 2004. Indoor environment and conservation in the Royal Museum of Fine Arts, Antwerp, Belgium. Journal of Cultural Heritage, 5 (2): 221-230.

Gysels K, Deutsch F, Grieken R V. 2002. Characterisation of particulate matter in the Royal Museum of Fine Arts, Antwerp, Belgium. Atmospheric Environment, 36 (25): 4103-4113.

Hackney S. 1984. The distribution of gaseous pollution within museums. Studies in Conservation, 29 (3): 105-116.

Halsberghe L. 2001. Efflorescence on a terra cotta vase, Cyprus, 650 B.C. IAQ in Museums and Archives, May 6th, 2001. http: //iaq.dk/image/cyprus_vase.htm

Haneef S J, Johnson J B, Dickinson C, et al. 1992. Effect of dry deposition of NO_x and SO_2 gaseous pollutants on the degradation of calcareous building stones. Atmospheric Environment Part A, 26 (16): 2963-2974.

Hangartner M, Burri P, Monn C. 1989. Passive sampling of nitrogen dioxide, sulfur dioxide and ozone in ambient air//Proceedings of the 8th World Clean Air Congress, Man and His Ecosystem, Vol. 3. Amsterdam: Elsevier Science Publishers B.V.

Harner T, Shoeib M, Diamond M, et al. 2006. Passive sampler derived air concentrations of PBDEs along an urban-rural transect: Spatial and temporal trends. Chemosphere, 64 (2): 262-267.

Hauser T R, Bradley D W. 1966. Specific spectrophotometric determination of ozone in the atmosphere using 1, 2-di- (4-pyridyl) ethylene. Analytical Chemistry, 38 (11): 1529-1532.

Havermans J. 1995. Effects of air pollutants on the accelerated aging of cellulose-based materials. Restaurator, 16 (4): 209-233.

Havermans J. 1997. Effects of SO_2 and NO_x on the accelerated ageing of paper. European Cultural Heritage Newsletter on Research, 10: 128-133.

Haywood J M, Shine K P. 1995. The effect of anthropogenic sulfate and soot aerosol on the clear sky planetary radiation budget. Geophysical Research Letter, 22 (5): 603-606.

Hewitt C N. 1991. Spatial variations in nitrogen dioxide concentrations in an urban area. Atmospheric Environment. Part B. Urban Atmosphere, 25 (3): 429-434.

Hinds W C. 2001. Physical and chemical changes in the particulate phase//Baron P A, Willeke K. Aerosol Measurement: Principles, Techniques, and Applications, 2nd Ed. New York: Wiley-Interscience.

Hisham M W M, Grosjean D. 1991a. Air pollution in Southern California Museums: Indoor and outdoor levels of nitrogen dioxide, peroxyacetyl nitrate, nitric acid and chlorinated hydrocarbons. Environmental Science & Technology, 25 (5): 857-862.

Hisham M W M, Grosjean D. 1991b. Sulfur dioxide, hydrogen sulfide, total reduced sulfur, chlorinated hydrocarbons and photochemical oxidant in Southern California Museums. Atmospheric Environment. Part A. General Topics, 25 (8): 1497-1505.

Hoevel C L. 1985. A study of the discoloration products found in white lead paint films//The 1985 Book and Paper Group Annual. Washington, DC: The Book and Paper Group.

Hollinshead P W, Wan Ert M D, Holland S C, et al. 1987. Deteriorating negatives: A health hazard in collection management. Technical Report . Tucson, AZ: Arizona State Museum.

Horton J L. 2001. Physiological response to ground water depth varies among species and with river flow regulation. Ecological Applications, 11 (4): 1046-1059.

Howarth K. 1998. Handling and care of modem audio tape// Clark S. Proceedings of Care of Photographic Moving Image & Sound Collections. York: Institute of Paper Conservation.

http: //iaq.dk/iap.htm. Homepage of IAP, Indoor Air Pollution Working Group. 2008.

http: //iaq.dk/iap/iaq2006/2006_contents.htm. 7th Indoor Air Quality 2006 Meeting (IAQ2006). Braunschweig, Germany, 2006.

http: //iaq.dk/iap/iaq2008/2008_contents.htm. 8th Indoor Air Quality 2008 Meeting (IAQ2008). Vienna, Italy, 2008.

http: //www.isac.cnr.it/iaq2004. 6th Indoor Air Quality 2004 Meeting. Padova, Italy, 2004.

Hu T F, Cao J J, Ho K F, et al. 2011. Winter and summer characteristics of airborne particles inside Emperor Qin's Terra-Cotta Museum, China: A study by scanning electron microscopy-energy dispersive X-ray spectrometry. Journal of the Air & Waste Management Association, 61 (9): 914-922.

Hu T F, Cao J J, Lee S C, et al. 2010. Microanalysis of dust deposition inside Emperor Qin's Terra-Cotta Warriors and Horses Museum. Aerosol and Air Quality Research, 10 (1): 59-66.

Hu T F, Lee S C, Cao J J, et al. 2009a. Characterization of winter airborne particles at Emperor Qin's Terra-cotta Museum, China. Science of The Total Environment, 407 (20): 5319-5327.

Hu T F, Lee S C, Cao J J, et al. 2009b. Atmospheric deterioration of Qin brick in an environmental chamber at Emperor Qin's Terracotta Museum, China. Journal of Archaeological Science, 36 (11): 2578-2583.

Hu T F, Li X X, Dong J G, et al. 2006. Morphology and elemental composition of dustfall particles inside Emperor Qin's Terra-cotta Warriors and Horses Museum. China Particuology, 4 (6): 346-351.

Hughes E E, Meyers R. 1983. Measurement of the concentrations of sulphur dioxide, nitrogen oxides and ozone in the national archives building. Technical Report NBSIR 83-2767. Washington, DC: National Bureau of Standards.

ISO 12569. 2000. Thermal Performance of Buildings-Determination of Air Change in Buildings-Tracer Gas Dilution Method. Geneva, Switzerland: International Organisation for Standardization.

Iversen T, Kolar J. 1991. Kvavedioxids effekter pa papper (Effect of nitrogen dioxide on paper), FoU-Projektet for papperskonservering, Report 5. Stockholm: Riksarkivet.

Jaffe L S. 1967. The effects of photochemical oxidants on materials. Journal of the Air Pollution Control Association, 17 (6): 375-378.

Jamstrom H, Saarela K. 2002. Indoor air quality and material emissions in new buildings//Levin H. Proceedings of the 9th International Conference on Indoor Air Quality and Climate, Vol.2. Santa Cruz: International Conference on Indoor Air Quality and Climate.

Jensen B, Wolkoff P, Wilkins C K, et al. 1993. Characterization of linoleum. Part I: Measurement of volatile organic compounds by use of the field and laboratory emission cell, FLEC// Kalliokoski P, Jantunen J, Seppanen O. Proceedings of the 6th International Conference on Indoor Air Quality and Climate, Indoor Air'93, Vol.2. Helsinki: International Conference on Indoor Air Quality and Climate.

Johansson E, Rendahl B, Kucera V, et al. 1997. Comparison of different methods for assessment of corrosivity in indoor environments. European Cultural Heritage Newsletter on Research, 10: 92-94.

Johansson L G, Lindqvist O, Mangio R E. 1988. Corrosion of calcareous stones in humid air containing SO_2 and NO_2. Durability of Building Materials, 5 (3/4): 439-449.

Johnson M. 1976. Nitrocellulose as a conservation hazard//Preprints of papers presented at the Fourth Annual Meeting. Washington, DC: American Institute for Conservation.

Kadokura T, Yoshizumi K, Kashiwagi M, et al. 1988. Concentration of nitrogen dioxide in the museum environment and its effects on the fading of dyed fabrics// Mills J S, Smith P, Yamasaki K. The Conservation of Far Eastern Art, Preprints of the Contributions to the Kyoto Congress. London: International Institute for Conservation of Historic and Artistic Works.

Kanno S, Yanagisawa Y. 1992. Passive ozone/oxidant sampler with coulometric determination using iodine/nylon-6 charge-transfer complex. Environmental Science & Technology, 26(4): 744-749.

Klein R C, King C, Kosior A. 2009. Laboratory air quality and room ventilation rates. Journal of Chemical Health and Safety, 16 (5): 36-42.

Kontozova V, Deutsch F, Godoi R, et al. 2002. Characterisation of air pollutants in museum showcases.//Proceedings of art 2002, the 7th International Conference on Nondestructive Testing and Microanalysis for the Diagnostics and Conservation of the Cultural and Environmental Heritage. University of Antwerp, Antwerp, Belgium.

Koutrakis P, Wolfson J M, Bunyaviroch A, et al. 1993. Measurement of ambient ozone using a nitrite-coated filter. Analytical Chemistry, 65 (3): 209-214.

Koutrakis P, Wolfson J M, Slater J L, et al. 1990. Measurement of ozone exposures//Proceedings of the 1990 US EPA/A&WMA International Symposium, Measurement of Toxic and Related Air Pollutants. Pittsburgh: Air and Waste Management Association.

Krochmal D, Gorski L. 1991. Determination of nitrogen dioxide in ambient air by use of a passive sampling technique and triethanolamine as absorbent. Environmental Science & Technology, 25 (3): 531-535.

Krochmal D, Kalina A. 1997. A method of nitrogen dioxide and sulphur dioxide determination in ambient air by use of passive samplers and ion chromatography. Atmospheric Environment, 31 (20): 3473-3480.

Krumbein W E, Urzi C E, Gehrmann C. 1991. Biocorrosion and biodeterioration of antique and medieval glass. Geomicrobiology Journal, 9 (2/3): 139-160.

Krupa S V, Legge A H. 2000. Passive sampling of ambient, gaseous air pollutants: an assessment from an ecological perspective. Environment Pollution, 107 (1): 31-45.

Kuhn U, Rottenberger S, Biesenthal T, et al. 2001. Exchange of short-chained monocarboxylic acids between biosphere and the atmosphere at a remote tropical forest in Amazonia//Volatile Organic Compounds (VOC) produced by Plants. PhytoVOC 2001.

La Gennusa M, Rizzo G, Scaccianoce G, et al. 2005. Control of indoor environments in heritage buildings: experimental measurements in an old Italian museum and proposal of a methodology. Journal of Cultural Heritage, 6 (2): 147-155.

Ladisch C M, Rau S L. 1997. The effect of humidity on the ozone fading of acid dyes. Textile Chemist and Colorist, 29 (4): 24-28.

Lai Gauri K, Chowdhury A N, Kulshreshtha N P, et al. 1989. The sulfations of marble and the treatment of gypsum crusts. Studies in Conservation, 34 (4): 201-206.

Lankester P, Brimblecombe P. 2012. The impact of future climate on historic interiors. Science of the Total Environment, 417/418: 1-6.

Larsen A Ê, Jentoft N A, Greibrokk T. 1992. Determination of ppb levels of formaldehyde in air. Science of the Total Environment, 120 (3): 261-269.

Larsen R. 1997. Deterioration and conservation of vegetable tanned leather. European Cultural Heritage Review. Special Edition, 10: 54-61.

Lee K W, Mukund R. 2001. Filter collection//Baron P A, Willeke K. Aerosol Measurement: Principles, Techniques, and Applications. 2nd Ed. New York: Wiley-Interscience.

Lee K, Yanagisawa Y, Hishinuma M, et al. 1992. A passive sampler for measurement of carbon monoxide using a solid adsorbent. Environmental Science & Technology, 26 (4): 697-702.

Lee K, Yanagisawa Y, Spengler J D, et al. 1995. Assessment of precision of a passive sampler by duplicate measurements. Environment International, 21 (4): 407-412.

Leitner H. 2005. The treatment of wall paintings affected by salts: an interdisciplinary task as seen from a conservator's perspective. Restoration of Buildings and Monuments，11（6）：365-380.

Levin J O，Lindahl R，Andersson K. 1986. A passive sampler for formaldehyde in air using 2, 4-dinitrophenylhydrazine-coated glass fiber filters. Environmental Science & Technology，20（12）：1273-1276.

Lewis R G，Mulik J D，Coutant R W，et al. 1985. Thermally desorbable passive sampling device for volatile organic chemicals in ambient air. Analytical Chemistry，57（1）：214-219.

Lewry A J，Bigland D J，Butlin R N. 1994. The effects of sulfur dioxide on calcareous stone：A chamber study. Construction and Building Materials，8（4）：261-265.

Leygraf C，Graedel T. 2000. Atmospheric Corrosion. New York：Wiley-Interscience.

Leyshon L J，Holstead C. 1988. Reaction of sulphur dioxide with image transfer azo-naphthol dyes. Journal of Photographic Science，36（3）：107-114.

Linnow K，Halsberghe L，Steiger M. 2007. Analysis of calcium acetate efflorescences formed on ceramic tiles in a museum environment. Journal of Cultural Heritage，8（1）：44-52.

Liu L J S，Koutrakis P，Leech J，et al. 1995. Assessment of ozone exposures in the greater metropolitan Toronto area. Journal of Air & Waste Management Association，45（4）：223-234.

Liu L J S，Olson III M P，Allen G A，et al. 1994. Evaluation of the Harvard Ozone Passive Sampler on human subjects indoors. Environmental Science & Technology，28（5）：915-923.

Lobnig R E，Frankenthal R P，Siconolfi D J，et al. 1994. Mechanism of atmospheric corrosion of copper in the presence of submicron ammonium sulfate particles at 300 and 373k. Journal of the Electrochemical Society，141（11）：2935-2941.

Lobnig R E，Siconolfi D J，Maisano J，et al. 1996a. Atmospheric corrosion of aluminum in the presence of ammonium sulfate particles. Journal of the Electrochemical Society，143（4）：1175-1181.

Lobnig R E，Siconolfi D J，Psota-Kely L，et al. 1996b. Atmospheric corrosion of zinc in the presence of ammonium sulfate particles. Journal of the Electrochemical Society，143（5）：1539-1546.

Lopez-Arce P，Garcia-Guinea J. 2005. Weathering traces in ancient bricks from historic buildings. Building and environment，40（7）：929-941.

Lopez-Arce P，Garcia-Guinea J，Benavente D，et al. 2009. Deterioration of dolostone by magnesium sulphate salt：An example of incompatible building materials at Bonaval Monastery，Spain. Construction and Building Materials，23（2）：846-855.

Lopez-Arce P，Garcia-Guinea J，Fierro J L G. 2003. Manganese micro-nodules on ancient brick walls. Science of The Total Environment，302（1/2/3）：267-274.

Lopez-Delgado A，Cano E，Bastidas J M，et al. 1998. A laboratory study of the effect if acetic acid vapor on atmospheric copper corrosion. Journal of the Electrochemical Society，145（12）：4140-4147.

Lorenzen J A. 1971. Atmospheric corrosion of silver//Proceedings of the 17th Annual Technical Meeting of the Institute of Environmental Sciences. Los Angeles：Institute of Environmental Sciences.

Loupa G，Charpantidou E，Kioutsioukis I，et al. 2006. Indoor microclimate，ozone and nitrogen oxides in two medieval churches in Cyprus. Atmospheric Environment，40（39）：7457-7466.

Luther M B. 2007. MABEL Air Leakage & Infiltration Testing Demonstration Project. Mobile Architecture and Built Environment Laboratory. Geelong Victoria 3217, Australia: Deakin University.

Lynn Y, Salmon G, Cass G R. 2000. The ozone fading of traditional Chinese plant dyes. Journal of the American Institute for Conservation, 39 (2): 245-257.

Maekawa S. 1998. Oxygen-free museum cases. Research in Conservation. Los Angels: The Getty Conservation Institute.

Manning W J, Krupa S V, Bergweiler C J, et al. 1996. Ambient ozone(O_3)in three Class I wilderness areas in the northeastern USA: measurements with Ogawa passive samplers. Environmental Pollution, 91 (3): 399-404.

Matsukura Y, Oguchi C T, Kuchitsu N. 2004. Salt damage to brick kiln walls in Japan: Spatial and seasonal variation of efflorescence and moisture content. Engineering Geology and the Environment, 63 (2): 167-176.

Maynard A D, Jensen P A. 2001. Aerosol measurement in the workplace//Baron P A, Willeke K. Aerosol Measurement: Principles, Techniques, and Applications. 2nd Ed. New York: Wiley-Interscience.

Meng Q Y. 2009. Determinants of indoor and personal exposure to $PM_{2.5}$ of indoor and outdoor origin during the RIOPA study. Atmospheric Environmnet, 43 (36): 5750-5758.

Meyer B, Hermanns K. 1986. Formaldehyde release from wood products: An overview// Meyer B, Kottes Andrews B A, Reinhardt R M. Formaldehyde Release from Wood Products, ACS Symposium Series 8316. Washington, DC: American Chemical Society.

Michalski S. 2000. Guidelines for humidity and temperature for Canadian Archives. CCI Technical Bulletin, No. 23. Ottawa: Canadian Conservation Institute.

Miles C. 1986. Wood coatings for display and storage cases. Studies in Conservation, 31 (3): 114-126.

Ministere de l'environnement et de la Faune (Quebec). 1997. Air Quality in Quebec: 1975-1994. Ministere de l'environnement.

Monn C, Hangartner M. 1990. Passive sampling for ozone. Journal of Air & Waste Management Association, 40 (3): 357-358.

Moore A, Ruetsch F, Weigmann H D. 1984. The role of dye diffusion in the ozone fading of acid and disperse dyes in polyamides. Textile Chemist and Colorist, 16 (12): 250-256.

Moriske H J, Ebert G, Konieczny L, et al. 1998. Concentrations and decay rates of ozone in indoor air in dependence on building and surface materials. Toxicology Letters, 96/97: 319-323.

Moroni B, Poli G. 1996. Corrosion of limestone in humid air containing SO_2 and NO_2: Result after short-term laboratory experiments. Science and Technology for Cultural Heritage, 5 (2): 7-18.

Mounira Z. 2001. Case study of water table evaporation at Ichkeul Arshes (Tunisia). Journal of Irrigation and Drainage Engineering, 127 (5): 265-271.

Mulik J D, Lewis R G, McClenny W A, et al. 1989. Modification of a high-efficiency passive sampler to determine nitrogen dioxide or formaldehyde in air. Analytical Chemistry, 61 (2): 187-189.

Mulik J D, Varns J L, Koutrakis P, et al. 1991. Using passive sampling devices to measure selected air volatiles for assessing ecological change//Proceedings of the 1991 US EPA/A&WMA International Symposium，Measurement of Toxic and Related Air Pollutants. Philadelphia：Air and Waste Management Association.

Nat. Mat. Adv. Board. 1986. Preservation of Historical Records. Washington，DC：National Academy Press.

Nazaroff W W，Cass G R. 1986. Mathematical modeling of chemically reactive pollutants in indoor air. Environmental Science & Technology，20（9）：924-934.

Nazaroff W W，Cass G R. 1991. Protecting museum collections from soiling due to the deposition of airborne particles. Atmospheric Environment，25（5/6）：841-852.

Nazaroff W W，Ligocki M P，Salmon L G，et al. 1993. Airborne particles in museum. Research in Conservation No.6. Marina del Rey：Getty Conservation Institute.

Nazaroff W W，Salmon L G，Cass G R. 1990. Concentration and fate of airborne particles in Museums. Environmental Science & Technology，24（1）：66-77.

Nguyen T P，Lavégdrine B，Flieder F. 1999. Effets de la pollution atmosphérique sur la dégradation de la gélatine photographique//Bridgland J. reprints of ICOM-CC Conference，Volume 2. London：James & James Science publishers Ltd.

Nishikawa Y，Taguchi K. 1987. Ion chromatographic determination of nitrogen dioxide and sulphur dioxide in the atmosphere using triethanolamine-potassium hydroxide-coated cartridges. Journal of Chromatography，396：251-259.

Nishikawa Y，Taguchi K，Tsujino Y，et al. 1986. Ion chromatographic determination of nitrogen dioxide in the atmosphere by using a triethanolamine-coated cartridge. Journal of Chromatography，370（1）：121-130.

Nulsen R A. 1981. Critical depth to saline grounwater in non-irrigated situations. Australian Journal of Soil Research，19（1）：83-86.

Oakley V. 1990. Vessel glass deterioration at the Victoria and Albert Museum：Surveying the collection. The Conservator，14（1）：30-36.

Ockenden W A，Corrigan B P，Howsam M，et al. 2001. Further developments in the use of semipermeable membrane devices as passive air samplers：Application to PCBs. Environmental Science & Technology，35（22）：4536-4543.

Oddy W A. 1994. Chemistry in the conservation of archaeological materials. Science of The Total Environment，143（1）：121-126.

Odlyha M，Cohen N S，Foster G M. 2000. Dosimetry of paintings：determination of the degree of chemical change in museum exposed test paintings（smalt tempera）by thermal analysis. Thermochimica Acta，365（1/2）：35-44.

Ordonez E，Twilley J. 1998. Clarifying the haze：efflorescence on works of art. WAAC Newsletter，20：12-17.

Organ R M. 1967. Remarks on inhibitors used in steam humidification. Bulletin of the IIC American Group，7（2）：31.

Orlita A. 2004. Microbial biodeterioration of leather and its control：A review. International Biodeterioration and Biodegradation，53（3）：157-163.

Otson R. 1989. Miniature sampler using in situ extraction and analysis. Journal of Environmental Science and Health. Part A: Environmental Science and Engineering, 24 (7): 767-782.

Oshio R. 1992. Contamination control of alkaline substance in newly built museums. Scientific Papers on Japanese Antiques and Art Crafts, 37: 54-59.

Palmes E D. 1981. Development and application of a diffusional sampler for NO_2. Environment International, 5 (2): 97-100.

Pavlogeorgatos G. 2003. Environmental parameters in museums. Building and Environment, 38(12): 1457-1462.

Peck A J. 1978. Note on the role of a shallow aquifer in dryland salinity. Australian Journal of Soil Research, 16 (2): 237-240.

Persily A K. 1997. Evaluating building IAQ and ventilation with indoor carbon dioxide. ASHRAE Transactions, 103 (2): 193-204.

Persson D, Leygraf C. 1995. Metal carboxylate formation during indoor atmospheric corrosion of Cu, Zn, and Ni. Journal of the Electrochemical Society, 142 (5): 1468-1477.

Pitzurra L, Moroni B, Nocentini A, et al. 2003. Microbial growth and air pollution in carbonate rock weathering. International Biodeterioration and Biodegradation, 52 (2): 63-68.

Pope D, Gibbens H R, Moss R L. 1968. The tarnishing of Ag at naturally-occurring H_2S and SO_2 levels. Corrosion Science, 8 (12): 883-887.

Popp C J, Martin R S. 1999. Reactive atmospheric organic compounds in the El Paso, Texas-Ciudad Juarez, Mexico airshed. SCERP project number: AQ94-23. San Diego: Southwest Center for Environmental Research and Policy.

Pui D Y H. 1996. Direct-reading instrumentation for workplace aerosol measurement – A review. Analyst, 121: 1215.

Reilly J. 1993. IPI storage guide for acetate film: Instructions for using the wheel, graphs, and table: Basic strategy for film preservation. Rochester: Rochester Institute of Technology, Image Permanence Institute.

Reilly J. 1998. Storage guide for color photographic materials: Caring for color slides, prints, negatives, and movie films. Albany: The University of the State of New York.

Reilly J M, Zinn E, Adelstein P. 2001. Atmospheric pollutant aging test method development. Final report to American Society for Testing and Materials. Rochester: Image Permanence Institute.

Reiner T, Mohler O, Arnold F. 1999. Measurement of acetone, acetic acid, and formic acid in the mid latitude upper troposphere and lower stratosphere. Journal of Geophysical Research-Atmosphere, 104: 139-143.

Repace J L. 1982. Indoor air pollution. Environment International, 8 (1/2/3/4/5/6): 21-36.

Riederer J. 1997. Environmental damage to museum objects. European Cultural Heritage Newsletter on Research, 10: 118-121.

Roadman M J, Scudlark J R, Meisinger J J, et al. 2003. Validation of Ogawa passive samplers for the determination of gaseous ammonia concentrations in agricultural settings. Atmospheric Environment, 37 (17): 2317-2325.

Robinet L, Pulham C, Hall C, et al. 2005. Understanding glass deterioration in museum collections through Raman spectroscopy and SIMS analysis. Materials Issues in Art and Archaeology VII，852：121-128.

Roche A，Thevenet R，Jacob V，et al. 1999. Performance of a thermally desorbable type-tube diffusive sampler for very low air concentrations monitoring. Atmospheric Environment，33（12）：1905-1912.

Rodgers J. 1998. Preservation and conservation of video tape// Clark S. Preprints of Care of Photographic Moving Image and Sound Collections. York：Institute of Paper Conservation.

Runeckles V C，Bowen P A. 1999. The use of calibrated passive monitors to assess crop loss due to ozone in rural locations//Agrawal S B，Agrawal M. Environmental Pollution and Plant Responses. Boca Raton，FL：Lewis Publishers.

Ryan J，McPhail D，Rogers P，et al. 1993. Glass deterioration in the museum environment. Chemistry and Industry，13：498-501.

Ryhl-Svendsen M. 2000. Indoor air pollution in museums：Detection of formic and acetic acid emission from construction materials by SPME-GC/MS. Master Thesis. Copenhagen：School of Conservation，The Royal Danish Academy of Fine Arts.

Sabbioni C，Ghedini N，Bonazza A. 2003. Organic anions in damage layers on monuments and buildings. Atmospheric Environment，37（9/10）：1261-1269.

Sabbioni C，Zappia G，Riontino C，et al. 2001. Atmospheric deterioration of ancient and modern hydraulic mortars. Atmospheric Environment，35（3）：539-548.

Said M N A. 1997. Measurements of air change rates and air flow patterns in large single cell buildings. Energy and Buildings，26（2）：175-182.

Saito M，Goto S，Kashiwagi M. 1993. Effect of the concentration of NO_2 gas to the fading of plant dyes. Scientific Papers on Japanese Antiques and Art Crafts，38：1-9.

Saito M，Goto S，Kashiwagi M. 1994. Effect of the concentration of NO_2 gas to the fading of abrics dyed with natural dyes. Scientific Papers on Japanese Antiques and Art Crafts，39：67-74.

Salama R B，Otto C J，Fitzpatrick R W. 1999. Contributions of groundwater conditions to soil and water salinization. Hydrogeology Journal，7（1）：46-64.

Salmon L G，Cass G R. 1993. The fading of artists' colorants by exposure to atmospheric nitric acid. Studies in Conservation，38：73-91.

Salmon L G，Cass G R，Bruckman K，et al. 2000. Ozone exposure inside museums in the historic central district of Krakow，Poland. Atmospheric Environment，34（22）：3823-3832.

Salmon L G，Christoforou C S，Cass G R. 1994. Airborne pollutants in the Buddhist Cave Temples at the Yungang Grottoes，China. Environmental Science & Technology，28（5）：805-811.

Salmon L G，Nazaroff W W. 1990. Nitric acid concentrations in southern California museums. Environmental Science & Technology，24（7）：1004-1013.

Sanchez-Moral S，Luque L，Cuezva S，et al. 2005. Deterioration of building materials in Roman catacombs：The influence of visitors. Science of The Total Environment，349（1/2/3）：260-276.

Sano C. 2000. Indoor air quality in museums：Their existing levels，desirable conditions and countermeasures. Journal of Japan Air Cleaning Association，38：20-26.

Sarofim A F，Helble J J. 1993. The impact of ash depositon on coal fired plants//Williamsom J，

Wigley F. Proceedings of the Engineering Foundation Conference. Washington, USA: Taylor & Francis.

Saunders D, Kirby J. 1994. Light-induced colour changes in red and yellow lake pigments. National Gallery Technical Bulletin, 15 (3/4): 79-97.

Scheeren B A, Adema E H. 1996. Monitoring ambient ozone with a passive measurement technique: Method, field results and strategy. Water, Air and Soil Pollution, 91: 335-350.

Schieweck A, Lohrengel B, Siwinski N, et al. 2005. Organic and inorganic pollutants in storage rooms of the Lower Saxony State Museum Hanover, Germany. Atmospheric Environment, 39 (33): 6098-6108.

Schjoerring J K. 1995. Long-term quantification of ammonia exchange between agricultural cropland and the atmosphere. I. Evaluation of a new method based on passive samplers in gradient configuration. Atmospheric Environment, 29 (8): 885-893.

Schjoerring J K, Sommer S G, Ferm M. 1992. A simple passive sampler for measuring ammonia emission in the field. Water, Air and Soil Pollution, 62 (1-2): 13-24.

Schubert R. 1988. A second generation accelerated atmospheric corrosion chamber//Dean S W, Lee T S. Degradation of Metals in the Atmosphere, ASTM STP 965. Philadelphia: American Society for Testing and Materials.

Schubert R, D'Egidio S M. 1990. The surface composition of copper with indoor exposures ranging from 3 to 49 years. Corrosion Science, 30 (10): 999-1008.

Seabright L H, Trezek J. 1948. Notes on the prevention of white powder corrosion of cadmium plate. Plating, July: 715-718.

Seinfeld J H. 1986. Atmospheric chemistry and physics of air pollution. Toronto: John Wiley & Sons.

Seinfeld J H, Pandis S N. 1998. Atmospheric chemistry and physics: From air pollution to climate change. Toronto: John Wiley & Sons.

Shair F H, Heitner K L. 1974. Theoretical model for relating indoor pollutant concentrations to those outside. Environmental Science & Technology, 8 (5): 444-451.

Shaver C L, Cass G R. 1983. Ozone and the deterioration of works of art. Environmental Science & Technology, 17 (12): 748-752.

Shen L, Wania F, Lei Y D, et al. 2004. Hexachlorocyclohexanes in the North American atmosphere. Environmental Science & Technology, 38 (4): 965-975.

Sherman M. 1990. Trace-gas techniques for measuring ventilation in a single zone. Building and Environment, 25 (4): 365-374.

Sherman M. 1998. The use of blower-door data. Indoor Air, 5 (3): 215-224.

Shields H C, Weschler C J. 1987. Analysis of ambient concentrations of organic vapors with a passive sampler. Journal of the Air Pollution Control Association, 37 (9): 1039-1045.

Shoeib M, Harner T. 2002. Characterization and comparison of three passive air samplers for persistent organic pollutants. Environmental Science & Technology, 36 (19): 4142-4151.

Shooter D, Watts S F, Hayes A J. 1995. A passive sampler for hydrogen sulfide. Environmental Monitoring and Assessment, 38 (1): 11-23.

Sickles II J E, Hodson L L, McClenny W A, et al. 1990. Field comparison of methods for the measurement of gaseous and particulate contributors to acidic dry deposition. Atmospheric Environment. Part A. General Topics, 24 (1): 155-165.

Simão J, Ruiz-Agudo E, Rodriguez-Navarro C. 2006. Effects of particulate matter from gasoline and diesel vehicle exhaust emissions on silicate stone sulfation. Atmospheric Environment, 40 (36): 6905-6917.

Simon D, Bardole J, Bujor M. 1980. Study of the reactivity of silver, copper, silver-copper, and silver palladium alloys used in telephone relay contacts. IEEE Transactions on Components, Hybrids, and Manufacturing Technology, 3 (1): 13-16.

Skillas G, Maisels A, Pratsinis S E, et al. 2001. Manufacturing of materials by aerosol processes//Baron P A, Willeke K. Aerosol Measurement: Principles, Techniques, and Applications. 2nd Ed. New York: Wiley-Interscience.

Smith L E. 1991. Factors governing the long-term stability of polyester-based recording media. Restaurator, 12 (4): 201-218.

Solomon P A, Norris G, Landis M, et al. 2001. Chemical analysis methods for atmospheric aerosol components//Baron P A, Willeke K. Aerosol Measurement: Principles, Techniques, and Applications. 2nd Ed. New York: Wiley-Interscience.

Sommer S G, Sibbesen E, Nielsen T, et al. 1996. A passive flux sampler for measuring ammonia volatilization from manure storage facilities. Journal of Environmental Quality, 25(2): 241-247.

Souza S R, Vasconcellos P C, Carvalho L R R. 1999. Low molecular weight carboxylic acids in an urban atmosphere: Winter measurements in Sao Paulo city, Brazil. Atmospheric Environment, 33 (16): 2563-2574.

Spengler J D, Treitman R D, Tosteson T D, et al. 1985. Personal exposures to respirable particles and implications of air pollution epidemiology. Environmental Science & Technology, 19 (8): 700-709.

Spurny K R. 1993. Aerosol science of the early days. Journal of Aerosol Science, 24 (Suppl. 1): S1-S2.

Spurny K R. 1998. Methods of aerosol measurement before the 1960s. Aerosol Science & Technology, 29 (4): 327-349.

Spurny K R. 2001. Historical aspects of aerosol measurements//Baron P A, Willeke K. Aerosol Measurement: Principles, Techniques, and Applications. 2nd Ed. New York: Wiley-Interscience.

Steiger M. 2003. Crusts and salts//Brimblecombe P. The Effects of Air Pollution on the Built Environment. Air Pollution Reviews, Vol. 2. London: Imperial College Press. 133-181.

Sturaro G, Camuffo D, Brimblecombe P. 2003. Multidisciplinary environmental monitoring at the Kunsthistorisches Museum, Vienna. Journal of Trace and Microprobe Techniques, 21 (2): 273-294.

Surgi M R, Hodgeson J A Á. 1985. 10,10'-Dimethyl-9,9'-biacridylidene impregnated film badge dosimeters for passive ozone sampling. Analytical Chemistry, 57 (8): 1737-1740.

Tang H, Lau T, Brassard B. 1998. A new all-season passive sampling system for monitoring NO_2 in air. Field Analytical Chemistry and Technology, 3 (6): 338-345.

Tétreault J. 1992. La mesure de l'acidité des produits volatils. Journal of the International Institute for

Conservation-Canadian Group, 17: 17-25.

Tétreault J. 2003. Airborne Pollutants in Museums, Galleries, and Archives: Risk Assessment, Control Strategies, and Preservation Management. Ottawa: Canadian Conservation Institute.

Tétreault J, Cano E, van Bommel M, et al. 2003. Corrosion of copper and lead by formaldehyde, formic and acetic acid vapours. Studies in Conservation, 48 (4): 231-250.

Tétreault J, Sirois J, Stamatopoulou E. 1998. Study of lead corrosion in acetic acid environment. Studies in Conservation, 43 (1): 17-32.

Tétreault J, Stamatopoulou E. 1997. Determination of concentrations of acetic acid emitted from wood coatings in enclosures. Studies in Conservation, 42 (3): 141-156.

Thickett D. 1997. Relative effects of formaldehyde, formic and acetic acids on lead, copper and silver. The British Museum, Report 1997/12. London: The British Museum.

Thomson G. 1965. Air pollution—A review for conservation chemists. Studies in Conservation, 10 (4): 147-167.

Thomson G. 1986. The Museum Environment. 2nd Ed. London: Butterworths, in association with the International Institute for Conservation of Historic and Artistic Works.

Toishi K, Kenjo T. 1967. Alkaline material liberated into the atmosphere from new concrete. Journal of Paint Technology, 39 (506): 52-55.

Uchiyama S, Asai M, Hasegawa S. 1999. A sensitive diffusion sampler for the determination of volatile organic compounds in ambient air. Atmospheric Environment, 33 (12): 1913-1920.

Unger M, Stratmann M, Lobnig R E. 1998. The influence of the amount of ammonium sulfate particles in the atmospheric corrosion mechanism of copper.// Symposium on the Passivity and its Breakdown. Vol 97-26. Paris: Electrochemical Society Proceedings.

van Bogart J W C. 1995. Magnetic tape storage and handling: A guide for libraries and archives. Washington, DC: The Commission on Preservation and Access.

van der Wal J F, Moons A M M, de Gids W F. 1987. Oriented onderzoek naar de luchtkwaliteit in musea en archieven. Delft, Netherlands: Organisatie voor Toegepast-natuurwetenschappelijk Onderzoek.

Vaughan D, Wogelius R. 2000. Environmental Mineralogy. Budapest: Eötvös University Press.

Volent P, Baer N S. 1985. Volatile amines as corrosion inhibitors in museum humidification systems. International Journal of Museum Management and Curatorship, 4 (4): 359-364.

Wania F, Shen L, Lei Y D, et al. 2003. Development and calibration of a resin-based passive sampling system for monitoring persistent organic pollutants in the atmosphere. Environment Science & Technology, 37 (7): 1352-1359.

Watson J G, Chow J C. 2001. Ambient air sampling//Baron P A, Willeke K. Aerosol Measurement: Principles, Techniques, and Applications, 2nd Ed. New York: Wiley-Interscience.

Watson J G, Chow J C, Chen L W. 2005. Summary of organic and elemental carbon/black carbon analysis methods and intercomparisons. Aerosol and Air Quality Research, 5 (1): 65-102.

Watts S F. 1999. Detection and Prevention of Indoor Air Pollution. Amsterdam: The Netherlands Institute for Cultural Heritage.

Watts S F. 2000. The mass budgets of carbonyl sulfide, carbon disulfide and hydrogen sulfide.

Atmospheric Environment，34（5）：761-779.

Werner H. 1989. Die eignung von indigopapieren zur abschaÈ nutzung der ozone deposition// Proceedings of the International Congress on Forest Decline Research: State of Knowledge and Perspectives，Vol. 1（Abstr）. Karlsruhe，Germany: Zu beziehen bei der Literaturabteilung des Kern-forschungszentrums Karlsruhe GmbH.

Whitmore P M，Cass G R. 1988. The ozone fading of traditional Japanese colorants. Studies in Conservation，33（1）：29-40.

Whitmore P M，Cass G R. 1989. The fading of artists' colorants by exposure to atmospheric nitrogen dioxide. Studies in Conservation，34（2）：85-97.

Whitmore P M，Cass G R，Druzik J R. 1987. The ozone fading of traditional natural organic colorants on paper. Journal of American Institute for Conservation，26（1）：45-58.

Whitmore P M，Colaluca V G，Morris H R. 2002. The light bleaching of discolored films of an acrylic artists' medium. Studies in Conservation，47（4）：228-236.

Wiener R W，Rodes C E. 2001. Indoor aerosols and aerosol exposure//Baron P A，Willeke K. Aerosol Measurement: Principles，Techniques，and Applications. 2nd Ed. New York: Wiley- Interscience.

Wilcockson J B，Gobas F A. 2001. Thin-film solid-phase extration to measure fugacities of organic chemicals with low volatility in biological samples. Environment Science & Technology，35（7）：1425-1431.

Wilke O，Jann O，Brodner D. 2002. VOC-and SVOC-emissions from adhesives，floor coverings and complete floor structures//Levin H. Proceedings of the 9th International Conference on Indoor Air Quality and Climate，Volume 1. Santa Cruz: International Conference on Indoor Air Quality and Climate.

Williams Ⅱ E L，Grosjean D. 1990. Removal of atmospheric oxidants with annular denuders. Environment Science and Technology，24（6）：811-814.

Williams Ⅱ E L，Grosjean E，Grosjean D. 1992. Exposure of artists' colorants to airborne formaldehyde. Studies in Conservation，37（3）：201-210.

Williams Ⅱ E L，Grosjean E，Grosjean D. 1993a. Exposure of artists' colorants to peroxyacetyl nitrate. Journal of American Institute for Conservation，32（1）：59-79.

Williams Ⅱ E L，Grosjean E，Grosjean D. 1993b. Exposure of artists' colorants to sulfur dioxide. Journal of American Institute for Conservation，32（3）：291-310.

Williams R S. 1989. Blooms，blushes，transferred images and mouldy surfaces: What are these distracting accretions on art works?//Proceedings of the 14th Annual IIC-CG Conference（edited by Wellheiser J G）. Ottawa: IIC-Canadian Group.

Worobiec A，Stefaniak E A，Potgieter-Vermaak S，et al. 2007. Characterisation of concentrates of heavy mineral sands by micro-Raman spectrometry and CC-SEM/EDX with HCA. Applied Geochemistry，22（9）：2078-2085.

Yoon Y，Brimblecombe P. 2000. Contribution of dust at floor level to particle deposit within the Sainsbury Centre for Visual Arts. Studies in Conservation，45（2）：127-137.

Yoon Y，Brimblecombe P. 2001. The distribution of soiling by coarse particulate matter in the museum environment. Indoor Air，11（4）：232-240.

Zehnder K. 1993. New aspects of decay caused by crystallization of gypsum//Thiel M J. Conservation of Stone and Other Materials. London: E & FN Spon.

Zehnder K, Arnold A. 1989. Crystal growth in salt efflorscence. Journal of Crystal Growth, 97 (2): 513-521.

Zehnder K, Schoch O. 2009. Efflorescence of mirabilite, epsomite and gypsum traced by automated monitoring on-site. Journal of Cultural Heritage, 10 (3): 319-330.

Zhang C C, Shao J L, Li C J, et al. 2003. Ecoenvironmental effects on groundwater and its ecoenvironmental index. Hydrogeology and Engineering Geology, 30 (3): 6-10.

Zhou J, Smith S. 1997. Measurement of ozone concentrations in ambient air using a badge-type passive monitor. Journal of Air & Waste Management Association, 47 (6): 697-703.

Zinn E, Reilly J M, Adelstein P Z, et al. 1994. Air pollution effects on library microforms// Roy A, Smith P. Preventive Conservation: Practice, Theory and Research. London: International Institute for Conservation of Historic and Artistic Works.

彩　　图

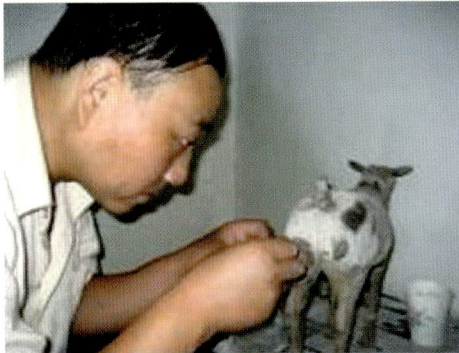

图 2-17　帝陵外藏坑保护展示厅遗址区及库房内文物和土遗址表面的返碱病害

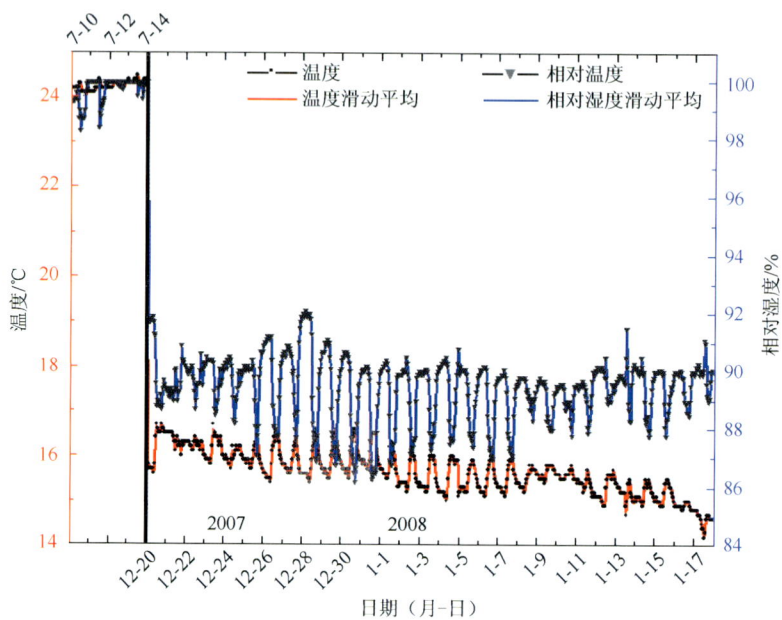

图 3-13　2007～2008 年度遗址厅内的温、湿度季节变化

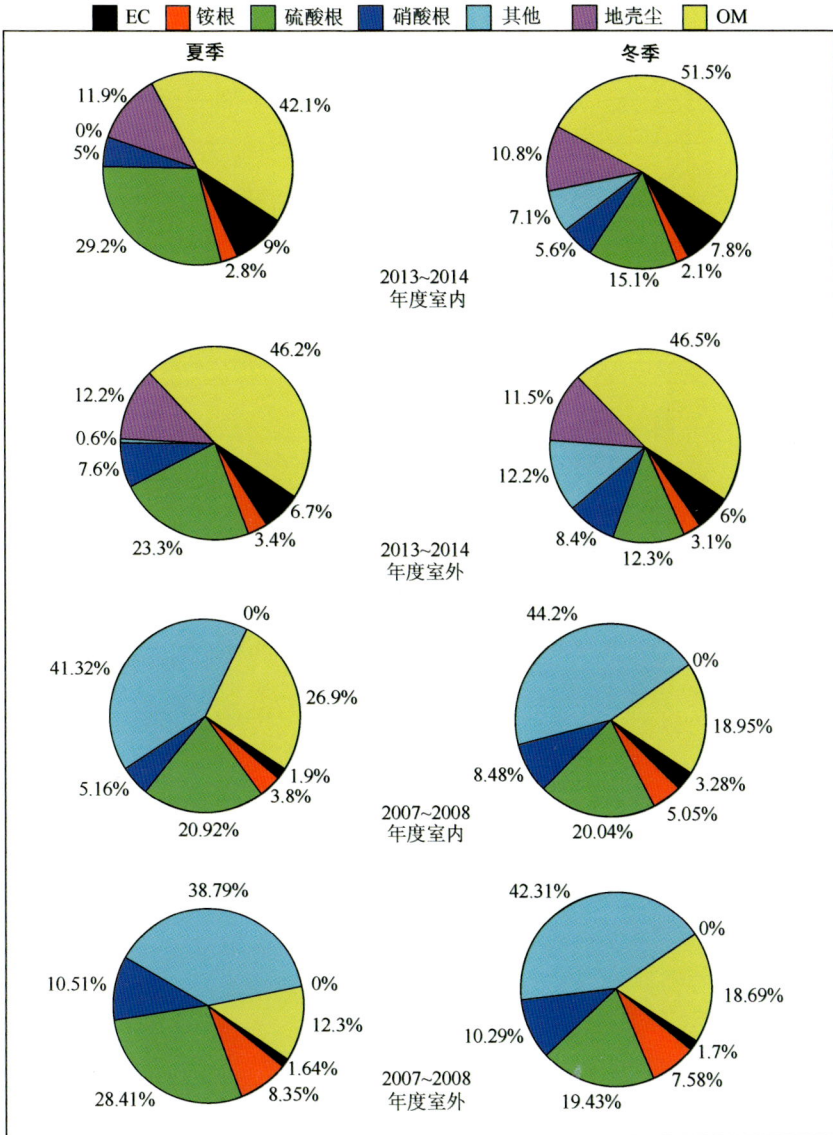

图 4-21 2007~2008 与 2013~2014 年度汉阳陵地下博物馆冬夏两季室内外 PM$_{2.5}$ 的物质平衡

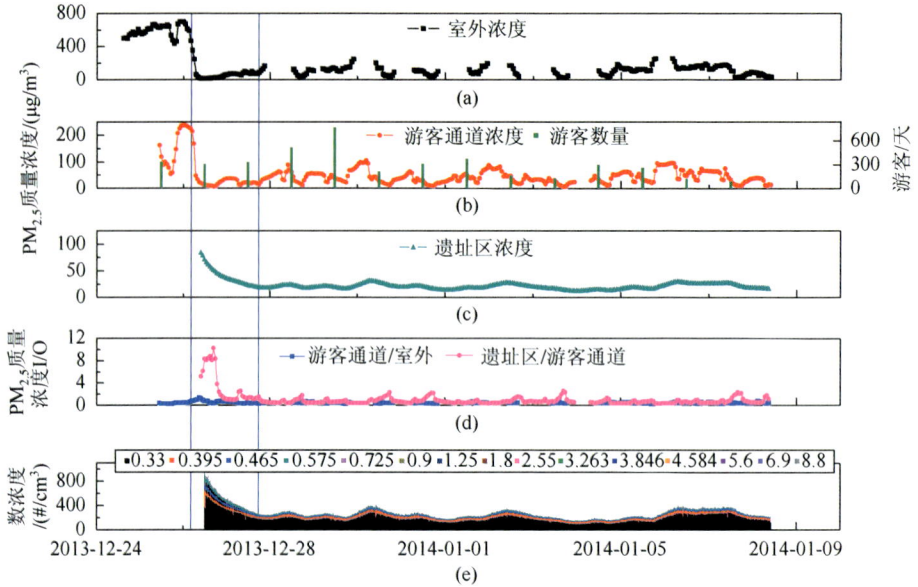

图 4-24　2013～2014 年度冬季采样期间遗址区内、游客通道和室外的 PM$_{2.5}$ 质量浓度、游客数量、I/O 和遗址区内 0.3～10μm 粒径数浓度分布时间序列变化

（a）汉阳陵帝陵外藏坑保护展示厅室外 PM$_{2.5}$ 质量浓度小时均值的时间序列；（b）展示厅内游客通道 PM$_{2.5}$ 质量浓度小时均值的时间序列；（c）遗址区 PM$_{2.5}$ 质量浓度小时均值的时间序列；（d）游客通道/室外，遗址区/游客通道 PM$_{2.5}$ 质量浓度比值的时间序列；（e）遗址区颗粒物分粒级数浓度时间序列，图例显示粒径为区间中值粒径，0.33：0.3～0.36μm；0.395：0.36～0.43μm；0.465：0.43～0.5μm；0.575：0.5～0.65μm；0.725：0.65～0.8μm；0.9：0.8～1μm；1.25：1～1.5μm；1.8：1.5～2.1μm；2.55：2.1～3μm；3.263：3～3.525μm；3.846：3.525～4.168μm；4.584：4.168～5μm；5.6：5～6.2μm；6.9：6.2～7.6μm；8.8：7.6～10μm

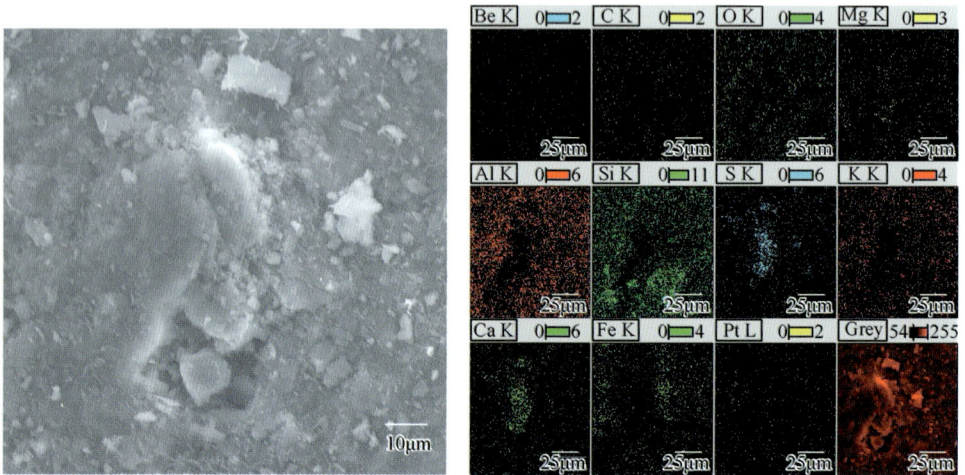

图 6-27　汉阳陵陶器漆层坑附近的 CaSO$_4$ 颗粒及其微观形貌和元素的面分布能谱图